명리학 용신론
命理學 用神論

미래예측학 박사학위논문:
「命理學 用神 導出의 方法論에 관한 硏究」

부록
1. 명리학 고전(『이허중명서』, 『연해자평』, 『명리정종』, 『삼명통회』, 『자평진전』, 『궁통보감』, 『명리약언』, 『적천수천미』)의 용신론과 관련된 이론을 총망라하여 비교분석
2. 격국별 용신 도출의 명조사례

酉招 劉庚辰 著
圖書出版 易林關

유경진(劉庚辰)

약   력 :
　　원광대학교 동양학대학원 문학석사(명리학전공)
　　동방대학원대학교 미래예측학 박사(명리학 전공)
경   력 :
　　동방대학원대학교 미래예측학 연구소 연구원
　　동방대학원대학교 미래예측학과 박사과정 명리해석실습 외래교수 역임
　　동방대학원대학교 명리분야 민간자격검정 시험출제위원 역임
　　< 박사학위논문 >「命理學 用神 導出의 方法論에 관한 硏究」
　　< 석사학위논문 >「實定法 違反에 관한 命理學的 硏究」
　　명리학 질병론의 비교연구(명리원전을 중심으로)」동방대학원대학교 백악론총(2008)

「여씨 명리학의 특성과 내용」공주대학교 정신과학연구소(2010)

< 수상 >동방대학원대학교 미래예측학과 명리인상학전공 박사과정 학업성적 우수상(2009)

< 저서 >

사주용신정법론(2002, 연해명원)

명리학 용신론(2009, 연해명원)

사주용신 및 통변론(2011, 역림관)

해석 사주명리학(입문서)(2012, 역림관)-근간

2008學年度
博士學位 請求論文

命理學 用神 導出의 方法論에 관한 硏究

論文指導敎授:

東方大學院大學校
未來豫測學科
命理學專攻
劉 庚 辰

命理學 用神 導出의 方法論에 관한 硏究

이 論文을 博士學位 請求論文으로 提出함

2008年 12月

東方大學院大學校
未來豫測學科
命理學專攻
劉 庚 辰

劉庚辰의 博士學位 請求論文을 認准함.

審査委員長＿＿＿＿＿＿＿＿＿＿＿＿　印
審 査 委 員＿＿＿＿＿＿＿＿＿＿＿＿　印
審 査 委 員＿＿＿＿＿＿＿＿＿＿＿＿　印
審 査 委 員＿＿＿＿＿＿＿＿＿＿＿＿　印
審 査 委 員＿＿＿＿＿＿＿＿＿＿＿＿　印

2008年　12月

東方大學院大學校

<논문개요>

　　本 論文은 命理學의 核心的인 內容이며 命造判斷의 기준이 되는 用神論에 보다 더 쉽게 접근할 수 있는 用神 導出의 方法論을 제시함으로서 명리학의 발전에 一助를 하고자 함에 그 目的을 두고 있다. 이를 위하여 用神의 槪念과 重要性을 밝히고 그 中心思想을 알아보았다. 그 다음 用神論의 등장과 발전에 대해서 알아보기 위해서는 命理學 古典에 나타난 用神論의 發展過程과 그 이론의 내용을 살펴보았다. 그 결과 『李虛中命書』에서 용신이라는 用語가 胎動하여 用神論의 嚆矢가 되었으며 用神의 개념은 『淵海子平』에서 확립되어 盛行되기 시작하였음을 알 수 있었다. 『命理正宗』은 病藥說과 蓋頭說과 動靜說을 주장했는데, 蓋頭說과 動靜說은 抑扶用神의 내용을 이루고 病藥說은 病藥用神의 내용이 되었음을 알 수 있었다. 『三命通會』는 氣象規模를 강조하고 看命法을 말하고 있으며, 『子平眞詮』은 格局用神論에서 順逆論의 체계를 세웠다. 그리고 『窮通寶鑑』은 調候用神을 위주로 하고 抑扶用神에 접근하고 있으며, 『命理約言』에서는 抑扶用神의 定義를 내리고, 『滴天髓闡微』에서는 四從格과 用神

論과 관련되는 諸般理論을 담고 있었다.

　用神의 導出과 관련된 제 이론을 연구한 결과 格局論과 관련되는 理論은 格局論, 月建의 重要性이 있고, 抑扶用神과 관련되는 理論은 中和論, 節氣의 深淺, 十二月의 五行 旺弱, 胞胎法, 月建의 重要性, 生剋喜忌論, 通根論, 日主喜忌論, 强弱論, 六神論, 蓋頭說, 動靜說이 있다. 그리고 調候用神과 관련되는 이론은 寒暖燥濕論, 日主喜忌論, 中和論이 있고, 病藥用神은 病藥說이 그 내용을 이루고 있으며, 通關用神은 通關論이 그 내용을 이루고 있다. 그러나 變格의 用神은 이와는 달리 從하는 五行 혹은 六神이 用神이 됨을 확인할 수 있었다.

　이와 같이 命理學 古典에 나타난 用神論을 체계적으로 분석 고찰한 결과를 토대로 하여 만든 「用神 導出의 方法論」을 제시하였다. 이 「用神 導出의 方法論」은 결국 正格에 있어서는 抑扶用神, 調候用神, 病藥用神, 通關用神의 理論을 적용하여 四柱原局에서 强弱寒熱의 균형점에 해당하는 五行 혹은 六神이 用神이 되고, 變格에서는 從하는 五行 혹은 六神이 用神이 된다. 이 방법에 의하면 보다 간편하고 정확하게 用神을 도출할 수가 있다.

目次
목차

表目次
표목차

〈표3〉 用神論의 發展過程 ·· 23
　　　　용신론　　발전과정

〈표4〉 用神의 導出과 관련된 諸 理論 ···························· 70
　　　　용신　도출　　　　　　제 이론

〈표5〉 格局別 用神 ·· 127
　　　　격국별 용신

〈논문개요〉

*. ( )는 實際 論文에는 나타나지 않는 目次임.
　　　　실제　논문　　　　　　　　　목차

- i -

1. 序論 ··· 1
   1.1 硏究目的 ·· 1
   1.2 硏究範圍와 方法 ·· 6
   1.3 論文의 構成 ··· 6

2. 命理學에서 用神의 重要性 ································· 8
   2.1 用神의 槪念 ··· 8
   2.2 用神의 重要性 ·· 16

3. 命理學 古典에서 用神論의 展開 ·························· 21
   3.1 『李虛中命書』以前 命理書에서의 用神 ··············· 21
   3.2 用神論의 嚆矢:『李虛中命書』 ··························· 23
   3.3 用神論의 確立:『淵海子平』 ······························ 27
     (3.3.1 用神論과 中和) ·· 27
     (3.3.2 用神 槪念의 確立) ···································· 28
   3.4 『命理正宗』과 病藥說 ······································ 36
   3.5 『三命通會』와 氣象論 ······································ 43
   3.6 『子平眞詮』과 順逆論 ····································· 47
   3.7 『窮通寶鑑』과 調候論 ····································· 49
   3.8 『命理約言』과 抑扶論 ····································· 57
   3.9 『滴天髓闡微』와 四從格 ·································· 62

- ii -

4. 用神의 導出과 관련된 諸 理論 ·············· 70
   4.1 格局論과 관련된 理論 ················· 71
     (4.1.1 格局論) ························ 71
     (4.1.2 月建의 重要性) ·················· 91
   4.2 抑扶用神과 관련된 理論 ··············· 95
     (4.2.1 中和論) ························ 95
     (4.2.2 節氣의 深淺) ··················· 100
     (4.2.3 十二月의 五行 旺弱) ············ 102
     (4.2.4 胞胎法) ······················· 104
     (4.2.5 月建의 重要性) ················· 109
     (4.2.6 生剋喜忌論) ··················· 109
     (4.2.7 通根論) ······················· 112
     (4.2.8 日主喜忌論) ··················· 114
     (4.2.9 强弱論) ······················· 114
     (4.2.10 六神論) ······················ 117
     (4.2.11 蓋頭說) ······················ 122
     (4.2.12 動靜說) ······················ 122
   4.3 調候用神과 관련된 理論 ··············· 123
     (4.3.1 寒暖燥濕論) ··················· 123
     (4.3.2 日主喜忌論) ··················· 124

(4.3.3 中和論) ·· 124

4.4 病藥用神과 관련된 理論 ································ 124

4.5 通關用神과 관련된 理論 ································ 125

5. 格局別 用神의 導出 ·· 126

  5.1 正格의 用神 ·· 128

    5.1.1 抑扶用神 ·· 128

    5.1.2 調候用神 ·· 130

    5.1.3 病藥用神 ·· 135

    5.1.4 通關用神 ·· 139

  5.2 變格(從旺)의 用神 ···································· 141

    5.2.1 專旺格의 用神 ······································ 141

      (5.2.1.1 木曰曲直格) ································ 142

      (5.2.1.2 火曰炎上格) ································ 148

      (5.2.1.3 土曰稼穡格) ································ 151

      (5.2.1.4 金曰從革格) ································ 154

      (5.2.1.5 水曰潤下格) ································ 156

    5.2.2 從格의 用神 ·· 158

      (5.2.2.1 棄命從殺格) ································ 159

      (5.2.2.2. 從印格) ···································· 165

      (5.2.2.3 棄命從財格) ································ 167

(5.2.2.4 棄命從兒格) ················· 176
 5.2.3 化格의 用神 ······················ 179
     (5.2.3.1 丁壬合化木格) ················ 182
     (5.2.3.2 戊癸合化火格) ················ 184
     (5.2.3.3 甲己合化土格) ················ 187
     (5.2.3.4 乙庚合化金格) ················ 190
     (5.2.3.5 丙辛合化水格) ················ 193
 5.2.4 兩神成象格의 用神 ··················· 195
 5.2.5 從强格의 用神 ····················· 198
 5.2.6 從氣格의 用神 ····················· 200
 5.2.7 從勢格의 用神 ····················· 201
 5.2.8 母慈滅子格의 用神 ··················· 202
 5.3 用神 導出의 方法論 ···················· 203
 5.3.1 正格 ························ 204
 5.3.2 變格 ························ 210

6. 結論 ···························· 213

 參考文獻 ························· 218
 Abstract ························ 224

부록(論文의 기초자료임) ·············· 229

〈표부록 1. 바〉 十天干의 相·旺·休·囚·死地支 ············ 306

〈표4.2.2〉 1年 12月의 節候 ············ 636

〈표4.2.2〉 藏干圖表 ············ 636

〈표4.2.4〉 十二運養生圖 ············ 637

後記 ············ 638

1. 命理學 古典의 用神論 ································· 231

　가. 『李虛中命書』의 用神論 ······················ 233

　나. 『淵海子平』의 用神論 ························ 236

　다. 『命理正宗』의 用神論 ························ 253

　라. 『三命通會』의 用神論 ························ 286

　마. 『子平眞詮』의 用神論 ························ 301

　바. 『窮通寶鑑』의 用神論 ························ 303

　사. 『命理約言』의 用神論 ························ 354

　아. 『滴天髓闡微』의 用神論 ······················ 384

2. 格局別 用神導出 ··································· 443

　가. 正格의 用神 ································· 445

　　(1) 正官格 ··································· 445

　　　(가) 身强 ··································· 445

　　　(나) 身弱 ··································· 447

　　　　1) 官星過多 ······························· 447

　　　　2) 財星過多 ······························· 451

　　　　3) 傷食過多 ································ 452
　　　　　　상 식 과 다

(2) 偏官格 ······································ 455
　　편 관 격

　　(가) 身强 ································ 455
　　　　　신 강

　　(나) 身弱 ································ 457
　　　　　신 약

　　　　1) 官星過多 ································ 457
　　　　　　관 성 과 다

　　　　2) 財星過多 ································ 460
　　　　　　재 성 과 다

　　　　3) 傷食過多 ································ 462
　　　　　　상 식 과 다

(3) 正印格 ······································ 464
　　정 인 격

　　(가) 身强 ································ 464
　　　　　신 강

　　(나) 太强 ································ 466
　　　　　태 강

　　(다) 身弱 ································ 468
　　　　　신 약

　　　　1) 官星過多 ································ 468
　　　　　　관 성 과 다

　　　　2) 財星過多 ································ 471
　　　　　　재 성 과 다

　　　　3) 傷食過多 ································ 472
　　　　　　상 식 과 다

(4) 偏印格 ······································ 475
　　편 인 격

　　(가) 身强 ································ 475
　　　　　신 강

(나) 太強(태강) ·· 477

　　(다) 身弱(신약) ·· 479

　　　1) 官星過多(관성과다) ·· 479

　　　2) 財星過多(재성과다) ·· 482

　　　3) 傷食過多(상식과다) ·· 483

(5) 正財格(정재격) ·· 486

　　(가) 身强(신강) ·· 486

　　(나) 身弱(신약) ·· 488

　　　1) 官星過多(관성과다) ·· 488

　　　2) 財星過多(재성과다) ·· 490

　　　3) 傷食過多(상식과다) ·· 493

(6) 偏財格(편재격) ·· 495

　　(가) 身强(신강) ·· 495

　　(나) 身弱(신약) ·· 497

　　　1) 官星過多(관성과다) ·· 497

　　　2) 財星過多(재성과다) ·· 499

- 3) 傷食過多 ·· 502
  상식과다

(7) 傷官格 ··· 505
  상관격

  (가) 木火傷官格 ································ 506
      목화상관격

    1) 身强 ·· 506
       신강

    2) 身弱 ·· 510
       신약

  (나) 火土傷官格 ································ 512
      화토상관격

    1) 身强 ·· 512
       신강

    2) 身弱 ·· 519
       신약

  (다) 土金傷官格 ································ 521
      토금상관격

    1) 身强 ·· 521
       신강

    2) 身弱 ·· 525
       신약

  (라) 金水傷官格 ································ 527
      금수상관격

    1) 身强 ·· 527
       신강

    2) 身弱 ·· 531
       신약

  (마) 水木傷官格 ································ 534
      수목상관격

    1) 身强 ·· 534
       신강

2) 身弱(신약) ··· 538

(8) 食神格(식신격) ··· 541

   (가) 木火食神格(목화식신격) ································· 541

      1) 身强(신강) ··· 541

      2) 身弱(신약) ··· 545

   (나) 火土食神格(화토식신격) ································· 547

      1) 身强(신강) ··· 547

      2) 身弱(신약) ··· 553

   (다) 土金食神格(토금식신격) ································· 555

      1) 身强(신강) ··· 555

      2) 身弱(신약) ··· 559

   (라) 金水食神格(금수식신격) ································· 561

      1) 身强(신강) ··· 561

      2) 身弱(신약) ··· 565

   (마) 水木食神格(수목식신격) ································· 568

      1) 身强(신강) ··· 568

2) 身弱(신약) ································· 572

(9) 刦財格(겁재격) ································· 575

　　(가) 身强(신강) ································· 575

　　(나) 太强(태강) ································· 578

　　(다) 身弱(신약) ································· 581

　　　1) 官星過多(관성과다) ························· 581

　　　2) 財星過多(재성과다) ························· 584

　　　3) 傷食過多(상식과다) ························· 585

(10) 比肩格(비견격) ································ 588

　　(가) 身强(신강) ································· 588

　　(나) 太强(태강) ································· 591

　　(다) 身弱(신약) ································· 594

　　　1) 官星過多(관성과다) ························· 594

　　　2) 財星過多(재성과다) ························· 597

　　　3) 傷食過多(상식과다) ························· 599

나. 變(從旺)格의 用神(변종왕격의 용신) ··············· 601

(1) 一行得氣(專旺)格의 用神 ·················· 601
　　일행득기　전왕　격　용신

　　(가) 木日曲直格 ························· 601
　　　　목왈곡직격

　　(나) 火日炎上格 ························· 603
　　　　화왈염상격

　　(다) 土日稼穡格 ························· 604
　　　　토왈가색격

　　(라) 金日從革格 ························· 605
　　　　금왈종혁격

　　(마) 水日潤下格 ························· 607
　　　　수왈윤하격

(2) 從格의 用神 ···························· 608
　　종격　용신

　　(가) 棄命從殺格 ························· 608
　　　　기명종살격

　　(나) 從印格 ···························· 609
　　　　종인격

　　(다) 棄命從財格 ························· 611
　　　　기명종재격

　　(라) 棄命從兒格 ························· 612
　　　　기명종아격

(3) 化格의 用神 ···························· 613
　　화격　용신

　　(가) 丁壬合化木格 ······················· 613
　　　　정임합화목격

　　(나) 戊癸合化火格 ······················· 616
　　　　무계합화화격

　　(다) 甲己合化土格 ······················· 619
　　　　갑기합화토격

　　(라) 乙庚合化金格 ······················· 622
　　　　을경합화금격

(마) 丙辛合化水格 ················· 625
　　　　병 신 합 화 수 격
(4) 兩神成象格의 用神 ················· 628
　　양 신 성 상 격　　용 신
(5) 從强格의 用神 ················· 630
　　종 강 격　　용 신
(6) 從氣格의 用神 ················· 631
　　종 기 격　　용 신
(7) 從勢格의 用神 ················· 632
　　종 세 격　　용 신
(8) 母慈滅子格의 用神 ················· 634
　　모 자 멸 자 격　　용 신

1. 序論

1.1 硏究目的

命理學이란 氣象의 變化를 추산해서 사람의 길흉화복을 豫測하는 學問이다. "'四柱學은 출생한 年月日時의 干支 여덟 자에 나타난 음양과 五行의 配合을 보고 그 사람의 부귀, 빈천, 부모, 형제, 처자, 질병, 직업, 결혼, 성공, 실패, 길흉 등의 제반 사항을 판단하는 학문' 이라는 개념의 정의"1) 에서와 같이 인간은 미래가 불확실하고 불정정하기 때문에 미래를 예측해서 避凶趨吉하기를 바란다. 이와 관련된 학문에는 命理學 이외에도 天文·地理, 觀相學, 姓名學, 解夢法 등 여러 가지가 있다. 이 중에서 명리학은 人生의 모든 것을 해석할 수 있는 것은 아니지만 人生의 吉凶禍福을 예측하는 방법 중에서는 상당히 체계적인 이론을 가지고 있다. 명리학의 내용에는 用神論, 格局論, 神殺論이 있고, 職業論, 疾病論, 六親論 등이 더 있다. 이들 각 이론은 나름대로 학문적 의의를 지니고 있지만 실질적 내용을 보면 결국 用神論으로 귀착된다고 볼 수 있다. 먼저 이들 이론을 용신론과 비교해가면서 간략하게 살펴보면

---

1) 李慕圓·朴英昌·金榮河, 『命理學槪論』, (서울: 여백미디어), 2004, p.18.

다음과 같다.

첫째, 用神論은 命理學의 核心的인 내용으로 명리학의 다른 내용에서도 충분히 입증되고 있듯이 아무리 중요하다고 강조해도 지나치지 않을 정도로 중요하다. 따라서 명리학에서 미래예측은 用神論을 떠나서는 결코 가능하지 않다.

둘째, 格局論은 月支가 日干에 대한 六神의 관계에 따라서 成立하는 正格과, 五行의 氣勢에 따라서 성립하는 變格으로 단순히 분류해 본 것이 그 내용이다. 그러나 命造의 대부분을 차지하는 正格의 用神은 이 格局에 따라서 定해지는 것이 아니라, 이와는 별개로 五行의 生剋制化를 통하여 中和點에 이르는 것이 곧 用神이 된다. 例를 들면 같은 劫財格이라도 專旺格이 되면 比劫이 용신이고, 太旺한 命造가 되면 洩氣하는 食傷이 用神이 되기도 하고, 身弱하면 印星 혹은 比劫이 用神이 되기도 한다. 따라서 格局論보다도 중화점을 찾는 用神論이 命理學의 핵심이론이 된다고 할 수 있다.

셋째, 神殺論은 그 作用에 있어서, 吉神類는 어떤 경우든 吉하게 작용하고 凶殺類는 모든 경우에 凶하게 작용하는 것은 아니다. 例를 들면 木日主가 身强하여 官星이 用神이 되면 酉酉의 自刑은 吉한 作用을 하는 것이고, 身弱하여 官星이 忌神이 되면 酉酉의 自刑은 凶한 작용을 하게 된다. 또 三災의 경우에도 例를 들면 巳生人이면 누구나 7세 19세 31세 43세 55세에 一律的으로 災를 당하게 되는 것은 아니다. 다시 말해서 같은 해에 태어났다고 하더라도 四柱上에 用神 喜神 藥神의 좋은 運이 들어와 있다면 무탈하게 넘어가고, 病神과 그 病神을 生하는 凶한 運에 있는 명조는 災殃을 당하게 된다. 吉神이라고 하는 驛馬星의 경우도 凶한 運에 있는 명조는 바쁘기만 할 뿐 되는 일이 없지만, 吉한 運에 있는 命造는 가는 곳마다 좋은 결과를 만나게 되는 경우가 많다. 따라서 命理學에서는 旺衰强弱과 寒暖燥濕의 均衡點에 해당하는 用神論에 의해서만 人間의 미래에 전개될 吉凶을 예측·판단할 수 있다. 그러므로 命理學의 核心理論은 神殺論이 아니라 용신론에 있다는 결론에 도달하게 된다.

넷째, 職業論에 의하면 직업은 용신에 따라서 定해지는데, 여기에는 六神에 따라서 분류하는 방법과 五行에 따라서 분류하는 방법이 있다.

六神에 따라서 분류하면, 正官이 用神이면 行政官이 많고 偏官이 用神이면 武官·法官이 많으며, 印星 혹은 比劫이 用神이면 敎育者와 기획자가 많다. 그리고 食傷이 用神이면 기술자나 事業家가 많으며, 財多身弱者와 身旺財弱者는 금융계에 많다.

五行에 따라서 분류하면, 木이 用神이면 의류 가구 화원 농산물 조경 등 나무에 속하는 직업이고, 火가 用神이면 전자·컴퓨터 전기 가스 주유소 전파 화학 음식물 등 불과 경공업에 속하는 직업이다. 그리고 土가 用神이면 부동산 토목 건설 건축 등 흙과 관련되는 직업이며, 金이 用神이면 언론 귀금속 치과기공 등 입 혹은 쇠와 관련된 직업이고, 水가 용신이면 운수 유통 무역 서비스 수산업 등 물과 관련되는 직업이다. 결국 用神論에 의해서 그 職業을 예측하게 된다는 것을 알 수 있다.

다섯째, 疾病論에 의하면 四柱原局에서 五行이 均衡을 이루고 있으면 病이 없는 건강한 명조다. 그러나 五行이 균형을 잃어 어느 한쪽으로 太過하거나 太不足하면 그 해당 臟腑에는 疾病이 발생할 要因을 항상 안고 살아가게 된다. 그러다가 用神을 손상하는

凶(흉)한 운을 만나 균형을 더욱 잃게 되면 病(병)이 발생하는 때가 많다. 또 疾病(질병)이 발생하였다가도 用神(용신)을 도와주는 吉(길)한 運(운)을 만나서 잃었던 균형을 다시 회복하게 되면 自然(자연)히 治癒(치유)되든지 아니면 名醫(명의) 혹은 名藥(명약)을 만나는 기회를 얻는 등으로 治療(치료)를 받게 된다. 이처럼 질병을 예측하는 데도 용신론이 가장 핵심적인 내용이 된다.

여섯째, 六親論(육친론)에 의하면 用神(용신)을 子息(자식)으로 보는 때도 있다. 그리고 해당 六親(육친)이 用神(용신)이면 그 육친의 德(덕)이 있고, 해당 육친이 忌神(기신)이면 그 육친의 德(덕)이 없다. 따라서 가족관계의 길흉판단을 위해서도 용신론이 필수적이다.

이처럼 命理學(명리학)의 核心的(핵심적)인 內容(내용)이 되는 용신론에 보다 더 쉽게 접근할 수 있는 發展(발전)된 理論(이론)을 만들 수는 없을까? 이 물음에 대한 해답을 얻기 위하여 用神論(용신론)이 발전해온 過程(과정)과 그 내용을 비교분석한 다음 그 결과를 바탕으로 하여 보다 체계적인 用神 導出(용신 도출)의 方法論(방법론)을 제시하고자 함이 본 논문을 執筆(집필)하게 된 動機(동기)이다.

1.2 硏究範圍와 方法

硏究範圍는 正格과 變格에 관련되는 用神論으로 限定한다. 먼저 用神論의 淵源에 대해서 알아보기 위해서는 「玉照定眞經」·「珞琭子三命消息賦註」·「珞琭子賦註」와 『遠天綱五星三命指南』, 『一行禪師天元賦注解』를 참고한다. 그 다음 용신론의 發展過程에 대한 연구를 위해서는 『李虛中命書』, 『淵海子平』, 『命理正宗』, 『三命通會』, 『子平眞詮』, 『窮通寶鑑』, 『命理約言』, 『滴天髓闡微』, 『滴天髓徵義』의 命理學 古典을 비교분석한다. 또 『淵海喜忌隨筆』, 『子平粹言』, 『命理探原』 등과 같은 연구서들과 한국과 중국에서 발표된 論文을 참고한다. 이와 같은 연구를 통해서 용신론이 發展해온 過程을 정리하고 그것을 바탕으로 하여 새로운 「用神 導出의 方法論」을 제시하려고 한다.

1.3 論文의 構成

本 論文의 內容은 다음과 같이 총 6장으로 구성되었다.

제1장 「命理學 用神 導出의 方法論에 관한 硏究」를 論題로 하여 論文을 執筆하게 된 동기와 연구목적을 기술하고 연구의 範圍와 方法을 제시하였다.

제2장 먼저 用神의 槪念을 밝힌 다음 명리학에서 用神의 重要性을 알아보았다.

제3장 용신론의 연원과 命理學 古典마다 전개되고 있는 그 發展過程을 비교분석하였다.

제4장 用神의 導出과 관련된 제 이론을 연구한 다음 유형별로 分類하고 체계화 하였다.

제5장 格局別 用神의 導出에서는 正格과 變格으로 분류하는 방법으로 접근하였다. 그리고 본 논문의 연구 성과인 「用神 導出의 方法論」을 제시하였다.

제6장 結論에서는 本 論文의 硏究 成果의 핵심인 「用神 導出의 方法論」은 별도의 5장에 제시하고, 여기서는 이 논문을 연구하는 과정에서 나타난 부차적인 問題點을 요약정리하고 그 改善案을 제시하였다.

2. 命理學에서 用神의 重要性

2.1 用神의 槪念

本 論文의 硏究目的은 命理學의 用神論을 탐구하고 그것을 바탕으로 보다 더 쉽게 용신론에 접근할 수 있는 「用神 導出의 方法論」을 만들어 내는데 있다. 이를 위해 먼저 용신이라는 用語가 무엇을 의미하는지를 살펴 볼 필요가 있다. 먼저 기존의 命理書에 나타난 용신 개념을 살펴본 후에, 본 논문에서 파악하는 용신 개념을 定義하기로 한다.

朴在玩은 그의 저서 『命理要綱』에서 용신을 다음과 같이 설명하고 있다.

"사주의 원리를 판별하는 일차적 과정은 먼저 用神을 가려내는 일이다. 用神이란 사주팔자 중 나를 위해 제일 귀중한 역할을 하는 干支를 말한다. 가령 木日主가 신약한 경우 사주 중에 水가 있다면 이 水는 일주를 生助하는 중요한 역할을 하게 된다. 따라서 이 사주의 용신은 水가 되며, 運路上에서도 일주를 생조하는 관건이 된다. 그러므로 사주에 있어 용신을 가려내는 일은 가장 중요한 일로서, 龍을 그릴 때에 어려운 일이 눈을 그리는 것처럼 용신을 가려내는 일은 命理上 가장 어려운 과제이다. 대개 용신을 가려내는 데는 格局에 대한 분별을 먼저 명확히 해두는 것이 필요하다."2)

즉 박재완의 용신론은 "용신이란 사주팔자 중 나를 위해 제일 귀중한 역할을 하는 干支를 말한다." 라는 말로 함축할 수 있다.

崔國峰은 그의 저서 『稽疑神訣』에서 다음과 같이 용신을 설명하고 있다.

"사주팔자로 운명을 판단하는데 가장 중요한 것은 용신과 격국이다. 생일 천간을 己身이라 하여 자기의 身主로 삼고 月令으로 格을 삼으며 월령과 日干이 필요로 하는 것을 용신이라 하니, 강한 것은 억제하고 약한 것은 생부하며 寒暖燥濕의 기후를 살펴 中和됨을 구한다. 用이란 팔자 중에 所用하는 것이며 神이란 財官印食却 등의 十神을 말함이니, 즉 일간이 王이라면 용신은 大臣이 되고 격은 체제가 되는 것이니 대개 격은 월령으로 정한다."3)

---

2) 朴在玩, 『命理要綱』, (서울: 易門關書友會), 1985년, pp.81-82.
3) 崔國峰 編著, 『稽疑神訣』, (서울: 錦元出版社), 1987, p.163.

즉 崔國峰(최국봉)의 용신론은 "用(용)이란 팔자 중에 所用(소용)하는 것이며 神(신)이란 財官印食刦(재관인식겁) 등의 十神(십신)을 말함이다." 라고 함축할 수 있다.

金倍成(김배성)은 그의 저서 『命理大經(명리대경)』에서 다음과 같이 용신을 설명하고 있다.

"용신이란 운명의 길흉을 판단하는 가장 핵심적인 기준이 되며 그 사주에 제일 필요로 하는 吉神(길신)을 말한다. 한 사람의 사주를 판단할 때 선제 조건으로 사주의 강약을 통하여 용신을 정하며, 그 용신의 상태와 흐름을 면밀히 관찰하면 운명의 추론이 가능하게 된다. 그러나 이렇게 중요한 용신을 정하는 것은 쉬운 일이 아니다. 그것은 사주마다 음양과 오행의 분포가 각기 다르고 합이나 충으로 오행의 기가 약해지거나 또는 강해지는 작용이 천변만화되기 때문이다. 사주 내에서 용신은 다양한 형태로 나타나고 있는데 사주팔자 중 어느 한 글자가 용신이 되기도 하며, 오행 중의 하나가 용신이 될 수도 있고, 사주의 구조 자체가 용신이 되는 경우도 있다. 용신은 일주를 위해 가장 필요한 요소이므로 일주를 떠나서는 존재할 수 없으며 어떤 사주도 용신 없는 사주란 없는 것이니 반드시 사주 내에서 용신을 정해야 한다. 용신은 일주, 격국과 더불어 삼위일체가 되니 삼자 모두를 대비하여 판단해야 하는 것으로, 한 국가로 비유하면 일주는 통치권자이며 격국은 내각이고 용신은 내각을 총괄하는 국무총리와 같다. 또 차주는 일주이며 승객은 격국이요 운전기사는 용신이 된다. 따라서 차주와 승객과 운전기사가 함께 동승하고 목적지로 가지만 이 모든 사람들의 안전은 결국 운전기사 용신에게 달려 있다. 그러므로 운에서 용신을 잘 도우면 발전하고 용신을 극하면 어려움에 봉착하여 사업가는 실패하며 학생은 시험에 떨어지는 등 사주 일주인 자신에게 직접적인 영향을 끼치게 된다. 운명추론의 요체는 바로 용신이 된다는 것을 명심해야 한다."4)

즉 金倍成(김배성)의 용신론은 "용신은 일주를 위해 가장 필요한 요소이다." 라고 말할 수 있다.

申修勳(신수훈)은 그의 저서 『命理講論(명리강론)』에서 다음과 같이 용신을 설명하면서 용신과 다른 諸神(제신)과의 관계를 설명하고 있다.

"用神(용신): 일주로부터 위임받은 권한을 집행하는 자로서 일주를 수호할 의무와 격국을 관리할 책임을 지는 것이 用神(용신)으로서, 명운 전체를 조절하고 중화시키며 균형을 잡아주는 大吉神(대길신)이다.
忌神(기신): 용신을 극제하거나 해롭게 작용하는 흉신이다. 일주와 용신의 역적이다. 용신의 病(병)이다.
喜神(희신): 용신을 생조하거나 이롭게 작용하는 길신이다. 일주와 용신의 충신이다. 原神(원신)도 된다.
仇神(구신): 용신을 생조하는 희신을 극하고 용신을 극제하는 기신을 생하는 흉신이다. 그런데 주중에 확실한 희신이 없으면 기신을 생해줘도 구신이라고 하지 않고 한신이라고 한다.
病神(병신): 주중에 多者(다자)를 일주의 병신이라고 하며, 용신을 극하는 자를 용신의 병신이라고 한다. 대체로 기신인 경우가 많다.

---

4) 金倍成, 『命理大經』, (서울: 命運堂), 2004, pp.305~306.

藥神(약신): 병신을 극제하는 神(신)이다. 일주의 병을 제거하면 일주의 약신이고 용신의 병을 제거하면 용신의 약신이다. 대체로 기신을 극제하는 吉神(길신)이다.

閑神(한신): 주중에 한가하게 놀고 있는 구경꾼, 방관자로 길흉간에 작용하지 않는 신이다. 그러나 羈絆(기반)시는 작용을 하는데 용신, 희신, 약신을 기반하면 흉하고 기신, 구신, 병신을 기반하면 오히려 길하다. 기반이란 合去(합거)하는 경우다."5)

즉 申修勳(신수훈)의 용신론은 "일주로부터 위임받은 권한을 집행하는 자로서 일주를 수호할 의무와 격국을 관리할 책임을 지는 것이 用神(용신)으로서, 명운 전체를 조절하고 중화시키며 균형을 잡아주는 大吉神(대길신)이다." 라고 말할 수 있다.

대만의 명리학자 言如山(언여산)은 그의 저서『八字命理之奧秘(팔자명리지오비)』에서 다음과 같이 용신을 정의하고 있다.

"命局(명국)의 八字(팔자)를 인간의 신체에 비유한다면, 用神(용신)은 인간의 정신에 비유할 수 있다. 한 사람의 정신이 健旺(건왕)하면 큰일을 할 수 있지만 정신이 昏迷(혼미)하면 성공하기 힘든 것처럼, 용신이 有力(유력)하면 富貴(부귀)하게 되고, 용신이 無力(무력)하면 빈천하게 된다."6)

---

5) 申修勳,『命理講論』, (서울: 서지원), 2000, pp.278-279
6) 言如山,『八字命理之奧秘』, (臺灣: 瑞成書局), 1984, pp.205-206

즉 言如山의 용신론은 "用神은 인간의 정신에 비유할 수 있다."
고 했다.

『滴天髓闡微』에서는 日主와 용신의 관계를 다음과 같이 설명한
다.

"用神은 日主가 기뻐하는 것이며 처음부터 끝까지 의뢰하는 神
이다."7) "命造內의 用神은 妻·財·子·祿뿐만 아니라 窮·通·壽·夭
모두가 用神 一字에 의해 결정된다."8)

즉 『滴天髓闡微』에서의 용신론은 "用神은 日主가 의뢰하는 神
이다." 라는 말로 설명할 수 있다.

『三命通會』에서는 용신이 일주의 길흉화복을 판단하는 척도가
됨을 다음과 같이 설명하고 있다.

"전적으로 用神을 잡아서 간절히 喜忌를 명확히 밝혀야 한다.
풀이하면, 전적으로 하나의 用神을 잡아서 尊長을 삼고 權神을
삼고 號令을 삼고 本領을 삼고 倚托을 삼으니, 이것은 소홀히

---

7) "用神者, 日主所喜, 始終依賴之神也.". 任鐵樵 增注, 袁樹珊 選輯, 『滴天髓闡微』, (臺北: 武陵出版有限公司), 1999, pp.124~125.
8) "命內用神, 不特妻財子祿, 而窮通壽夭, 皆在用神一字定之.". 任鐵樵 增注, 袁樹珊 選輯, 『滴天髓闡微』, p.247.

할 수 없는 것이고 이것을 잡아서 命을 미루어 헤아려야 한다
."9)

즉 『三命通會』에서의 용신론은 "用神을 잡아서 喜忌를 밝혀야 한다." 라고 했다.

『子平粹言』에서는 아래와 같이 正格의 用神에 대한 槪念을 定義하고 있다.

"日元을 爲主로 月令과 配合하여 體性을 이루고, 體性은 中和됨으로서 貴하게 된다. 强함이 지나치거나 弱함이 지나침도 모두 마땅하지 않는데, 이때 體性을 補佐하여 中和되도록 하는 것, 이것이 (四柱) 全局의 중추가 되며 곧 用神이다."10)

즉 『子平粹言』에서의 용신론은 "日元을 爲主로 月令과 配合하여 體性을 이루는데, 그 體性을 補佐하여 中和되도록 하는 것이 用神이다." 라는 말로 표현하고 있다.

---

9) "專執用神, 切詳喜忌. 解: 專執一位用神爲尊長, 爲權神, 爲號令, 爲本領, 爲倚托. 此非小可, 執此推之.". 萬民英, 『三命通會』, (臺北: 武陵出版有限公司), 2003, p.788.
10) 徐樂吾, 『子平粹言』, (臺北: 武陵出版有限公司), 1998, pp.118~119.

이상과 같이 여러 명리학자들의 용신에 대한 개념을 살펴보았다. 이를 비교하면 用神이란, 박재완은 "일주를 위해 제일 귀중한 간지"라고 하고, 崔國峰은 "팔자 중에 소용되는 十神"이라고 하며, 金倍成은 "일주를 위해 가장 필요한 요소"라고 했다. 그리고 용신을 申修勳은 "일주의 권한을 위임받아 집행하는 자로서 명운 전체를 조절하고 중화시키며 균형을 잡아주는 大吉神"이라고 했다. 또 용신을 言如山은 "인간의 정신에 비유할 수 있다"고 하고, 『滴天髓闡微』에서는 "日主가 의뢰하는 神"이라고 하며, 『三命通會』에서는 "用神을 잡아서 喜忌를 밝혀야 한다."고 하고, 『子平粹言』에서는 "日元을 爲主로 體性을 이루는데, 그 體性을 中和되도록 하는 것이 用神"이라고 했다.

그럼 이제 본 논문에서는 용신을 어떻게 정의하고 있는가를 설명할 필요가 있다.

命理學의 해법은 强弱과 寒熱의 調和 즉 中和에 있는데, 그 强弱과 寒熱의 均衡을 이루는데 가장 핵심이 되는 五行 혹은 六神을 用神이라고 한다. 여기에는 四柱原局에서 日干을 중심으로 볼 때, 强하면 덜어주고 弱하면 도와주는 五行 즉 抑扶用神이 있고,

더우면 식혀주고 추우면 데워주는 五行 즉 調候用神이 있다. 또 四柱原局에 病이 있으면 그 病을 除去해주는 病藥用神이 있고, 두 가지의 五行이 서로 대치하여 敵對관계에 있다면 그 사이를 疏通시켜주는 通關用神이 있다. 이들 네 가지 用神은 보통 正格命造에 쓰이는 용신의 槪念이다. 여기에 대해서 例外가 있는데 이는 變格命造에 쓰이는 용신으로서 從하는 오행 혹은 六神이 바로 용신이다.

이상과 같은 여러 가지 요소를 종합하여 본 논문에서는 用神을 '正格의 용신은 强弱과 寒熱의 均衡을 이루는데 가장 핵심이 되는 五行 혹은 六神이고, 變格의 용신은 從하는 五行 혹은 六神이다.' 라고 정의하고자 한다.

2.2 用神의 重要性

命理學의 目的이 한 사람의 富貴貧賤과 吉凶禍福을 판단하는 것이라고 한다면, 용신은 그 판단의 기준이 되기 때문에 아주 중요한 것으로, 용신을 定하지 않고서는 길흉판단을 할 수가 없다. 그렇다면 구체적으로 用神은 어떤 사항을 판단하는데 도움이 되는지를 부귀빈천의 판단, 六親의 判斷, 吉凶夭壽의 판단 등, 몇 가지 중요한 분야를 선별해서 고찰해보기로 한다.

첫째, 用神은 富貴貧賤의 판단 기준이 된다. 用神이 뚜렷하고 建旺하면 富貴하고, 用神이 미약하거나 다른 干支에 의해서 被剋되어 無力하게 되면 貧賤하게 된다. 운에서 用神이 힘을 얻으면 그 운에 부귀하게 되고, 運에서 用神을 剋하거나 용신을 合해서 용신의 힘을 약화시키면 그 운에 빈천하게 된다.

예를 들면, 어떤 사주에서 正官이 用神인데 正官이 건왕하고 大運이 정관을 生助하게 된다면 귀하게 될 수 있고 성공하게 된다. 반면에 正官이 용신인데 傷官이 正官을 剋하고 있어서 용신이 되는 정관이 무력하게 되었다고 한다면 그 사람은 성공하기 힘들고 직장 운과 직업 운이 나빠진다. 또 正官이 用神인 사람이 運에서 傷官이 와서 正官이 극을 당하면 실직을 하거나 좌천을 당하게 되고, 실업자가 운에서 正官을 生하는 財運을 만나게 되면 用神 正官이 有力하게 되기 때문에 그 運에 직장을 얻거나 시험에 합격하게 된다. 재성이 用神인 사주는 원래 재운이 있는데 만약 運에서 食神을 만나면 용신인 財星이 有力하게 되므로 재물운이 좋아지게 될 것이므로, 사업가는 돈을 벌고 직장인은 수입이 증가한다. 그러나 財星을 극하는 劫財運이 오면 財星이 剋을 당하여 無力하게 되므로 그 운에 파산하거나 손재를 경험하게 된다. 운에서 재성이 들어오면 財星은 원래 재물을 의미하기 때문에 재물과 관련된 상황이 발생할 것이지만, 재성이 운에서 도래한 것만 가지고는 재물이 늘어날 것인지 줄어들 것인지를 판단할 수가 없다. 왜냐하면 판단의 기준이 정해지지 않았기 때문이다. 命理學에서 吉凶成敗의 판단 기준이 되는 것이 바로 用神이다. 財星이 用神인 사주는 財運에 財産이 증가하고 재성이 忌神인 사주는 재운에 재산이 줄어들게 된다.

　이처럼 用神은 부귀빈천과 吉凶禍福 판단의 기준이 되며, 용신이 없이는 그 어떤 판단도 내릴 수가 없다. 그러므로 사주를 푸는 과정에서 용신을 定하는 것이 가장 중요한 핵심이 되며, 용신만 정확히 잡을 수 있다면 사주를 정확히 풀 수가 있다.

　둘째, 用神은 六親 판단의 기준이 된다. 六親이란 부모 형제 처자의 가족관계를 말한다. 만약 女子四柱라면 正官이 남편의 별이기 때문에 正官이 用神인 여자는 남편 덕이 있게 되고, 正官이 忌神인 사주는 남편 덕이 없다. 여자 사주에서는 正官이 남편을 의미하기 때문에 정관을 극하는 傷官이 운에서 도래하게 되면 남편과 이별하게 되거나 다투게 되는 경우가 있다. 미혼 여성이 正官運을 만나면 남편이 될 사람을 만나게 될 것이지만, 만약 正官이 기신인 경우에는 해를 끼치는 남편이나 남자를 만나게 될 가능성이 있다. 忌神은 결국에는 해를 끼치게 되는 까닭이다. 男子四柱에서 財星은 妻를 의미하는데 財星이 용신이라면 妻德이 있다. 만약 運에서 財星을 극하는 刦財가 도래한다면 財星이 깨지기 때문에 그 운에 처와 이별하거나 다투게 된다. 여자사주에서 食神은 자녀의 별이 되는데, 운에서 食神이 도래하면 그 운에는 子女와 관련한 사건이 발생한다. 그러나 좋은 결과인지 나쁜 결과인지를 알 수는 없다. 길흉 판단의 기준인 用神이 정해지지 않았기 때문이다. 食神이 용신일 경우에는 그 운에 임신 출산하거나 자녀에게 경사가 있게 된다. 반면에 食神을 剋하는 偏印이 운에서 도래한다면 그 운에는 자녀가 流産되거나 자녀가 다치거나 자녀와 이별하거나 자녀에게 불행한 일이 생기는 경우가 많다. 이렇게 六親의 吉凶禍福을 판단함에 있어서도 용신이 판단의 기준이 되기 때문에 아주 重要하다는 것을 알 수 있다.

    셋째, 用神은 길흉요수의 판단 기준이 된다. 용신은 그 사람의 運命을 대표하는 것이기 때문에, 용신이 뚜렷하면 吉한 일이 많고

凶한 일은 적을 것이고, 용신이 뚜렷하고 大運에서 用神을 도우면 그 운에는 건강하게 지낼 수 있다. 용신을 도우는 運이 늦도록 들어온다면 無病長壽할 것이고 용신을 도우는 운이 오지 않고 忌神이 운에서 도래한다면 그 運에는 건강도 나빠지고 사고가 발생하거나 단명하게 된다. 이렇게 用神은 吉凶과 건강의 판단 기준이 된다.

3. 命理學 古典에서 用神論의 展開

3.1 『李虛中命書』 以前 命理書에서의 用神

出生 年·月·日·時의 天干과 地支에 음양오행의 生剋制化論을 적용하여 개인의 命을 推算하는 학문을 통상 명리학이라고 한다. 명리학은 宋代 서자평(五代~宋初. AD.907~960)의 학설을 기준으로 그 전의 古法命理學을 三命學이라 부르며 그 이후의 新法命理學을 子平學이라 부른다.

古法命理學에서는 태어난 年柱의 天干을 祿이라 하고 年柱의 地支를 命이라고 하며 年柱의 納音五行을 身이라 하여 이 祿命身을 三命이라고 하였다. 이 祿命身과 入胎 月, 出生 月, 出生 日, 出生 時와의 관계를 분석하여 빈부귀천 등을 추산하였다. 때문에 古法命理學을 三命學이라고 한다. 이는 日干이 中心이 되는 子平學과는 달리 生年을 中心으로 하여 命을 추산하고, 神殺을 중시하며, 天干地支 자체의 五行보다 納音五行의 相生相剋을 중시하였다. 이처럼 三命學이 통용되던 시대는, 四柱原局에서 日干

을 중심으로, "그 强弱寒熱의 均衡을 이루는데 가장 핵심이 되는 五行과 從하는 五行을 用神이라고 한다."라는 用神이라는 개념 자체가 형성되지 않았음을 알 수 있다.

그러나 子平學에서는 年月日時의 四柱八字 中 日干이 中心이 되고 日干과 他 干支間의 관계 즉 강약한열을 비교·분석하여 命을 推算한다. 그리고 여기서는 四柱干支 자체를 중시하며, 四柱는 年柱 月柱 日柱 時柱로서 出生年月日時의 干支인 네 기둥만을 가리키는 개념으로 사용되어 오늘에 이르고 있다. 이를 미루어 볼 때 用神이라는 용어는 이전에 형성되었을 수는 있지만 성행한 시기는 子平學이 정립된 이후가 될 것이라고 본다. 따라서 용신이라는 용어가 처음으로 胎動된 『李虛中命書』부터 오늘에 이르는 동안 나온 명리서를 중심으로 用神이라는 概念의 確立과 그 변천·발전해 온 과정을 살펴보기로 한다. 먼저 그 대략을 나타내면 〈표3〉과 같다.

〈표3〉 用神論의 發展過程

時代	著者 및 生沒年代(AD.)	著書	特徵
唐代	李虛中(762~813)	『李虛中命書』	用神論의 嚆矢
宋代	徐升(宋末)	『淵海子平』	用神論 확립
明代	張楠(1609~)	『命理正宗』	病弱說, 蓋頭說, 動靜說 제시
明代	萬民英(1522~)	『三命通會』	氣象論 제시
淸代	沈孝瞻(1739~1776)	『子平眞詮』	順逆論 제시
淸代	余春台(淸末)	『窮通寶鑑』	調候論 제시
淸代	陳素菴(1637~1666)	『命理約言』	抑扶論 제시
淸代	任鐵樵(1773~1849)	『滴天髓闡微』	四從格, 通關論 제시

(資料: 論者가 聚合하고 作成)

3.2 用神論의 嚆矢: 『李虛中命書』

『李虛中命書』三卷은 당나라 玄宗 때 이허중(AD.762~813)이 周代에 나온 『鬼谷子遺文』에 註釋을 단 책이다. 이허중은 一行이 내놓은 명리서 『一行禪師天元賦』에 영향을 받아 이론을 전개하였다. 이 책은 郭璞 이후 命理學의 중흥을 이루었으며 이 책의 提要에서는 다음과 같이 밝히고 있다.

"「이허중명서」 3권의 옛날 본래의 기록은 鬼谷子가 지었고,

唐나라 李虛中이 註釋을 달았다. 虛中의 字는 常容이고, 魏나라 侍中 李冲의 8세손이다. 元和 年間11)에 進士에 급제하여 官職이 殿中侍御史에 이르렀다. 韓愈가 이허중을 위하여 墓誌銘을 지었음이 『昌黎文集』에 보인다. 한유가 묘지 중에서 이르기를 '이허중은 五行書에 가장 깊은 연구를 하였고, 사람의 태어난 년 월 일이 日辰과 만나는 것으로써, 支干의 相生, 勝衰, 死王을 서로 斟酌하여 사람의 壽夭, 貴賤, 利·不利를 추론하였다.'고 했다."12)

『李虛中命書』를 살펴보면 납음오행, 신살 등 주로 古法 사주학의 용어들이 서술되어 있다. 그런데 본 논문에서 『李虛中命書』에 대해서 意義를 두는 것은 그 前의 명리서에서는 보이지 않던 용신이라는 用語가 처음으로 등장하기 때문이다.

"먼저 上은 맑고 下의 탁함을 얻었더라도 나중에 下의 탁함이 升越하면 上이 맑아진다. 먼저 上의 가볍고 맑은 (氣를) 取하면 用神의 福이 된다. 다음으로 살펴서 濁한 氣는 下에 居하는데,

---

11) 唐 憲宗 在位: AD. 805~820.
12) "李虛中命書三卷, 舊本題鬼谷子撰, 唐李虛中註. 虛中字常容, 魏侍中李冲八世孫. 進士及第元和中, 官至殿中侍御史. 韓愈為作墓誌銘, 見於昌黎文集. 愈墓誌中所云, 最深五行書, 以人之始生年月日所值日辰, 支干相生勝衰死王相斟酌, 推人壽夭貴賤利不利.". 周 鬼谷子 撰, 唐 李虛中 注, 「李虛中命書」『四庫術數類叢書七』所收, (上海: 古籍出版社), 1995, p.809-1.

上은 비록 맑으나 빼어나지 않았으면 下의 濁한 氣라도 쓰임이 있으니 取하여 만일 升越해서 上이 되면 福이 된다."13)

論者는 上을 天干으로 下를 地支로 생각하며, 用神이 天干에 투출하면 福이 된다고 본다. 그러나 천간에 용신이 될 만한 五行이 없을 경우에는 지지에 있는 오행을 용신으로 취하고, 나중에 運에서 用神이 투출하면 福이 된다고 본다. 그리고 이 이론은 『命理正宗』에서 "吉神이 透出하면 더욱 吉하고 凶神이 透出하면 더욱 凶하다."14) 라고 한 蓋頭說의 始原이 되었다고 할 수 있다. 用神이라는 용어는 그 이전의 古典 命理書에는 보이지 않다가 여기에서 처음으로 등장한다. 이 용어는 다른 곳에서는 나타나지 않는 것으로 보아 『李虛中命書』에서 처음 사용되었다고 본다.

『李虛中命書』에 대한 연구서로는 대만의 梁湘潤이 저술한 『李虛中命書』가 있다. 이 책에는 "「用神」이라고 말하는 것은 남송시대에 일어나서 오로지 五行의 生剋扶抑에 專用하는 말로써 사용되었다. 진정한 뜻은 광범하게 神殺, 貴人, 등등의 干支가 上

---

13) "先上淸而得之下濁後下濁而升越上淸. 先取上之輕淸爲用神之福. 次看濁氣居下, 上雖淸而不秀, 則取下濁有用之氣, 爲福所升越爲上矣.". 周 鬼谷子 撰, 唐 李虛中 注, 「李虛中命書」, p.809-18.
14) 張楠, 『標點命理正宗』, (臺北: 武陵出版有限公司), 2001, p.24.

下로 剋制하거나 혹은 神煞에 앉아서 衰하는 것을 포함한다."15) 고 말하고 있다. 그러면서 또 그가 쓴 『淵海喜忌隨筆』에서는 用神은 淸代初葉에 盛行16)하였다고 쓰고 있다. 이 둘을 비교하여 볼 때 필자의 생각으론 用神이라는 용어는 唐代의 『李虛中命書』에서 胎動하여 처음에는 신살, 귀인 등 여러 가지 의미로 쓰이다가 『淵海子平』에 와서 正格에서는 왕약한열의 조화점에 해당하는 五行의 의미로, 變格에서는 從하는 五行의 의미로 槪念이 確立되고 그 이후 明末 淸代初葉에 성행하였다고 본다. 아무튼 용신이라는 용어가 처음으로 등장하는 『李虛中命書』가 用神理論의 嚆矢가 되었다고 할 수 있다. 다음은 用神의 槪念이 確立되는 『淵海子平』의 用神論에 대해서 고찰해 본다.

---

15) "「用神」一詞起於南宋時代專用之於五行生剋抉抑之專用詞. 本義是廣泛包含神煞, 貴人, 等等之干支上下剋制或神煞坐衰.". 梁湘潤, 『李虛中命書』, (臺北: 武陵出版社), 1985, p.20.
16) 梁湘潤, 『淵海喜忌隨筆』, (臺北: 行卯出版社), 1980, p.7.

3.3 用神論의 確立: 『淵海子平』

3.3.1 用神論과 中和

命理學에서는 生 年月日時의 四柱八字 中 日干이 中心이 되고 그 日干과 他 干支間의 관계 즉 强弱과 寒熱을 비교·분석하여 命을 推算한다. 用神이라는 용어는 唐代의 『李虛中命書』에서 처음 도입되었지만, 강약한열의 조화를 이루는데 가장 핵심이 되는 五行을 용신이라고 보는 用神 槪念이 확립된 시기는 子平學이 정립된 宋代의 『淵海子平』 이후부터라고 본다.

四柱八字에서 日干을 中心으로 하고 그 나머지 세 개의 天干과 네 개의 地支와의 상관관계에서 强한 五行들과 弱한 五行들을 서로 組合하여 힘의 均衡點을 찾아내는 것이 바로 用神을 가려내는 일이다. 이와 같은 觀點에서 볼 때 用神을 定한다는 것은 바로 중화의 實現이라고도 할 수 있다. 여기에 대해서 『淵海子平』에서는, "대개 사람의 命은 마땅히 中和의 氣를 얻어야 하며 지나치게 많은 것도 지나치게 부족함과 같다. 氣가 中和되면 福이 두텁고 偏黨하여 剋하면 재앙이 된다."17) "天時를 미루어 보고 地利를 살펴서 만약 太過나 不及이면 中和로서 用을 삼아야 하며, 가고 머무르고 펼치고 짝함을 이치에 맞추어서 경중강약을 바르게 나타내어야 한다."18) "사람의 命에 榮枯得失은 다 五行의 生剋之中에 있으며 부귀빈궁 또한 八字의 中和를 떠나서 나오는 것이 아니다."19) 라고 하면서, 용신론은 自然과 人間이 조화를 이룸으로서 極美에 이르는 中和에 基礎를 두고 있음을 말하고 있다.

이와 마찬가지로 論者 또한 看命할 때마다 變格을 제외한 正格의 命造에 대해서는 中和에 기초를 두고 강약과 寒熱의 균형점에 해당하는 五行을 用神으로 定하면 길흉화복이 분명해지는 경험을 하는 경우가 많다.

3.3.2 用神 槪念의 確立

用神이라는 用語는 唐代의 『李虛中命書』에서 이미 태동은 하였으나 日干을 위주로 看命하는 『淵海子平』 전에는 그 개념

---

17) "蓋人之命, 宜得中和之氣, 太過與不及同. 中和之氣爲福厚, 偏黨之剋爲災殃.". 徐升 編著, 『淵海子平評註』, (臺北: 武陵出版有限公司), 2002, p. 100.
18) "推天時察地利, 約太過而不及, 以中和而爲用, 去留舒配而中理, 輕重强弱而表正.". 徐升 編著, 『淵海子平評註』, pp.228~229.
19) "人命榮枯得失, 盡在五行生剋之中, 富貴貧窮, 不出乎八字中和之外.". 徐升 編著, 『淵海子平評註』, pp.212~213.

의 정립 없이 광범하게 五行의 生剋扶抑, 神殺, 貴人 등으로 쓰였다. 그러다가 日干을 中心으로 看命하게 된 『연해자평』에서부터 용신은 日干과 다른 干支와 강약한열의 均衡點을 나타내는 오행이라는 개념으로 비로소 자리매김하게 된다. 그 뿐만 아니라 正格과 變格의 여러 가지 용신론이 거의 대부분 완성된다. 그러므로 여기서는 『淵海子平』의 여러 가지 용신론을 소개하고, 다른 명리학 고전에는 用神論 中 『淵海子平』과 중복되는 이론은 생략하고 그 독특한 이론만 살펴보기로 한다.

첫째, 正格의 용신에는 抑扶用神, 調候用神, 病藥用神, 通關用神이 있다. 抑扶用神이라는 용어는 『命理約言』에서 처음으로 나오는데 그 내용은 이미 『연해자평』에서 등장하고 있다. 이 抑扶用神은 身强의 경우와 身弱의 경우로 나누어 볼 수 있다. 신강한 경우에는 官星의 剋함이 있든지 食傷의 洩氣가 있어야 하고, 신약한 경우는 인성의 生함을 받든지 比刦의 扶를 받아야 된다. 이때 剋·洩·生·扶에 해당하는 五行이 바로 抑扶用神이다. 나머지 六神에도 이와 같이 적용하면 된다.

여기에 대해서 『연해자평』에서는, "金이 旺한데 火를 얻으면 그릇을 이루고, 火가 旺한데 水를 얻으면 바야흐로 相濟를 이루며, 旺한 水가 土를 얻으면 池沼를 이루며, 土가 旺한데 木을 얻으면 바야흐로 疏通이 되고, 木이 旺한데 金을 얻으면 나라의 棟樑이 된다."20) "强한 金이 水를 만나면 비로소 그 날카로움이 꺾이고, 강한 水가 木을 만나면 비로소 그 勢가 泄氣된다. 强한 木이 火를 만나면 비로소 그 頑固함이 化하며, 强한 火가 土를 만나면 비로소 그 불길이 그쳐지고, 强한 土가 金을 만나면 비로소 그 害를 制한다."21) "대개 官星은 旺한 財星을 만나 官星을 生해줌을 기뻐하고 旺한 印星으로써 官星을 보호해주어야 한다. 혹 傷官運을 만났는데 또 印綬의 다스림이 없으면서 傷官이 得地하면 祿이 傷損됨을 만난 것인데 상처극자하고 관직을 잃고 재앙의 生함을 즉시 볼 수 있게 될 것이다."22) 라고 하였다. 여기에서는 抑扶用神이라는 용어의 사용은 없지만 이미 抑扶用神에 대한 定義를 간접적으로나마 내리고 있음을 알 수 있다. 따라서 抑扶用神에 대한

---

20) "金旺得火, 方成器皿, 火旺得水, 方成相濟, 水旺得土, 方成池沼, 土旺得木, 方能疏通, 木旺得金, 方成棟樑.". 徐升 編著, 『淵海子平評註』, p.60.
21) "强金得水, 方挫其鋒, 强水得木, 方泄其勢. 强木得火, 方化其頑, 强火得土, 方止其焰, 强土得金, 方制其害.". 徐升 編著. 『淵海子平評註』.p.60.
22) "蓋官星喜逢財旺以生之, 印旺以護之. 或逢傷官運, 又無印綬治之, 傷官得地, 祿遭傷損, 喪妻剋子, 剝職生災, 立可見矣.". 徐升 編著, 『淵海子平評註』, pp.182~183.

개념은 『淵海子平』때 이미 확립되었음을 알 수 있다.

調候用神이라는 용어는 『窮通寶鑑』에서 자주 나오는데, 寒濕하면 데워주는 五行이 調候用神이고, 燥熱하면 식혀주는 五行이 調候用神이 된다. 五行을 기준으로 보면 명조에 甲乙丙丁戊와 寅卯巳午未戌이 많으면 대체적으로 己庚辛壬癸와 辰申酉亥子丑이 調候用神이고, 己庚辛壬癸와 辰申酉亥子丑이 많으면 대체적으로 甲乙丙丁戊와 寅卯巳午未戌이 調候用神이 된다. 계절을 기준으로 하면 여름 生이면 대체적으로 金水가 調候用神이 되고 겨울에 태어났으면 대체적으로 木火가 調候用神이 된다.

여기에 대해서 『淵海子平』에서는, "남방은 火炎하니 북방 水運으로 들어가야 이롭고, 북방 수는 寒濕하니 남방 화운으로 들어가야 이로우며, 水火가 旣濟되는 功이 있다. 五行은 그 서로 救濟함을 얻어야 위엄과 이름과 영화를 九天에 떨쳐 三丘23)에 다섯 번 行할 것이다."24) 라고 하여 調候用神이라는 용어는 쓰고 있지 않지만 여기서도 이미 調候用神에 대한 개념은 간접적으로 확립되

---

23) 三丘: 三神山{중국의 전설에 나오는 봉래산(蓬萊山)·방장산(方丈山)·영주산(瀛州山)의 세 산.} 李熙昇 編著, 『국어대사전』.
24) "南方火炎, 利入北方水運, 北方水寒, 利入南方火運, 水火有旣濟之功. 五行得其相濟, 威名榮振九天, 三丘五行.". 徐升 編著, 『淵海子平評註』, p.186.

었음을 알 수 있다.

　四柱에 病이 되는 六神을 除去하는 육신을 病藥用神이라고 한다. 예를 들면 身强한 日主가 비겁이 많은 때는 그 비겁은 病이 되는데 이때 관성으로서 비겁을 制하여야 되는 때라면 관성은 약이 되고, 또 身强한 日主가 인성이 많은 때에는 그 인성은 病이 되는데 이때 財로서 인성을 制하여야 하는 경우라면 財는 약이 된다. 또 신약한 日主가 많은 食傷이 病이 되면 식상을 제거하는 印星은 약이 되고, 많은 財가 病이 되면 그 財를 제거하는 비겁은 藥이 되고, 식상으로서 旺한 관성을 制去하여야 하는 경우는 식상이 약이 된다. 다른 五行의 관계에서도 이와 같이 類推適用하면 된다. 『淵海子平』에서는 이 病藥用神에 대해서 간접적으로 말하고 있다. 이는 用神은 不可損傷이므로 病에는 藥이 있어야 한다는 趣旨이다. 病藥說은 明代의『命理正宗』에서 처음으로 등장한다. 그러나 『淵海子平』에서도 病藥說이라는 용어를 쓰고 있지는 않았지만 觀念上으로는 이미 病藥用神의 개념이 확립되고 있었음을 알 수 있다. 즉 "印綬가 財星을 만났는데 財運으로 行하고 또 死絶地를 兼하면 필히 황천에 들어가는데 만약 四柱에 比肩이 있으면 거의 해소된다."25) 이 문장에서 印星은 用神이 되고 印星을 극상하는 財星은 病神이며 比刦은 그 病을 除去하는 藥神으로 이해하면 病藥用神의 개념은 이때 이미 확립되고 있었음을 알 수 있다.

그런데, 『淵海子平』에서는 위에서와 같이 抑扶用神과 病藥用神의 차이점에 대한 설명이 없기 때문에 많은 혼란을 초래하고 있다. 抑扶用神과 病藥用神은 뚜렷한 차이점이 있는데, 다시 말하면 抑扶用神은 日干을 中心으로 보는 관점이고 病藥用神은 用神을 中心으로 보는 관점이라는 점이다. 예를 들면 日干을 中心으로 볼 때, 身弱하면 印星 혹은 比刦으로 生扶해 주어야 하고, 身强하면 財官이나 食傷으로 剋洩하여야 하는데, 이것이 바로 抑扶用神의 개념이며 日干을 직접 이롭게 해주고 있다. 그러나 용신을 중심으로 볼 때, 예를 들면 신약한 命造에서 印星이 用神이 되는 경우에 財星은 用神을 극상하므로 병신이 되는데, 이때 比刦은 藥神으로서 病神인 財星을 除去하므로서 용신을 직접 救하고 있다. 이와 같은 입장에서 볼 때 病藥用神의 개념은 抑扶用神의 槪念보다 진일보한 이론이라고 할 수 있다.

通關用神은 四柱原局에 두 가지의 五行이 서로 대치하고 있고

---

25) "印綬見財行財運, 又策死絶, 必入黃泉, 如柱有比肩, 庶幾有解.". 徐升 編著, 『淵海子平評註』, p.290.

日主의 입장에서 볼 때, 그 두 사이를 통관시키는 五行만이 용신이 되는 때에 성립하는 用神이다. 예를 들면 旺盛한 金이 약한 木 日主를 剋傷하고 있을 때에는 水가 通關用神이고, 太强한 木日主가 사주 중에 수가 많으면 土로서 그 水를 제거하는 용신으로 삼아야 되는데, 土는 뿌리도 없을 뿐만 아니라 木의 剋을 받고 있다면 火는 土와 木사이를 매개하여 태강한 氣를 洩氣하는 通關用神이 된다. 또 水보다는 木이 많아 金을 用神으로 삼아야 되는데 火와 金이 서로 대치하고 있는 경우라면 土가 그 사이를 매개하는 통관용신이 되고, 水가 많은 신강한 木日主에서 土를 用神으로 삼아야 되는데 土와 수가 서로 대치하고 있다면 그 둘 사이를 매개하는 金이 通關用神이 된다.

　여기에서 유의할 점은 단순히 通關하는 五行과 통관용신과는 구분되어야 된다. 이 통관용신론은 "用神은 損傷되어서는 아니 된다."라는 이론을 근거로 하고 있다. 여기에 대해서 『淵海子平』에서는, "身弱한데 官·殺을 만난 경우에는 마침내 物을 얻어서 化하는 즉 吉하다. 예를 들면 甲日에 金殺이 와서 상해를 입고 있는 경우에 만일 時上에 一位의 壬癸水가 있거나 혹은 申子辰이 있으면 해소되는 즉 능히 凶이 化하여 吉하게 된다. 나머지도 이것을 본받으면 된다."26) 라고만 하고 있다. 그러나 이 통관용신은 정격에 쓰이는 용신이면서 變格인 兩神成象格이 두 가지 오행으로 서로 相剋관계를 이루고 있을 때에도 通關하는 用神으로 쓰인다. 그리고 이 통관용신은 身强한 경우와 身弱한 경우로 나누어 볼 수 있다. 身强한 命造에서 身主와 財星이 대치하는 경우에는 食傷으로 通關시킴이 원칙이고, 身主와 관성이 대결하는 경우에는 印星으로 通關해서는 안 된다. 그리고 신약한 명조에서 身主와 財星이 대립하는 경우에는 식상으로 통관해서는 안 되며, 身主와 관성이 대치하고 있을 경우에는 印星으로 통관하여야 한다고 본다. 그리고 위에서 物은 日干과 官星사이를 통관하는 인성을 말한다.

둘째, 變格의 용신을 살펴보면, 기세에 순응해서 성립되는 變格의 用神은 從하는 오행이 용신이 되고 從神을 剋傷하는 五行을 꺼린다. 예를 들어 稼穡格이면 從하는 土가 用神이고 土를 生하는 火는 喜神이며 土를 剋하는 木이 病神에 그 病을 除去하는 金이 藥神이 된다. 다른 專旺格과 從格과 化格에도 이와 같이 적

---

26) "身弱遇鬼, 得物以化之則吉. 如甲日被金殺來傷, 若時上一位壬癸水, 或申子辰解之, 卽能化凶爲吉. 餘者倣此.". 徐升 編著, 『淵海子平評註』, p.61.

용하면 된다. 여기에 대해서 『淵海子平』에서는 稼穡格에 대해서 "戊己日生으로서 辰戌丑未 전부가 있으면 稼穡格이다. 이 格은 西·南行을 기뻐하며 오직 東·北을 꺼린다."27) 라고 규정하고 있다. 論者는 위와 같이 稼穡格의 경우에 "西·南行을 기뻐하며 오직 東·北을 꺼린다." 등으로 론할 것이 아니라, 從하는 土가 用神에 火는 용신을 生하는 희신이며 木은 용신을 剋하는 병신이 되고 水는 그 병신을 生하므로 凶하다 라는 식의 分析的 定義가 필요하다고 본다.

3.4 『命理正宗』과 病藥說

明代에 張楠(AD.1609~)의 『命理正宗』에서는 『然海子平』을 계승한 내용에서 좀 더 체계적으로 발전시켰는데 여기에서 病藥說과 蓋頭說 및 動靜說이라는 독창적인 학설을 주장하였다. 특히 그의 病藥說이 대두되면서 그 이전에 重視되어 왔던 中和論에 病藥用神論을 더함으로써 看命의 豫測率을 한층 높이는 계기가 되

---

27) "稼穡格, 以戊己日生, 值辰戌丑未全者是也. 此格喜行西南, 惟忌東北.". 徐升 編著, 『淵海子平評註』, pp.143~144.

었다. 먼저 병약설을 분석해보면, "어떤 것을 病(병)이라 하는가? 원국의 八字(팔자) 中(중)에 원래 害(해)가 되는 神(신)이다. 어떤 것을 藥(약)이라 하는가? 가령 八字(팔자) 原局(원국)에 害(해)가 되는 字(자)가 있다면, 그 害(해)가 되는 字를 除去(제거)하는 一字(일자)를 이른다. 朱子(주자)가 이른바와 같이 그 病(병)에 따라서 藥(약)을 써야 한다. 그러므로 書(서)에서 이르기를, 「病(병)이 있어야 비로소 貴(귀)命(명)이 되니 傷(상)함이 없으면 奇異(기이)하지 않다. 格中(격중)의 病(병)을 만일 除去(제거)한다면 財祿(재록)이 서로 따른다.」라고 하였다. 命書(명서)가 만권이 있어도 이 四句(사구)에 요체가 포함된다. 대개 人命(인명)의 造化(조화)가 비록 中和(중화)가 되면 貴命(귀명)이라고 하지만, 일일이 中和(중화)에만 의지한다면 어찌 그 消息(소식)을 탐구하며 그 休咎(휴구)를 論(론)할 수 있겠는가! 부귀에 이른 사람의 경우는 반드시 먼저 筋骨(근골)의 노력과 體膚(체부)를 줄이고 身(신)이 곤궁한 뒤에야 忍(인)하는 心性(심성)이 動(동)하고, 그 불능하던 것으로부터 이익이 늘어나니 인명의 妙(묘)함이 이와 같은 것이다!"[28] "이전의 어리석은 사람들이 항상 病藥說(병약설)을 알지 못하고 누누이 中和(중화)로써 人命(인명)의 造化(조화)에

---

28) "何以爲之病? 原八字中, 原有所害之神也. 何以爲之藥? 如八字原有所害之字, 而得一字以去之謂也. 如朱子所謂各因其病而藥之也. 故書云.. 「有病方爲貴, 無傷不是奇. 格中如去病, 財祿兩相隨.」命書萬卷, 此四句爲之括要. 蓋人之造化, 雖貴中和, 若一一於中和, 則安得探其消息, 而論其休咎也. 若今之至富至貴之人, 必先勞其筋骨, 餓其體膚, 空乏其身, 然後動心忍性, 增益其所不能, 人命之妙, 其猶此乎!". 張楠, 『標點命理正宗』, (臺北: 武陵出版有限公司), 2001, p.27.

돌입하니 열에 한 둘도 증험함이 있지 않았다. 財官으로써만 論하면 역시 다 歸趣가 없으니 나중에 비로소 병약의 뜻을 깨닫게 된다. 거듭 財官과 中和에 근거하여 參看하면 일찍이 八九는 실수하고, 그 (病藥說의) 造化의 妙함이 이러하니 어찌 말로 다 할 수 있겠는가?"29) "만일 命造가 純土로 되어 있다면 水日干은 殺이 重하고 身이 輕한 것이며, 金日干은 土가 두터워 埋金이 되고, 火日干은 火가 어두워 無光이며, 木日干은 財多身弱이 되고, 土日干은 比肩이 太重하니 이 모든 格에 土가 病이 되므로 전부 木이 의약이 되어 그 病을 제거하기 때문에 木을 기뻐한다. 가령 財가 用神이면 比肩을 만나면 病이 되고, 官殺은 약이 되므로 기뻐한다. 만약 食神傷官이 用神이면 印綬가 病이 되며 財星은 약이 되므로 기뻐한다. 혹 本身에 病이 重한데 藥이 적거나, 혹은 본신에 병이 가벼운데 약이 重할 경우에는 行運에서 그 중화를 취하는 것이 마땅하다. 만약 病이 重할 경우에 藥을 얻으면 대부대귀할 사람이다. 병이 가벼운데 약을 얻으면 略富略貴할 사람이다. 병도 없고 약도 없으면 富하지도 貴하지도 못한 사람이다."30) "만일 八字가

---

29) "愚嘗先前未諳病藥之說, 屢以中和而突人之造化, 十無一二有驗. 又以財官爲論, 亦俱無歸趣, 後始得悟病藥之旨. 再以財官中和參看, 則嘗失八九而得其造化所以然之妙矣. 何以言之?". 張楠, 『標點命理正宗』, p.27.

純然하여 旺하지도 弱하지도 않고 原局에 財·官·印綬가 모두 傷함이 없으며 日干의 氣가 또 中和를 얻고 아울러 起發하게 보이는 것도 없으면 이는 평상인이다. 그리하여 病藥說 이것이 제일 緊要하게 용한 것이니 術者는 이것을 씀에 精察하지 않을 수 없을 것이다. 경험하여 본 類를 자세히 보라."31)

이 說은 命造 中에 害가 되는 五行을 病이라 하고, 그 病을 制去하거나 和解시켜 주는 五行을 藥이라고 하는데, 이는 病藥用神의 中心 內容이 된다. 예를 들면 관성이 旺하여 身弱한 命造에서 印星이 用神이 되는 경우에 官星은 印星을 生하는 희신이 되고, 財星은 印星을 傷害하는 病이 되는데 이때 比劫이 그 病을 제거하는 藥神이 되며, 食傷은 病을 生하므로 凶하다. 이와 같이 용신이 되는 六神을 中心으로 다른 六神과의 관계를 一目瞭然하게 整

---

30) "假如人八字中四柱純土, 水日干, 則爲殺重身輕, 如金日干, 則爲土厚埋金, 火日干, 則晦火無光, 木日干, 則爲財多身弱, 土日干, 則爲比肩太重, 是則土爲諸格之病, 俱喜木爲醫藥, 以去其病也. 如用財見比肩爲病, 喜官殺爲藥也. 如用食神傷官, 以印爲病, 喜財爲藥也. 或本身病重而藥少, 或本身病輕而藥重, 又宜行運以取其中和. 若病重而得藥, 大富大貴之人也. 病輕而得藥, 略富略貴之人也. 無病而無藥, 不富不貴之人也.". 張楠, 『標點命理正宗』, pp.27~28.
31) "如八字純然, 不旺不弱, 原財官印俱無損傷, 日干之氣又得中和, 並無起發可觀, 此是不常人也. 然病藥之說, 此是第一家之緊要, 售斯術者不可不精察也. 詳見見驗類.". 張楠, 『標點命理正宗』, p.28.

理하여 六神間의 吉凶을 判斷해 볼 수 있는 것도 病藥說을 應用함으로서 가능해졌다. 張楠은 여기에서 財官의 喜·忌도 중요하지만 病藥說 이것이 제일 繁要한 것이니 병약설을 중화론과 함께 명조분석에 적용할 것을 강조하여 보다 더 精巧한 분석이 되도록 하였다.

그러나 어느 쪽으로든 기울어져 病이 있는 命造는 남는 五行은 덜어주고 모자라는 五行은 도와주는 病藥處方을 함으로서 大富大貴할 수 있지만 四柱原局에서 이미 中和된 命造는 病이 없으니 藥도 없으므로 平常人에 불과한 명조라는 것을 看過해서는 안 된다고 한다.

그러나 여기에 대해서 論者의 생각은 다르다. 그 하나는 看命을 함에 재관과 중화와 病藥說을 함께 종합적이고 포괄적으로 적용해서 看命해야지 그 中에 병약설이 제일 긴요하다고는 생각하지 않는다. 또 하나는 중화된 명조는 어떤 운을 만난다고 하더라도 轉轉相生되므로 무탈하게 잘 사는 경우가 많다고 본다. 따라서 '平常人에 불과하다.' 라고 하기 보다는 풍파가 없어 多福한 명조라고 함이 더 타당하다고 생각한다.

蓋頭說에서는, "乙日干에는 丙丁火가 傷官이 된다. 乙日干에

傷官이 重要한 것이라면 곧 庚金官星은 病이 되는데, 만약 早年에 壬申 癸酉運으로 行하면 곧 이는 좋지 않은 運이 되는 것은 壬癸水가 申酉上에 蓋頭된 때문이다. 뒤에 甲戌乙亥는 좋은 運이 되는 이것은 甲乙木이 蓋頭된 때문이다. 또 丙子·丁丑運으로 행할 때 또 좋은 것은 丙丁火가 蓋頭하여 庚을 剋하기 때문이다. 또 만약 庚辛日干에 甲乙丙丁 4字가 기쁜 福神이 된다면 庚辛壬癸 4字는 病神이 되는데, 甲乙丙丁 여러 字가 蓋頭된 運이 길게 보이면 좋지만 만약 庚辛壬癸 여러 字가 길게 보이면 이는 그르친 命이다."32) 라고 한다. 蓋頭說의 개두라 함은 天干을 말하는데 吉神이 天干에 透出하면 더욱 吉하고 凶神이 天干에 透出하면 더욱 凶하다. 따라서 用神이 損傷되지 않으면서 地支에 뿌리를 두고 天干에 透出하였으면 한층 더 格이 높은 命造라고 評價하고, 흉신이 손상되지 않으면서 地支에 뿌리를 두고 天干에 透出하였으면 한층 더 格이 낮은 명조라고 본다.

　　『命理正宗』에서 최초로 주장한 독창적인 學說로 動靜說33)이

---

32) "乙日干, 用丙丁火爲傷官. 乙日干傷官重者, 便以庚金官星爲病, 如早年行壬申癸酉運, 便是不好運, 蓋因壬癸水蓋在申酉頭上. 後行甲戌·乙亥運便好了, 是甲乙木蓋了頭也. 又行丙子·丁丑運又好, 蓋得丙丁火蓋了頭來剋庚也. 又如庚辛日干, 喜甲乙丙丁四字爲福神, 庚辛壬癸四字爲病神, 行運望見甲乙丙丁數字蓋了頭便好, 如望見庚辛壬癸數字, 便是壞命.". 張楠, 『標點命理正宗』, pp.24~25.

있다. 動靜說은 天干의 五行은 天干의 다른 五行과 서로 작용을 하고 地支에 암장되어 있는 五行은 지지에 暗藏된 다른 五行만 剋制한다는 理論으로, 四柱原局에 있는 六神들 상호간의 冲·刑 등의 作用을 말하고 있다.

그러나 論者의 생각은 좀 다르다. 天干의 五行은 天干의 다른 五行과의 상호 작용력이 强하게 나타나는 것은 사실이지만 天干의 五行이 地支의 五行과도 영향력은 적지만 작용을 한다고 본다. 예를 들면 天干의 甲木과 天干의 庚金은 强한 冲剋作用을 하는 것은 사실이며, 甲木이 申金위에 앉아 있을 때도 甲木이 申金의 剋을 받는 경우가 있다고 본다.

그 밖에 『命理正宗』에서 등장하는 또 하나의 이론으로는 五星論[34]이 있다. 이 오성론에서는 계절별 五行의 强弱 및 寒暖燥濕과 그에 따른 吉·凶神에 대하여 말하고 있다. 이 이론은 「金不換看命繩尺」[35] 및 「金不換骨髓歌斷」[36]에서 좀 더 발전하여 明代의 『欄江網』과 함께 淸代에 와서 『窮通寶鑑』에서 꽃을 피웠다. 그 이후 명리학에서 강약과 한난조습의 調和·不調和를 구분할

---
33) 張楠, 『標點命理正宗』, p.22.
34) 張楠, 『標點命理正宗』, p.200.
35) 張楠, 『標點命理正宗』, p.205.
36) 張楠, 『標點命理正宗』, p.206.

수 있는 척도가 되어 용신을 定하는데 커다란 기준이 되었다.

또 「十天干體象全編論」37)에서는 十 天干의 각각 必要하고 不要한 五行에 대해서 말하고 있으며, 이는 十干의 性情에 따라 用神을 定하는데 참고가 된다. 그리고 「十二支詠」38)에서는 十二地支의 性情과 그 각각의 吉神과 凶神에 대하여 말하고 있으며, 이 또한 강약한열의 중화점이 되는 용신을 定하는 기준이 된다.

3.5 『三命通會』와 氣象論

『三命通會』는 명나라 때 萬民英이 편찬하였으며 명리학서 중 가장 방대한 책으로서 전 12卷으로 되어있다. 그 체제를 요약하면 1~7권에서는 五行, 干支名字之義, 四時節氣, 運, 吉神凶殺, 節氣深淺과 日干의 吉凶, 格局, 疾病 등을 論하고 있다. 그리고 8~12권에서는 看命口訣, 六神, 元理賦 등이 수록되어 있다.39) 우리나라에는 1270년 몽고(元)와의 강화이후 유학생·사신· 귀화인·신흥사대부·국경지역(평안·함경도)의 지식인을 통해 13세기 末부터 알려

---

37) 張楠, 『標點命理正宗』, p.216.
38) 張楠, 『標點命理正宗』, p.218.
39) 萬民英, 『三命通會』, pp.10-14.

지기 시작하여 14세기 초부터 전래된 이후 많이 연구되고 있는 命理書(명리서)라고 할 수 있다. 『三命通會(삼명통회)』에서는 命造(명조)는 氣象(기상)의 規模(규모)에 좌우되니 格局(격국)에 구애되지 말 것을 강조한다. 그래서 五行(오행)의 和氣(화기)點(점)에서 用神(용신)의 出處(출처)를 論(론)하라고 다음과 같이 말하고 있다.

"이제 무릇 四柱(사주)를 세워서 五行(오행)을 취하니 一運(일운)을 定(정)하여 십년(十年)을 통관한다. 淸濁(청탁)과 純駁(순박)함은 萬有不齊(만유부제)하니 好惡是非(호악시비)는 이치를 하나로만 잡기 어렵다. 그러므로 옛 사람들이 命(명)을 論(론)할 때 精微(정미)하게 연구하여서는 體(체)에 근거하여 用(용)을 갖추었다. 오늘날에 命(명)을 논할 때는 格局(격국)에 얽매이다 보니 거짓에 집착하게 되고 진실은 잃고 있다. 그래서 반드시 氣象(기상)의 規模(규모)를 먼저 보고 富貴貧賤(부귀빈천)의 綱領(강령)을 살핀 다음으로 用神(용신)의 出處(출처)를 論(론)하면 死生窮達(사생궁달)의 精微(정미)함에 달할 수 있을 것이다. 본래 八字(팔자)는 繁華(번화)하지 않으며 오직 五行(오행)의 和氣(화기)를 바란다. 實(실)을 향해서 虛(허)를 찾고 無(무)를 쫓아 有(유)를 취한다. 그래서 大海(대해)는 勺水(작수)를 따르고, 少陰(소음)은 老陽(노양)에서 나오고, 이룸은 敗(패)의 실마리가 되고, 변화는 점차 化(화)함에서 비롯하니 이것을 또한 깊이 살피는 것이 마땅하다. 이에 가령 一陽(일양)은 凍土(동토)에서 풀리고 三伏(삼복)은 寒氣(한기)를 生(생)한다."[40]

---

40) "今夫立四柱而取五行, 定一運而關十載. 淸濁純駁, 萬有不齊, 好惡是非, 理難執一. 故古之論命, 硏究精微, 則由體而該用. 今之論命, 拘泥格局, 遂執假而失眞. 是必先觀氣象規模, 乃富貴貧賤之綱領. 次論用神出處, 盡死生窮達之精微. 不須八字繁華, 只要五行和氣. 向實尋虛, 從無取有. 然大海從於勺水, 少陰産於老陽, 成乃敗之機, 變乃化之漸,

그리고 "用神은 하나여야 하는데 귀한 氣라도 중첩으로 오면, 象을 맑고 밝게 하려하나 氣가 傷하여 산만해 진다."41) "전적으로 用神을 잡아서 간절히 喜忌를 명확히 밝혀야 한다. 풀이하면, 전적으로 하나의 用神을 잡아서 尊長을 삼고 權神을 삼고 號令을 삼고 本領을 삼고 倚托을 삼으니, 이것은 소홀히 할 수 없는 것이고 이것을 잡아서 命을 미루어 헤아려야 한다."42) 고 말하고 있다.

論者는 "用神은 하나다." 라는 점에 대해서, 사주원국에서 용신은 한 가지 五行이어야 한다는 의미로 받아들인다. 그 이유는 만약 特定한 명조에서 용신이 木이라고 한다면 五行上으로는 같은 木이라고 하더라도 木이 하나 이상이 있을 수도 있는데 이때는 五行上으로 볼 때는 用神이 하나(한 가지)이지만 木의 個數로 볼 때는 여러 個 일수도 있기 때문이다.

또 看命法과 用神을 가려내는 방법에 대해서는, "무릇 造化의 이치를 미루어 헤아려 궁구하는데 그 法은 日干을 위주로 한다."43) "用神은 運行을 먼저 十二宮으로 펴고 어떤 宮에 어느 節氣

此又所當深察. 乃若一陽解凍, 三伏生寒.". 萬民英, 『三命通會』, p.833.
41) "用神一字, 貴氣重來, 象欲晶明, 氣傷懶散.". 萬民英, 『三命通會』, p.797.
42) "專執用神, 切詳喜忌. 解: 專執一位用神爲尊長, 爲權神, 爲號令, 爲本領, 爲倚托. 此非小可, 執此推之.". 萬民英, 『三命通會』, p.788.
43) "凡推究造化之理, 其法以日爲主.". 萬民英, 『三命通會』.p.786.

- 45 -

를 받는지를 보고 財星과 官星 및 印綬를 食神과 더불어 경중을 분명히 살펴야 당연히 알 수 있다."44) "다만 네 개의 地支의 토대가 자세하게는 같지 않으니, 五氣 中에 어떤 物이 가장 중요하고, 장차 올 品量과, 반면에 어떤 神이 능히 소비되어 흩어지는지, 어떤 神이 능히 生하고 돕는지, 어떤 神이 능히 衝·合하는지, 어떤 神이 능히 변화하는지를 보고난 후에, 또 日干이 어떤 五氣에 속하는지를 보고 그와 더불어 가장 중요한 氣가 어떻게 統攝하는지를 살피고는, 곧 財·官 등의 物을 用神의 氣로 잡아야 한다. 五氣는 곧 木火土金水를 이른다."45) "곧 日干坐下의 지지를 月支 時支 年支와 더불어 무엇보다도 먼저 살피고, 刑·衝·破·害 및 生·剋·比·和관계가 어떠한지? 日主와 관계되는 喜神과 忌神은 어떤 物이 와 있는지? 를 보아야 한다."46)

"이것은 一段 반드시 먼저 四地支를 보아야 하고 所藏한 干氣를 일일이 써서 확 트이도록 이끌어 나오게 하여 세밀히 헤아려 어떤 것이 黨衆인지, 어떤 것이 힘이 적은지, 어떤 것이 旺하고 어떤

---

44) "用神, 運行先布十二宮, 看於何宮受某節, 財官印綬與食神, 當知輕重審分明.". 萬民英, 『三命通會』, p.990.
45) "不如只詳四個地支基址, 五氣中何物最重, 將來品量, 卻能耗散何神, 能生扶何神, 能衝合何神, 能變化何神. 然後卻看日干屬何五氣, 與其最重之氣統攝何如, 便拿財官等物, 用神之氣. 五氣謂如木火土金水.". 萬民英, 『三命通會』, pp.787~788.
46) "乃日干坐下, 首先看此地支, 與月支一位·時支一位·年支一位, 刑衝破害·生剋比和何如? 主干喜忌何物得來?". 萬民英, 『三命通會』, p.787.

것이 弱하고, 어떤 것이 가볍고 어떤 것이 무거운지 전부 밝혀서 用神과 吉·凶의 道理를 얻어야 한다. 일일이 소통하도록 이끌어 가지 않고 大綱 어둡게 가려지면 法度를 헤아려 取捨하는데 어려움이 있다."47) 라고 하는데 이 내용은 用神을 導出하는데 커다란 지침이 된다고 본다.

3.6 『子平眞詮』과 順逆論

『子平眞詮』의 格局(順逆)用神論의 내용은 月支가 正官·正印·財星·食神이면 吉한 六神이라고 하여 四吉神으로 분류하고, 月支가 七殺·傷官·陽刃·偏印이면 凶한 六神이라고 하여 四凶神에 분류하여 그에 따라서 格局과 用神을 정하는 원리를 설명하고 있다. 四吉神은 順用하고 四凶神은 逆用하는 원리가 설명된 것이 『子平眞詮』의 핵심이다.

格局의 順用이란 格을 五行의 관계에서 相生하는 것을 쓰는 것이고, 逆用이란 格을 五行의 관계상 相剋하는 것을 쓰는 것을

---

47) "此一段須要先看四支, 一一將所藏干氣, 提豁出來, 細推何者黨衆, 何者力寡, 何旺何弱, 何輕何重, 方明得用神吉凶道理. 不去一一提豁, 大綱昏蔽, 難以忖度取捨.". 萬民英, 『三命通會』, p.793.

말한다. 이런 원칙에 따라서 定해지는 用神을 順逆用神 혹은 格局 用神이라고도 한다. 『子平眞詮』은 格局에 의해서 用神이 定해지는 원리를 가장 체계적으로 정리해놓은 책이다. 이 책에서 格局의 구성은 日主에 대하여 月支本氣의 六神의 관계로 格을 定하는 것을 원칙으로 하고, 月支 支藏干의 透出이나 地支의 合局은 格을 구성하는 보조적 요소로 보고 있다. 순용할 것을 순용하고 역용할 것을 역용하면 成格이 되고, 그와 반대가 되면 破格이 된다.

이와 같이 『子平眞詮』에서 말하는 格局(順逆)用神論은, 본 논문에서 연구 주제로 삼는 용신론과는 거리가 있으므로 論外로 한다. 여기에 대해서 張新智도 「用神」說에서 一. 普通格局의 取用方法으로는 (一)「抑扶」 (二)「通關」 (三)「病藥」 (四) 「調候」 二, 特殊格局의 取用으로는 (一)「一行得氣/專旺格」 (二)「從格」 (三)「化氣格」48)라고만 하고 있을 뿐 格局(順逆) 用神을 用神論의 범주에 넣지 않고 있다.

---

48) 張新智,「子平學之理論研究」, 博士論文, 國立政治大學中國文學研究所, 2002, pp.149~161.

3.7 『窮通寶鑑』과 調候論

원래 明代에 身元未詳의 인물이 지은 『欄江網』을 淸代에 와서 余春台(淸末)가 다시 편집한 『窮通寶鑑』은, 조후를 위주로 하고 抑扶를 참작하여 中和를 이루는 용신을 정하는데 가장 근간적 기준이 되는 軸을 제공하고 있다. 그래서 여기서는 이 책에서 밝히고 있는 十天干別 十二月支와의 관계에서 분류되는 十天干別 强弱과 寒熱을 알아본 다음 그 각각의 中和點에 해당하는 用神을 定하는데 필요한 五行이 무엇인가에 대해 알아본다.

첫째, 調候用神에 대해서는 두 가지로 분류해 볼 수 있다. 하나는 季節을 중심으로 보는 관점이다. 예를 들면 여름에 태어난 명조는 대체적으로 燥熱하므로 金水가 필요하고, 겨울에 태어난 명조는 보통 寒濕하므로 木火를 만나야 吉하다고 본다. 또 하나는 五行을 기준으로 보는 법이다. 예를 들면 사주에 金水가 많으면 木火가 喜神이 되고, 木火가 많으면 金水가 희신이 된다. 이 조후용신에 대해서 『窮通寶鑑』에서 말하고 있는 내용을 살펴보면 아래와 같다.

"水가 旺하면 火가 用神이 되고 火가 많으면 水가 用신이 된다."49)

"子月의 甲木은 木性에 寒氣가 生하니 丁火를 먼저 쓰고 庚金을 나중에 쓰며 丙火로 보좌한다. 癸水가 透出하면 반드시 戊己土의 구제가 있어야 하고, 壬水가 투출하였는데 丁火를 쓸 수 없을 경우에는 반드시 丙火의 투출함이 있어야 바야흐로 妙하다. 冬木은 本性이 收斂하므로 丁火를 써서 庚金을 制하거나 庚金을 써서 甲木을 쪼개어야 한다."50)

"丑月의 甲木은 木性이 마르니 庚金을 써서 甲木을 쪼개지 않으면 丁火를 끌어당길 수 없고, 丁火를 쓰지 않으면 木性이 활동할 수 없기 때문에 발전할 가능성이 없다. 그러므로 반드시 庚丁을 써야 되는데 丁火가 중요하고 甲木을 쪼개는 庚金은 보좌가 되며 庚丁이 둘 다 투출하면 부귀한 명조다. 비록 庚金이 있다 하더라도 丁火가 없어서는 안 되며, 庚金은 모자란다 하더라도 그런 대로 쓸 수 있지만, 丁火가 부족하면 無用之物이다."51)

"午月의 乙木은 丁火가 권세를 주관하는 때로 곡식이 모두 가

---

49) "水旺用火, 火多用水.". 徐樂吾 註, 『窮通寶鑑』, (臺北: 武陵出版有限公司), 2004, p.5.
50) "十一月甲木, 木性生寒, 丁先庚後, 丙火佐. 癸透必須戊己爲救, 壬透則丁火不能用, 必須有丙火透出方妙. 冬木本性收斂, 用丁制庚, 用庚劈甲.". 徐樂吾 註, 『窮通寶鑑』, p.29.
51) "十二月甲木, 木性枯槁, 非用庚金劈甲, 不能引丁火, 非用丁火, 木性不活動, 無發展之可能. 故必以庚丁爲用, 丁爲主要, 庚金劈甲爲助, 庚丁兩透, 富貴之造. 雖有庚金, 丁不可少, 乏庚略可, 乏丁無用.". 徐樂吾 註, 『窮通寶鑑』, pp.30~31.

품을 만났으니 四柱(사주)에 金水(금수)가 많으면 丙火(병화)를 먼저 쓰고 나머지는 모두 癸水(계수)를 먼저 쓴다."52)

"巳月(사월)은 丁火(정화)가 乘旺(승왕)한 때로 火勢(화세)가 위로 타오르니 반드시 壬水(임수)를 취하여 火炎(화염)을 해소하고 庚金(경금)으로 보좌하여야 하며 壬水(임수)가 없으면 癸水(계수)를 쓴다."53)

"夏月(하월)에 生(생)한 土(토)는 그 勢(세)가 燥熱(조열)하니 旺盛(왕성)한 水(수)를 얻어 滋潤(자윤)하여야 功(공)을 이룬다. 旺火(왕화)가 달구어서 (土(토)가) 말라 터지는 것을 꺼리고 木(목)이 火(화)를 도와 炎上(염상)하면 水(수)로써 剋(극)하여야 장애가 없고, 金(금)이 生(생)하여 水(수)가 범람하면 妻才(처재)에 유익하다. 比肩(비견)을 만나면 蹇滯(건체)되어 不通(불통)하는데 만일 太過(태과)하면 木(목)으로 剋(극)하는 것이 마땅하다."54)

위의 내용은 조후용신의 기준이 되는 寒暖(한난)·燥濕(조습)문제를 다루고 있다. 이 내용을 분석한 결과를 정리하면, 甲乙丙丁戊(갑을병정무)의 天干(천간)과 寅卯巳午未戌(인묘사오미술)의 地支(지지)는 暖(난)·燥(조)하고, 己庚辛壬癸(기경신임계)의 天干(천간)과 申酉亥子丑辰(신유해자축진)의 地支(지지)는 寒(한)·濕(습)하다. 따라서 사주원국

---

52) "五月乙木, 丁火司權, 禾稼俱旱, 柱多金水, 丙火爲先, 餘皆用癸水爲先.". 徐樂吾 註, 『窮通寶鑑』, p.41.
53) "四月丁火乘旺, 火勢炎上, 必取壬水解炎, 庚金爲佐, 無壬用癸.". 徐樂吾 註, 『窮通寶鑑』, p.86.
54) "夏月之土, 其勢燥烈, 得盛水滋潤成功. 忌旺火煆煉焦坼, 木助火炎, 水剋無碍, 金生水泛, 妻才有益. 見比肩蹇滯不通, 如太過又宜木剋.". 徐樂吾 註, 『窮通寶鑑』, p.101.

에서 甲乙丙丁戊의 天干과 月支를 포함한 寅卯巳午未 戌의 地支가 己庚辛壬癸의 天干과 申酉亥子丑辰의 地支보다 많으면 燥熱한 命造이므로 한습한 干支를 必要로 하고, 己庚辛壬癸의 天干과 月支를 포함한 申酉亥子丑辰의 地支가 甲乙丙丁戊의 天干과 寅卯巳午未戌의 地支보다 많으면 한습한 명조이므로 조열한 干支를 必要로 한다. 라고 요약할 수 있다.

둘째, 抑扶用神에 대해서 『窮通寶鑑』에서는 말하고 있는 내용을 살펴보면 아래와 같다.

"木을 論함에 만약 가을에 生하면 火가 있어 金을 제함이 마땅한데 이는 金을 꺼리지 않는 것이 아니라 金을 덜어내는 것이다. 火로서 金을 制하면 器(연장)를 이루니 바야흐로 木을 다듬어 材木을 이루게 된다. 三秋에는 金은 旺하고 木이 마르니 쇠잔한 枝葉은 金으로 剪除하는 것을 기뻐하는데 이때 火가 金을 견제하면 木의 성질이 傷하지 않는다. (木·火·金이) 서로 적당히 制하면 中和를 이루게 된다. 이 때문에 秋木은 金을 기뻐하며 官·殺을 막론하고 모두 火를 얻으면 귀격이 된다고 한 것은 바로 이를 이름이다."55)

"秋月의 火, 火가 申酉에 이르면 死絶地가 되므로 반드시 木의 生함이 있어야 하고 比刼의 도움이 있어야 한다. 旺水를 만나면 殞滅의 근심을 면하기 어렵고 土가 많으면 火의 빛을 가리게 된다. 三秋는 金神이 秉令한 때로 財旺하고 身은 弱하니 日主를 도우는 比刼이 많으면 旺한 財의 세력을 분산할 수 있어서 오히려 유리하게 된다. 무릇 日主는 弱하고 煞이 旺하면 반드시 印綬가 用神이 되고, 財가 旺하면 반드시 刼財가 用神이 된다는 것은 규정되어 있는 이치이다."56)

"冬月의 火, 冬月은 火勢가 絶滅하는 때이며 겸하여 水旺令이니 한편으로는 木으로써 救하고 한편으로는 반드시 戊土로 制水함이 있어야 한다. 혹 己土와 壬水가 섞여있다면 오히려 木을 生하지만 寒冬收縮할 때이니 木은 火를 生할 뜻이 없으니 더욱 반드시 火의 融和가 있이 木이 生機를 얻어야 바야흐로 火를 生하기 때문에 比刼인 火가 이롭다는 것이다. 겨울의 火는 반드시 印綬 刼財 食傷이 서로 적합하게 制함을 이루어야 바야흐로 上格을 이룬다. 金을 만나면 무리의 殺이 日主를 剋하고 財를 탐하여 印綬를 무너뜨리면 格局을 破해버려 身弱할

---

55) "論木, 若生於秋, 宜有火制金, 非忌金而去之也. 以火制金成器, 方能斲木成材. 三秋金旺木枯, 殘枝敗葉, 喜金剪除, 得火制金, 不傷木性. 相制而歸於中和, 故秋木喜金, 不論官煞, 皆宜得火, 乃成貴格, 正謂此也.". 徐樂吾 註, 『窮通寶鑑』, pp.1~2.
56) "秋月之火, 火至申酉, 爲死絶之地, 必須有木以生之, 比劫以助之. 見水旺, 難免殞滅之憂, 土多掩光. 三秋金神秉令, 財旺身衰, 多見比刼幫身, 分財旺之勢, 反爲有利. 凡身弱者, 煞旺必須用印, 才旺必須用刼, 一定之理也.". 徐樂吾 註, 『窮通寶鑑』, p.57.

뿐만 아니라 財를 감당하기가 어려울 뿐이다. 그러므로 天地가 만일 기울어져 있는데 木의 구제함이 없으면 역시 水火가 並存하여 旣濟의 功을 이루기 어렵게 된다."57)

"土가 春月에 生하면 그 勢가 虛浮하니 火가 生扶해주는 것을 기뻐하며 木이 太過함을 싫어하며 水가 泛濫함을 꺼리는데 이때 比刦이 도와주는 것을 기뻐한다. 金을 얻어 木을 制하면 상서로우나 金이 太多하면 土氣를 빼앗기게 된다."58)

"秋月의 土. 秋月은 金神이 當旺한 때이니 金이 많으면 土의 氣를 洩하므로 子旺母衰하게 되는데 金이 旺하면 火로써 金을 制하는 것을 기뻐한다. 土金傷食格에 佩印이라 火를 거듭 만나고 金神이 火鄕으로 들어가면 最上의 格이고, 그 다음은 盛하던 土가 (木의 剋을 받아) 衰하는 경우에는 金으로써 木을 制함이 마땅하다. 그러나 剋洩이 交集으로 인할 때에는 火로써 木을 化하고 金을 制하여 身을 도우는 것을 기뻐하니 秋月의 土는 火를 떠날 수 없다. 土가 이미 衰한데 많은 水를 만나면 財多身弱이 되니 이때는 比肩으로써 身을 도우는 것을 기뻐하

---

57) "冬月之火, 冬月火勢絶滅之時, 水旺秉令, 一面以木爲救, 一面須有戊土制水. 或己土混壬水以反生木, 但寒凍收縮之時, 木無生意, 更須有火融和, 木得生機, 方能生火, 故火比爲利. 冬月之火已必以印刦食傷, 互相調制, 方成上格. 見金則黨煞攻身, 貪財壞印, 格局盡破, 不僅身弱難任其才而已. 故天地雖傾, 若無木爲救, 亦不能使水火並存, 而成旣濟之功也.". 徐樂吾 註, 『窮通寶鑑』, p.57.
58) "土生於春月, 其勢虛浮, 喜火生扶, 惡木太過, 忌水泛濫, 喜土比助. 得金而制木爲祥, 金太多仍盜土氣.". 徐樂吾 註, 『窮通寶鑑』, p.100.

며, 霜降 이후는 土旺用事59)하는 때이니 比肩의 도움이 없어도 괜찮다."60)

위와 같이 『窮通寶鑑』의 抑扶用神에 대해서 말하고 있는 내용을 다음과 같이 체계적으로 요약해서 정리할 필요가 있다. 즉 中和를 실현하기 위한 抑扶用神의 기준이 되는 강약에 대해서는, 甲乙丙丁戊己庚辛壬癸의 十日干이 각각 三春인 寅卯辰月과 三夏인 巳午未月과 三秋인 申酉戌月과 三冬인 亥子丑月에 태어났을 경우에 日干 對 十二月支와의 관계를 중심으로 볼 때 相(印星으로서 日干을 生함), 旺(比·刦으로서 日干을 도움), 休(傷·食으로서 日干이 洩氣됨), 囚(財星으로서 日干이 剋함), 死(官星으로서 日干이 剋을 당함)함에 따라 그 각각의 强·弱을 구분할 수 있는 기준을 제공하고 있다. 그리고 그 기준을 중심으로 볼 때 상황의 변화에 따라서 日干이 身强함과 身弱함으로 되는 그때마다 그 吉神과 凶神에 대해서 말하고 있다.

예를 들면 甲木日干이 亥子月에 태어난 때에 旺盛한 亥子水는

---

59) 「用權 즉 권세를 씀.」. 李熙昇 編著, 『국어대사전』, p.2805.
60) "秋月之土, 秋月金神當旺之時, 金多洩土之氣, 爲子旺母衰, 金旺喜火以制之. 土金傷官佩印, 見火重重, 爲金神入火鄕, 上上之格, 次者盛土衰, 亦宜金以制之. 然剋洩交集, 仍喜火化木制金, 以扶身, 故秋月之土, 不離火也. 土氣已衰, 見水多, 爲才多身弱, 喜得比肩扶身, 霜降以後, 土旺用事, 則不比亦可矣.". 徐樂吾 註, 『窮通寶鑑』, p.101.

印星으로서 甲木을 生하는 相이 되고, 寅卯月에 태어난 때에는 旺盛한 寅卯木이 甲木을 도우니 旺이 되는데 이 둘의 경우는 得令을 하였으므로 身强의 기준이 된다. 그리고 甲木日干이 巳午月에 태어나면 旺盛한 食傷에 甲木이 洩氣되니 休가 되며, 辰戌丑未月에 태어나면 甲木이 旺盛한 財星을 剋傷하므로 囚가 되고, 申酉月에 태어나면 旺星한 官星이 甲木을 剋傷하므로 死가 되는데 이 셋의 경우는 失令하였으니 身弱의 기준이 된다.

따라서 四柱八字에서 月支를 포함한 相과 旺이 休와 囚와 死보다 많으면 身强한 命造가 되는 경우가 대부분이고, 月支를 포함한 休와 囚와 死가 相과 旺보다 많으면 身弱한 命造가 되는 경우가 대부분이다.

그 用神에 대해서 언급하면, 만약 甲木日主가 身强한 中에 많은 水가 凶이 되면 水를 制伏하는 土가 用神이 되고, 많은 木이 凶이 되면 木을 制伏하는 金이 用神이 되며, 太强하면 洩氣하는 火가 用神이 되고, 太强이 極에 이르면 變格인 木曰曲直格이 되는데 이때는 從神인 木이 用神이 된다. 그리고 甲木日干이 身弱한 中에 많은 火가 凶이 되면 그 火를 制伏하는 水가 用神이 되고, 많은 土가 凶이 되면 土를 制伏하는 木이 用神이 되며, 많은

金이 凶이 되면 그 金을 制伏하는 火가 용신이 되든지 水가 金과 甲木사이를 通關하는 用神이 된다. 또 甲木日干이 의지할 水와 木이 없는 中에 火가 滿局을 이루었으면 棄命從兒格이 되고, 土가 만국을 이루었으면 棄命從財格이 되며, 金이 만국을 이루었으면 棄命從殺格 된다. 이처럼 從格이 되면 從하는 神이 곧 用神이 된다. 나머지 日干도 이와 같이 推理하면 된다.

3.8 『命理約言』과 抑扶論

清代의 陳素庵이 내놓은 『命理約言』의 특기할만한 내용은 억부용신에 대한 정의를 내린 점과 體用의 정의를 내리고 兩神成象格의 성격과 그 喜忌에 대해서 상세히 설명하고 있다는 점이다.

먼저 抑扶用神에 대해서, "命에는 用神이 아주 중요한데 用神을 보는 법은 억부에 불과할 따름이다. 무릇 弱한 것은 도와주는 것이 마땅한데, 도와주는 그것이 곧 用神이다. 그리고 도우는 것이 너무 지나치면 그 도와주는 것을 抑制하는 것이 용신이다. 또한 도우는 것이 부족하면 그 도우는 것을 도와주는 것이 용신이다. 대개 强한 것은 억제하는 것이 마땅한데, 抑制하는 그것이 곧 용신이다.

억제하는 것이 너무 지나치면 그 억제하는 것을 抑制(억제)하는 것이 用神(용신)이다. 억제하는 것이 부족하면 그 抑制(억제)하는 것을 도와주는 것이 用神(용신)이다."61) "가령 官殺(관살)이 太强(태강)하면 印(인)으로써 그 强(강)한 氣運(기운)을 끌어내고 食傷(식상)이 태강하면 財(재)로써 그 强(강)한 기운을 끌어내어야 한다."62) 고 하면서 抑扶用神(억부용신)의 定義(정의)를 내렸다. 그리고 태강하면 洩氣(설기)함이 타당하다고 했다.

여기에서 "용신을 보는 법은 抑扶(억부)에 不過(불과)할 따름이다." 라고 하여 用神(용신)을 억부용신에 限定(한정)하여 정의를 내리고 있다. 그러나 正格(정격)의 용신에 調候用神(조후용신) 病藥用神(병약용신) 通關用神(통관용신)이 더 있음을 간과해서는 안 되며, 從格(종격)은 從(종)하는 五行(오행)이 용신이 됨을 잊어도 안 된다고 본다. 그리고 "原局(원국)에서 억부할 수 없다면 運(운)으로써 억부해 주어야 한다."63) 라고 한다. 이 句節(구절)은 四柱原局(사주원국)에 용신이 없으면 運(운)에서 용신을 찾아야 한다고 해석할 수도 있는데, 論者(론자)는 용신은 반드시

---

61) "命以用神爲緊要, 看用神之法, 不過抑扶而已. 凡弱者宜扶, 扶之者, 卽用神也. 扶之太過, 抑其扶者爲用神. 扶之不及, 扶其扶者爲用神. 凡强者宜抑, 抑之者, 卽用神也. 抑之太過, 抑其抑者爲用神. 抑之不及, 扶其抑者爲用神.". 陳素菴 原著, 韋千里 選輯, 『精選命理約言』卷一, (上海: 韋氏命苑), 1935, p.8. ; 『命理探原』에서도 이 用神法을 답습하고 있다. 袁樹珊, 『命理探原』, (臺北: 武陵出版有限公司), 1996, p.178.
62) "如官殺太强, 則引之以印, 食傷太强, 則引之以財.". 陳素菴 原著, 韋千里 選輯, 『精選命理約言』卷四, p.6.
63) "局不能抑扶者, 以運抑扶之.". 陳素菴 原著, 韋千里 選輯, 『精選命理約言』卷一, pp.1~2.

사주원국에서 찾아야 한다고 본다.

다음의 看命法(간명법)에 대한 정의는 용신을 가려내는데 커다란 도움이 된다.

"推命(추명)을 할 때 먼저 日干(일간)이 得時(득시)했나 失時(실시)했나 혹은 得勢(득세)했나 失勢(실세)했나 아래 어느 地支(지지)에 앉았는지 옆에 어느 天干(천간)이 日干(일간)을 生剋(생극)하는지 抑扶(억부)하는지를 보고, 좇아서 나머지 三干(삼간) 및 四地支(사지지)가 日干(일간)을 生剋(생극)하는지 抑扶(억부)하는지를 보아야 하는데 이것은 불변의 법칙이다. 그러나 日干(일간) 뿐만이 아니라 柱中(주중)에 모든 干支(간지)를 전부마다 이와 같이 연구해야 하는 것이니, 가령 年干(년간)을 보는 경우에도 우선 得時(득시) 得勢(득세)했는지 아닌지와 아래에 어떠한 地支(지지)에 앉았는지 옆에 어떠한 天干(천간)이 年干(년간)을 生剋(생극)하는지 抑扶(억부)하는지를 보고, 좇아서 나머지 三干(삼간) 및 四支(사지)가 年干(년간)을 生剋(생극)하는지 抑扶(억부)하는지를 보아야 하는데 月干(월간)과 時干(시간)도 역시 그러하다. 가령 年支(년지)를 보는 경우에도 먼저 得時(득시) 得勢(득세)했는지 아닌지와 위에 어떠한 天干(천간)을 싣고 있는지와 옆에 어떠한 地支(지지)가 年支(년지)를 生剋(생극)하는지 抑扶(억부)하는지를 보고, 좇아서 나머지 三支(삼지)와 四干(사간)이 年支(년지)를 生剋(생극)하는지 抑扶(억부)하는지를 살펴야 하며, 月(월)·日(일)·時支(시지)도 역시 그러하다. 이와 같이 하나하나 확실하게 연구를 한 후에 쓰임이 官殺(관살)도 되고 財(재)·印(인)도 되고 食傷(식상)도 되며, 그것이

強(강)한 것인지 弱(약)한 것인지를 살펴서 쓸 것은 쓰고 버릴 것은 버리면 자연히 정확하고 적절하여 착오가 없어지게 되고 맑게 꿰뚫어서 의혹이 없어지게 되니 이것이 看命(간명)의 첫째 중요한 비결이다."64)

부연하면 먼저 日干(일간)을 기준으로 볼 때 印星(인성) 혹은 比刦月(비겁월)에 태어났으면 得時(득시)한 것이고, 食傷(식상)과 財星(재성) 혹은 官星月(관성월)에 태어났으면 失時(실시)한 것이다. 그리고 원국에 인성과 비겁이 많으면 得勢(득세)한 것이고 식상과 재성 혹은 관성이 많으면 失勢(실세)한 것이다. 이와 같이 보아 月令(월령)을 포함하여 印星(인성)과 比刦(비겁)이 食傷(식상)과 財星(재성)과 관성보다 많으면 신강한 명조가 되고 月令(월령)을 포함한 食傷(식상)과 財星(재성)과 官星(관성)이 印星(인성)과 比刦(비겁)보다 많으면 身弱(신약)한 命造(명조)다. 身强(신강)하면 관성 혹은 재성과 식상이 용신이 되고 身弱(신약)하면 인성 혹은 比刦(비겁)을 용신으로 삼아 일간과 다른 六神(육신)과의 强弱(강약)과 寒熱(한열)의 均衡點(균형점)을 찾아야 한다. 다른 六神(육신)을 기준으로 볼 때도 이와 같은 방법을 적용하면 된다.

---

64) "推命先看日干, 或得時, 或失時, 或得勢, 或失勢, 下坐某支, 緊貼某干, 於日干生剋抑扶何如, 隨看餘三干及四支, 於日干生剋抑扶何如, 此恒法也. 然不特日干而已, 凡柱中干支皆當如此研究, 如看年干, 先看得時得勢否, 下坐何支, 緊貼何干, 於年干生剋抑扶何如, 隨看餘三干及四支, 於年干生剋抑扶何如, 月日時干亦然. 如看年支, 先看得時得勢否, 上載何干, 緊貼何支, 於年支生剋抑扶何如, 隨看餘三支及四干, 於年支生剋抑扶何如, 月日時支亦然. 如此一一研究的確, 然後用之爲官殺, 爲財印, 爲食傷, 其是强是弱, 當用當舍, 自然精當無差, 洞澈不惑矣, 此看命第一要訣也.". 陳素菴 原著, 韋千里 選輯. 『精選命理約言』卷一. pp.2~3.

그리고 『命理約言』에서는 "體가 있고나서 用이 있는 것이니 日主六神은 體이고 日主를 抑扶하는 六神은 用이다."65) 라고 體用의 정의를 내렸다.

부연하면 形象氣局 즉 氣勢에 따라서 從하는 變格이 되면 形象氣局은 體가 되고 그 氣勢를 따르는 五行 혹은 六神은 用神이 된다. 그리고 正格이면 日主는 體가 되고 日主의 强弱에 따라서 生剋制化하는 五行 혹은 六神은 用神이 된다.

그리고 또 從印格에 대해서는 "印星이 많을 때만은 從하는 이치가 없으니 대개 어미가 많으면 오히려 자식에게 災殃이 되기 때문이다."66) 고 하면서 이를 認定하고 있지 않다. 그러나 化局賦에서는 "丁壬이 合하여 木으로 化하여 숲을 이루고 아울러 戊癸가 合하여 火로 化한다."67) 라고 하여 從印格과 너무도 類似한, 丁火日主가 壬水와 合하여 印星인 木으로 從하고 戊土日主가 癸水

---

65) "有體而後有用, 日主六神體也, 抑扶日主六神者, 用也.". 陳素菴 原著, 韋千里 選輯, 『精選命理約言』卷一, p.9.
66) "惟印多則無從理, 蓋母衆反作子殃.". 陳素菴 原著, 韋千里 選輯, 『精選命理約言』卷二, p.20.
67) "丁壬合而化木成林, 幷戊癸合而化火.". 陳素菴 原著, 韋千里 選輯, 『精選命理約言』卷二, pp.21~22.

와 合하여 印星인 火를 따른다고 함으로써 여기서도 사실은 從印格을 認定할 수 있다는 可能性을 보여주고 있다. 따라서 본 논문에서도 從印格을 受用하는 입장을 取하기로 했다.

또한 兩神成象格에 대해서는, "兩神成象格은 八字가 五行의 두 가지로 되어 있고 또 서로 均衡을 이루고 있어야 한다. 만약 그 둘이 서로 相生關係로 되어 있다면, 즉 金·水가 각각 半이면 火·土가 섞이지 말아야 하고, 木·火가 각각 반이면 金·水가 섞이지 말아야 한다. 서로 상극관계라면 즉 金·木이 서로 반씩이면 火가 섞이지 말아야 하며, 火·金이 서로 반씩이면 水가 섞이지 말아야 한다." 라고 한다. 부연하면 相生關系에 있는 兩神成象格은 설기하는 오행이 용신이고, 相剋關係에 있는 양신성상격은 그 둘 사이를 通關하는 五行이 用神이 된다.

3.9 『滴天髓闡微』와 四從格

淸代에 任鐵樵(AD.1773~1849)는 劉基(AD.1311~1375)가 저술하고 주석하여 命理學의 철학적 입지를 굳힌 『滴天髓』에 대한

새로운 주석을 내어 『滴天髓闡微』를 간행함으로서 철학적 입지를 더욱 심화발전시켰다. 이 책의 構成은 通神論과 六親論으로 大別된다. 通神論에는 天道 地道 人道 知命 理氣 配合 天干 地支 등의 形而上學的인 이론으로 되어 있으며, 六親論에는 夫妻 子女 父母 兄弟 女命 小兒 財德 疾病 地位 등 命理學의 實務에 쓰이는 形而下學的인 이론으로 구성되어 있다. 그리고 각 단원마다 해당하는 命造事例를 들어서 설명하는 특징이 있다. 이 내용들 중에서 本 論文에서 다루고자 하는 분야는 이 책에서 처음으로 소개되고 있는 從强格, 從氣格, 從勢格, 母慈滅子格의 從旺格과 通關用神論, 體用論, 化格에 대해서이다.

이 책에서 처음으로 언급한 從强格에 대해서, "從强格이란 사주에 印綬가 重重하고 比刦이 疊疊하며 日主도 當令하였으나 財星 官殺의 氣는 끊어져 터럭만큼도 없을 때, 二人同心하여 强이 極에 이르렀기 때문에 順함은 可하나 逆함은 不可하다. 즉 오로지 比刦運으로 行하면 吉하고 印綬運 역시 아름답다. 食傷運은 印綬와 冲剋하므로 반드시 凶하고 財官運은 强神을 부딪쳐서 怒하게 하므로 크게 凶하다."68) 고 한다.

그리고 從氣格에 대해서는, "從氣라는 것은 財, 官, 印綬, 食傷 類를 막론하고 만일 기세가 木火에 있으면 木火運으로 行하기를 바라고, 기세가 金水에 있으면 金水運으로 행하기를 요하며, 이와 반대면 반드시 凶하다."69) 고 한다.

또 從勢格의 成立과 그 喜·忌에 대해서는 다음과 같이 말하고 있다.

"從勢格이란 日主가 根이 없고, 四柱에 財星 官星 食傷이 동 등하게 旺하여 强弱을 구분할 수 없고, 또 日主를 生扶해줄 비 겁과 인수가 없으며, 또 하나의 神에게로 從해서 갈 수 없을 때 는 오직 和解가 있어야 좋다. 그 財星 官星 食傷을 비교하여 어느 것이 홀로 旺하다면 그 旺한 者의 세력을 따르지만, 만일 三者가 균일하게 旺하여 强弱이 구분되지 않으면, 반드시 財運 으로 行하여야 和解하므로 食傷의 氣를 이끌어 流通시켜 財·官 의 세력을 도우면 길하며, 그 다음이 官殺運으로 행하는 것이 고, 또 그 다음이 食傷運으로 行하는 것이다. 만일 比刼과 印 綬運으로 行하면 반드시 凶하게 됨은 의심할 필요가 없다. 누

---

68) "從强者, 四柱印綬重重, 比劫疊疊, 日主又當令, 絶無一毫財星官殺之氣, 謂二人同心, 强之極矣, 可順而不可逆也. 則純行比劫運則吉, 印綬運亦佳. 食傷運, 有印綬冲剋必凶, 財官運, 爲觸怒强神大凶.". 任鐵樵 增注, 袁樹珊 選輯, 『滴天髓闡微』, p.328.
69) "從氣者, 不論財官印綬食傷之類, 如氣勢在木火, 要行木火運, 氣勢在金水, 要行金水運, 反此必凶.". 任鐵樵 增注, 袁樹珊 選輯, 『滴天髓闡微』, p.328.

차 시험하여 경험한 바다."70)

부연하면 食傷과 官星 사이를 通關하는 財星이 用神이 되고, 食傷은 용신을 生하는 喜神이며, 比劫運은 용신인 재성을 剋하는 病神이고, 官星은 그 病을 除去하는 藥神으로 이해하면 편하다.

또한 아래와 같이 母慈滅子格의 成立과 그 喜·忌 및 君賴臣生과의 차이점을 말하고 있다.

"任氏가 이르기를 母慈滅子의 이치는 君賴臣生의 의미와 서로 비슷한데 자세히 연구해보면 모두 印星이 旺하다. 그 가장 중요한 차이점은 君賴臣生에서는 局中에 印綬가 비록 旺하지만 柱中에 財星이 有氣하여 財星을 써서 印綬를 破할 수 있는 것이다. (그러나) 母慈滅子는 가령 財星이 無氣하여 財星이 印星을 破할 수 없는 것으로서 오직 母性에 順해야만 그 子息을 도울 수 있는 것이다. 歲運이 比劫의 地로 行함으로 인하여 대체로 母慈子安하지만, 일단 財星과 食傷의 類를 만나면 母性을 거역하게 되므로 生育의 뜻이 없어지고 반드시 災殃과 허물을 면

---

70) "從勢者, 日主無根, 四柱財官食傷並旺, 不分強弱, 又無刦印生扶日主, 又不能從一神而去, 惟有和解之可也. 視其財官食傷之中, 何者獨旺, 則從旺者之勢, 如三者均停, 不分強弱, 須行財運以和之, 引通食傷之氣, 助其財官之勢, 則吉, 行官殺運次之, 行食傷運又次之. 如行比劫印綬, 必凶無疑, 試之屢驗.". 任鐵樵 增注, 袁樹珊 選輯,『滴天髓闡微』, pp.328~329.

할 수 없게 된다."71)

즉 母慈滅子格(모자멸자격)을 종합하면 太强(태강)한 印星(인성)이 欠(흠)이 되는데, ①官星(관성)은 太强(태강)한 印星(인성)을 生(생)하여 凶(흉)하고 ②印星運(인성운)은 태강한 인성을 또 도와서 凶(흉)하며 ③食傷(식상)과 ④財星(재성)은 태강한 인성을 거스르니 흉하지만, ⑤比刼運(비겁운)만은 太强(태강)한 印星(인성)을 설기하여 日元(일원)을 도우므로 吉(길)하다고 보면 된다.

여기에서 通關用神論(통관용신론)에 대해서 특히 살펴보고자 하는 이유는 抑扶用神(억부용신)은 『命理約言(명리약언)』에서, 調候用神(조후용신)은 『窮通寶鑑(궁통보감)』에서, 病藥用神(병약용신)은 『命理正宗(명리정종)』에서 정의를 내리고 있으나, 通關用神論(통관용신론)에 대해서는 그래도 『滴天髓闡微(적천수천미)』에서 가장 상세히 설명하고 있기 때문이다. 『滴天髓闡微(적천수천미)』에서는, "天氣(천기)는 下降(하강)하려 하고, 地氣(지기)는 上升(상승)하려 하여 相合(상합) 相和(상화) 相生(상생)하려 한다. 木土(목토)는 火(화)가 필요하고, 火金(화금)은 土(토)가 필요하며, 土水(토수)는 金(금)이 필요하고, 金木(금목)은 水(수)가 필요하니 이것은 모두 牛郞(우랑)과 織女(직녀)의 有情(유정)함이다"72) "만약 殺(살)이 무거

---

71) "任氏曰, 母慈滅子之理, 與君賴臣生之意相似也, 細究之, 均是印旺. 其關頭異者, 君賴臣生, 局中印綬雖旺, 柱中財星有氣, 可以用財破印也. 母慈滅子, 縱有財星無氣, 未可以財星破印也, 只得順母之性, 助其子也. 歲運仍行比刼之地, 庶母慈而子安, 一見財星食傷之類, 逆母之性, 無生育之意, 災咎必不免矣.". 任鐵樵 增注, 袁樹珊 選輯, 『滴天髓闡微』, p.361.
72) "天氣欲下降, 地氣欲上升, 欲相合相和相生也. 木土而要火, 火金而要土, 土水而要

우면 印綬를 기뻐하는데, 殺이 노출되었을 때 印綬 역시 노출되고 殺이 암장되었을 때 印綬 역시 암장되면 이것은 通達이 분명하다. 만약 原局에 印綬가 없으면 반드시 세운에서 印綬向을 만나 통하거나 혹은 暗會 明合으로도 通해야 한다. 원국에 印綬가 있는데 財星에 의해서 損壞되고 있을 때, 관성으로 化하거나 비겁으로 解救해야 한다."73) "財星이 印星을 傷하면 官星이 필요하다."74) 라고 말하고 있다.

그리고 體用論에서는, "體라는 것은 形象氣局을 말한다. 만약 形象氣局이 없으면 日主로써 體가 된다. 用이란 用神이다. 體用 이외에 다른 用神이 있는 것은 아니다. 體用의 用이 곧 用神임을 밝혀진데 대해서는 의문의 여지가 없다."75) 라고 한다. 부연하면 氣勢에 順應하는 從旺格은 從神이 用神이 되고, 그렇지 않는 正格은 生剋制化에 따라서 用神을 定하면 된다.

金, 金木而要水, 皆是牛郎織女之有情也."". 任鐵樵 增注·袁樹珊 選輯, 『滴天髓闡微』, p.157.
73) "若殺重喜印, 殺露印亦露殺藏印亦藏, 此顯然通達. 倘原局無印, 必須歲運逢印向而通之, 或暗會明合而通之. 局內有印, 被財星損壞, 或官星化之, 或比劫解之.". 任鐵樵 增注, 袁樹珊 選輯, 『滴天髓闡微』, p.158.
74) "財神傷印者, 要官星.". 任鐵樵 增注, 袁樹珊 選輯, 『滴天髓闡微』, p.237.
75) "體者形象氣局之謂也. 如無形象氣局, 卽以日主爲體. 用者用神也. 非體用之外別有用神也. 顯見體用之用, 卽用神無疑矣.". 任鐵樵 增注, 袁樹珊 選輯, 『滴天髓闡微』, p.122.

그리고 또 『滴天髓闡微』의 化象에는 化格과 化는 하되 그 喜·忌는 正格의 법칙이 적용되는 正格을 구분함이 없이 一括的으로 論하고 있으므로 혼란을 초래하고 있다. 예를 들면

음력 1978. 6. 7. 辰時生. 남성
時 日 月 年
戊 甲 己 戊
辰 戌 未 午
70 60 50 40 30 20 10
丙 乙 甲 癸 壬 辛 庚
寅 丑 子 亥 戌 酉 申

의 命造는 化格으로서 甲己合化土格에 從神인 土가 用神이 된다.

그러나
음력 1978. 6. 7. 亥時生. 남성
時 日 月 年
乙 甲 己 戊
亥 戌 未 午
70 60 50 40 30 20 10
丙 乙 甲 癸 壬 辛 庚
寅 丑 子 亥 戌 酉 申

의 命造는 甲己合土는 되지만 化格은 아니고 財多身弱에 調候가 時急하니 亥水가 用神이 되는 正格이다. 이와 같이 化象 中에 化格에 해당하는 命造는 變格에 소속시키고 化格에 속하지 않는 命造는 正格으로 분류하여 用神을 定하면 된다. 이 때문에 化象 中 化格과 正格을 정확하게 구분하여 熟知할 필요가 있다고 본다.

4. 用神의 導出과 관련된 諸 理論

命理學에서의 용신은 어느 한두 가지의 理論만으로 가려낼 수 있는 문제가 아니다. 다시 말해서 명리이론에 綜合的이고도 복합적으로 접근할 때, 비로소 五行中和의 실현점인 용신을 찾아낼 수 있다. 따라서 이 장에서는 用神 導出에 관련된 諸 理論을 명리학 古典을 中心으로 비교분석하기로 한다. 이와 관련되는 이론을 분류해보면 〈표4〉과 같다.

〈표4〉 用神의 導出과 관련된 諸 理論

關聯理論	諸　　理　　論	備考
格局論	格局論, 月建의 重要性	
抑扶用神	中和論, 節氣의 深淺, 十二月의 五行 旺弱, 胞胎法, 月建의 重要性, 生剋喜忌論, 通根論, 日主喜忌論, 強弱論, 六神論, 蓋頭說, 動靜說	
調候用神	寒暖燥濕論, 日主喜忌論, 中和論	
病藥用神	病藥說	
通關用神	通關論	

(資料: 論者가 聚合하고 作成)

4.1 格局論과 관련된 理論

格局論과 관련되는 理論으로는 格局論과 月建의 重要性이 있다.

4.1.1 格局論

사주팔자는 60가지 다른 太歲를 가진 해, 12가지 달, 60가지 日辰, 12가지 時刻이 있으므로 그것을 모두 곱하면 51만 8천 4백 (60×12×60×12)가지의 氣象의 變化 즉 명조가 탄생한다. 이 많은 命造의 用神을 일일이 구분해서 연구할 수는 없기 때문에 格局으로 분류해서 部分別로 접근하도록 한다. 月支는 계절을 나타내며 계절을 주관하는 五行은 그만큼 그 命造에서 차지하는 비중이 크기 때문에 格局 中의 하나는 보통 月支를 中心으로 분류한다.76) 이 경우에는 月支가 日干에 대하여 어느 六神에 속하며 또 관련이 있는가에 따라서 분류되는데, 여기에는 正官格, 偏官格, 正印格, 偏印格, 正財格, 偏財格, 傷官格, 食神格, 刧財格, 比肩格

---

76) 沈孝瞻 原著, 徐樂吾 評註, 『子平眞詮評註』, (臺北: 武陵出版有限公司), 1999, pp.219~348

의 열 가지가 있고, 이들은 五行(오행)의 生剋制化(생극제화)를 통하여 中和(중화)가 실현되는 正格(정격)에 속한다.

그리고 다른 하나는 五行(오행)의 氣勢(기세)에 따라 분류되는 變格(변격)이 있는데, 여기에는 專旺格(전왕격)에 속하는 木曰曲直格(목왈곡직격), 火曰炎上格(화왈염상격), 土曰稼穡格(토왈가색격), 金曰從革格(금왈종혁격), 水曰潤下格(수왈윤하격)이 있다. 그리고 從格(종격)에 속하는 棄命從殺格(기명종살격), 從印格(종인격), 棄命從財格(기명종재격), 棄命從兒格(기명종아격)이 있다. 또 化格(화격)에 속하는 丁壬合化木格(정임합화목격), 戊癸合化火格(무계합화화격), 甲己合化從木格(갑기합화종목격), 乙庚合化金格(을경합화금격), 丙辛合化水格(병신합화수격)이 있다. 그리고 또 兩神成象格(양신성상격), 從强格(종강격), 從氣格(종기격), 從勢格(종세격), 母慈滅子格(모자멸자격)이 있다.

이와 같이 분류된 格局(격국)에 따라서 정리하면 복잡한 命造(명조)라도 一目瞭然(일목요연)해진다. 따라서 格局(격국)은 용신을 연구하고 가려내는데 큰 도움이 될 뿐만 아니라 重要(중요)한 기준과 틀이 된다.

本 論文(본 논문)에서의 연구범위는 위에 열거한 十正格(십정격)과 變格(변격)만으로 限定(한정)한다. 그러나 印綬格(인수격)과 比刦格(비겁격), 傷官格(상관격)과 食神格(식신격)에 대해서는 命理書(명리서)마다 一貫性(일관성) 없이 조금씩은 다르게 言及(언급)하고 있는 경우가 있다. 여기에 대해서는 이 격국론의 後尾(후미)에서 다시 상세히 論(론)하고 統一性(통일성)을 期(기)하기 위하여 바로 잡는다.

그리고 雜格은 다음과 같은 이유로 論外로 하였다. 이 雜格에 대해서『命理約言』에서도, "壬騎龍背論, 六乙鼠貴論, 六陰朝陽論 등의 雜格은 牽强附會한 것으로 이치에 통하지 않는다."77) 고 말하고 있다. 雜格 中 井欄叉格의 例를 들어보면 다음과 같다.

"井欄叉格, 이 格은 庚申·庚子·庚辰이 三處에 머무르되 반드시 四柱 中에 申子辰 三位 全部가 있음을 要한다. 세 개의 庚字가 필요하지는 않지만 만약 세 庚이 있으면 더욱 妙하다. 다만 庚日이 申年生이고, 月時에는 혹 戊子 戊辰이라도 꺼리지 않지만 地支에는 이 申子辰 全部를 얻어야 된다. 만약 時에 丙子를 만나면 곧 偏官格이고, 만약 時가 申時이면 곧 歸祿格이니, 井欄을 뜻하는 것은 아니다. 이 格은 四柱中에 寅午戌 三字를 만나면 곧 沖하여 格을 무너뜨린다. 庚은 丁을 써 官으로 하는데 申子辰 三合으로써 寅戌78)午 火局을 沖해 와서 庚日의 官星을 얻는다. 大運이 正氣에 따라 行하여 만약 東方財地로 行하든 혹 南方으로 行하든 바야흐로 모두 좋다. 만약 四柱中에 巳字 丙丁字가 있으면 分數를 減하며 歲運과 大運도 역시 그러하다."79)

---

77) 陳素菴 原著, 韋千里 選輯,『精選命理約言』卷三, pp.41~47.
78) 原書에는 戊로 되어 있으나 의미상 戌이라고 생각됨.
79) "井欄叉格, 此格庚申庚子庚辰三處, 須要四柱中申子辰三位全. 不必三個庚字, 若有三庚尤妙. 只要庚日生申年, 月時或戊子戊辰不妨, 但得支是申子辰全也. 若時遇丙子, 則

"郭統制80)

時日月年

庚庚庚戌

辰申申申81)

丙乙甲癸壬辛

寅丑子亥戌酉

庚日干이 申子辰 全部를 만났으니 井欄을 뜻하는 格으로 官星을 지었으니 局中에 火가 없어야 貴하다. 月令을 沖破하면 福82)에 역시 臨하게 된다."83)

井欄叉格의 命造에 대해서 說明하기를, 申은 寅을 沖해 와서 財星이 되고, 子는 午를 沖해 와서 官星이 되며, 辰은 戌을 沖해

是偏官, 若時申時, 則是歸祿格, 而非井欄義矣. 此格四柱中見寅午戌三字, 則沖壞矣. 庚用丁爲官, 以申子辰三合, 沖寅戌午火局, 庚日得官星. 行運如正氣, 若行東方財地, 或南方皆好. 若四柱中有巳字丙丁字, 則減分數, 歲君大運亦然.". 徐升 編著, 『淵海子平評註』, pp.135~136.
80) "宋代의 官名.". 漢語大詞典編輯委員會 編纂, 『漢語大詞典』 下卷, (上海: 漢語大詞典出版社), 1997, p.5661.
81) 淵海子平評註』에는 申으로 되어 있으나 『子平眞詮評註』에는 子로 되어 있다. 庚日干이 申子辰 全部를 만났다고 하니 子가 타당성이 있다고 생각함. 沈孝瞻 原著, 徐樂吾 評註, 『子平眞詮評註』, p.337.
82) 原書에는 福이라고 되어 있으나 의미상 禍가 타당성이 있다고 생각함.
83)
"郭統制
庚庚庚戌
辰申申申
丙乙甲癸壬辛
寅丑子亥戌酉
庚日全逢申子辰, 井欄義格制官星, 局中無火方爲貴. 破動提綱福亦臨.". 徐升 編著, 『淵海子平評註』, p.136.

와서 印星(인성)이 되기 때문에 관직에 오를 수 있었다는 趣旨(취지)이다. 그 當時(당시) 命理家(명리가)들의 관심은 관직에 나가는 것을 가장 중시하고 있었기 때문에, 官星(관성)의 喜(희)·忌(기)까지는 불문한다고 하더라도 사주원국에는 官星(관성) 자체도 없는데 어떻게 官職(관직)에 나아갈 수 있었을까? 하는 데에 많은 苦心(고심)을 했던 것 같다. 그 결과 上記(상기) 命造(명조)에서와 같이 관념상으로 子(자)가 虛空(허공)에서 午(오)를 冲(충)해 와서 庚金日主(경금일주)의 官星(관성)이 되기 때문에 관직에 나아갈 수 있었다는 뜻으로 이론을 만들었던 것 같다. 雜格(잡격)은 거의 이런 式(식)으로 해서 탄생되었던 것으로 보인다. 그래서 雜格(잡격)에서 주장하는 이론을 실제로 상담을 해 본 결과 필요성이 없는 것 같다. 上記(상기) 命造(명조)를 正格(정격)에 代入(대입)하면, 庚金日主(경금일주)가 申月(신월)에 태어나 比刦(비겁)이 太旺(태왕)한 比肩格(비견격)이다. 太旺(태왕)한 氣(기)를 泄氣(설기)하는 傷食(상식)이 用神(용신)이 되고 太旺(태왕)한 比刦(비겁)은 金多(금다)면 水濁(수탁)하므로 傷食(상식)을 生(생)할 수 없을 뿐만 아니라 오히려 病(병)이 되는데 이때 南方火運(남방화운)이 그 病(병)을 除去(제거)하는 약신이 된다. 이처럼 官星(관성)이 吉神(길신)이기 때문에 官職(관직)에 나아갈 수 있었다는 해석이 가능하다. 그리고 傷食(상식)을 剋(극)하는 印星(인성)이 또한 病(병)이 되고 이때는 財星(재성)이 그 病(병)을 除去(제거)하는 약신이 된다.

　이처럼 雜格(잡격)에 분류되어 왔던 명조를 정격이론에 代入(대입)하면 論理(논리)

的 說明이 가능하기 때문에 本 論文에서는 正格과 變格에 대해서만 論述하고 잡격의 이론은 論外로 하기로 하였다.

格局에 대해서 命理書마다 論하는 바를 보면, 『淵海子平』卷二에서 格局을 內十八格과 外十八格으로 나누고 있다. 內十八格에는 正官格, 雜氣財官格, 月上偏官格, 時上偏財格, 時上一位貴格, 飛天祿馬格, 倒冲格, 乙己鼠貴格, 六乙鼠貴格, 合祿格, 子遙巳格, 丑遙巳格, 壬騎龍背格, 井欄叉格, 歸祿格, 六陰朝陽格, 刑合格, 拱祿格, 拱貴格, 印綬格, 雜氣印綬格이 있다. 內十八格이라고 하지만 실제 나열된 格은 모두 21 가지다. 그리고 外十八格에는 六壬趨艮格, 六甲趨乾格, 勾陳得位格, 玄武當權格, 炎上格, 潤下格, 從革格, 稼穡格, 曲直格, 日德秀氣格, 福德格, 棄命從財格, 傷官生財格, 棄命從殺格, 傷官帶殺格, 歲德扶殺格, 歲德扶財格, 來丘格, 兩干不雜格, 五行俱足格이 있다. 外十八格이라고 하지만 나열된 格은 모두 20 가지다. 따라서 本 論文에서는 『淵海子平』의 內十八格과 外十八格의 분류방식은 논리적 타당성이 없는 것으로 볼 수 있으므로 따르지 않기로 한다. 그리고 "西山易鑑 先生이 그 變通을 터득했으니 장차 天干과 格局을 구분

하여 六格이 중요하니 官이요, 印이요, 財이며, 殺이요, 食神이며, 傷官이니 消息이 증험되지 않음이 없다."84) 라고 하여 그 中 六格의 중요함을 강조하고 있다.

『子平眞詮』에서는 月令이 日干의 어떠한 六神에 속하는가에 따라서 格이 定해지는데, 만약 甲日主가 申月에 태어났으면 偏官格이 되며 나머지도 이와 같이 추리하면 된다. 이처럼 日干과 月令을 기준으로 定해지는 格을 正格이라고 하며, 여기에는 正官格, 財格, 印綬格, 食神格, 偏官格, 傷官格, 羊刃格, 建祿月刦格이 있다. 그리고 月令을 기준으로 하지 않는 雜格을 두고 있는데, 여기에는 專旺格, 化格, 倒冲格, 朝陽格, 合祿格, 從格, 井欄叉格, 遙合格 등이 있다.

『命理約言』 看月令法二에서는, "格局은 먼저 當令한 것으로 취하고 다음에 得勢한 것에서 취한다."85) "格局賦에서는, 月令은 어떤 地支를 얻었는가에 따라서 판단해야 하며, 四柱의 神들이 어떤 類인가를 참작하여 헤아려야 한다. 格은 司令을 따라서 오는

---

84) "西山易鑑先生得其變通, 將干格分爲六格爲重, 曰官, 曰印, 曰財, 曰殺, 曰食神, 曰傷官, 而消息之, 無不驗矣.". 徐升 編著, 『淵海子平評註』, p.184.
85) "格局先取當令, 次取得勢.". 陳素菴 原著·韋千里 選輯.『精選命理約言』卷一. p.10.

것이며 司令은 곧 月令이다."86) "正官格, 偏官格, 正印格, 偏印格, 正財格, 偏財格, 食神格, 傷官格, 比刦格, 祿刃格, 從格, 化格, 專旺格, 兩神成象格이 있다."87) 라고 하여 正格과 變格은 認定하고 있다. 그러나 "壬騎龍背論, 六乙鼠貴論, 六陰朝陽論, 趨乾趨艮論, 合祿論, 子遙巳格, 丑遙巳格 등의 雜格은 牽强附會한 것으로 이치에 통하지 않는다."88) 고 한다.

『滴天髓闡微』八格에서는 다음과 같이 格局을 분류하고 있다.

"먼저 月令을 얻은 것이 어떤 오행의 地支인지 살피고 다음으로 天干에 투출한 것이 어떤 神인지를 보고, 다시 司令을 연구함으로써 眞假를 정한 연후에 用神을 취하고 淸濁을 구별한다. 格局에는 正格과 變格이 있다. 正格은 반드시 五行의 常理를 兼하는데, 正財, 偏財, 正官, 偏官, 正印, 偏印, 食神, 傷官이다. 變格은 반드시 五行의 氣勢를 따르는데, 從財格, 從官殺格, 從食傷格, 從强格, 從弱①格, 從勢格이 있고, '專旺格 卽

---

86) "格局賦, 月令所得何支, 依之取斷, 柱神所有何類, 參以酌量. 格從司令而來, 司令卽月令.". 陳素菴 原著, 韋千里 選輯, 『精選命理約言』卷二, p.2.
87) "正官賦, 偏官賦, 正印賦, 偏印賦, 正財賦, 偏財賦, 食神賦, 傷官賦, 比刦賦, 祿刃賦, 從局賦, 化局賦, 一行得氣賦, 兩神成象賦.". 陳素菴 原著, 韋千里 選輯, 『精選命理約言』卷二, pp.6~25.
88) 陳素菴 原著, 韋千里 選輯, 『精選命理約言』卷三, pp.41~47.

曲直格, 潤下格, 炎上格, 從革格, 稼穡格의 다섯 가지 格이 있으며'89), 또 兩氣成形格이 있다."90)

이중에서 『滴天髓闡微』에 처음으로 등장하는 格은 從强格과 從氣格과 從勢格이다.91) 그리고 母慈滅子格92)도 처음으로 나온다. 그리고 月令에서는, "月令이란 명중에서 (중요한) 요소이다. 氣象, 格局, 用神까지도 모두 提綱의 사령에 속한다."93) 라고 하여 月令은 격국을 분류하는 커다란 基準이 됨을 말하고 있다. 그리고 五行의 常理라고 함은 五行의 生剋制化를 통하여 中和가 되는 것으로 생각하며, 從弱①格의 弱은 의미상 氣가 타당하다고 본다.

앞에서 言及한 바 있는 印綬格과 比·刦格 傷官格과 食神格에 대해서 명리서마다 조금씩 다르게 말하고 있으며, 십二運을 기준으

---

89) '一行得氣 卽曲直·潤下·炎上·從革·稼穡·五格.'. 徐樂吾 編註, 『滴天髓徵義』, (臺北: 武陵出版有限公司), 2002, p.121.
90) "先觀月令所得何支, 次看天干透出何神, 再究司令以定眞假, 然後取用, 以分淸濁. 格局有正有變. 正者, 必兼五行之常理也, 正財, 偏財, 正官, 偏官, 正印, 偏印, 食神, 傷官 是也. 變者, 必從五行之氣勢也, 曰從財, 曰從官殺, 曰從食傷, 曰從强, 曰從弱, 曰從勢, 曰一行得氣, 兩氣成形.". 任鐵樵 增注, 袁樹珊 選輯,『滴天髓闡微』, pp.110~111.
91) 任鐵樵 增注, 袁樹珊 選輯,『滴天髓闡微』, p.328.
92) 任鐵樵 增注, 袁樹珊 選輯,『滴天髓闡微』, p.361.
93) "月令者, 命中之要也, 氣象格局用神, 皆屬提綱司令.". 任鐵樵 增注, 袁樹珊 選輯, 『滴天髓闡微』, p.131.

로 하여 分類된 建祿格 羊刃格에 대해서도 서로 다르게 말하고 있는 경우가 있다. 이 때문에 本 論文에서는 建祿格과 羊刃格은 배제하고, 이들도 다른 正格의 格局論과 마찬가지로, "日干에 대해서 月支가 어느 六神에 속하는가에 따라서 格局을 定한다."라는 基本 原則에 따라서 格局論에 統一性을 期했다. 따라서 이 基本 原則과 일치하지 않게 서술되어 온 正印格과 偏印格, 刦財格과 比肩格, 傷官格과 食神格 그리고 建祿格과 陽刃格을 아래와 같이 바로 잡고자 한다.

4.1.1.1 正印格을 바로 잡음.

時日月年
庚己辛乙
午巳巳丑

이 命造를 『子平眞詮』에서는 印綬格[94]이라고 한다. 그러나 巳月은 己土日干에 대해서 正印月에 해당되므로 이와 같은 命造에 대해서 本 論文에서는 正印格으로 分類해서 그 格을 더 細分化했다.

---

94) 沈孝瞻 原著, 徐樂吾 評註, 『子平眞詮評註』, p.250.

4.1.1.2 偏印格을 바로 잡음.

時日月年
乙戊己甲
卯辰巳辰

이 命造를 『子平眞詮』에서는 建祿月劫格95)이라고 한다. 그러나 巳月은 戊土日干에 대해서 偏印月에 해당되므로 이와 같은 命造에 대해서 本 論文에서는 偏印格으로 分類했다.

4.1.1.3 刼財格을 바로 잡음.

時日月年
丙壬丙己
午寅子酉

이 命造를 『子平眞詮』에서는 陽刃格96)이라고 한다. 그러나 子月은 壬水日干에 대해서 刼財月에 해당되므로 이와 같은 命造에 대해서 本 論文에서는 刼財格으로 分類했다. 여기에서 子月의 壬水를 傷官이 用神이라는 이유만으로 假傷官格97)이라고도 한다.

---

95) 沈孝瞻 原著, 徐樂吾 評註, 『子平眞詮評註』, p.320.
96) 沈孝瞻 原著, 徐樂吾 評註, 『子平眞詮評註』, p.308.
97) 任鐵樵 增注, 袁樹珊 選輯, 『滴天髓闡微』, p.193.

따라서 이와 같은 혼란을 해소하기 위해서라도 日干에 대해서 月
支의 六神관계로 분류되는 格局論으로 統一性이 더욱 요구된다.

時日月年
丙己丙戊
寅卯辰寅

이 命造를 『子平眞詮』에서는 建祿月刼格98)이라고 한다. 그러나 辰月은 己土日干에 대해서 刼財月에 해당되므로 이와 같은 命造에 대해서 本 論文에서는 刼財格으로 分類했다.

4.1.1.4 比肩格을 바로 잡음.

時日月年
丙壬癸戊
午午亥辰

이 命造를 『子平眞詮』에서는 建祿月刼格99)이라고 한다. 그러나 亥月은 壬水日干에 대해서 比肩月에 해당되므로 이와 같은 命造에 대해서 本 論文에서는 比肩格으로 分類했다. 여기에서 亥月의 壬水를 傷官이 用神이라는 이유만으로 假傷官格100)이라고

---

98) 沈孝瞻 原著, 徐樂吾 評註, 『子平眞詮評註』, p.321.
99) 沈孝瞻 原著, 徐樂吾 評註, 『子平眞詮評註』, p.318.

도 한다. 따라서 이와 같은 혼란을 해소하기 위해서라도 日干에 대해서 月支의 六神관계로 분류되는 格局論으로 統一性이 더욱 요구된다.

時日月年
壬丁丙丁
寅巳午酉

이 命造를 『子平眞詮』에서는 建祿月劫格101)이라고 한다. 그러나 午月은 丁火日干에 대해서 比肩月에 해당되므로 이와 같은 命造에 대해서 本 論文에서는 比肩格으로 分類했다.

時日月年
辛戊丙戊
酉辰辰午

이 命造를 『滴天髓闡微』에서는 傷官이 月令을 얻지는 못했지만 傷官이 旺土를 泄氣하는 用神이 되므로 假傷官格102)이라고 한다. 그러나 本 論文에서는 月支가 比肩이기 때문에 比肩格으로 분류한다.

---

100) 任鐵樵 增注, 袁樹珊 選輯, 『滴天髓闡微』, p.193.
101) 沈孝瞻 原著, 徐樂吾 評註, 『子平眞詮評註』, p.316.
102) 任鐵樵 增注, 袁樹珊 選輯, 『滴天髓闡微』, p.194.

4.1.1.5 傷官格과 食神格을 바로 잡음.

時日月年
癸壬辛壬
卯子亥子

이 命造를 『滴天髓闡微』에서는 傷官이 月令을 얻지는 못했지만 强水를 泄氣하는 用神이 되므로 假傷官格103)이라고 한다. 그러나 本 論文에서는 月支가 比肩이기 때문에 比肩格으로 분류한다.

時日月年
丙戊辛乙
辰午巳酉

이 命造를 『滴天髓闡微』에서는 傷官이 月令을 얻지는 못했지만 强土를 泄氣하는 用神이 되므로 假傷官格104)이라고 한다. 그러나 本 論文에서는 月支가 偏印이기 때문에 偏印格으로 분류한다.

---

103) 任鐵樵 增注, 袁樹珊 選輯, 『滴天髓闡微』, p.193.
104) 任鐵樵 增注, 袁樹珊 選輯, 『滴天髓闡微』, p.194.

時日月年
辛己丙丁
未酉午丑

이 命造를 『滴天髓闡微』에서는 傷官이 月令을 얻지는 못했지만 强土를 洩氣하는 用神이 되므로 假傷官格105)이라고 한다. 그러나 本 論文에서는 月支가 偏印이기 때문에 偏印格으로 분류한다.

時日月年
乙丁戊戊
巳巳午申

이 命造를 『滴天髓闡微』에서는 傷官이 月令을 얻지는 못했지만 財星이 用神이 되고 傷官은 用神을 生하는 喜神이 되므로 假傷官格106)이라고 한다. 그러나 本 論文에서는 月支가 比肩이기 때문에 比肩格으로 분류한다.

時日月年
癸壬壬壬
卯子子辰

이 命造를 『滴天髓闡微』에서는 傷官이 月令을 얻지는 못했

---

105) 任鐵樵 增注, 袁樹珊 選輯, 『滴天髓闡微』, p.195.
106) 任鐵樵 增注, 袁樹珊 選輯, 『滴天髓闡微』, p.192.

지만 傷官이 强水를 泄氣하는 用神이 되므로 假傷官格107)이라고 한다. 그러나 本 論文에서는 月支가 刦財이기 때문에 刦財格으로 분류한다.

時日月年
己丙辛己
丑寅未丑

이 命造를 『滴天髓闡微』에 나오는 命造108)로 傷官이 月令을 얻었기 때문에 傷官格이고 身弱에 印星이 用神이 된다.

時日月年
癸丙己癸
巳午未酉

이 命造를 『滴闡髓闡微』에 나오는 命造109)로 傷官이 月令을 얻었기 때문에 傷官格이고 身强에 官星이 用神이 된다.

이 傷官格과 食神格에 대한 學說上의 차이를 命理學 古典의 내용을 통해서 아래와 같이 비교분석해 본다.

---

107) 任鐵樵 增注, 袁樹珊 選輯, 『滴天髓闡微』, p.193.
108) 任鐵樵 增注, 袁樹珊 選輯, 『滴天髓闡微』, p.181.
109) 任鐵樵 增注, 袁樹珊 選輯, 『滴天髓闡微』, p.192.

『命理正宗』에서는, "傷官格에는 眞傷官格과 假傷官格이 있다. 眞傷官格이라는 것은, 마치 甲乙日干이 巳午未月에 生하여 眞火가 傷官用事가 되면 대개 甲乙日干은 그 精英을 불에 사르게 되는데, 만약 火가 많으면 木의 性情을 잃게 되므로 北方 水運이 그 傷官을 破함으로써 그 木氣를 도와 일으켜야 되는 것과 같다. 가령 甲乙木이 正二月에 태어나 火를 보면 假傷官格이 되는데, 그 火氣는 아직 熾烈하지 못하지만 이 虛火를 써서 用神이 되므로 바로 木이 火를 生하면 木은 능히 榮昌하는 바 假傷官格은 傷官運으로 行하면 發福한다."110) 라고 하여 眞·假傷官格을 취하는 입장이다.

『窮通寶鑑』에서는, "겨울의 金은 金水傷官格으로서 官星이 있을 때 가장 좋은 格局이 된다."111) "正月 甲木은 火가 없어서는 안 되는데, 火가 있어 木火傷官格이 되면 木日主는 총명하다."112) "卯月의 丙火는 陽氣가 펼쳐 오르는 때로 己土를 用神으로

---

110) "然傷官之格, 有眞傷官, 有假傷官. 如眞傷官者, 甲乙日干生於巳午未月, 眞火爲傷官用事, 蓋甲乙日被火焚其精英, 若火多而木性失, 則喜北方水運, 以破其傷官, 扶起其木氣. 如甲乙木生正二月, 見火爲假傷官, 其火氣尙未熾烈, 則用此虛火爲用神, 正謂木能生火木榮昌, 假傷官行傷官運發.". 張楠, 『標點命理正宗』, pp.88~89.
111) "冬月之金, 以金水傷官, 見官爲最高格局也.". 徐樂吾 註,『窮通寶鑑』, p.134.
112) "正月甲木, 不能缺火, 木火傷官, 木主聰穎.". 徐樂吾 註,『窮通寶鑑』, p.7.

삼는 것은 火土傷官으로서 丙火의 氣를 泄氣함에 있다."113) "亥月의 壬水는 地支에 木局을 이루고 甲·乙이 투출하였으면 水木傷官格局이 되고 傷官이 局을 이루어 太旺하면 庚金으로 傷官을 制하고 身을 도와야 한다."114) 라고 하여 月支가 日干의 傷官이 되는 眞傷官格과 月支가 日干의 傷官이 아니더라도 太旺한 命造에서 洩氣하는 傷官이 用神이 되는 假傷官格을 모두 취하는 입장이다.

『命理約言』에서는, "傷官格을 보는 法, 옛 글에서 '傷官이 當令하면 眞傷官이고 當令하지 않으면 假傷官이라'고 한다. 當令하지 않은 것을 假라고 한다면 當令하지 않는 官殺도 假官殺이라고 해야 하지 않겠는가? 傷官은 眞假로 論할 것이 아니라 强弱으로 論해야 타당하다는 것을 몰랐기 때문이다. 强하면 制하여야 하니 傷官이 强한데 다시 傷官運으로 行하면 日干의 泄氣가 더욱 甚할 뿐이다. 弱하면 도와야 하니 傷官이 弱한데 다시 傷官을 破하는 運으로 行하면 日主는 더욱 의지할 수 없을 뿐이다. 傷官을

---

113) "二月丙火, 陽氣舒升, 用己土, 爲火土傷官, 洩丙火之氣.". 徐樂吾 註, 『窮通寶鑑』, pp.58. 62~63.
114) "十月壬水, 支成木局, 甲乙出干, 爲水木傷官格局, 傷官成局太旺, 用庚金制傷扶身.". 徐樂吾 註, 『窮通寶鑑』, p.190.

制하는 法은 印星運이 上이고 身을 도우는 것이 그 다음이다. 傷官을 도우는 法은 傷食運이 上이고 比劫이 그 다음이다."115) 라고 하여 傷官格을 眞傷官格과 假傷官格으로 論할 것이 아니라 身强한 傷官格과 身弱한 傷官格으로 論할 것을 주장했다.

『滴天髓闡微』에서는, "傷官格이란 가령 지지에 상관이 모여 局을 이루거나 天干에 傷官의 象으로 化하는 것으로 거듭 나타나지 않고 食神과 혼잡이 없어야 한다. 신왕한데 재성이 있거나 신약한데 인수가 있으면 淸이라 하고 이와 반대면 濁이라 한다. 여름에 태어난 木이 水를 만나거나 겨울에 태어난 金이 火를 만나면 淸하고 빼어나며 부귀가 심상치 않다. 傷官格은 모름지기 眞傷官格과 假傷官格으로 나누어지는데, 眞傷官格이란 身弱하면서 印綬가 있으면 財星을 만나지 않아야 淸하고, 假傷官格이란 身旺하면서 財星이 있으면 印綬를 만나지 않아야 貴하게 된다. 眞이란 月令이 傷官이거나 혹은 地支에는 傷官局이 없다고 하더라도 한편 天干

---

115) "看傷官法, 舊又以當令爲眞傷官不當令爲假傷官. 夫以不當令而謂之假, 則不當令之官殺, 爲假官殺乎. 不知傷官勿論眞假, 當論强弱. 强則制之, 傷官强而復行傷運, 則日愈洩氣矣. 弱則扶之, 傷官弱而復行破傷, 則日愈無依矣. 制傷之法, 印運爲上, 幇身次之. 扶傷之法, 傷食運爲上, 比劫次之". 陳素菴 原著, 韋千里 選輯, 『精選命理約言』卷一, pp.32~33.

에는 透出한 것을 말한다. 假란 비겁이 만국을 이루고 있는데 官
星의 制止가 없거나 비록 관성이 있다 해도 氣力이 대적할 수 없
다면 柱中에 食神·傷官을 막론하고 모두 쓸 수 있으며, 설사 쓸
수 없다고 하더라도 (專旺格이 되니) 역시 아름답다. 다만 마땅하
지 않는 것은 印綬를 만나는 것인데 인성을 만나면 상관을 破하여
凶하게 된다."116) 라고 하여 眞傷官格과 假傷官格으로 論하였다.

위에서 본 바와 같이 日干의 傷·食이 月令을 얻으면 眞傷官格
이라 하고, 月令을 얻지 못했더라도 傷食이 用神이면 假傷官格이
라고 하는 등의 格局을 분류하는 기준과 맞지 않는 명리서가 있어
많은 혼란을 초래하고 있다. 따라서 本 論文에서는 『命理約言』
의 理論을 참고하여, 傷官格과 食神格도 다른 正格에서와 마찬가
지로 月支가 日干의 傷官이면 傷官格으로, 食神이면 食神格으로
分類한 다음 身强과 身弱으로 論하고, 다른 六神에 속하면 그 六
神의 格으로 분류했다. 이렇게 함으로써 命理學 古典마다 조금씩

---

116) "傷官格, 如支會傷局, 干化傷象, 不重出, 無食混. 身旺有財, 身弱有印, 謂之淸, 反是則濁. 夏木之見水, 冬金之得火, 淸而且秀, 富貴非常. 傷官須分眞假, 眞者身弱有印, 不見財爲淸, 假者身旺有財, 不見印爲貴. 眞者月令傷官, 或支無傷局, 又透出天干者是也. 假者滿局比劫, 無官星以制之, 雖有官星氣力不能敵, 柱中不論食神傷官, 皆可作用, 縱無亦美. 只不宜見印, 見印破傷爲凶.". 任鐵樵 增注, 袁樹珊 選輯, 『滴天髓闡微』, pp.405~406.

다르게 말하고 있는 格局論에 통일을 기할 수 있었고 用神論에도 一貫性을 期할 수 있었다.

그리고 앞에서 본 바와 같이 격국을 정하는 데는 보통 月建을 中心으로 定하는데 이는 月建이 명조에서 가장 큰 비중을 차지하며 중추적 역할을 하기 때문이다. 그러면 月建이 命造 中에서 어느 정도 重要한지를 살펴보기로 한다.

4.1.2 月建의 重要性

月建은 命造에서 차지하는 영향력이 가장 크기 때문에 강약의 기준이 될 뿐만 아니라 정격의 格局을 定하는 기준이 된다. 그런데 命理書마다 월건이 중요하다고 하면서 왜 그렇게 重要한지에 대해서는 설명이 없다. 그래서 여기에 대한 命理書의 내용을 먼저 살펴본 후에, 月令이 왜 그렇게 重要한지에 대해서 분석해보고자 한다.

『淵海子平評註』에서는, "正官格이란 月上에 官星이 있는 것이다."117) 라고 하며, 『標點命理正宗』에서는, "人命에 다닥쳤을 때 장차 어떻게 하여 그 玄妙함을 探知할 것인가? 당연히 八字 中에 먼저 日干을 살피고 그 다음에 月令을 보고 또 당연히 月令의 地支에 있는 支藏干을 살펴야 한다."118) "四柱調和는 먼저 日主를 보아야 하는데 官地에 坐하고 印綬地에 坐함에 따라서 衰旺의 與否를 取하고, 天時인 月令을 提綱이라 하는 바 月令에 根源을 두었느냐 두지 않았느냐에 따라서 輕重을 들어야 한다."119) "日干을 爲主로 月이 提綱이니 格을 상세히 헤아려서 論해야 한다. 日干을 爲主로 하여 먼저 月令을 보고 다음으로 淺深을 살펴야 한다. 身主가 强하려면 月令을 얻어야 한다."120) 라고 한다.

그리고 『命理約言』 看月令法에서는, "格局은 먼저 當令한 것으로 취하고 다음에 得勢한 것에서 취한다. 또 日主가 旺한지 弱한지, 官殺·財·印·食傷이 旺한지 弱한지도 역시 먼저 月令에 근거하여 推論한다."121) "正官을 보는 法은 官星의 得時·得勢의 與

---

117) "正官格, 月上有官星者是也.". 徐升 編著, 『淵海子平評註』, p.123.
118) "突人之命, 將何以探其玄妙? 如八字中先看了日干, 次看了月令, 且如月令支中所屬.". 張楠, 『標點命理正宗』, p.28.
119) "造化先須看日主, 坐官坐印衰强取, 天時月令號提綱, 原有原無輕重擧.". 張楠, 『標點命理正宗』, p.238.
120) "日干爲主, 月爲提綱, 論格推詳. 日干爲主, 先看月令, 次看淺深. 身主要强, 月提得令.". 張楠, 『標點命理正宗』, p.273.
121) "格局先取當令, 次取得勢. 若日主之爲旺爲弱, 官殺財印食傷之爲旺爲弱, 亦先以月令推之.". 陳素菴 原著, 韋千里 選輯, 『精選命理約言』卷一, p.10.

否를 보아야 하는데, 때마침 月令을 만나고 또 天干에 透出하였으면 가장 旺하다."122) "格은 司令을 따라 오는 것이며 司令은 곧 月令이다."123) 라고 하며, 『滴天髓闡微』에서는, "먼저 月令을 얻은 것이 어떤 오행의 地支인지 살피고 다음으로 天干에 투출한 것이 어떤 神인지를 보고, 다시 司令을 연구함으로써 眞假를 정한 연후에 用神을 취하고 淸濁을 구별한다."124) "月令이란 命中에서 중요한 要素이다. 氣象, 格局, 用神까지도 모두 提綱의 사령에 속한다."125) 라고 하여 命造 中에 月令이 중요함을 말하고 있다.

命理書에서 月令의 重要性에 대한 內容을 알아보았으니, 이제부터는 命造 中 月建(季節)이 어느 정도 重要한가를 氣象의 變化를 대비하여 糾明해보기로 한다. 天干은 輕하고 地支는 重하기 때문에 地支가 天干보다 더 중요하며, 地支 中에서도 月建은 집에 비유하여 주춧돌이요 기둥과도 같다. 命理學은 氣象의 變化가 特

---

122) "看官之法, 看官星得時得勢與否, 適當月令, 又透天干爲上.". 陳素菴 原著, 韋千里 選輯 『精選命理約言』卷一, pp.19~20.
123) "格從司令而來, 司令卽月令.". 陳素菴 原著, 韋千里 選輯,『精選命理約言』卷二, 1935. p.2.
124) "先觀月令所得何支, 次看天干透出何神, 再究司令以定眞假, 然後取用, 以分淸濁.". 任鐵樵 增注, 袁樹珊 選輯,『滴天髓闡微』, pp.110~111.
125) "月令者, 命中之要也, 氣象格局用神, 皆屬提綱司令.". 任鐵樵 增注, 袁樹珊 選輯,『滴天髓闡微』, p.131.

定命造(정명조)에게 특정 시점에 어떠한 영향을 미치는가를 糾明(규명)하는 학문이라고 할 수 있다. 그러면 자연기상 중 다른 조건은 모두 一定(일정)하다고 가정하고 기온의 변화만을 獨立變數(독립변수)로 놓을 때, 그 氣溫(기온)의 변화가 年(연), 月(월), 日(일), 時(시)에 따라서 四柱(사주)에 각각 어느 정도의 영향력을 미치고 있는지를 알아보기로 한다. 그리고 또 하나의 조건은 氣溫間(기온간)의 比較(비교)는 年度別(년도별) 月別(월별) 日別(일별) 時刻別(시각별)의 가중치를 적용하지 아니하고 單純比較(단순비교)를 원칙으로 하여 단순화 하였다.

2008年 12月 22日(陰(음), 戊子年(무자년) 11月(월) 25日(일)) 서울의 최저 온도가 -10℃, 최고 온도가 -2℃ 라고 한다.126)

1. 年支(년지)를 비교하면, 昨年(작년)(丁亥年(정해년)) 12月(월) 22日(일)의 氣溫(기온)도 今年(금년)(戊子(무자)) 12月(월) 22日(일)의 온도와 별 차이가 없다. 즉 기온 차이로 본다면 年支(년지)에 의한 변화는 그 영향력이 微微(미미)함을 알 수 있다.

2. 時支(시지)를 비교하면, 2008年(년) 12月(월) 22日(일) 子時(자시)서부터 亥時(해시)까지 最低氣溫(최저기온)이 -10℃이고 최고기온이 -2℃이니 時間(시간)의 變化(변화)에 따라 氣溫(기온)의 차이는 8℃ 정도에 불과함을 알 수 있다.

3. 日支(일지)를 비교하면, 어제와 오늘의 기온차이 또한 미미함을 알 수 있다.

---

126) 朝鮮日報, 2008년 12월 22일, A1면.

4. 月支를 비교하면, 冬月 최저기온이 -20℃ 정도이며 夏節의 最高氣溫은 35℃ 정도이다. 무려 50℃ 이상의 기온차이가 난다. 그러므로 四柱八字 中에서 月支의 비중이 아주 크다.

이 때문에 명리서마다 月建의 중요성을 그처럼 강조하고 있다. 따라서 우리는 月建이 내포하고 있는 五行이 어느 六神에 속하는가에 따라서 정격의 격국이 定해지며 강약과 한열을 구분하는데도 중요한 기준이 됨을 알 수 있다.

4.2 抑扶用神과 관련된 理論

抑扶用神과 관련되는 이론에는, 中和論, 節氣의 深淺, 十二月의 五行 旺弱, 胞胎法, 月建의 重要性, 生剋喜忌論, 通根論, 日主喜忌論, 强弱論, 六神論, 蓋頭說, 動靜說이 있다.

4.2.1 中和論

앞의 3.3에서 이미 본 바와 같이 命造에서 用神과 그 用神을 生하는 喜神과 그 용신을 剋하는 病神(忌神)과 그 病神을 剋制하는 藥神 等의 構造가 중도를 지키고 있으며, 五行이 서로 조화를 이루고 있으면 이것을 中和 "中이란 천지의 끝마침과 시작함이고 和란 천지가 태어나게 하고 성취시키는 것이다. 德은 和보다 큰 것이 없고 道는 中보다 바른 것이 없다. 中이란 하늘과 땅의 아름답게 통달하는 이치이며 聖人이 보호하여 지키는 것이다. 이런 까닭으로 中和로써 천하를 다스리는 자는 그 德이 크게 왕성하고 능히 중화로써 그 자신을 기르는 자는 그 주어진 수명을 다하는데 이를 것이다127) 라고 하였다. 命은 中和되어야 함을 말하고 있다.128)" 라고 한다. 즉 原局에 五行을 모두 구비하고 冲破가 없으며 天干과 地支가 서로 生助해 주고 있을 뿐만 아니라 유정하여 一字 一字가 精神이 뚜렷하고 氣和團結하며 燥熱한 中에 潤濕하고 寒濕한 中에 溫暖하면 富貴할 사람이다. 이런 명조는 吉運을 만나서는 물론 발달하며 不吉한 運을 만나더라도 轉轉相生하므로 큰 禍는 없다. 그리고 中和를 실현하는 五行이 곧 용신이 된다. 强弱과 寒熱의 調和點을 이루는 五行 즉 用神이라는 용어의 導入은 中和思想에 연유하고 있다고 볼 수 있다.

---

127) 董仲舒, 南基顯 解釋, 『春秋繁露』, (서울: 자유문고), 2005, p.476.
128) 고영택, 「中國 古典 命理書에 대한 哲學的 理解(中和之氣 中心으로)」, 새한철학회 철학논총 제43집, 2005.

『淵海子平』에서는, "印星이 많은 자는 財運으로 行하여 發福하고, 財旺者는 比劫을 만난들 어찌 방해가 되겠는가. 平生 發福하지 않는 것은 八字가 休囚해서이고 一世에 권리가 없는 것은 身이 衰한데 七殺을 만나서이다. 身旺者는 泄氣함이 옳고 損傷함이 마땅하며, 身이 衰한자는 扶助함을 기뻐한다. 中和를 받아서 太過不及이 없어야 한다."129) "五行의 貴는 中和에 있으니 그 이치로써 貴를 구하라."130) 라고 함으로써 用神을 定하는 기준은 中和에 근간을 두고 있음을 말하고 있다.

『命理正宗』에서는, "榮枯得失이 모두 生剋 中에 있고 富貴榮華는 中和 以外에 있는 것이 아니며 태과한데 制伏이 없으면 貧賤하고 不及한데 生扶함을 잃으면 刑夭한다. 대저 木이 성하면 金을 만나야 높이 棟樑을 지을 수 있고, 水가 많으면 土를 만나야 막을 隄防을 건설하는 功이 있고, 火가 堅金을 煉鑄하면 鋒刃의 器가 나올 것이고, 木이 旺土를 疏土하면 稼穡의 禾를 培成하고, 火炎은 水가 있어야 이름하여 旣濟의 功이 된다."131) 라고 하여

---

129) "印多者行財而發福, 財旺者遇比何妨. 平生不發, 八字休囚, 一世無權, 身衰遇鬼. 身旺者則宜泄宜傷, 身衰者則喜扶喜助. 禀中和而莫令太過不及.". 徐升 編著, 『淵海子平評註』, p.201.
130) "五行貴在中和, 以理求之.". 徐升 編著, 『淵海子平評註』, p.284.

中和의 중요성을 말하고 있다.

『三命通會』에서는, "用神이 일단 剋戰無倚에 應하는데 또 休囚를 겸하여 쓸모가 없거나 혹은 死絶에 臨하여 亂雜하면 오직 身主는 中和의 氣를 얻어야 한다."132) 고 했다.

『命理約言』에서는, "무릇 日主는 중화가 되어야 가장 귀한 것이며, 오직 强하면 抑制하고 弱하면 도우는 것이 用神을 쓰는 법이다."133) "八字가 치우쳐 있을 때는 보충해 주거나 구제해 주는 神을 만나야 비로소 英貴해 진다. 보충해주고 구제해주는 것은 무엇인가하면 强한 것을 抑制해 주고 약한 것을 부조해 주는 것이다. 총괄적으로 말하면 命의 貴함은 中和에 있고 偏枯하면 마침내 손상이 있다."134) 고 하여 中和에 대해서 언급하고 있다.

---

131) "榮枯得失, 盡在生剋之中, 富貴榮華, 不越中和之外, 太過無制伏者貧賤, 不及失生扶者刑夭. 蓋夫木盛逢金, 高作棟樑之具, 水多遇土, 修防堤岸之功, 火煉堅金, 鑄出鋒刃之器, 木疏土旺, 培成稼穡之禾. 火炎有水, 名爲旣濟之功.". 張楠, 『標點命理正宗』, p.410.
132) "一應用神剋戰無倚, 又兼休囚無用, 或臨死絶駁雜, 獨身得中和之氣.". 萬民英, 『三命通會』, p.815.
133) "凡日主最貴中和, 惟可抑之强, 可扶之弱, 作用之法.". 陳素菴 原著, 韋千里 選輯, 『精選命理約言』卷一, pp.14~15.
134) "八字有偏倚者, 得補救之神, 仍爲英奇. 補救者何, 卽强者抑之, 弱者扶之, 是也. 總之命貴中和, 偏枯終於有損.". 陳素菴 原著, 韋千里 選輯, 『精選命理約言』卷二, p.2.

『滴天髓闡微』의 中和에서도, "中和라는 것은 命中에 바른 이치이다. 이미 中和의 바른 氣를 얻었다면 名利를 이루지 못할 근심이 또한 어찌 있겠는가? 대체로 일생동안 悠悠自適하고 억울함이 없으며 막힘이 없이 이루는 것, 험준함이 적고 나아감이 吉한 사람, 사람의 됨됨이 효심과 友情이 있고 교만과 아첨함이 없는 사람, 마음이 강직하고 구차하지 않는 사람, 이 모두가 中和의 바른 기를 얻은 사람이다."135) 라고 하여 명리학에서는 中和를 얻는 것이 最上의 가치를 실현하는 것임을 말하고 있다.

위에서 살펴본 바와 같이 『淵海子平』에서는 "中和를 받아서 太過不及이 없어야한다"고 하며, 『命理正宗』에서는 "태과한데 制伏이 없으면 貧賤하고 不及한데 生扶함을 잃으면 刑夭한다"고 하고, 『三命通會』에서는 "身主는 中和의 氣를 얻어야한다"고 했다. 그리고 『命理約言』에서는 "日主는 강하면 억제하고 약하면 도우는 것이 용신을 쓰는 법"이라고 하고, 『滴天髓闡微』에서도 "中和를 얻는 것이 最上의 가치를 실현하는 것이다."라고 함

---

135) "中和者, 命中之正理也. 旣得中和之正氣, 又何患名利之不遂耶. 夫一世優游無抑鬱而暢遂者, 少險阻而迪吉者, 爲人孝友而無驕諂者, 居心耿介而不苟且者, 皆得中和之正氣也.". 任鐵樵 增注, 袁樹珊 選輯, 『滴天髓闡微』, p.149.

으로써 用神을 定하는 기준은 中和에 근간을 두고 있음을 말하고
있다.

4.2.2 節氣의 深淺

이 論文에서 節氣와 그 深淺136)의 理論을 도입하는 것은, 어느 節氣부터 어떤 五行의 氣가 시작되며 또 相·旺·休·囚·死가 되는지를 알기 위함이다. 다시 말해서 特定 月令에 있어서 特定 五行의 강약과 한열을 알아냄으로써 格局과 用神을 容易하게 가려낼 수 있기 때문이다. 그래서 먼저 節氣에 대해서 언급하고 그 다음에 그 深淺에 대해서 論하기로 한다.

命理學의 原理는 氣象의 變化를 五行과 陰陽의 記號인 天干과 地支로 표현하는 것이다. 따라서 명리학의 모든 標準은 氣象의 法則에 두게 되는데, 氣象變化의 過程으로서의 절기는 月節變化의 標準이 되기 때문에 매우 重要한 根幹的 基準이 된다. 節令변화의 실질적 표준인 24節候 中에서 12節은 月令變化의 要素이며 12候는 中氣로 役割된다. 月令은 立春, 驚蟄, 淸明 등의 해당

---

136) 朴在玩, 『命理要綱』, (서울: 신지평), 1997, pp.59~64.

節氣가 드는 時刻부터 바뀐다. 예를 들면 立春 時刻 前은 前年 丑月로 봐야 하고, 立春時刻 以後부터는 新年 正月로 봐야 한다.

다음으로 節氣의 深淺을 論하자면, 月節變化의 標準은 節氣에 두는데, 한 節氣 가운데에서도 氣象의 變化에 의해 五行의 生成造化가 어떠한 秩序속에 끊임없이 일어나고 있다. 이 生成造化가 바로 十二地支 안에 숨어 있는 天干의 변화이다. 그 원리는 역시 氣象學的 解釋을 通해서 풀이되는데, 寅月의 경우를 보면 寅月은 丑月의 繼續月로서 丑土餘氣가 넘어오므로 初期는 戊土가 7日이요 次期는 丙火가 7日을 得勢하며, 그 후 16日은 寅中의 正氣인 甲木이 管掌하는 것으로 되어 있다. (부록의 표, 藏干圖表 참조)

이 地支속의 天干은 月令內에서 뿐만 아니라 年日時支에서도 作用하며, 天干에 透出한 地藏干이 作用되기가 容易하다.

예를 들면, 음력 1968年 4月 7日 22:30分 여성. (淸明: 3月 8日 02時 21分, 立夏: 4月 8日 19時 56分)

時日月年
乙甲丙戊
亥戌辰申

淸明 以後 29日 째, 立夏 1日 前으로 辰中의 戊土가 管掌하는 때이니 乙亥時가 生扶하지만 剋洩이 交加하여 身弱한 命造로 판단한다.

이 節氣와 그 深淺에 대해서 『標點命理正宗』에서는, "이제 무릇 四柱를 세워서 五行을 취하니 一運을 定하여 十年을 통관한다. 淸濁과 純駁함은 萬有不齊하니 好惡是非는 이치를 하나로만 잡기 어렵다. 따라서 반드시 먼저 氣象의 규모를 보고 부귀빈궁의 綱領을 전부 살핀 다음으로 用神의 出處를 論하면 무릇 生死窮達의 精微함을 다 알 수 있을 것이다."137) 라고 하여 氣象의 規模 즉 절기심천의 重要性을 말하고 있다.

4.2.3 十二月의 五行 强弱

4.2.3.1 木은 寅月과 卯月에 自强한 때이니 旺하며 亥月과 子

---

137) "今夫立四柱而取五行, 定一運而關十載, 淸濁純駁, 萬有不齊, 好惡是非, 理難執一. 是必先觀氣象規模, 乃富貴貧窮之綱領畢具, 次論用神出處, 凡死生窮達之精微盡知.". 張楠, 『標點命理正宗』, p.325.

月은 生함을 받는 달이기 때문에 强하고 他月은 弱하다. 특히 亥月은 木의 長生地이니 木을 生함이 크지만 子月은 寒冷期이며 敗欲이 되므로 木을 生함이 미약하다.

4.2.3.2 火는 巳月과 午月에 自强하므로 强하며 寅月과 卯月은 生함을 받는 달이니 强하고 他月은 弱하다. 특히 寅月은 火의 長生地로서 火를 生함이 크지만 餘寒이 있는 때이니 原局의 勢를 유의하여 판단하여야 한다.

4.2.3.3 土는 辰·未·戌·丑月에 自强한 때이니 强하며 巳·午月에는 生함을 받는 달이니 强하고 다른 달은 弱하다.

4.2.3.4 金은 申月과 酉月에 自强하므로 强하고 辰·未·戌·丑月은 生함을 받는 달이므로 强하고 他月은 弱하다. 그러나 巳月은 巳中의 土·金이 있어 金의 長生地가 되니 金을 도우는 면이 있지만, 未月의 土는 夏節의 旺火가 성한데 원국에 수가 없으면 金을 生하지 못한다는 점을 유의하여 판단하여야 한다.

4.2.3.5 水는 亥月과 子月에 자강한 때이니 强하며 申月과 酉

月은 生함을 받으므로 强하고 他月은 弱하다. 또 水는 辰戌丑未月에는 土强하니 萎縮되지만 辰中에는 癸水가 있고 丑中에는 癸水와 辛金이 있으니 辰과 丑土는 水를 生助해주는 면도 있다.

위에서와 같이 月別로 주관하는 五行과 그 强·弱을 앎으로서 四柱八字의 强弱과 寒熱을 용이하게 구분하여 용신을 쉽게 가려낼 수 있다.

4.2.4 胞胎法

胞胎法이란 十天干字가 十二地支字中 어느 地支를 만났을 때 生旺의 氣를 얻고 어느 지지를 만났을 때 死絶되는 관계를 말한다. 여기에는 十二 段階가 있는데 이는 人間과 宇宙萬物의 생로병사의 과정을 풀이한 것으로, 한 段階 한 단계를 人生一代의 생육과정에 견주어 설명하면 다음과 같다.

絶(胞)은 人間의 生命이 母胎에 入胎하기 直前의 父母結合의 時期에 該當한다.

胎는 한 生命이 母體에 入胎된 段階다.

養은 母胎에서 漸次 成長해 가는 過程이다.

生은 母胎로부터 이 世上에 出生하는 것을 뜻한다.

沐浴은 幼兒를 沐浴시키고 小便 大便을 씻겨 주는 時期다.

帶는 옷을 입고 띠를 띨 줄 아는 少年 時節을 뜻한다.

官은 成長하여 結婚을 하며 벼슬을 하는 時期를 뜻한다.

旺은 一生 最高의 極盛한 長年 時節을 뜻한다.

衰는 極盛한 때가 지나면 老衰하기 마련인바 人生의 老年期에 臨했음을 뜻한다.

病은 사람이 늙어서 시들고 病든 老年期를 말한다.

死는 시들고 病들어 生命이 끊어진 狀態를 말한다.

葬(墓)은 죽어서 葬事지내고 地下에 묻히어 人生一代가 끝났음을 말한다.

이것을 「五行發用 十二運 養生衰絶吉凶」 혹은 「天干生旺十二運」이라고도 한다.138)

예를 들면 日主가 長生부터 시작하여 沐浴 冠帶 臨官을 거치면서 점차 旺盛해지다가 帝旺에서 왕성함이 극에 이른다. 그리고는 다시 衰地로부터 시작하여 病 死 葬(墓)을 거치면서 점차 쇠약해

---

138) 朴在玩, 『命理要綱』, pp.65~67.

지다가 絶地에서 衰함이 極에 이른다. 胎와 養은 衰弱의 極함과 장차 왕성해지는 長生의 中間 단계이나 대체적으로 弱한 地支에 속한다. 이처럼 胞胎法은 四柱를 풀어나가는데 그 강약을 구분할 수 있는 아주 중요한 기준이 되기 때문에 빼놓을 수 없는 이론이다.

여기에 대해서 『淵海子平評註』139)과 『標點命理正宗』140)에서는 陰胞胎法과 陽胞胎法을 모두 취하고 있다. 그리고 『三命通會』에서도 胞胎法에 대해서, "丙日干 丁酉時生은 陽刃이 長生하고 身主는 死한다. 丁火는 陽刃이고 辛은 財星이고 酉上에는 辛은 旺하고 丙火는 死地이며 丁火는 長生한다. 癸卯月生人이면 癸는 능히 丁을 破하고 陽刃의 官이 된다. 癸水는 卯上에서 長生하며 卯中의 旺한 乙木은 丙火의 印星이다. 만약 (木)用神이 有力하면 다시 水木運으로 行할 때 貴顯한다."141) 라고 하여 陰胞胎法과 陽胞胎法을 모두 인정하고 있다. 또한 『子平眞詮』에서도 음포태법과 양포태법을 모두 인정하는 입장을 취하고 있다.142)

---

139) 徐升 編著, 『淵海子平評註』, pp.32~35.
140) 張楠, 『標點命理正宗』, p.241.
141) "丙日, 丁酉時, 刃生身死. 丁爲刃, 辛爲財, 酉上辛旺丙死, 丁火長生.. 癸卯月生者, 癸能破丁, 刃爲官. 癸水卯上長生, 卯中有旺乙爲印. 如用神有力, 又行水木運, 貴顯.". 萬民英, 『三命通會』, p.605.

『窮通寶鑑』에서도, "午月은 丁火의 建祿이다."143) "寅卯는 木이 旺한 때이니 곧 水의 死地가 된다."144) 라고 하여 陰胞胎法과 陽胞胎法을 모두 인정하는 입장을 취하고 있다.

그러나 『精選命理約言』에서는, "十干은 각 地支를 따라서 長生, 沐浴, 冠帶, 臨官, 帝旺, 衰, 病, 死, 墓, 絶, 胎, 養이 생긴다. 무릇 五陽은 生方에서 자라고 本方에서 旺盛하고 泄方에서 쓰러지고 剋方에서 죽는다, 하여 이치에 순응하며, 五陰 역시 陰陽同生同死說이 옳다고 하겠다."145) 라고 하여 陽胞胎法만을 취하고 있다.

『滴天髓闡微』또한, "본래 丁火는 寅에서 死가 된다고 하는 것은 오류의 극치이다. 寅中의 甲木이 丁火의 嫡母인데 어찌하여 死가 되겠는가? 무릇 陰干은 生地에서 死가 되고 死地에서 生이 된다고 하는 것은 正論이 아니다. 마치 酉金이 丁火의 長生地인 것처럼 말하는 것은 오행이 顚倒된 것이다. 酉中의 辛金은 순수하여 다른 氣가 섞여 있지 않기 때문에 金은 水를 生하는 것이지 火

---

142) 沈孝瞻 原著, 徐樂吾 評註, 『子平眞詮評註』, pp.37~38.
143) "五月丁火建祿.". 徐樂吾 註,『窮通寶鑑』, pp.88~90.
144) "寅卯木旺之時, 乃水之死地也.". 徐樂吾 註,『窮通寶鑑』, p.175.
145) "十干從各支起長生, 沐浴, 冠帶, 臨官, 帝旺, 衰, 病, 死, 墓, 絶, 胎, 養. 夫五陽育於生方, 盛於本方, 斃於洩方, 盡於剋方, 於理爲順, 五陰亦陰陽同生同死爲是.". 陳素菴 原著, 韋千里 選輯, 『精選命理約言』卷三, p.13.

를 生하는 이치는 없다. 火는 酉金의 자리에 이르러 死絶이 된
다."146) 라고 하여 陰陽同生同死說이 옳다고 한다.

身强한 命造는 五行의 剋洩이 되는 사절지를 만나야 吉하고 身弱한 四柱는 오행의 生助가 되는 생왕지를 만나야 吉하다. 본 論文에서는 陰干의 胞胎法은 陽干의 포태법을 따르는 것이 옳다고 본다. 왜냐하면 論者가 實際 명조를 분석해본 결과, 예를 들면 신강한 丁火日主가 酉年을 만났을 때 長生地로서의 효과가 나타났다면 凶하였을 텐데, 그 보다는 死地로서의 효과가 나타나 吉하였던 경우를 누차 본 일이 있다. 그리고 신약한 丁火日主가 寅年을 만났을 때 死地로서의 효과가 나타났다면 凶하였을 텐데, 그 보다는 장생지로서의 효과가 나타나 吉하였던 경우가 많았다. 이 때문에 陰陽同生同死說만을 따르기로 한다.

---

146) "如云丁火死寅, 謬之極矣. 寅中甲木, 乃丁之嫡母, 何以爲死. 凡陰干以生地爲死, 死地爲生, 非正論也. 如謂酉是丁火長生, 五行顚倒矣. 酉中純辛無他氣所雜, 金生水, 無生火之理. 火到酉位, 死絶之地.". 任鐵樵 增注, 袁樹珊 選輯,『滴天髓闡微』, pp.308~309.

4.2.5 月建의 重要性

4.1 에서 자세히 살펴보았듯이 月建의 重要性은 格局을 定하는 기준이 될 뿐만 아니라, 强弱에 의한 抑扶用神을 가려내는데도 기준이 된다.

4.2.6 生剋喜忌論

四柱八字에는 强弱과 더불어 調候가 中和를 이루어야 가장 이상적인 命造가 된다. 너무 지나친 것도 欠이요 너무 부족한 것도 欠이 된다. 그래서 남아도는 것은 덜어내고 모자라는 것은 보태주어야 한다. 여기서는 五行 및 六神의 過·不及으로 因한 利害에 대해서 알아보기로 한다.

4.2.6.1 身旺에 官星의 利

木旺에 金을 만나면 材木을 作成하고, 火旺에 水를 만나면 旣濟의 功을 얻으며, 土旺에 木을 만나면 疏通의 功이 있다. 그리고 金旺에 火를 만나면 器物을 作成하고, 水旺에 土를 만나면 池沼의 功이 있다.

4.2.6.2 身弱에 官星의 害

木弱에 金을 만나면 木折하고, 火弱에 水를 만나면 滅息되며, 土弱에 木을 만나면 傾陷이 된다. 또 金弱에 火를 만나면 녹아버리고, 水弱에 土를 만나면 泥塞된다.

4.2.6.3 印星過多의 害

木日主가 水가 많으면 木은 漂流하고, 火日主가 木이 많으면 火는 꺼지며, 土日主가 火가 많으면 土가 마른다. 그리고 金日主가 土가 많으면 金은 묻히고, 水日主가 金이 많으면 水가 濁해진다. 이는 身主가 弱한 四柱에 印星이 太過하면 病이 되는 경우이다.

4.2.6.4 財多身弱의 害

木日主가 土가 많으면 木折하고, 火日主가 金이 많으면 火는 꺼지며, 土日主가 水多면 土가 붕괴된다. 또 金日主가 木이 强하면 金缺하고, 水日主가 火旺하면 水渴한다.

4.2.6.5 傷食過多의 害

木日主가 火가 많으면 木焚하고, 火日主가 土가 많으면 火는 어두워지며, 土日主가 金이 많으면 土가 變한다. 그리고 金日主가 水가 많으면 金은 가라앉으며, 水日主가 木이 많으면 水가 收縮된다. 이는 虛弱한 日主에 食傷의 洩氣가 많으면 不利함을 말한다.

4.2.6.6 太旺에 食傷의 利

太旺한 木日主가 火를 만나면 通明으로 吉하고, 太旺한 火日主가 土를 만나면 熱氣를 덜어내며, 太旺한 土日主가 金을 만나면 肥沃해진다. 또 太旺한 金日主가 水를 만나면 强한 氣를 덜어내고, 太旺한 水日主가 木을 만나면 勢力을 洩하여 吉하다.147)

命造를 接할 때, 以上에서 본 바와 같이 五行과 六神의 過·不及으로 因하여 나타나는 利害를 活用하면 抑扶用神을 보다 더 쉽게 定할 수 있다.

---

147) 朴在玩, 『命理要綱』, pp.86~88.

4.2.7 通根論(통근론)

天干(천간)의 五行(오행)이 地支(지지)에 동류의 五行(오행)이 있으면 통근하여 강왕한 生助(생조)를 얻어서 實(실)하게 된다. 이 때문에 用神 喜神 藥神(용신 희신 약신)이 地支(지지)에 通根(통근)이 되어 있으면 貴命(귀명)이 될 수 있지만, 凶神(흉신)이 通根(통근)되어 있으면 不吉(불길)하다. 그래서 이 通根論(통근론) 또한 명조의 강약을 구분하는데 중요한 기준이 된다. 통근의 强弱(강약)은 다음과 같으며, 地支(지지)에 印星(인성)이 있어도 通根(통근)이라 할 수 있다.

甲木(갑목): 寅亥(인해)에 通根(통근)하고, 다음으로 卯未辰(묘미진)에 通根(통근)한다.
乙木(을목): 卯未辰(묘미진)에 통근하고, 다음으로 寅亥(인해)에 통근한다
丙火(병화): 寅巳(인사)에 통근하고, 다음으로 午未戌(오미술)에 통근한다.
丁火(정화): 午未戌(오미술)에 통근하고, 다음으로 寅巳(인사)에 통근한다.
戊土(무토): 寅辰巳戌(인진사술)에 통근하고, 다음으로 丑午未(축오미)에 통근하며, 申中(신중)에 戊己(무기)가 있고 亥中(해중)에도 戊土(무토)가 있으나 통근하기에는 극히 미약하다.
己土(기토): 丑午未(축오미)에 통근하고, 다음으로 寅辰巳戌(인진사술)에 통근하며, 申中(신중)에 戊己(무기)가 있고 亥中(해중)에도 戊土(무토)가 있으나 통근하기에는 극히 微弱(미약)하다.

庚金: 巳申에 통근하고, 다음으로 丑酉戌에 통근한다.

辛金: 丑酉戌에 통근하고, 다음으로 巳申에 통근한다.

壬水: 申亥에 통근하고, 다음으로 子丑辰에 통근한다.

癸水: 子丑辰에 통근하고, 다음으로 申亥에 통근한다.

『滴天髓闡微』에서는 通根에 대해서, "(天干에서) 두 개의 比肩을 만난 것이 地支에서 하나의 長生 혹은 祿旺을 만난 것 보다 못하다. 예를 들면 甲乙이 亥寅卯를 만난 것과 같다. 대개 比肩은 친구가 서로 돕는 것과 같고, 통근은 마치 가족에게 의탁하는 것과 같다. 天干에 많은 것이 뿌리가 重疊되는 것보다는 못함은 당연히 맞는 이치이다. 오늘날 사람들은 이 이치를 모르고, 春土 夏水 秋木 冬火를 뿌리가 있고 없고를 불문하고 곧 약하다고 하는 것을 옳다고 보며, 春木 夏火 秋金 冬水를 剋이 重한지 剋이 가벼운지를 연구해 보지도 않고 곧바로 旺하다고 이르는 것을 옳다고 본다. 이런 종류의 잘못된 이론은 반드시 一切 제거함이 마땅하다. 그래서 이 모두는 쇠왕의 올바르게 바뀌는 것을 논한 것이다."[148]라고

---

148) "得二比肩, 不如支中得一長生祿旺. 如甲乙逢亥寅卯之類是也. 蓋比肩如朋友之相扶, 通根如家室之可託. 干多不如根重, 理固然也. 今人不知此理, 見是春土夏水秋木冬火, 不問有根無根, 便謂之弱, 見是春木夏火秋金冬水, 不究剋重剋輕, 便謂之旺. 此種謬論必宜一切掃除也. 然此皆論衰旺之正而易者也.".任鐵樵 增注, 袁樹珊 選輯, 『滴天髓闡微』, pp.136~137.

하면서 天干이 地支에 通根하면 勢力을 얻는다고 한다.

4.2.8 日主喜忌論

日主喜忌論은 『窮通寶鑑』의 中心內容이며, 이 이론은 중화의 사상적 값인 용신을 定하데 근간적 기준이 된다. 다시 말해서 日干을 中心으로 볼 때 强하면 制伏해야 하고 弱하면 生扶해야 하며, 寒濕하면 데워주어야 하고 燥熱하면 식혀주어야 함을 말하고 있다.

4.2.9 强弱論

4.2.9.1 身强의 成立條件

日干이 印星이나 比刦月에 生하고, 印星과 比刦이 他 六神보다 더 많아야 한다. 身强의 區別은 다음과 같다.

가장 强한 四柱는, 日主가 建祿이나 羊刃月에 태어나고 모두가 印星과 比刦이면 가장 强한데, 이 경우는 專旺格이 되는 경우가 대부분이다.

다음으로 太旺한 四柱는, 日主가 印星이나 比刦月에 태어나고 印星과 比刦이 다섯 혹은 여섯 개이고 食傷이 발달되어 있으면, 印綬格이나 比刦格으로서 태왕한 氣를 洩氣함을 기뻐한다.

그 다음으로 强한 사주는, 日主가 印星이나 比刦月에 태어고 印星과 비겁이 네 개 이상이면 신강한 명조로 본다. 이때는 경우에 따라서 食傷과 재성과 관성이 모두 用神이 될 수 있다.

그 다음으로 강한 명조는, 印星이나 比刦月에 태어나지는 않았지만 他 地支에라도 통근한 인성과 비겁이 넷 이상이면 대체로 身强한 命造로 본다.

그 以外의 印星이나 比刦月에 태어나지 않고 印星과 比刦이 세 개뿐으로, 강약의 구분이 불분명한 명조는 胎元[149]과 通根與否와 透干與否 등을 참작하여 구분한다.

4.2.9.2 身弱의 成立條件

日干이 食傷이나 財·官月에 生하고, 印星과 比刦이 他 六神보다 더 적어야 한다. 身弱의 區別은 다음과 같다.

---

[149] "入胎月을 말한다. 月干 1位 後와 月支 4位 後月. 즉 丁巳月生이라면 前年度 戊申月에 入胎." 朴在玩, 『命理辭典』, (서울: 너른터), 1993, p.799.

가장 약한 명조는 日主(일주)가 食·傷(식상)이나 財·官月(재관월)에 태어나고 原局(원국)에 印星(인성)과 比劫(비겁)이 전연 없는 경우로, 이때는 本身(본신)을 버리고 他 六神(타 육신)으로 從(종)하는 경우가 대부분이다.

다음으로 太弱(태약)한 命造(명조)는 日干(일간)이 月支(월지)는 아니더라도 年·日·時支(년일시지)의 印星(인성)과 比劫(비겁)에 미약하게나마 通根(통근)하고 있거나 혹은 뿌리는 없더라도 天干(천간)에 印星(인성)과 比劫(비겁)이 生扶(생부)하고 있는 명조로서 종격에 속하지 않는 경우가 여기에 속한다. 이때는 인성과 비겁 혹은 식상이 用神(용신)이 된다.

그 다음으로 弱(약)한 命造(명조)는 일주가 月支 以外(월지 이외)에 年·日·時支(년일시지)의 印星(인성)과 比劫(비겁)에 通根(통근)하였으나 印星(인성)과 比劫(비겁)이 세 개 이하인 경우와, 日主(일주)가 月支(월지)의 印星(인성)과 比劫(비겁)에 通根(통근)하였으나 인성과 비겁이 두 개 뿐인 경우다.

以上(이상)과 같이 강약구분의 기준을 略述(약술)하였다. 그러나 이것은 절대적인 기준이 아니 될 수도 있다는 것을 밝혀둔다. 왜냐하면 通根(통근)을 하였다고 하더라도 月支(월지)에 통근한 것과, 時支(시지)에 통근한 것과, 日支(일지)에 통근한 것, 年支(년지)에 통근한 것과는 그 강약이 서로 다르기 때문이다.

대체로 月支가 가장 강하고, 다음은 時支가 강하고, 그 다음으로는 日支가 강하고, 年支는 가장 약한 영향력을 미친다.150) 그리고 通根도 帝旺地支에 통근함이 가장 강하고, 다음은 臨官地支가 强하며, 그 다음은 冠帶地支에 통근함 順으로 强함이 나타난다. 즉 강약의 종류는 무려 (月·時·日·年)地支 X (帝旺·臨官·冠帶·沐浴·長生·衰·病·死·墓·養·胎·絶)=48가지나 된다. 따라서 어느 한 가지 기준만으로 강약을 판단할 것이 아니라, 가중치를 부여한 값으로 綜合的인 판단을 할 문제다.

4.2.10 六神論

4.2.10.1 官·殺의 利·害

4.2.10.1.1 身弱한 命造에 印星이 用神이 되는 경우에 官星은 財星을 洩氣하여 用神을 生하는 吉星이 된다.

4.2.10.1.2 比劫이 많아 신강한 명조에 관성은 比劫을 制伏하는

---

150) "先觀月氣, 更重時支, 年支稍遠, 日支較親.". 陳素菴 原著, 韋千里 選輯, 『精選命理約言』卷二, p.22.

吉星이 된다.

4.2.10.1.3 身强한 四柱에 用神인 재성이 比刦의 剋을 당하고 있는 경우에, 官星은 比刦을 制伏하여 용신을 救濟하니 吉星이 된다.

4.2.10.1.4 印星이 태강하여 비겁으로 태왕한 印星을 洩氣하는 경우에, 관성은 용신인 비겁을 剋할 뿐만 아니라 太旺한 印星을 生하니 凶星이 된다.

4.2.10.1.5 財多身弱에 비겁이 용신이 되는 경우에 관성이 비겁을 剋하니 凶星이 된다.

4.2.10.2 正·偏印의 利·害

4.2.10.2.1 剋泄이 交加하여 신약한 명조에 인성은 용신이 되니 이롭다.

4.2.10.2.2 官·殺印相生格에 印星은 용신이 되어 殺·官生印, 印生身하니 吉星이다.

4.2.10.2.3 身弱한 傷官格에 印星이 용신이 되어 식상을 制伏하고 日主를 도우니 吉星이 된다.

4.2.10.2.4 身强한 命造에 官星이 用神이 되는 경우에, 食傷이 官星을 剋하면 病이 되는데, 이때 印星은 식상을 제복하여 官星을 救濟하는 吉神이 된다.

4.2.10.2.5 身强하여 재성이 용신이 되는 경우에, 印星은 比劫을 生하니 凶神이다.

4.2.10.2.6 신강한 명조에 官星이 用神이 되고 官星을 剋하는 食傷이 없는 경우에, 印星은 用神을 洩氣하여 비겁을 生할 뿐이니 凶神이 된다.

4.2.10.2.7 比劫이 태왕하여 식상으로 洩氣하는 경우에 印星은 食傷을 剋할 뿐만 아니라 비겁을 生하니 凶神이다.

4.2.10.3 正·偏財의 利·害

4.2.10.3.1 身强하여 官星이 用神이 되는 경우에 財星은 用神을 生하는 喜神이 된다.

4.2.10.3.2 身이 태왕하여 食傷이 用神이 되는 경우에 財星은 秀氣를 流通하게 하는 吉星이다.

4.2.10.3.3 身强한 명조에서 印星이 旺하여 凶이 되는 경우에,

財星은 印星을 制伏하는 吉星이다.

4.2.10.3.4 財多身弱에 印星이 用神이 되는 경우에 財星은 病이 된다.

4.2.10.3.5 財多身弱에 비겁이 용신이 되는 경우에 재성은 日主의 氣力을 分散하는 흉신이 된다.

4.2.10.4 食·傷의 利·害

4.2.10.4.1 太强한 命造에서 食傷은 洩氣하는 吉神이 된다.

4.2.10.4.2 身弱한 日主가 왕성한 官星의 剋을 당하는 경우에 食傷은 官星을 制伏하여 日主를 救出하니 吉星이 된다.

4.2.10.4.3 身强한 命造에서 인성이 旺하여 凶이 되는 경우에, 財星이 用神이면 食傷은 用神을 生하는 길신이다.

4.2.10.4.4 身弱한 傷官格에 食傷은 흉신이 된다.

4.2.10.4.5 財多身弱에 食傷은 强財를 生하고 日主를 洩氣하니 凶神이 된다.

4.2.10.4.6 身强한 命造에 관성이 용신이 되는 경우에 식상은 官星를 剋하는 凶神이 된다.

4.2.10.4.7 身弱한 四柱에 印星이 용신이면 재성은 병신이 되는데, 이때 食傷은 病神을 生할뿐만 아니라 弱한 日主를 洩氣하는 흉성이 된다.

4.2.10.5 比·刦의 利·害

4.2.10.5.1 剋泄이 交加하여 신약한 명조에 인성이 용신이면 재성이 病神에 比刦은 財星을 制伏하는 吉神이 된다.

4.2.10.5.2 身弱한 命造가 旺한 관성의 극을 받을 경우에 制殺하는 食傷이 用神이면 比刦은 用神을 生하는 길신이 된다.

4.2.10.5.3 印星이 太旺하여 比刦으로 설기하는 경우에 비겁은 길성이 된다.

4.2.10.5.4 身弱한 傷官格에 비겁이 용신이면 吉星이다.

4.2.10.5.5 傷官格에 食傷이 용신이면 比刦은 食傷을 生하는 吉星이다.

4.2.10.5.6 比刦이 太多하여 설기하는 식상이 用神이면, 比刦이라도 太多하면 吉星이 될 수 없다.

4.2.10.5.7 신강하여 財星이 용신이면 비겁은 흉성이다.

4.2.10.5.8 신강하여 官星이 용신이면 食傷은 병신이 되는데, 이 때 比劫은 病神을 生하는 凶星이 된다.

4.2.11 蓋頭說

蓋頭說은 앞(3.4)에서 이미 언급하였듯이 地支에 뿌리를 두고 天干에 투출한 五行은 더 强한 힘을 얻기 때문에 강약기준의 내용이 되며 따라서 抑扶用神을 定하는데 적용되는 이론이다.

4.2.12 動靜說

動靜說은 앞(3.4)에서 이미 언급하였으며 천간과 천간의 작용력과 지지와 지지의 작용력이 서로 다르므로 抑扶用神을 도출하는데 관련되는 理論이다. 그러나 이 理論에서 看過한 것은 앞에서 이미 언급하였듯이 天干과 地支와의 作用力을 고려하지 못한 점이다.

4.3 調候用神과 관련된 理論

調候用神과 관련되는 理論에는 寒暖燥濕論, 日主喜忌論, 中和論이 있다.

4.3.1 寒暖燥濕論

太陽의 陽氣가 旺盛한 봄과 여름의 精氣를 表하는 甲·乙·丙·丁·戊는 陽暖한 天干이라 하고, 陰氣가 旺盛한 가을과 겨울의 精氣를 뜻하는 己·庚·辛·壬·癸는 陰寒한 天干이라 한다. 地支의 경우에도 天干에서와 같은 이유로 寅·卯·巳·午·未·戌은 陽燥를 뜻하고 申·酉·亥·子·丑·辰은 陰濕하다. 그래서 命造 中에 甲·乙·丙·丁·戊와 月支를 포함한 寅·卯·巳·午·未·戌이 己·庚·辛·壬·癸와 申·酉·亥·子·丑·辰보다 더 많으면 暖燥한 命造라고 판단하고, 己·庚·辛·壬·癸와 月支를 포함한 申·酉·亥·子·丑·辰이 甲·乙·丙·丁·戊와 寅·卯·巳·午·未·戌보다 더 많으면 寒濕하다고 판단한다. 命理學은 強弱과 寒熱이 要素가 되는데, 그중 한난조습의 한열이론은 조후용신을 定하는데 그 尺度가 된다.

4.3.2 日主喜忌論

抑扶用神과 관련되는 理論에서 이미 언급하였듯이 日主喜忌論은 『窮通寶鑑』의 中心內容이며, 抑扶用神의 中和의 思想的 값뿐만 아니라 調候上의 中和의 思想的 값인 용신을 定하는데도 근간적 기준이 된다.

4.3.3 中和論

抑扶用神과 관련되는 理論에서 이미 언급하였듯이 中和論은 抑扶用神의 中和의 思想的 값뿐만 아니라 조후상의 중화의 사상적 값인 용신을 定하는데도 근간적 기준이 된다.

4.4 病藥用神과 관련된 理論

病藥說

앞의 『命理正宗』의 病藥說에서 이미 언급하였듯이 病藥說은 病藥用神의 내용이 된다.

4.5 通關用神과 관련된 理論

通關論

앞(3.3)의 通關用神에서 이미 언급하였듯이 通關論은 通關用神의 내용이 된다.

5. 格局別 用神의 導出

用神은 中和思想에 根幹을 두고, 명조에 있어서 强弱과 寒熱의 均衡을 이루는 調和點에 해당하는 五行으로서 이는 正格의 用神에 해당 된다. 이와는 달리 변격의 용신은 從强用神이라하여 從하는 五行이 곧 용신이 된다. 이 格局別 用神을 간략히 정리하면 〈표5〉와 같다.

〈표5〉 格局別 用神

格局別			用神	內　容
正格(正官格, 偏官格, 正印格, 偏印格, 正財格, 偏財格, 傷官格, 食神格, 刦財格, 比肩格)			抑扶	强하면 剋制하고 弱하면 生扶함
			調候	寒暖燥濕의 調和가 필요
			病藥	太過不及이 病이 되면 그 病을 除去
			通關	둘이 대치하고 있는 사이를 和解
變格	專旺格	木曰曲直格	木	從하는 木이 用神
		火曰炎上格	火	從하는 火가 用神
		土曰稼穡格	土	從하는 土가 用神
		金曰從革格	金	從하는 金이 用神
		水曰潤下格	水	從하는 水가 用神
	從格	棄命從殺格	官星	從하는 官星이 用神
		從印格	印星	從하는 印星이 用神
		棄命從財格	財星	從하는 財星이 用神
		棄命從兒格	食傷	從하는 食傷이 用神
	化格	丁壬合化木格	木	從하는 木이 用神
		戊癸合化火格	火	從하는 火가 用神
		甲己合化土格	土	從하는 土가 用神
		乙庚合化金格	金	從하는 金이 用神
		丙辛合化水格	水	從하는 水가 用神
	兩神成象格	相生關係	洩氣하는 五行 혹은 六神	比等한 관계의 두 가지의 五行 혹은 六神이 서로 相生하는 관계
		相剋關係	通關하는 五行 혹은 六神	比等한 관계의 두 가지의 五行 혹은 六神이 서로 대치하는 관계
	從强格		洩氣하는 五行	印星과 比刦으로 從 즉 印比從氣格
	從氣格		洩氣하는 五行	木火從氣格, 金水從氣格
	從勢格		財星	食傷, 財星, 官星이 吉
	母慈滅子格		比刦	比刦만 吉

(資料: 論者가 聚合하고 作成)

5.1 正格의 用神

5.1.1 抑扶用神

抑扶用神은 『淵海子平』에서 이미 概念이 確立되었고 『命理約言』에서는 그 定義를 내리고 있음을 앞에서 확인한 바 있다. 그래서 여기서는 抑扶用神에 대한 학설상의 차이를 명리학 고전을 통해서 비교분석해 본다.

『淵海子平』에서는 억부용신에 대해서, "치우침이 없고 의지함이 없도록 生剋制化 四者를 취하여야 한다. 體를 破하는 囚를 만나면 下運이 되지만 生함이 있고 去함이 있으면 福이 되고, 도움이 있어야 되는데 벗겨내면 禍가 되니 그 이치가 깊고도 길다."151) 라고 말하고 있다. 그리고 『命理正宗』에서는, "財官이 가볍고 日主가 旺하면 財官運으로 行하여야 가장 奇異하게 되고, 만약 財官이 旺하고 日主가 弱하면 身旺한 運으로 行하여야 가장 기이하게 된다."152) 라고 한다. 또 『三命通會』에서는 "日主用神이

---
151) "取四者不偏不倚, 生剋制化. 而遇破體囚爲下運, 有生有去爲福, 有助有剝爲禍, 其理深長.". 徐升 編著, 『淵海子平評註』, p.184.
152) "財官輕而日主旺, 運行財官最爲奇, 若財官旺而日主弱, 運行身旺最爲奇.". 張楠,

太盛하면 때에 따라서 그것을 節制하는 것이 마땅하며, 日主用神이 차차 쇠하면 때에 따라서 그것을 보조하는 것이 옳다."153) 고 말하고 있다. 그리고 또 『窮通寶鑑』에서는 寅月의 甲木부터 시작하여 丑月의 癸水까지 抑扶用神에 대해서 말하고 있다. 그中의 하나를 보면 "戌月의 甲木은 四柱에 比劫이 많을 경우에 庚金의 剋制가 없으면 丙·丁을 써서 木氣를 洩氣하여야 하고, 月令이 財旺하면 반드시 分財시키는 比劫을 用神으로 삼는 것은 곧 정해진 이치이며, 四柱에 甲木이 많으면 庚金을 專用하고 四柱에 庚金이 많으면 丙·丁으로써 庚金을 制하는 것이 필요하고, 戌月의 甲木은 대체로 丁·癸를 쓴다."154) 고 한다. 『滴天髓闡微』에서도, "만일 日主가 旺하면 隄綱이 혹 官星이든지 혹 財星이든지 혹 食傷이면 모두 用神으로 쓸 수 있다. 日主가 衰하면 별도로 四柱干支에서 身을 돕는 것이 있으면 찾아서 用神으로 삼는다. 提綱(月支)이 建祿이나 羊刃이면 곧 提綱으로써 體가 되는데 그 大勢를 살펴서 四柱干支의 食神·財·官으로써 그 얻는 바를 찾아서 이를 用神으

『標點命理正宗』, p.20.
153) "日主用神太盛, 宜時以節制之, 日主用神漸衰, 宜時以補助之.". 萬民英, 『三命通會』, p.322.
154) "九月甲木, 四柱比劫多, 無庚剋制, 用丙丁以洩木氣, 月令財旺, 必以比劫分才爲用, 乃一定之理. 四柱甲多專用庚金, 四柱庚金多, 則又以丙丁制庚爲要. 九月甲木, 尙用丁癸.". 徐樂吾 註, 『窮通寶鑑』, pp.24~26.

로 삼는다. 만일 四柱干支에서 財·殺이 지나치게 旺하여 日主가 旺한 것 中 변하여 弱하게 되었으면, 반드시 그 日主를 돕고 財殺을 制化하는 것을 찾아서 用神으로 삼는다."155) 라고 말하고 있다.

이와 같이 弱하면 生·扶하고 旺하면 制·化하는 억부용신의 이론은 宋代의 『淵海子平』때 이미 개념이 확립되고 發展되어 오던 이론이었는데, 淸代에 와서 陳素菴이 『命理約言』에서 좀 더 정교한 이론으로 발전시켜서 抑扶用神理論의 완성을 이루었으며 오늘날까지도 正格用神理論의 根幹이 되고 있는 아주 중요한 이론이다.

5.1.2 調候用神

調候用神의 개념도 『淵海子平』때 이미 확립되었고 『窮通寶鑑』에서 많이 나오는 이론이다.

---

155) "如日主旺, 提綱或官或財或食傷, 皆可爲用. 日主衰, 別尋四柱干支有幫身者爲用. 提綱是祿刃, 卽以提綱爲體. 看其大勢, 以四柱干支食神財官, 尋其得所者而用之. 如四柱干支財殺過旺, 日主旺中變弱, 須尋其幫身制化財殺者而用之.". 任鐵樵 增注, 袁樹珊 選輯, 『滴天髓闡微』, p.123.

『四柱學講義』에서는 조후용신에 대해서, "오행이 생하고 극하는 것은 본래 기후의 우열을 표시한 것에 불과하다. 그러므로 오행의 상생과 상극을 볼 때는 반드시 기후를 고찰하고 과연 상생이 가능하고 상극이 가능한지를 다시 살펴봐야 한다. 예컨대 토는 금을 생하지만 여름의 燥土는 금을 생할 수 없으므로 수를 얻어야 비로소 금을 생할 수 있게 되고, 겨울의 동토는 금을 생할 수 없으므로 반드시 화가 있어야 금을 생한다. 또 금은 수를 생하지만 추동의 한금은 수를 생하지 못하므로 반드시 화를 얻어야 비로소 수를 생할 수 있다. 또 수는 목을 생하지만 겨울의 얼어붙은 수는 목을 생하지 못하고 반드시 화를 얻어야 목을 생할 수 있다. 또 목은 화를 생하지만 춘하의 목이 사주에 화가 많으면 목이 불에 타버리고 마는 것이므로 수를 얻어야 목화가 서로 도와 광명을 발할 수 있다. 여름에는 수를 얻어야 오행이 작용할 수 있고 겨울에는 화를 얻어야 오행이 작용할 수 있다. 그러므로 우선 조후를 먼저 살피고 조후가 되었을 때 비로소 오행의 올바른 상생과 상극의 작용이 가능하다."156) 라고 설명하고 있다.

다음은 調候用神에 대해서 命理書의 내용을 서로 비교하여 學說上의 차이를 분석해 본다.

『窮通寶鑑』에서는, "金을 論함에, 만약 金이 겨울에 태어났으

---

156) 박영창·김도희 편저, 『四柱學講義』, (서울: 삼하출판사), 2007, p.511.

면 金水傷官格에 官星을 기뻐하는데 (이것은) 곧 조후에 관계된 것이고 (旺弱의) 例外이다."157) "臘月의 壬水는 丙火를 爲主로 하고 丁火와 甲木을 보좌로 삼아서 쓴다. 調候가 急할 때에는 才·官·印을 논할 것이 아니라 모두 調候를 회복하데 두고 論해야 한다.158)"159) "午月의 丙火는 月令이 陽刃이므로 火氣가 더욱 炎炎하므로 壬庚이 함께 투출하여 배합이 마땅하면 반드시 貴命이다."160) 라고 調候用神에 대해서 말하고 있다.

그리고 『命理約言』에서는, "人命이 春·秋月에 生하면 한난의 中을 얻지만 만약 한 여름에 태어나면 무덥기만 한데 무더우면 潤濕함을 기뻐하니 局中에 水를 얻으면 아름답다. 嚴冬에 태어나면 지나치게 추운데 추우면 따뜻함을 기뻐하니 局中에 火를 얻으면 아름답다."161) 라고 調候用神에 대해서 언급하고 있다.

---

157) "論金, 若生於冬令, 金水傷官喜見官, 乃調候關係, 爲例外也.". 徐樂吾 註, 『窮通寶鑑』, pp.132~133.
158) 調候가 시급할 때는 才·官·印을 논할 것이 아니라, 才·官·印은 버려두고 천천히 論한다. 라고 번역하는 경우도 있다는 생각이 든다.
159) "臘月壬水, 以用丙火爲主, 丁火甲木爲佐. 調候爲急, 不論才官印, 皆置之緩論可也.". 徐樂吾 註, 『窮通寶鑑』, p.194.
160) "五月丙火, 月令陽刃, 火氣愈炎, 壬庚並透, 配合爲宜, 必爲貴命.". 徐樂吾 註, 『窮通寶鑑』, p.68.
161) "人命生於春秋之月, 寒暖得中, 若生於盛夏, 則偏於炎矣, 炎則喜潤, 局中得水爲佳. 生於嚴冬, 則偏於寒矣 寒則喜溫, 局中得火爲美.". 陳素菴 原著, 韋千里 選輯, 『精選命理約言』卷四, p.5.

또 『滴天髓闡微』에 나오는 조후용신과 관련되는 내용을 보면 아래와 같이 자세하게 말하고 있다.

"天道는 춥고 따뜻함이 있어 만물을 발육시키나, 人道에는 그 한난을 얻되 지나쳐서는 아니 된다."162) "陰支는 춥고 陽支는 따뜻하고, 西北은 춥고 東南은 따뜻하고, 金水는 춥고 木火는 따뜻하다. 寒氣를 얻으면 暖氣를 만나야 發하고, 따뜻한 氣를 얻으면 寒氣를 만나야 이룰 수 있다. 寒氣가 심하거나 따뜻한 氣가 지극한 것이 원국에 하나, 둘 象을 이루면 반드시 좋은 자리가 없다."163) "춥고 따뜻한 것은 만물을 生成하는 이치이다. 西北 金水는 寒하고, 東南 木火는 暖하다고만 고집해서는 안 된다. 陽의 生은 반드시 陰의 자리에 있으며, 陽은 주로 만물을 生하지만 陰이 아니면 이룰 수 없다."164) "寒氣가 만일 甚히면 따뜻한 氣가 있을 필요가 있고, 만일 따뜻함이 지극한데 필요한 寒氣의 根이 있으면 능히 만물을 生成할 수 있다. 만약 寒氣가 甚한데 暖氣가 없다거나, 暖氣가 지극한데 寒氣의 根이 없으면

---

162) "天道有寒暖, 發育萬物, 人道得之不可過也.". 任鐵樵 增注, 袁樹珊 選輯, 『滴天髓闡微』, p.216.
163) "陰支爲寒, 陽支爲暖, 西北爲寒, 東南爲暖, 金水爲寒, 木火爲暖. 得氣之寒, 遇暖而發, 得氣之暖, 逢寒而成. 寒之甚, 暖之至, 內有一二成象, 必無好處.". 任鐵樵 增注, 袁樹珊 選輯, 『滴天髓闡微』, p.216.
164) "寒暖者, 生成萬物之理也. 不可專執西北金水爲寒, 東南木火爲暖. 陽之生, 必有陰之位, 陽主生物, 非陰無以成.". 任鐵樵 增注, 袁樹珊 選輯, 『滴天髓闡微』, pp.216~217.

반드시 生成의 妙가 없다."165) "地道에는 마른 것과 습한 것이 있어서 갖가지 종류의 물건을 생성하는데, 人道에서는 燥濕을 얻되 치우쳐서는 안 된다."166) "濕이란 陰氣이니 마땅히 燥함을 만나야 이루어지고, 燥는 陽氣이니 마땅히 濕을 만나야 生하게 된다. 그러므로 木이 여름에 생하여 精華한 기운이 발설하면 밖으로는 넉넉하나 內實은 허탈하기 때문에 반드시 壬癸에 의지하여 생하거나 丑·辰濕土로써 배양함으로써 火가 치열하지 않고 木이 마르지 않고 土가 마르지 않으며 水가 고갈되지 않아 生成의 뜻이 있는 것이다. (이 경우에) 만약 未·戌의 燥土를 만나면 오히려 火를 도와 火를 洩하지 못하니 비록 水가 있어도 역시 힘이 되지 못한다. 오직 金만이 단련에 단련을 거듭해도 그 색이 바뀌지 않기 때문에 金이 겨울에 태어나 비록 洩氣되어 休囚되더라도 丙·丁火를 쓰면 마침내 寒氣를 대적할 수 있고 未·戌燥土로써 습기를 제거하면 火가 어두워지지 않는다. 水가 범람하지 않고 金이 寒하지 않으며 土가 얼지 않으면 生發의 氣의 틀이 있게 된다. 이때 만약 丑·辰濕土를 만나면 오히려 水를 도와 水를 制御하지 못하니 비록 火가 있다고 하더라도 역시 힘이 되지 못한다. 이것이 地道生成의 妙理이다

---

165) "寒雖甚, 要暖有氣, 暖雖至, 要寒有根, 則能生成萬物. 若寒甚而暖無氣, 暖至而寒無根, 必無生成之妙也.". 任鐵樵 增注, 袁樹珊 選輯, 『滴天髓闡微』, p.217.
166) "地道有燥溼, 生成品彙, 人道得之, 不可偏也.". 任鐵樵 增注, 袁樹珊 選輯, 『滴天髓闡微』, p.220.

.")[167]

  이와 같이 氣象의 변화를 사람에게 대입하여, 그 변화에 따라서 從屬的으로 나타나는 사람의 吉凶禍福을 豫測하는 命理學에서는 調候上으로 中和點이 되는 五行이 곧 調候用神이 됨을 알 수 있다. 그러나 調候上 中和는 從하는 五行이 用神이 되는 變格에는 적용되는 이론이 아니다.

5.1.3 病藥用神

  病藥用神 역시 그 개념은 『淵海子平』에서 이미 확립되었지만 病藥說이라는 용어를 사용하여 그 주장을 한 것은 『命理正宗』이라는 것을 확인한 바 있다. 이 病藥用神에 대한 명리서의 내용을 통해서 그 學說上의 차이를 비교분석해 본다.

  『淵海子平』에서는 여기에 대해서, "만약 甲子日生이 四柱에

---

167) "溼爲陰氣, 當逢燥而成, 燥爲陽氣, 當遇溼而生. 是以木生夏令, 精華發洩, 外有餘而內實虛脫, 必藉壬癸以生之, 丑辰溼土以培之, 則火不烈, 木不枯, 土不燥, 水不涸, 而有生成之義矣. 若見未戌燥土, 反助火而不能晦火, 縱有水, 亦不能爲力也. 惟金百煉, 不易其色, 故金生冬令, 雖然洩氣休囚, 竟可用丙丁火以敵寒, 未戌燥土以制溼, 則火不晦. 水不狂, 金不寒, 土不凍, 而有生發之氣機矣. 若見丑辰濕土, 反助水而不能制水, 縱有火, 亦不能爲力也. 此地道生成之妙理也." 任鐵樵 增注, 袁樹珊 選輯, 『滴天髓闡微』 pp.220~221.

申字가 있으면 子辰과 합함으로써 水局이 되는데, 그 다음 나머지 地支에 어떤 손익이 있는지를 살펴서 四柱中에 어떤 글자가 그 甲子日主의 秀氣를 손상하거나 그 용신을 손상함이 있으면 그것을 별도로 制해야 하고 도울 필요는 없다."168) 라고 하여 病과 藥이라는 말은 없어도 용신을 무너뜨리는 字가 곧 病이 되고 그 字를 制하는 五行이 藥이 됨을 간접적으로 말하고 있다.

『命理正宗』은 病藥說에서, "만약 八字에 傷官·食神이 중첩하고 日主가 원래 衰弱한 경우엔 급히 印星運으로 행함으로써 그 傷官을 破하여야 하고 比刦運으로 행함으로써 日主를 도와야 한다. 또 만일 日主가 生旺하고 比肩이 太多한데 財神이 衰弱하다면, 대개 傷官에 의지하는 財星이 用神이 되는바 官星을 만나 그 比刦을 制함을 기뻐하는 것은 財星이 살아나기 때문이다."169) 라고 하면서 이 병약설을 중화론과 함께 명조분석에 적용할 것을 강조하여 보다 더 精巧한 분석이 되도록 하였다.

그리고 『窮通寶鑑』에서도 病藥用神에 대해서, "亥月의 乙木

---

168) "且如甲子日生, 四柱中有个申字, 合用子辰爲水局. 次看餘辰有何損益, 四柱中有何字損. 其甲子日主之秀氣, 有壞其用神, 則要別制之, 不要益之.". 徐升 編著, 『淵海子平評註』, p.57.
169) "若八字重疊傷官·食神, 日主原又衰弱, 急須行印運以破其傷官, 行比劫運以資其日主. 又如日主生旺, 比肩太多, 財神衰弱, 蓋傷官以財爲用神也, 則又喜見官星, 以制其比劫, 存起其財星也.". 張楠, 『標點命理正宗』, p.87.

은 寒木이 陽을 向할 때이나 반드시 丙火를 취하여 用神으로 삼아야하며, 壬水가 秉令하면 水旺木浮하니 戊土가 病을 制하는 藥이 된다."170) "申月의 辛金은 스스로 旺하니 모름지기 戊土의 生함이 없어야 한다. (戊土는) 쓸데없이 用神인 傷官에 장애가 되므로 病이 된다. 申宮의 戊土는 비록 역량이 미약해도 만약 천간에 투출하면 (傷官에) 방해가 되는 病이 되니 반드시 甲木으로써 구제하여야 하며, 甲木이 없으면 病은 있으나 藥이 없는 경우가 된다."171) 라고 함으로써 病藥用神에 대해서 간접적으로 말하고 있음을 알 수 있다.

또 『滴天髓闡微』에서도, "만일 寅月에 태어난 사람이 甲木을 용신으로 쓰지 못하고 戊土를 용신으로 쓸 경우에 甲木은 當令한 기신이 되는데, 日主의 의향을 살펴서 혹 火가 희신이 되어 化하거나 혹은 金을 사용하여 木을 制御하면 安頓하여 좋게 된다."172) 라고 하니, 土가 용신이면 木이 병신에 火는 희신이 되고 金이 藥

---

170) "十月乙木, 寒木向陽, 必取丙火爲用, 壬水秉令, 水旺木浮, 以戊土爲制病之藥.". 徐樂吾 註, 『窮通寶鑑』, p.50.
171) "七月辛金自旺, 無須戊土生之. 徒礙傷官用神, 故以爲病. 申宮戊土, 雖力量微弱, 若透出天干, 則阻礙爲病, 必以甲木爲救, 無甲, 爲有病無藥.". 徐樂吾 註, 『窮通寶鑑』, p.164.
172) "如寅月生人, 不用甲木而用戊土, 則甲木爲當令之忌神, 看日主之意向, 或喜火以化之, 或用金以制之, 安頓得好.". 任鐵樵 增注. 袁樹珊 選輯. 『滴天髓闡微』. p.271.

神이 되므로 病藥用神에 대해서 간접적으로 말하고 있음을 알 수 있다.

그러나 『命理約言』에서는 아래와 같이 이 病藥用神論의 내용이 되는 病藥說에 지나치게 구속될 필요는 없다고 한다.

"張神峯의 病藥說에서와 같이, 八字가 純粹하여 旺하지도 않고 弱하지도 않으며 財官이 損傷을 입지 않고 日主가 中和된 命을 평범한 사람의 命으로 단정한다면 그 설은 더욱 偏僻된 것이다. 人命이 純粹하고 中和되어 있으면 어찌 부귀하지 않을 수 있겠는가. 지나치게 病藥說에 구속될 필요가 없다."173)

여기에 대해서 論者는 많은 상담을 해본 결과 병약용신론의 유용성에 대해서는 긍정적으로 생각하고 있으므로 本 論文에서는 다수설에 따라 병약용신론을 받아들이기로 한다. 그러나 『命理正宗』의 병약설에서 "만일 八字가 純然하여 旺하지도 弱하지도 않고 原局에 財·官·印綬가 모두 傷함이 없으며 日干의 氣가 또 中和를 얻고 아울러 起發하게 보이는 것도 없으면 이는 平常人이

---

173) "張神峯病藥之說, 八字純然不旺不弱, 財官無損, 日主中和, 斷如常人之命, 則其說尤偏矣, 人命純粹中和, 安有不貴不富, 何必過拘病藥之說乎.". 陳素菴 原著, 韋千里 選輯, 『精選命理約言』卷四, p.4.

다."라고 한데 대해서는 긍정적으로 보지 않는다. 이점에 대해서는, 中和된 命造는 어떤 운을 만난다고 하더라도 轉轉相生되므로 무탈하게 잘 살고 있는 명조를 많이 본 일이 있다. 따라서 中和된 명조는 풍파가 없는 多福한 命造라고 함이 더 타당하다고 생각한다.

5.1.4 通關用神

通關用神의 槪念은 이미 『淵海子平』에서 확립되었음을 확인한 바 있고 『滴天髓闡微』에서도 그 내용을 살펴본 바가 있다. 따라서 여기서는 通關用神論에 대한 명리서의 내용을 중심으로 그 학설상의 차이점을 비교분석해 보기로 한다.

『淵海子平』에서는, "身弱한데 官·殺을 만난 경우에는 마침내 物을 얻어서 化하는 즉 吉하다. 가령 甲日에 金殺이 와서 상해를 입고 있는 경우에 만일 時上에 一位의 壬癸水가 있거나 혹은 申子辰이 있으면 해소되는 즉 능히 凶이 化하여 吉하게 된다. 나머지도 이것을 본받으면 된다."174) 고만 하고 있다. 그리고 『命理正

---

174) "身弱遇鬼, 得物以化之則吉. 如甲日被金殺來傷, 若時上一位壬癸水, 或申子辰解

宗』에서는 "傷官이 官星을 만나면 백가지 禍의 실마리가 되는데 財星이나 印星이 있으면 곧 해소된다."175) 고 말하고 있다. 『命理約言』看兩神成象法에서는, "서로 相剋관계라면 즉 金·木이 서로 반씩이면 火가 섞이지 말아야 하며, 火·金이 서로 반씩이면 水가 섞이지 말아야 한다."176) 라고 함으로써 金과 木사이를 通關하는 水는 吉神이고, 火와 金사이를 通關하여 和解시키는 土를 吉神으로 해석할 수 있게 하고 있다. 『滴天髓闡微』통관에서는, "天氣는 下降하려 하고, 地氣는 上升하려 하여 相合 相化 相生하려 한다. 木土는 火가 필요하고, 火金은 土가 필요하며, 土水는 金이 필요하고, 金木은 水가 필요하니 이것은 모두 牛郎과 織女의 有情함이다"177) "만약 殺이 무거우면 印綬를 기뻐하는데, 殺이 노출되었을 때 印綬 역시 노출되고 殺이 암장되었을 때 印綬 역시 암장되면 이것은 通達이 분명하다. 만약 原局에 印綬가 없으면 반드시 세운에서 印綬向을 만나 통하거나 혹은 暗會 明合으로도 通

之, 卽能化凶爲吉. 餘者倣此.". 徐升 編著, 『淵海子平評註』, p.61.
175) "傷官見官, 爲禍百端, 有財有印乃解.". 張楠, 『標點命理正宗』, p.90.
176) "相剋, 則金木各半, 不遇火混之, 火金各半, 不遇水混之.". 陳素菴 原著, 韋千里 選輯, 『精選命理約言』卷一, p.44.
177) "天氣欲下降, 地氣欲上升, 欲相合相和相生也. 木土而要火, 火金而要土, 土水而要金, 金木而要水, 皆是牛郎織女之有情也.". 任鐵樵 增注, 袁樹珊 選輯,『滴天髓闡微』, p.157.

해야 한다."178) "財星이 印星을 傷하면 官星이 필요하다."179) 라고 하여 두 개의 六神이 서로 대치하고 있을 때 그 사이를 통관하여 화해시키는 五行이 곧 用神이 됨을 말하고 있다.

위와 같이 命理書의 통관용신에 대한 내용을 비교해 볼 때 이는 正格의 用神으로 쓰이는 경우가 대부분이지만 서로 相剋하는 관계에 있는 兩神成象格의 변격에도 쓰이고 있음을 확인한 바 있다.

5.2 變格(從旺)의 用神

5.2.1 專旺格의 用神

五行의 氣勢를 따르는 變格 中에는, 抑制하는 것이 반드시 불가하면 그 氣勢에 順應하여야 하는데, 여기에는 자신의 氣로 局面을 이루는 專旺格이 있다. 이 格에는 木曰曲直格, 火曰炎上格,

---

178) "若殺重喜印, 殺露印亦露殺藏印亦藏, 此顯然通達. 倘原局無印, 必須歲運逢印向而通之, 或暗會明合而通之.". 任鐵樵 增注, 袁樹珊 選輯, 『滴天髓闡微』, p.158.
179) "財神傷印者, 要官星.". 任鐵樵 增注, 袁樹珊 選輯, 『滴天髓闡微』, p.237.

土曰稼穡格, 金曰從革格, 水曰潤下格이 있으며, 이 경우 從하는 神인 比刦이 곧 用神이 되며 用神을 生하는 印星은 喜神이고 用神을 剋하는 官星運은 病神이 되며 그 病神을 除去하는 食傷은 약신이 된다.

『命理約言』 看一行得氣法에서는 "대개 이 格에 들면 첫째는 반드시 月令의 氣에 通根하여 時令을 얻어야 하고 둘째는 時上에는 반드시 生旺地에 이르러야 하지 死絶地에 이르러서는 안 되며 셋째는 柱中에 剋破가 없어야 한다."180) 라고 포괄적으로 말하고 있다.

5.2.1.1 木曰曲直格

甲乙日主가 亥卯未 木局이 되든지 寅卯辰 東方이 되고 干支에 金이 없으면 木曰曲直格이 되며 從神인 木이 用神이 된다. 이 木曰曲直格에 대해서 학설상의 차이를 명리학 고전을 통해서 알아본다.

『淵海子平』에서는 여기에 대해서 "曲直格, 이 格은 甲·乙日

---

180) "凡入此格, 一則須通月氣, 得時令, 二則須時上引至生旺, 勿引至死絶, 三則須柱中無剋無破". 陳素菴 原著, 韋千里 選輯, 『精選命理約言』卷一, p.43.

干으로서 地支에 寅卯辰 혹은 亥卯未 木局을 取함이니 辛庚의 氣를 만나지 않아야 한다. 庚辛 즉 官殺을 만나면 이 格이 아니다. 단지 木運을 따르는 것을 論하기 때문에 曲直格이라 하며 北方을 기뻐하는데 北方에는 水가 있어 木은 水의 生함에 의지하기 때문에 그 類를 따른다. 主人은 어짊이 많고 西方運은 꺼린다."181) 라고 말하고 있다.

『命理正宗』에서는 이 格에 대해서 "曲直仁壽格이란 甲乙木 日干이 地支에 寅卯辰 혹은 亥卯未가 전부 있어야 하고 庚辛金 氣의 半分이 있어서는 안 된다. 東北南方運은 기뻐하기 때문에 西方運을 꺼린다."182) 고 한다.

그리고 "從格은 從하는 神으로써 用神이 되는 바이다."183) 라는 견해를 밝히고 있는 『窮通寶鑑』에서는 "寅月의 甲木이 地支에 木局을 이루고 四柱에 庚辛金이 없으면 대부분 曲直仁壽格이 된다."184) "卯月의 乙木이 地支에 木局을 이루면 曲直仁壽格이

---

181) "曲直格, 此格以甲乙日干, 取地支寅卯辰, 或亥卯未木局, 要不見辛庚之氣. 見庚辛卽官殺, 非此格也. 只從木運論, 故曰曲直, 運喜北方, 北方有水, 木賴水生, 故從其類. 主人多仁, 忌西方運.". 徐升 編著, 『淵海子平評註』, p.144.
182) "曲直仁壽格者, 日干甲乙之木, 地支要寅卯辰, 或亥卯未木全, 無半分庚辛之氣. 行運喜東北南方, 用此怕西方運.". 張楠, 『標點命理正宗』, p.164.
183) "從格以所從之神爲用.". 徐樂吾 註.『窮通寶鑑』. p.72.
184) "正月甲木, 支成木局, 四柱不見庚辛, 大都爲曲直仁壽格.". 徐樂吾 註,『窮通寶鑑』, p.8.

라 하는데 같은 曲直格이라 하더라도 癸水가 투출하면 貴命이며 다시 丙火를 얻어 그 왕기를 洩하면 上上之命이다."185) 라고 말하고 있다.

『命理約言』에서는 "어느 한 方位의 秀氣를 占하고 있는 경우가 있는데, 木日干이 寅卯辰이 전부 있으면 曲直格이 되고, 어느 一局의 秀氣를 占하고 있는 것도 있는데 木日干이 亥卯未가 전부 있으면 역시 曲直格이 된다."186) 라고 한다.

또 變格인 專旺格과 太旺한 命造에 洩氣하는 傷食이 用神이 되는 正格을 一括的으로 설명하고 있는『滴天髓闡微』에서는 다음과 같이 설명하고 있다.

"한 가지는 獨이 되는데 권력이 한 사람에게만 있는 것과 같으니, 曲直과 같은 종류가 이것이다. 木日干이 方이나 局이 완전하고 金이 섞이지 않으면 曲直이 되고, 모두가 一方의 秀氣에 따르며, 得時 當令하고 旺을 만나고 生을 만남이 필요하다. 그러나 體質이 지나치고 스스로 强하다면 반드시 引通이 되어야

---

185) "二月乙木, 支成木局, 謂曲直仁壽格也, 然同一曲直格, 透癸者貴, 更得丙洩其旺氣, 上上之命.". 徐樂吾 註,『窮通寶鑑』, pp.35~36.
186) "有占一方秀氣者, 木日全寅卯辰, 爲曲直格, 有占一局秀氣者, 木日全亥卯未, 亦爲曲直格.". 陳素菴 原著, 韋千里 選輯,『精選命理約言』卷一, p.43.

妙하며, 氣勢에는 관계되는 바의 일이 있으니 반드시 그 情을 자세히 살펴야 할 필요가 있다. 예를 들면 木局이 ①土運을 만나면 이것은 비록 財神의 資養이 되지만, 먼저 四柱에 食傷이 있으면 아마도 분쟁의 염려가 없게 되니, 火運을 만나면 榮華發秀라 이르는데 반드시 原局에 財가 있고 印綬가 없어야 비로소 反剋의 災殃을 면하게 되어 名利를 성취하게 되는 것이다. 金運을 만나면 破局이라 하여 凶多吉少하다. ②水運을 만나고 原局에 火가 없다면 强神을 生助하기 때문에 역시 日主는 光亨하게 된다. 그러므로 예부터 從强의 학설이 있었고 生旺의 運으로 다시 行하는 것을 좋다고 하였다. ①만일 四柱에 먼저 食傷이 있다면 (印綬 運에는) 반드시 日主는 凶禍가 몸에 다칠 것이다. 만약 원국에 破神이 미약하게 숨어 있다면 반드시 運에서 合冲의 妙가 있어야 한다. 만약 日主가 失時 得局하였다면 요컨대 運에서 生旺의 鄕을 만나면 역시 日主는 공명을 적게라도 이룬다. 만약 運의 행로가 獨象의 地支를 刦奪하게 되면 즉시 凶災를 만나게 되나, 만약 原局에 食傷의 反剋의 능력이 있으면 바야흐로 큰 害는 없다."187) "木局을 예로 들면, 日主가

---

187) "一者爲獨, 權在一人, 曲直之類是也. 木日或方或局全不雜金爲曲直, 皆從一方之秀氣, 必要得時當令, 遇旺逢生. 但體質過于自强, 須以引通爲妙, 而氣勢必有所關務須審察其情. 如木局 ①見土運, 斯雖財神資養, 先要四柱有食有傷, 庶無分爭之慮, 見火運, 謂英華發秀, 須看原局有財無印, 方免反剋爲殃, 名利可遂. 見金運, 謂破局, 凶多吉少. ②見水運, 而局中無火, 謂生助强神, 亦主光亨. 故舊有從强之說, 再行生旺爲佳. ①若四柱先有食傷, 必主凶禍臨身. 如原局微伏破神, 須運有合冲之妙. 若本主失時得局, 要運遇

- 145 -

甲乙이고 四柱가 순전히 木이며 다른 글자가 섞여 있지 않으면 運이 남방으로 행할 때 秀氣가 유행하기 때문에 곧 순수하며, 運이 北方으로 흘러가면 强神을 生助하기 때문에 하자가 없다. 만약 干支에 火가 있어서 秀氣를 吐하고 있다면 운이 남방으로 행할 때 명리가 넉넉하지만, 대운이 북방으로 흐르면 凶災가 즉시 나타날 것이다.③ 木을 이와 같이 論했으니 나머지도 알 수 있으리라."188) "甲寅·乙亥·乙卯·癸未, 이 명조는 木局이 완전하고 一寅字가 섞여 있으면서 四柱에 金이 없으니 그 强한 勢를 따른다. 强한 木局을 따르는 경우에는 東南北運이 모두 이롭고, 오로지 西方 金運은 剋破하니 꺼릴 뿐이다."189) "다시 顚倒의 이치가 존재한다. 木이 太旺하면 金과 같아서 火의 단련을 좋아하고(泄氣하는 火가 用神), 木旺이 極에 이르면 火와 같아서 水의 剋을 기뻐한다(木曰曲直格)."190)

위에서 ①의 경우는 木曰曲直格이 아니라 正格으로서 太旺한

生旺之鄕, 亦主功名小就. 苟行運偶逢刦地獨象立見凶災, 若局有食傷反剋之能方無大害.". 任鐵樵 增注, 袁樹珊 選輯, 『滴天髓闡微』, pp.87~88.
188) "如木局, 日主是甲乙, 四柱純木, 不雜別字, 運行南方, 謂秀氣流行, 則純, 運行北方, 謂之生助强神, 無疵. 或干支有火吐秀, 運行南方, 名利裕如, 運行北方, 凶災立見. 木論如此, 餘者可知.". 任鐵樵 增注, 袁樹珊 選輯, 『滴天髓闡微』, pp.100~101.
189) "甲寅年 乙亥月 乙卯日 癸未時, 此木局全, 混一寅字, 然四柱無金, 其勢從强. 從强之木局, 東南北運皆利, 惟忌西方金運剋破耳.". 任鐵樵 增注, 袁樹珊 選輯, 『滴天髓闡微』, p.101.
190) "更有顚倒之理存焉. 木太旺者而似金, 喜火之煉也, 木旺極者而似火, 喜水之剋也.". 任鐵樵 增注, 袁樹珊 選輯, 『滴天髓闡微』, p.137.

木日主에 洩氣하는 火가 用神이라고 보며, ②의 경우는 木日曲直格에 木이 用神이라고 보고, ③의 경우는 木日曲直格이 아니라 정격으로서 太旺한 木日主에 洩氣하는 食傷인 火를 用神이라고 본다. 위와 같이 命理書를 비교분석해 본 결과 『命理約言』, 『淵海子平』, 『命理正宗』, 『窮通寶鑑』에서는 木日曲直格에 대해서 비교적 정확하게 설명하고 있는데 반하여 『滴天髓闡微』에서만은 木日曲直格과 太旺한 木日主에서 洩氣하는 火가 用神이 되는 正格을 구분함이 없이 함께 설명하고 있음으로서 혼란을 초래하고 있다.

이 문제에 대해서 論者는 木日主가 사주원국에 木으로 만국을 이룬듯하여 木日曲直格인듯하지만 一點의 火가 있어서 太旺한 木氣를 설기하고 있는 命造라면 이는 太强한 命造에 食傷이 用神이 되는 正格에 속한다고 보고 있으며 木日曲直格이라고는 보지 않는다. 木日曲直格을 분해하면 從하는 木이 用神이고 木을 生하는 水가 희신이며 木을 剋傷하는 金運은 病神이 되고 病神을 제거하는 火運은 약신이 된다. 이와 같은 견해는 火日炎上格, 土日稼穡格, 金日從革格, 水日潤下格에도 함께 적용되는 이론이므로 그 때는 재론하지 않는다.

5.2.1.2 火曰炎上格

丙丁日主가 寅午戌 火局이 되든지 巳午未 南方이 되고 干支에 水가 없으면 火曰炎上格이 되고 火로 從하니 火가 용신이 된다. 이 火曰炎上格에 대해서 學說上의 차이를 命理書의 내용을 중심으로 분석해 본다.

『淵海子平』에서는 이 格에 대해서, "炎上格, 만약 丙·丁日主가 寅午戌 전부를 만나든지 혹은 巳午未 전부를 만나면 역시 炎上格이다. 다만 水方向과 金地를 꺼린다. 東方運으로 行하기를 기뻐하며 冲을 두려워하고 身旺함을 요하며 歲運도 같다. 炎上이라는 것은 火의 세력이 시급한데 또 火局을 얻으면 혼연히 세력이 이루어짐이니 火는 文明의 象이 된다. 炎上格이 되는 者는 당연히 주자색의 관복을 입어 귀하게 되니 대체로 예사롭지 않은 命造다."191) 라고 말하고 있다.

그리고 『命理正宗』에서도, "炎上格은 丙丁二日이 寅午戌이 전부 있거나 巳午未가 전부 있으면 炎上格인데 金水運을 꺼린

---

191) "炎上格, 且如丙丁二日見寅午戌全, 或巳午未全亦是. 但忌水鄕金地. 喜行東方運, 怕冲, 要身旺歲運同. 炎上者火之勢急, 又得火局, 渾然成勢, 火爲文明之象. 値之者, 當爲朱紫之貴, 蓋非尋常之命也.". 徐升 編著, 『淵海子平評註』, p.142.

다."192) 라고 한다.

또 『窮通寶鑑』에서는 火日炎上格에 대해서 다음과 같이 火日炎上格의 吉神과 凶神에 대해서 말하고 있다.

"寅月의 丙火, 혹 地支에 火局을 이루어 炎上格으로 볼 수 있을 경우, 때를 만나지 못할 뿐으로 만약 東南歲運을 만나지 못하면 오히려 孤貧하게 된다. 地支에 火局을 이루고 만약 原命에 水가 없을 경우 運이 水鄕에 이르게 되면 滴水가 火의 炎炎한 氣運을 激하여 죽지는 않더라도 반드시 재앙이 있으니, 午月의 炎上格에 水가 그 格을 破함을 꺼리는 것과 그 이치가 서로 같다."193) "巳月의 丙火가 金水는 모두 없는데 만약 甲乙을 만나면 炎上格을 이룰 수 있다."194) "午月의 丙火는 四柱에 金水가 없고 地支에 火局을 이루어 炎上格을 이루고 있을 경우에 柱中과 運에서 庚辛이 나타나지 않고 甲乙을 많이 보게 되면 오히려 主는 크게 富貴하지만 역시 水運을 만나서는 안 된다."195) "午月은 丁火의 建祿인데 地支가 南方 혹은 火

---

192) "炎上格, 丙丁二日見寅午戌全, 或巳午未全亦是, 忌水鄕金地.". 張楠, 『標點命理正宗』, p.166.
193) "正月丙火, 或支成火局, 又作炎上而推, 但不逢時耳, 若不見東南歲運, 反致孤貧. 支成火局, 若原命無水, 運至水鄕, 滴水激火之燄, 不死必災, 與五月炎上格, 忌水破格, 其理相同.". 徐樂吾 註, 『窮通寶鑑』, pp.59~62.
194) "四月丙火, 金水俱無, 若見甲乙可成炎上格.". 徐樂吾 註, 『窮通寶鑑』, p.67.
195) "五月丙火, 四柱無金水, 支成火局, 或成炎上格, 柱運不見庚辛, 多見甲乙者, 反

局을 이루고 四柱에 甲乙을 많이 만나면 炎上格을 이루게 되는데, 다만 土運으로 行하여야만 火氣를 洩할 수 있고 北地로 行하면 오히려 身主에게 凶하고 위태하다."196)

그리고 또 『命理約言』에서는 염상격에 대해서, "어느 한 方位의 秀氣를 占하고 있는 경우가 있는데, 火日主가 巳午未가 전부 있으면 炎上格이 된다. 어느 一局의 秀氣를 占하고 있는 것도 있는데, 火日干이 寅午戌이 전부 있으면 역시 炎上格이 된다."197) 라고 말하고 있다. 또한 『滴天髓闡微』에서도, "火日干이 方이나 局이 완전하고 水가 섞이지 않으면 炎上이 된다."198) 라고 염상격에 대해서 말하고 있다.

위에서 보는 바와 같이 火日炎上格의 성립조건을 말하면서 『命理約言』에서는 火日主가 사주원국에 寅午戌 三合이 있던지 巳午未 南方이 있으면 성립한다고 보는 입장이고, 『淵海子平』과

主大富貴, 然亦不可見水運.". 徐樂吾 註, 『窮通寶鑑』, pp.68~69.
196) "五月丁火建祿, 支成南方或火局, 四柱多見甲乙, 則格成炎上, 只能行土運, 洩火之氣, 運行北地, 反主凶危.". 徐樂吾 註, 『窮通寶鑑』, pp.88~90.
197) "有占一方秀氣者, 火日全巳午未, 爲炎上格. 有占一局秀氣者, 火日全寅午戌, 亦爲炎上格.". 陳素菴 原著, 韋千里 選輯, 『精選命理約言』卷一, p.43.
198) "火日或方或局全不雜水爲炎上.". 任鐵樵 增注, 袁樹珊 選輯, 『滴天髓闡微』, pp.87~88.

『命理正宗』과 『窮通寶鑑』에서는 火日主가 寅午戌 三合 혹은 巳午未 南方을 이루고 金水가 없으면 炎上格이 성립한다고 보는 입장이다. 또 『滴天髓闡微』에서는 火日主가 寅午戌 三合 혹은 巳午未 南方을 이루고 수가 없으면 炎上格이 성립한다고 보는 입장을 취하고 있다.

이점에 대해서 論者의 생각은 좀 다르다. 論者의 관점은 火日主가 寅午戌 三合 혹은 巳午未 方合을 불문하고 사주원국에 火가 萬方이면 성립한다고 본다. 혹 萬方이 아닌 경우에 한두 점의 木이 있다든지 戊未戌의 燥土는 함께 있어도 성립되지만 辰丑의 濕土가 있어서 太强한 火를 洩氣하는 경우라면 성립이 되지 않는다고 본다. 물론 火日炎上格이 성립하려면 金水가 섞이지 말아야 하는 것은 당연한 이치이다. 다른 專旺格의 성립 조건에도 火日炎上格의 성립조건을 유추적용하면 된다.

5.2.1.3 土日稼穡格

戊己日主가 辰戌丑未月에 生하고 木이 없으면 土日稼穡格이 되며 從神이 土이니 土가 用神이 된다. 이 토왈가색격에 대하여

命理書의 내용을 통해서 학설상의 차이를 비교분석한다.

『淵海子平』에서는 이 格의 喜·忌에 대해서 "稼穡格, 戊己日生으로서 辰戌丑未 전부가 있으면 가색격이며 東方運과 北方財運을 꺼린다. 이 格은 西·南行을 기뻐하며 오직 東·北을 꺼린다. 소위 가색격이라는 것은 모두 土의 干支에 따른다. 土의 한 종류를 거듭 만나게 되는 즉 깊이 培養하는 功이 있다. 當主는 믿음이 많고 人品이 重厚 豊肥하여 財를 生하는 도가 있으니 이 사람은 富貴人이다."199) 라고 말하고 있다.

그리고 『命理正宗』에서도, "稼穡格이란 원래 戊己日干에 辰戌丑未와 巳午未字를 많이 만나고 四柱에 官殺이 없는 경우이니, 西南運을 기뻐하고 東北運은 꺼린다."200) 라고 하며 가색격의 성립과 그 喜·忌에 대해서 말하고 있다.

또 『命理約言』에서는 가색격에 대해서, "어느 한 方位의 秀氣를 占하고 있는 경우가 있는데, 土日干이 辰戌丑未가 전부 있

---

199) "稼穡格, 以戊己日生, 值辰戌丑未全者是也, 忌東方運及北方財運. 此格喜行西南, 惟忌東北. 所謂稼穡者, 俱從於土支干. 重見則爲土之一類, 深有培養之功. 主人多信, 人品重厚豊肥, 生財有道, 斯爲富貴人矣.". 徐升 編著, 『淵海子平評註』, pp.143~144.
200) "稼穡格者, 蓋取戊己日干, 見辰戌丑未, 及巳午未字多, 若四柱無官殺, 運喜西南, 忌東北.". 張楠, 『標點命理正宗』, p.165.

으면 가색격이 되며 土는 四方位를 合해서 方이 된다. 어느 一局의 秀氣를 占하고 있는 것도 있는데 土日干은 앞(稼穡格)과 같다."201) 라고 한다.

그리고 또『滴天髓闡微』에서는, "土日干이 四庫가 다 완전하고 木이 섞이지 않으면 稼穡이 된다."202) 라고 가색격의 성립에 대해서 말하고 있다.

위에서와 같이 命理書의 내용을 비교분석해 본 결과 가색격의 성립조건에 대해서『淵海子平』은 土日主가 辰戌丑未가 전부 있고 水木을 꺼린다고 하고,『滴天髓闡微』는 辰戌丑未가 있고 木이 없어야 한다고 하고,『命理約言』에는 土日主가 辰戌丑未가 전부 있어야 한다고 하며,『命理正宗』은 土日主가 辰戌丑未와 巳午未를 많이 만나고 水木이 없으면 가색격이 성립된다고 하는 등 책마다 조금씩 다르게 말하고 있어 혼란을 초래하고 있다.

여기에 대해서 論者의 생각은 다르다. 즉 토왈가색격이란 土日主가 四柱原局에 土가 滿局을 이루고 水木이 없으며 또 太强한

---

201) "有占一方秀氣者, 土日全辰戌丑未, 爲稼穡格, 土合四方爲方也. 有占一局秀氣者, 土日同前.". 陳素菴 原著, 韋千里 選輯,『精選命理約言』卷一, p.43.
202) "土日四庫皆全不雜木爲稼穡.". 任鐵樵 增注. 袁樹珊 選輯,『滴天髓闡微』.pp.87~88.

土를 洩氣하는 金이 없어야 된다고 본다. 왜냐하면 太强한 土의 氣를 洩氣할 金이 있으면 食傷이 用神이 되는 正格에 속하기 때문이다. 그리고 土로서 만국을 이루지 못한 경우에 나머지는 火가 한두 점 섞여도 무방하다고 본다.

5.2.1.4 金曰從革格

庚辛日主가 巳酉丑 金局이 되든지 申酉戌 西方이 되고 干支에 火가 없으면 金曰從革格이 되며, 從神인 金이 用神이다. 이 金曰從革格에 대해서 학설상의 차이를 명리서를 통해서 알아본다.

이 格에 대해서 『淵海子平』에서는, "從革格은 庚·辛日主로서 巳酉丑 金局을 전부 만나든지 혹은 申酉戌을 전부 만남을 말한다. 南方火運을 꺼리고 庚辛이 旺하는 運을 기뻐한다."[203] 라고 하여 그 喜·忌에 대해서 말하고 있다.

그리고 『命理正宗』에서도, "從革格은 庚辛日이 巳酉丑이 전부 있거나 혹은 申酉戌이 전부 있으면 從革格인데 南方運을 꺼린

---

[203] "從革格, 此格以庚辛日, 見巳酉丑金局全, 或申酉戌全者是也. 忌南方火運, 喜庚辛旺運.". 徐升 編著, 『淵海子平評註』, p.143.

다."204) "八月의 庚金이 陽刃으로 쓰임에 純 金局이면 從革格으로 더욱 이름이 나는 것은 당연하다."205) 라고 하여 『淵海子平』과 같은 입장을 취하고 있다. 또 『命理約言』에서는, "어느 한 方位의 秀氣를 占하고 있는 경우가 있는데, 金日干이 申酉戌이 전부 있으면 從革格이 된다. 어느 一局의 秀氣를 占하고 있는 것도 있는데 金日干이 巳酉丑이 전부 있으면 역시 從革格이 된다."206) 고 한다. 또한 『滴天髓闡微』에서는, "金日干이 方이나 局이 완전하고 火가 섞이지 않으면 從革이 된다."207) 고 하여 이 格에 대해서 말하고 있다.

위에서 命理書에 나오는 金日從革格의 成立에 대해서 비교분석해 본 결과 거의 모두가 金日主가 四柱原局에 申酉戌 혹은 巳酉丑이 있고 火가 없으면 金日從革格이 成立한다고 한다.

그러나 論者는 이와는 좀 다르게 생각한다. 즉 金日主가 巳酉丑 혹은 申酉戌이 아니더라도 原局에 金으로 滿局을 이루고 있으면

---

204) "從革格, 庚辛日, 見巳酉丑全, 或申酉戌全者是也, 忌南方運.". 張楠, 『標點命理正宗』, p.168.
205) "八月庚金用刃星, 純金局, 從革尤當顯姓名.". 張楠, 『標點命理正宗』, p.212.
206) "有占一方秀氣者, 金日全申酉戌, 爲從革格. 有占一局秀氣者, 金日全巳酉丑, 亦爲從革格.". 陳素菴 原著, 韋千里 選輯,『精選命理約言』卷一, p.43.
207) "金日或方或局全不雜火爲從革.". 任鐵樵 增注, 袁樹珊 選輯,『滴天髓闡微』, pp.87~88.

성립한다고 본다. 혹은 한두 점의 土가 섞여도 무방하다. 그러나 중요한 것은 太强한 金을 洩氣하는 水가 있으면 金日從革格이 아니라 食傷이 用神이 되는 正格에 해당하다고 본다. 이와 같이 보는 관점이 바르다는 것은 破了傷官損壽元이라는 말이 잘 입증해주고 있다. 그러나 이 말의 쓰임은 위에서처럼 太强한 命造에 洩氣하는 食傷이 用神이 되는 경우뿐만 아니라 身弱한 命造에서 食傷을 用神으로 하여 制殺하여야하는 경우에도 쓰이고 있음을 밝혀둔다.

5.2.1.5 水日潤下格

壬癸日主가 申子辰 水局이 되든지 亥子丑 北方이 되고 一點이 土가 없으면 水日潤下格이 되는데 從神이 水이므로 用神은 水가 된다. 이 水日潤下格에 대해서 학설상의 내용을 명리학 고전을 통해서 비교분석해 본다.

이 格에 대해서 『淵海子平』에서는 潤下格에 대해서, "만일 壬癸日主에 요컨대 申子辰이 전부 있거나 혹 亥子丑이 전부 있으면 이 格이다. 辰戌丑未 官鄕을 꺼리고 西方運을 기뻐한다. 南은 마땅하지 않고 沖剋을 두려워하며 歲運도 같다. 潤下格은 天干地支가 온통 물이어야 옳다. 마치 호수와 바다가 넓고 넓어서 끝없이 즐기는 것과 같다. 主人은 맑고 빼어나고 국량이 넓다. 혹시 土運을 만나면 當主가 필히 지체된다. 만일 冬月에 태어나면 또한 기특한 者가 된다."[208] 라고 하여 그 喜·忌에 대해서 말하고 있다.

『命理正宗』에서는 水日潤下格에 대해서, "亥宮詩에서 이르기를, 亥月은 登明之位의 水로 근원이 깊고 雨雪이 生하여 寒한 六陰이니 水旺하여 潤下格을 이루었으면 三合의 굴레에 머물러야만 正心이 있게 된다."[209] 고 하며, 『滴天髓闡微』에서는 "水日干이 方이나 局이 완전하고 土가 섞이지 않으면 潤下가 된다."[210]고 한다. 그리고 六壬에서는 亥月을 登明이라고 한다.

여기에서도 水日潤下格에 대해서 『淵海子平』과 『滴天髓闡微』에서는 水日主가 사주원국에 申子辰 혹은 亥子丑이 있고 土

---

208) "潤下格, 且如壬癸日要申子辰全, 或亥子丑全是也. 忌辰戌丑未官鄕, 喜西方運. 不宜南, 怕冲剋, 歲運同. 潤下者, 天干地支渾是水. 如湖海汪洋, 甑以無際. 主人淸秀量洪. 倘遇土運, 必主淹滯. 若生於冬月, 又爲奇特者也.". 徐升 編著, 『淵海子平評註』, pp.142~143.
209) "亥宮詩曰, 十月登明之位水源深, 雨雪生寒値六陰, 五湖歸聚源成象, 三合羈留正有心.". 張楠, 『標點命理正宗』, p.220.
210) "水日或方或局全不雜土爲潤下.". 任鐵樵 增注, 袁樹珊 選輯, 『滴天髓闡微』, pp.87~88.

가 없으면 성립된다고 한다. 그러나 여기서도 水曰潤下格의 成立
與否는 食傷의 有無에 따라서 결정된다는 점을 간과하고 있다.

5.2.2 從格의 用神

從格에는 棄命從殺格, 從印格, 棄命從財格, 棄命從兒格이 있으며, 從하는 五行이 곧 用神이 된다. 단, 從印格은 다른 從格과는 다르게 生하는 印星으로 從하기 때문에 棄命이라는 용어를 함께 쓰지 않는다.

이 從格에 대해서 『命理約言』에서는 "日主가 뿌리가 없고 세력이 쇠퇴하여 培植하여도 감당할 수 없는 상황에서 다른 神이 만국을 이루면서 무리가 많아 항복시키기 어려울 때는, 權勢에 이른 것을 중히 여겨서 통변해야 하니 弱한 것은 버리고 强한 것을 따르는 것이 마땅하다."211) "대개 어떤 五行을 從한다고 할 때 이 五行이 生旺하면 吉하고, 만일 從하는 神이 剋을 당하거나 日主가 뿌리를 얻으면 곧 凶하다."212) 고 하여 그 喜·忌에 대해서 포

---

211) "日主無根, 歲屈不堪培植, 他神滿局, 黨多難以伏降, 貴達權以通變, 宜捨弱以從强.". 陳素菴 原著, 韋千里 選輯, 『精選命理約言』卷二, p.20.
212) "凡從何神, 只要此神生旺則吉, 若從神受剋, 日主逢根, 則凶.". 陳素菴 原著, 韋

괄적으로 말하고 있다.

5.2.2.1 棄命從殺格(기명종살격)

日主(일주)는 印星(인성)과 比刦(비겁)이 없어 의지할 곳이 없고 나머지 일곱 干支(간지)가 대부분 正官(정관)과 偏官(편관)이고 食傷(식상)이 없을 경우에 本身(본신)을 버리고 官星(관성)을 따르는 것을 棄命從殺格(기명종살격)이라고 한다. 從神(종신)이 官星(관성)이니 官星(관성)이 곧 用神(용신)이고 財星(재성)은 用神(용신)을 生(생)하는 喜神(희신)이다. 이때 虛弱(허약)하지만 病神(병신)이 되는 食傷(식상)이 있으면 印星運(인성운)은 藥神(약신)이 되지만 食傷(식상)이 없는 경우에 印星運(인성운)은 太强(태강)한 官星(관성)을 洩氣(설기)하는 기쁨도 있지만 日主(일주)를 生(생)하게 되는 不吉(불길)함도 있다. 다음은 棄命從殺格(기명종살격)에 대해서 명리서의 내용을 비교분석해 본다.

『淵海子平(연해자평)』에서는 이 格(격)에 대해서, "棄命從殺格(기명종살격)은, 만일 乙日干(을일간)이 크게 盛(성)한 巳酉丑金局(사유축금국)을 만나고, 또 制殺(제살)함이 없고 身主(신주)가 無氣(무기)하면, 신을 버리고 오직 官殺(관살)을 따른다. 殺旺(살왕)과 財鄕(재향)으로 行(행)할 것을 要(요)하며 日主(일주)가 有根(유근)함과 比肩地(비견지)를 꺼린다."213) 고 한

千里 選輯, 『精選命理約言』 卷一, p.40.
213) "棄命從殺格, 且如乙日干, 見巳酉丑金局大盛, 又無制殺, 身主無氣, 只得捨身而從之. 要行殺旺及財鄕, 忌日主有根, 及比肩之地.". 徐升 編著, 『淵海子平評註』, p.145.

다.

그리고 『命理正宗』에서는 아래와 같이 棄命從殺格의 喜·忌에 대해서 말하고 있다.

"만약 日主가 無根하고 官殺이 太多하여 혹 夫星을 따르는 경우에는 夫星이 旺하는 곳으로 行함을 바란다. 대개 棄命從殺從夫는 본래 身命을 버리고 強賊을 따르는 것으로 역시 身主는 富貴한다."214) "棄命從殺格은 日主가 一點의 生氣도 없고 四柱가 純然히 官殺만 있는 것인 즉 부득이 從殺하는데 이때에는 財星이 있어서 그 殺을 生하여 일으키기를 要하고 財殺運으로 行하여 그 殺을 生助해 주어야 하지만, 八字에 (日主의) 根基가 있는 곳과 殺을 制하는 運을 두려워한다."215) "身弱에 根氣가 전혀 없으며 滿局이 財殺이면 棄命從殺格이 되는데 다시 財官旺鄕으로 行하여야 大發한다."216) "午月의 辛金이 殺이 當權하니 만약 뿌리가 없어서 棄命從殺格이 되는 경우에는 西方運으로 行할 때 주저하게 될 것이다."217) "從殺格에서 만약

---

214) "又若日主無根, 官殺太多, 或從夫星, 要行夫星旺處. 蓋棄命從殺從夫, 如入捨命而從強賊也, 亦主富貴有子.". 張楠, 『標點命理正宗』, pp.18~19.
215) "曰棄命從殺格, 緣日主全無一點生氣, 四柱純然有官殺, 則不得已而只得從殺也. 就要有財, 生起其殺, 行財殺運, 以生助其殺也, 畏見八字有根處, 及制殺運.". 張楠, 『標點命理正宗』, p.42.
216) "身弱全無根氣, 滿局財殺, 棄命從之者, 復行財官旺鄕, 大發者有之.". 張楠, 『標點命理正宗』, p.78.
217) "辛金午月殺當權, 若是無根堪棄命, 如行西運大迍邅.". 張楠, 『標點命理正宗』,

煞旺運이면 대부분 富貴한다."218)

또 『窮通寶鑑』에서는 아래와 같이 棄命從殺格이 되는 경우의 吉神과 凶神에 대해서 말하고 있다. 아래의 ①은 官星으로 본다.

"子月 丙火는 혹 四柱에 壬水가 많고 甲木이 없으면 棄命從殺格이 된다."219) "子月의 丁火는 癸水가 秉令하는 때이니 原局에 比刦과 印綬가 전혀 없다면 從煞格으로 論할 수 있다."220) "寅月의 戊土는 才①가 旺하고 土가 虛한데 四柱에 比刦과 印綬가 없고 또 旺木을 견제할 庚金이 없으면 응당 從煞格으로 論하여야 한다."221) "辰月의 戊土는 地支에 木局을 이루면 三春은 木氣가 秉令하는 때이니 四柱에 比刦과 印綬가 없다면 從煞格으로 論한다."222) "卯月의 己土는 地支가 木局을 이루거나 寅卯辰이 모여 있는데 比刦이나 印綬가 없으면 從煞할 수 있으며, 甲木이 透出하면 (己土와 합하여) 처가 남편을 따라 化하게 되니 木을 따르면 역시 從煞格으로 論한다."223) "午月

---

p.212.
218) "從殺格, 若煞旺運, 多富貴.". 張楠, 『標點命理正宗』, p.377.
219) "十一月丙火, 或四柱多壬無甲, 乃作棄命從殺.". 徐樂吾 註, 『窮通寶鑑』, p.78.
220) "十一月丁火, 癸水秉令, 四柱毫無比印, 可作從煞論.". 徐樂吾 註. 『窮通寶鑑』. p.97.
221) "正月戊土, 才旺土虛, 四柱無比印, 又無庚金逆木旺氣, 應作從煞論.". 徐樂吾 註, 『窮通寶鑑』, pp.104~105.
222) "三月戊土, 支成木局, 三春木旺秉令, 四柱無比印, 作從煞論.". 徐樂吾 註, 『窮通寶鑑』, pp.104~107.

의 庚金은 혹 木火가 무리를 이루고 있는데 傷官·印綬·比刦이 없다면 從殺格으로 論할 수 있다."224) "午月의 辛金은 丁火가 司權하는 때이니 辛金이 失令하고 陰柔함이 極에 이르렀으니 原局에 火가 많고 金水가 뿌리가 없으면 당연히 從煞로 論해야 하는데 金水運을 만나면 반드시 敗한다."225) "午月의 癸水는 丁火가 司權하니 己土가 무리를 이루고 四柱에 金水가 없고 癸水가 뿌리가 없으면 從煞格인데 甲·乙이 투출하여 煞을 制하면 破格이다."226)

그리고 또 『命理約言』에서는 다음과 같이 棄命從殺格은 財星과 官星을 기뻐하고 印星과 比刦과 傷食을 꺼린다고 단적으로 말하고 있다.

"殺星이 太强한 정도에 이르렀는데 制함이 없고 日主가 뿌리가 없어 太弱하면 棄命從殺格이 됨이 마땅하다."227) "무릇 日主

---

223) "二月己土, 支成木局, 或聚東方, 而無比印, 可以從煞, 甲木透出, 爲妻從夫化, 從木, 亦作從煞論.". 徐樂吾 註, 『窮通寶鑑』, pp.122~123.
224) "五月庚金, 或一派木火, 無傷·印·比劫, 又作從殺而論.". 徐樂吾 註, 『窮通寶鑑』, pp.142~143.
225) "五月辛金, 丁火司權, 辛金失令, 陰柔之極, 原局火多, 而金水無根, 當作從煞論, 逢金水運必敗.". 徐樂吾 註, 『窮通寶鑑』, pp.161~162.
226) "五月癸水, 丁火司權, 一派己土, 柱無金水, 癸水無根, 則從煞, 甲乙出干制煞, 則破格.". 徐樂吾 註, 『窮通寶鑑』, pp.201~202.
227) "至殺星太强而無制, 日主太弱而無根, 宜棄命從之.". 陳素菴 原著, 韋千里 選輯, 『精選命理約言』卷一, pp.21~22.

를 보아 뿌리가 없고 四柱가 모두 正官으로 채워져 있으면 당연히 從官고, 四柱에 모두 七殺로 채워져 있으면 당연히 從殺한다. 從官·從殺은 다만 生官·生殺 및 官殺運을 기뻐한다."228) "만일 원국에 모두 官으로 가득하고 쇠약한 일간이 기력이 없다면 命을 버리고 從官하는 것이 마땅하니, 財官旺地를 만나면 한결같이 모두 좋고 食과 印 兩神을 만나면 불리한 것이 多端하고 傷官運이면 기울어지는 위험을 만날 것이고 身主가 旺해지는 운에서는 반드시 이상한 재앙이 많아질 것이다."229) "대개 從殺者는 殺이 印綬를 生하여 命主가 새싹이 돋아나는 것을 꺼린다. 그러므로 從殺格의 運은 대략 殺을 生하거나 殺地로 行하는 것이 마땅하다."230)

또한 『滴天髓闡微』에서는 아래와 같이 眞從官殺格과 假從官殺格의 吉神과 凶神에 대해서 말하고 있다.

"日主가 孤立 無氣하고 四柱에 生扶의 뜻이 없는데 官星이 滿局이면 從官格이라고 한다."231) "四柱에 財官이 得時 當令하

---

228) "凡看日主無根, 滿柱皆官, 則當從官, 滿柱皆殺, 則當從殺. 從官從殺, 只喜生官生殺, 及官殺運.". 陳素菴 原著, 韋千里 選輯, 『精選命理約言』卷一, p.40.
229) "若乃滿柱皆官, 衰干無氣, 當委命以從官, 財官旺地, 遇之而一路皆宜, 食印兩神, 逢之而多端不利, 傷官之運, 立見傾危, 身旺之鄕, 必多災異.". 陳素菴 原著, 韋千里 選輯, 『精選命理約言』卷二, pp.7~8.
230) "大抵從殺者殺生印綬, 卽嫌命主萌芽. 故從煞之運, 僅生殺與殺地宜行.".韋 陳素菴 原著, 千里 選輯, 『精選命理約言』卷二, pp.13.

면 日主가 虛弱 無氣하므로 비록 比刦 印綬가 生扶한다고 하더라도, 柱中에 食神이 生한 財星으로 인하여 印星을 破하거나, 혹은 官星이 있어 比刦을 제거하면 日主가 따라서 의지할 곳이 없어서 오직 財·官의 세력에 의지하게 된다. 官星의 勢力이 旺하면 從官格이 되는데, 從官格이면 財·官鄕으로 行하여야 역시 능히 發興한다."232) "만일 從官殺格에 比刦이 있어 日主를 도울 때 官運을 만나서 명성이 높아지거나, 食傷이 官을 破할 때 財運으로 行하여 祿이 重疊되거나, 印綬가 官을 洩氣할 때 만일 財運으로써 印綬를 破하는 것 등을 假從이라도 眞運으로 行한다고 하니, 貴하지 않으면 역시 富한다."233)

위에서 본 바와 같이 『淵海子平』, 『命理正宗』, 『窮通寶鑑』, 『命理約言』에서는 眞從殺格만 인정하고 『滴天髓闡微』에서는 假從殺格을 眞從殺格과 함께 다루고 있다.

여기에 대해서 論者는 『滴天髓闡微』에서와 마찬가지로, 病神

---

231) "日主孤立無氣, 四柱無生扶之意, 滿局官星, 謂之從官.". 任鐵樵 增注, 袁樹珊 選輯, 『滴天髓闡微』, p.327.
232) "四柱財官得時當令, 日主虛弱無氣, 雖有比劫印綬生扶, 而柱中食神生財, 財仍破印, 或有官星制刦, 則日主無從依靠, 只得依財官之勢. 官之勢旺則從官, 從官行財官之鄕, 亦能興發.". 任鐵樵 增注, 袁樹珊 選輯, 『滴天髓闡微』, p.340.
233) "如從官殺, 有比劫幫身, 逢官運而名高, 有食傷破官, 行財運而祿重, 有印綬洩官, 要財運以破印, 謂假行眞運, 不貴亦富.". 任鐵樵 增注, 袁樹珊 選輯, 『滴天髓闡微』, pp.340~341.

인 傷食이 있어 성립된 假從殺格을 眞從殺格과 함께 다루고 있다.

5.2.2.2 從印格

印星의 太旺함이 極에 이르고, 日主는 印星 以外는 의지할 比刦이 없고 財星도 없을 경우에, 從印格이 성립하는가? 여기에 대해서는 從印格이 성립한다는 說과 성립을 부인하는 說의 두 가지가 있다. 『淵海子平』과 『命理正宗』과 『窮通寶鑑』은 從印格의 성립을 인정한다는 입장이고, 『命理約言』에서는 이를 부인하는 입장을 취하고 있다. 그리고 『滴天髓闡微』에서는 종인격에 대한 말은 없고 印星과 比刦으로 從하는 從强格의 학설과 太强한 印星을 洩氣하는 比刦運만 吉하다고 하는 母慈滅子格의 理論을 별도로 주장하고 있는데, 여기에 대해서는 나중에 별도로 언급하기로 한다. 그러면 먼저 從印格을 인정하는 설을 살펴본 다음 이를 부인하는 설을 살펴보기로 한다.

『淵海子平』에서는 여기에 대해서, "從象이라는 것은 만일 甲乙日主가 根이 없고 四柱에 순전히 水이면 從水한다.① 고 이른다. 그 從象者의 大運이 旺하면 吉하고 死絶地면 凶하다."234) 라고 하여 從印格의 喜·忌에 대해서 간접적으로 언급하고 있다. 여기에서 ①은 印星으로 從하는 것으로 본다. 그리고 『命理正宗』에서는 여기에 대해서, "水淺하고 金多하면 부르기를 體全之象이라 하고, (我가) 削剝되어야 기이할 경우에는 나를 生扶함을 꺼리게 된다."235) 라고 하여 뿌리가 얕은 水가 旺한 印星인 金에게로 從함을 간접적으로 말하고 있다. 또 『窮通寶鑑』에서는, "酉月의 壬水는 水가 적고 金이 많으며 甲木과 戊土가 없으면 發水之源인 金을 專用하니 獨水三犯庚辛이면 體全之象이라 하여 다른 一種의 格局을 이룬다."236) 라고 하여 印星으로 從함을 간접적으로 말하고 있으며 從神이 印星이니 印星이 곧 用神이 된다고 본다.

이와는 달리 『命理約言』 從局賦에서는, "인성이 많을 때만은 從하는 이치가 없으니 대개 어미가 많으면 오히려 자식에게 災殃이 되기 때문이다."237) 라고 하여 從印格을 正面으로 부인하고 있

---

234) "從象者, 如甲乙日主無根, 四柱純水, 謂之從水. 其從象者, 大旺運吉, 死絶地凶.". 徐升 編著, 『淵海子平評註』, p.174.
235) "水淺金多, 號曰體全之象, 削之剝之爲奇, 生我扶我爲忌.". 張楠, 『標點命理正宗』, p.410.
236) "八月壬水, 水少金多, 無甲無戊, 專用金發水之源, 名獨水三犯庚辛, 號曰體全之象, 另成一種格局.". 徐樂吾 註, 『窮通寶鑑』, p.187.

다. 그러나 化局賦에서는 "丁壬이 合하여 木으로 化하여 숲을 이루고 아울러 戊癸가 合하여 火로 化한다."238) 라고 하여 종인격과 너무도 類似한, 丁火日主가 壬水와 合하여 인성인 木으로 從하고 戊土日主가 癸水와 合하여 인성인 火를 따른다고 함으로써 여기서도 從印格을 認定할 수 있다는 可能性을 보여주고 있다.

5.2.2.3 棄命從財格

日主는 의지할 印星과 比刦이 없고 나머지 일곱 干支가 대부분 正財와 偏財로 이루어진 경우에, 本身을 버리고 財星을 따를 수밖에 없는 것을 棄命從財格이라고 한다. 종신이 財星이니 재성이 곧 용신이고 食傷은 用神을 生하는 희신이며 비겁운은 用神을 剋하는 병신이고 官星은 그 病을 除去하는 약신이다. 다음은 棄命從財格에 대한 내용을 命理學 古典을 통해서 學說上의 차이를 비교분석해 본다.

『淵海子平』에서는 이 棄命從財格에 대해서, "棄命從財格은,

---

237) "惟印多則無從理, 蓋母衆反作子殃.".韋千里 選輯.『精選命理約言』卷二. p.20.
238) "丁壬合而化木成林, 幷戊癸合而化火.". 陳素菴 原著, 韋千里 選輯, 『精選命理約言』卷二, pp.21~22.

만일 乙日主(을일주)가 辰戌丑未(진술축미)를 만나면 財神(재신)이 極旺(극왕)한데, 乙木(을목)이 四柱(사주)에서 의지할 데가 없으면 (자신을) 버리고 財(재)를 따른다. 그 當主(당주)는 평생 內子(내자)를 두려워하고 데릴사위로 들어가 이어가는 사람이다. 財(재)는 妻(처)다. 몸이 의지할 바가 없어 처에게 의지함이 성립되기 때문에 棄命從財格(기명종재격)으로 論(론)한다."239) "뿌리가 없는 癸巳日主(계사일주)가 火·土(화토)를 거듭 만나면 財名(재명)이 밝게 나타나며 뿌리가 나타나면 賤(천)하다."240) "戌月(술월) 中旬(중순)에는 丙·丁日主(병정일주)가 주관함이 없으니241) 財星(재성)이 天干(천간)에 透出(투출)하여 用神(용신)이 되면, 이격에서는 傷官(상관)과 殺(살)이 旺(왕)함을 기뻐하지만 身旺運(신왕운)으로 行(행)하여 身(신)이 다 傷(상)하는 것을 근심한다."242) 고 한다.

『命理正宗(명리정종)』에서는 다음과 같이 棄命從財格(기명종재격)과 그 喜·忌(희기)에 대해서 말하고 있다.

---

239) "棄命從財格, 假如乙日見辰戌丑未, 財神極旺, 乙木四柱無依, 則舍而從之. 主其人平生懼內, 爲塡房贅繼之人. 財者妻也. 身無所托, 倚妻成立, 故爲此論.". 徐升 編著, 『淵海子平評註』, p.145.
240) "癸巳無根, 火土見重, 透財名彰, 露根則賤.". 徐升 編著, 『淵海子平評註』, pp.238~239
241) 戌 中에는 辛=9日2分, 丁=3日2分, 戊=18日6分이 暗藏되어 있으니 戌月의 中旬에는 丙·丁의 뿌리가 없다고 할 수 없다.
242) "丙丁無主戌中旬, 財透天干作用神, 此格傷官殺喜旺, 只愁身旺盡傷身.". 徐升 編著, 『淵海子平評註』, p.245.

"棄命從財格이란 陰陽을 막론하고 日主가 모두 (財星을) 따르는 것을 말한다. 財星은 나의 처이지만 身主가 無力하다면 그 財星을 能히 任할 수 없으니 오직 身主를 버리고 財星을 따라갈 따름이다. 따라서 財星을 生하여 일으켜줄 것을 要하며 역시 身主가 旺鄕으로 듦과 身을 生하는 印星地를 두려워한다."243) "丁火가 酉月에 태어나 身主를 버리고 財를 就한다면 北方水運으로 行할 때 入格하고 南方運으로 行할 때 災殃이 되는바, 이 一段의 例를 든 것과 같이 十干의 從財格을 판단해야 한다."244) "丙火가 酉月에 生하여 衰하고 微弱하므로 (棄命從財格이 된 경우에,) 比刦이 身主를 도우면 壽命이 가지런하지 못할 것이고 東南으로 逆行하면 背祿이 될 것이지만, 水地로 順行하면 비로소 奇異하게 될 것이다."245) "丁火가 酉月에 태어나 偏財를 用神으로할 경우에는 官殺을 만나면 더욱 妙하다."246) "午月의 壬水가 財星이 旺하니 만약 뿌리가 없으면 대부분 棄命從財格이 되는데 平生 白手로 田庄을 두게 될 것이다."247) "午月의 癸水는 分明히 財殺格과 서로 같은데 뿌리

---

243) "棄命從財格, 此則不論陰陽日主皆從也. 財乃吾妻, 身主無力, 不能任其財也, 只得舍命而從之. 就要生起財星, 而亦畏身入旺鄕及印生之地.". 張楠, 『標點命理正宗』, p.76.
244) "「陰火酉月, 棄命就財, 北行入格, 南走爲災,」擧此一段以例十干從財者之斷.". 張楠, 『標點命理正宗』, p.78.
245) "丙逢酉月火衰微, 比劫扶身壽不齊, 逆去東南爲背祿, 順行水地始爲奇.". 張楠, 『標點命理正宗』, p.208.
246) "丁逢酉月用偏財, 官殺相逢更妙哉.". 張楠, 『標點命理正宗』, p.209.

가 없으면 申地로 行해서는 안 되고 水를 버리고 從財면 도리어 功이 있다."248)

『三命通會』에서는, "丙·丁日主가 戌月 中旬에 태어나 天干에 財星이 透出하여 用神이 되면, 이 傷官格은 官星이 旺한 것을 기뻐한다. 다만 身이 旺하면 오히려 身主를 傷할까 근심된다."249) 라고 함은, 傷官格이지만 棄命從財格이 될 때는 財星이 用神에 食傷이 喜神이며 비겁이 병신에 관성이 약신이 됨을 말하고 있다.

『窮通寶鑑』에서는 아래와 같이 棄命從財格의 길신과 흉신에 대해서 말하고 있다.

"戌月의 甲木은 戊己土를 많이 보는 경우 棄命從財路 보아야 한다."250) "未月의 乙木, 未月은 비록 土가 旺한 때라하나 未는 木의 庫藏이니 만약 四柱에 土가 많고 甲木은 비록 약하다 하더라도 從할 수 없으니 반드시 扶身하는 印綬之地로 行하는

---

247) "壬水午月財星旺, 若是無根多棄命, 平生白手置田庄.". 張楠, 『標點命理正宗』, p.213.
248) "癸水生逢午月中, 分明財殺格相同, 無根運不行中地, 棄水從財反有功.". 張楠, 『標點命理正宗』, p.214.
249) "丙丁日主戌中旬, 財透天干作用神, 此格傷官官喜旺. 只愁身旺反傷身.". 萬民英, 『三命通會』, p.372.
250) "九月甲木, 多見戊己, 定作棄命從才而看.". 徐樂吾 註, 『窮通寶鑑』, p.24.

것이 좋지만, 陰干인 乙木은, 그렇지 않아서 만약 四柱에 土가 많으면 從財로 論할 수 있다."251) "丑月의 乙木은 혹 사주에 己土가 많고 比刦을 만나지 않으면 從財格이 된다."252) "酉月의 丙火는, 만일 辛金이 투출하고 地支에 金局을 이루며 比刦이 나타나지 않으면 眞從財格이 된다."253) "酉月의 丁火는 火氣가 물러나 柔弱해질 때이니 혹 辛金이 무리를 이루고 比刦이 없으면 이는 棄命從財格이다."254) "亥月의 己土는 혹 癸水가 무리를 이루었을 때 比刦이 없으면 이는 從財格이 되어 오히려 身主는 富貴하다."255) "子月의 己土는 혹 癸水가 무리를 이루었을 때 比刦이 없으면 이는 從財格이 되어 오히려 身主는 富貴하다."256) "卯月의 庚金은 柱中에 자연히 乙木이 있고 乙木이 當令하고 卯月은 木氣가 한창 旺한 시기로 만약 온통 甲乙이면 從財格이 된다."257) "午月의 辛金은 丁火가 司權하는

---

251) "六月乙木, 六月雖爲土旺之時, 而未爲木庫, 如四柱土多, 甲木雖弱, 不能從也, 須行印綬扶身之地爲美, 而乙木陰干則不然, 如見四柱土多, 卽可以從才論.". 徐樂吾 註, 『窮通寶鑑』, pp.42~43.
252) "十二月乙木, 或四柱多己, 不逢比刦, 乃爲從才.". 徐樂吾 註, 『窮通寶鑑』, pp.53~54.
253) "八月丙火, 如辛出干, 支成金局, 不見比劫, 此爲眞從才格.". 徐樂吾 註, 『窮通寶鑑』, pp.73~74.
254) "八月丁火, 退氣柔弱, 或一派辛金, 又無比劫, 此棄命從才.". 徐樂吾 註, 『窮通寶鑑』, pp.81.93~94.
255) "十月己土, 或一派癸, 不見比刦, 此爲從才, 反主富貴.". 徐樂吾 註, 『窮通寶鑑』, pp.120.130.
256) "十一月己土, 或一派癸, 不見比刦, 此爲從才, 反主富貴.". 徐樂吾 註, 『窮通寶鑑』, pp.120.130.
257) "二月庚金, 柱中自然有乙, 當令之乙, 二月木氣正旺之時, 若一片甲乙, 爲從才

때이니 辛金이 失令하고 陰柔함이 極에 이르렀으니 原局에 木이 많고 金水가 뿌리가 없으면 당연히 從財로 論해야 하는데 金水運을 만나면 반드시 敗한다."258) "三春의 壬水, 三春은 木이 旺하여 洩氣가 太重하니 地支에 火局을 이루면 從財格이다."259)

『命理約言』에서는 다음과 같이 말하고 있다.

"무릇 日主를 보아 뿌리가 없고 四柱에 모두 財星으로 가득하면 당연히 從財다. 從財는 확실히 財를 生하는 (運과) 財運을 기뻐하는 즉 財星은 다시 官殺을 生하는 것은 모두 좋으니 이것은 定해진 이치인 것이다."260) "만약 滿局이 모두 財라면 命主를 버리고 의탁해야 하며 이때 財旺運으로 行하면 榮華가 곱절이나 되지만 身을 生하는 鄕을 만나면 즉시 彫落함을 보게 될 것이다. 從財者는 財가 官煞을 生하여 日干이 剝削되는 것을 도리어 기뻐한다. 從財格의 運은 대개 財를 生하는 運과 財가 生하는 運 모두를 기뻐한다."261) "가령 土로 從財가 될 경

格.". 徐樂吾 註, 『窮通寶鑑』, pp.138~139.
258) "五月辛金, 丁火司權, 辛金失令, 陰柔之極, 原局木多, 而金水無根, 當作從才論, 逢金水運必敗.". 徐樂吾 註, 『窮通寶鑑』, pp.161~162.
259) "三春壬水, 三春木旺, 洩氣太重, 支成火局, 從財格也.". 徐樂吾 註, 『窮通寶鑑』, pp.181. 178~179.
260) "凡看日主無根, 滿柱皆財, 則當從財. 從財, 固喜生財, 及財運, 卽財再生官殺, 皆可, 此其定理也.". 陳素菴 原著, 韋千里 選輯, 『精選命理約言』卷一, p.40.

우에는 火土運으로 行하는 것이 가장 좋은데 만약 歲運에서 水·木을 만나면 결국 從하는 神과 극단적으로 반대가 되니, 그 밖의 土·金으로 조절해 주거나 干支에서 合冲으로 化解시켜주면 또한 無妨하다."262)

『滴天髓闡微』에서는 아래와 같이 棄命從財格의 길신과 흉신에 대해서 말하고 있다.

"日主가 孤立 無氣하며 天地人 三元이 絶地에 臨하여 터럭만큼도 生扶의 뜻이 없고 財가 심히 强하면 곧 眞從이 된다. 이미 從이 되면 당연히 從의 神으로 論해야 한다. 가령 從財면 오직 財가 爲主가 되며, 財神이 곧 木으로서 旺하다면 의향을 살펴서 혹 火를 要하면 행운에서 만일 그것을 얻으면 吉하고 그렇지 않으면 凶하다. 나머지도 모두 이와 같다. 金이 木을 剋하는 것은 불가하며, 木을 剋하면 財가 衰하게 된다."263) "日主가 孤立 無氣하고 四柱에 生扶의 뜻이 없는데 財星이 滿局

---

261) "若滿局之皆財, 乃棄命而相託, 行旺財之運, 倍見榮華, 遇生身之鄕, 立看彫落. 從財者財生煞官, 反喜日干剝削. 而從財之運, 凡生財與財生皆樂.". 陳素菴 原著, 韋千里 選輯, 『精選命理約言』卷二, pp.13~14.
262) "如從土之財, 行火土運最好, 倘歲運竟逢水木, 與所從之神, 極端反對, 得其他土金調劑之, 或干支合冲化解之, 亦可無妨.". 陳素菴 原著, 韋千里 選輯, 『精選命理約言』卷二, p.21.
263) "日主孤立無氣, 天地人元, 絶無一毫生扶之意, 財强甚, 乃爲眞從也. 旣從矣, 當論所從之神. 如從財, 只以財爲主, 財神是木而旺, 又看意向, 或要火, 而行運得所者吉, 否則凶. 餘皆仿此. 金不可剋木, 剋木財衰矣.". 任鐵樵 增注, 袁樹珊 選輯,『滴天髓闡微』, p.327.

이면 從財格이라고 한다. 예를 들어 日主가 金이라면 財神은 곧 木이 되는데, 봄에 태어나고 또 水가 生하면 태과하므로 火로 行하는 것을 기뻐하며, 여름에 태어났으면 旺火가 설기하므로 水의 生함을 기뻐한다. 이와 반대면 반드시 凶하게 되니, 소위 從神은 和하여 더욱 吉한 것도 있고 더욱 凶한 것도 있다."264) "四柱에서 財官이 得時 當令하면 日主가 虛弱 無氣하므로 비록 比刦 印綬가 生扶한다 하더라도, 柱中에 食神이 生한 財星으로 인하여 印星을 破하거나, 혹은 官星이 있어 比刦을 제거하면 日主가 따라서 의지할 곳이 없어서 오직 財·官의 세력에 의지하게 된다. 財星의 勢力이 旺하면 從財格이 되고 從財格은 食神 財星이 旺한 地支로 行하여야 역시 능히 發興한다."265) "그러나 假從의 象이라도 만일 安頓하는 운으로 행하기만 하면 假從이라도 眞運으로 行하는 것이니 역시 富貴를 取할 수 있다. 무엇을 眞運이라 이르는가? 만일 從財格에 比刦이 分爭을 하는 경우에 官殺運으로 行하면 필히 貴하고 食傷運으로 行하면 반드시 富하게 되며, 印綬가 있어서 暗生하면

---

264) "日主孤立無氣, 四柱無生扶之意, 滿局財星, 謂之從財. 如日主是金, 財神是木, 生于春令, 又有水生, 謂之太過, 喜火以行之, 生于夏令, 火旺洩氣, 喜水以生之. 反是必凶, 所謂從神又有吉和凶也.". 任鐵樵 增注, 袁樹珊 選輯, 『滴天髓闡微』, pp.327~328.
265) "四柱財官得時當令, 日主虛弱無氣, 雖有比劫印綬生扶, 而柱中食神生財, 財仍破印, 或有官星制刦, 則日主無從依靠, 只得依財官之勢. 財之勢旺, 則從財, 從財行食傷財旺之地, 亦能興發.". 任鐵樵 增注, 袁樹珊 選輯, 『滴天髓闡微』, p.340.

財運으로 行하기를 要하며 官殺이 財星의 氣를 洩하면 食傷으로 行하여야 한다."266)

위에서 본 바와 같이 『淵海子平』, 『命理正宗』, 『三命通會』, 『窮通寶鑑』, 『命理約言』에서는 眞從財格만 인정하고 『滴天髓闡微』에서는 假從財格을 眞從財格과 함께 다루고 있다. 여기에 대해서 論者는 『滴天髓闡微』에서와 마찬가지로 病神인 比刦이 있어 성립된 假從財格을 眞從財格과 함께 다루고 있다. 사주팔자에 財星이 滿局을 이루고 日干을 生扶할 印星이나 比刦이 전혀 없으면 眞從財格이다. 그러나 사주팔자에 재성이 만국을 이루고, 뿌리가 전혀 없는 인성이나 비겁이 일간과는 멀리 떨어진 年干에 있어 일간을 생부해 줄 능력이 거의 없는 경우에는 假從財格이 되고 이때는 오히려 인성이나 비겁이 病이 된다. 이러한 경우에 運에서 그 病이 되는 인성이나 비겁을 除去하는 재성이나 관성이 오면 眞從財格에서처럼 발복하게 된다.

---

266) "然假從之象, 只要行運安頓, 假行眞運, 亦可取富貴. 何謂眞運. 如從財有比刦分爭, 行官殺運必貴, 行食傷運必富, 有印綬暗生, 要行財運, 有官殺洩財之氣, 要行食傷運,". 任鐵樵 增注, 袁樹珊 選輯, 『滴天髓闡微』, p.340.

5.2.2.4 棄命從兒格

日主가 뿌리가 없고 食神과 傷官이 三合이 되든지 三方이 되고 官星이 없으면 棄命從兒格이 되는데 從神인 食·傷이 用神이 된다. 이 棄命從兒格에 대한 내용을 命理學 古典을 통해서 비교분석한다.

『窮通寶鑑』에서는 다음과 같이 그 喜忌에 대해서 말하고 있다.

"午月의 甲木은 만약 丙·丁이 滿局이고 官煞을 만나지 않으면 從兒格을 이루는데 이때는 土運으로 行하여 火의 旺한 氣를 洩하여야 한다."267) "卯月의 癸水는 乙木이 司令하는 때이니 元神을 洩하여 弱하게 되므로 地支에 木局을 이루고 庚·辛을 만나지 않으면 順하게 局을 이루어 從兒格이 된다."268)

『命理約言』에서는,

---

267) "五月甲木, 若滿局丙丁, 不見官煞, 格成從兒, 行土運以洩火之旺氣.". 徐樂吾 註, 『窮通寶鑑』, p.15.
268) "二月癸水, 乙木司令, 洩弱元神, 支成木局, 不見庚辛, 爲順局從兒.". 徐樂吾 註, 『窮通寶鑑』, pp.197~198.

"만약 食神으로 滿局을 이루었으면 역시 棄命하는 例에 따라야 할 것이니 한줄기 외로운 日干은 食神에 從하는 계책을 세움이 마땅하고, (이때는) 食神이 旺相하는 方向으로 흘러가면 기다리지 않아도 축복할 일이 배롱구에 가득할 것이나 食神의 死絶地를 만나면 반드시 솥 안의 음식물을 엎는 치욕을 끼치게 됨을 알게 될 것이다. 가장 기뻐하는 財地로 鄕하여 順生하면 벗과 교제하는 것처럼 기쁠 것이나, 온통 꺼리는 强한 印運이 (食神을) 制하면 禍가 원수처럼 일어날 것이며, 官殺運으로 行하면 다만 剋하는 데 불과하니 참작함이 옳고 比刦運을 만나면 生을 얻은듯하지만 허물이 있을 것①이다."269) "무릇 日主를 보아 뿌리가 없고 四柱에 모두 食神으로 채워져 있으면 당연히 從食神하고, 四柱에 모두 傷官으로 가득하면 당연히 從傷官한다. 從食傷은 확실히 食傷을 生하는 (運과) 食傷運을 기뻐하는 즉 食傷은 다시 財星을 生하는 것은 모두 좋으니 이것은 定해진 이치인 것이다."270)

라고 하여 棄命從兒格에 食傷을 生하는 比刦運은 生을 얻는듯

---

269) "若乃滿局食神, 亦依棄命之例, 一線孤主, 宜爲從食之謀, 行其旺相之方, 不待滿籌致祝, 遇其死絶之地, 定知覆餗貽羞. 最喜財鄕順生, 而歡如酬酢, 切嫌印强運制, 而禍起仇讎, 行官殺兮, 雖所剋而宜酌, 逢比刦兮, 似得生而有尤.". 陳素菴 原著, 韋千里 選輯, 『精選命理約言』卷二, p.16.
270) "凡看日主無根, 滿柱皆食, 則當從食, 滿柱皆傷, 則當從傷. 從食傷, 固喜生食傷, 及食傷運, 卽食傷復生財, 皆可, 此其定理也.". 陳素菴 原著, 韋千里 選輯, 『精選命理約言』卷一, p.40.

하지만 허물이 있을 것이라고 한다. 여기에서 ①의 從兒格은 日干이 뿌리가 없고 食傷으로 응집되어 있을 경우에 성립되는데, 이때 만약 비겁운을 만나면 日干이 勢力을 얻으니 從을 못하게 하는 효과가 있어 허물이 되는 것으로 이해된다.

『滴天髓闡微』에서는 다음과 같이 棄命從兒格의 吉神과 凶神에 대해서 말하고 있다.

"從兒格이 가장 꺼리는 것은 印運이고 다음으로 꺼리는 것은 官運이다. 官은 능히 財星을 洩氣하고 또 능히 日主를 剋한다. 食傷은 官星과 화목할 수 없기 때문에 生育의 뜻을 망각하고 爭戰의 風을 일으켜 식구가 傷하지 않으면 財産이 흩어진다."271)

위에서와 같이 棄命從兒格에 대해서 『淵海子平』에서는 食傷運과 財星運은 吉하고 印星運은 凶하다고 하며, 『滴天髓闡微』에서는 印星과 官星이 凶하다고 하는 반면, 『命理約言』에서는 재성과 식상운은 吉하고 印星과 官星運은 凶하며 比刦運을 만나

---

271) "從兒格最忌印運, 次忌官運. 官能洩財, 又能剋日. 而食傷又與官星不睦, 忘生育之意, 起爭戰之風, 不傷人丁, 則散財矣.". 任鐵樵 增注, 袁樹珊 選輯, 『滴天髓闡微』, p.350.

면 生을 얻은 듯하지만 허물이 있을 수 있다. 고 했다. 그러나 論者의 생각은 『命理約言』과는 좀 다르다. 棄命從兒格에서는 從하는 食傷이 用神이기 때문에 食傷을 生하는 比刦運을 喜神이라고 본다. 즉 棄命從兒格에서 비겁운을 만나면 日干이 勢力을 얻으니 從을 못하게 하는 효과가 있어 허물이 되는 것보다는 용신인 식상을 生하는 효과가 더 크다고 보기 때문이다.

5.2.3 化格의 用神

化格에는 丁壬合化木格, 戊癸合化火格, 甲己合化土格, 乙庚合化金格, 丙辛合化水格이 있으며 化神으로 從하므로 化神이 곧 用神이 된다.

이 格에 대해서 『淵海子平評註』에서는, "대개 五運化氣라는 것은 甲己가 化해서 土가 되고, 乙庚金이 되고, 丁壬化한 木이 다하여 숲을 이루고, 丙辛이 化하여 水가 되어 淸濁을 나누고, 戊癸化하여 南方 火焰으로 침입한다. 甲己合化土는 中正之合인데 辰戌丑未가 전부 있으면 稼穡勾陳자리를 얻었다고 이른다. 乙庚

合化金은 仁義之合이라 하며 巳酉丑이 전부 있으면 從革格이라 이른다. 戊癸合化火는 無情之合인데 火局을 얻으면 炎上格이다. 丙辛合化水가 申子辰 水局을 얻으면 潤下格이다. 丁壬合化木이 亥卯未 전부를 얻으면 曲直仁壽格이다. 天干化合者는 秀氣하고 地支合局者는 福德이 있다. 眞化格은 公巨卿이라 하고 假化者는 孤兒에 姓이 다르다. 龍을 만나는 즉 化하여 變化를 일으키고 龍이 날아 하늘에 있으니 大人을 만남이 利롭다. 月令이 生·旺·養·庫·官地에 臨하면 바야흐로 化하여 陰陽이 合을 얻어 夫婦配匹이 되고 中和의 氣로 化한다. 太過·不及은 모두 能히 化하지 못한다."272) "化象이라는 것은 곧 甲乙生人이 辰戌丑未月에 生하여 天干에 한 개의 己字가 있으면 甲字와 合하여 甲己化土라 이르며 火運으로 行함을 기뻐한다. 만일 甲乙木을 生旺하는 運을 만나면 甲己化土가 성립되지 않으며 도리어 不吉하다. 己字에 두 개의 甲字가 노출되어 맞으면 爭合이라 하고, 한 개의 乙字가 노출

---

272) "夫五運化氣者, 甲己化土乙庚金, 丁壬化木盡成林, 丙辛化水分淸濁, 戊癸南方火焰侵. 甲己化土中正之合, 辰戌丑未全, 曰稼穡勾陳得位. 乙庚化金, 仁義之合, 巳酉丑全曰從革. 戊癸化火, 無情之合, 得火局曰炎上. 丙辛化水, 得申子辰水局曰潤下. 丁壬化木, 得亥卯未全曰曲直仁壽. 天干化合者秀氣, 地支合局者福德. 化之眞者, 名公巨卿, 化之假者, 孤兒異姓. 逢龍卽化, 變作龍飛在天, 利見大人. 月令生旺養庫臨官之地方化, 陰陽得合, 夫婦匹配, 中和之氣而化. 太過不及, 皆不能化.". 徐升 編著, 『淵海子平評註』, p.170.

되어 있으면 妬合이라 하는데 破格이 되어 甲己化土가 이루어지지 않는다."273) 라고 한다.

『命理約言』에서는, "만약 化局의 眞假를 분별하려하면 전적으로 地支의 정세를 살펴야 하는데 먼저 化神의 根本 鄕인 月支의 氣를 보아야 하며, 時支가 또한 중요한데 반드시 化神의 生旺地支가 되어야 하고, 年支는 영향력이 조금 멀지만 역시 화국과 괴리가 반드시 없어야 하며, 日支는 비교적 친밀하니 더욱 化에 도움이 될 것이 요구된다. 行運의 吉凶에 이르러서는 四柱原局의 법칙例와 같이 화국을 도우는 오행을 만나면 기세가 더욱 융성해질 것이고 化의 神을 깨트리는 운을 만나면 程途가 不利하게 된다."274) 라고 말하고 있다.

위에서 본 바와 같이 『淵海子平』에서는 五運化氣를 論하는 가운데 丁壬合化木格과 曲直格을, 戊癸合化火格과 炎上格을, 甲

---

273) "化象者, 乃甲乙日生人, 在辰戌丑未月, 天干有一己字, 合甲字, 謂之甲己化土, 喜行火運. 如逢甲乙木生旺運, 化不成反爲不吉. 己字中露出二甲字, 謂之爭合, 有一個乙字露出, 謂之妬合, 爲破格不成.". 徐升 編著, 『淵海子平評註』, p.174
274) "若辨化局之假眞, 全察地支之情勢, 先觀月氣, 乃化神根本之鄕, 更重時支, 必化神生旺之地, 年支稍遠, 亦須與化無乖, 日支較親, 更求於化有濟. 迨行運之吉凶, 同原柱之則例, 遇助化之物, 則氣勢加隆, 値破化之神, 則程途不利.". 陳素菴 原著, 韋千里 選輯, 『精選命理約言』卷二, pp.22~23.

己合化土格과 稼穡格을, 乙庚合化金格과 從革格을, 丙辛合化水格과 潤下格을 유사하게 보고 있다. 論者 또한 『淵海子平』에서처럼 化格에 대한 用神은 그 각각에 해당하는 專旺格에서 用神을 定하는 法을 準用하고 있다.

5.2.3.1 丁壬合化木格

丁火日主가 月上이나 時上에 한 개의 壬水가 있던지 혹은 壬水日主가 月上이나 時上에 한 개의 丁火가 있고, 干支에 甲乙寅亥卯未 등으로 구성되고 庚申辛酉가 없으면 丁火와 壬水가 합하여 丁壬合化木格이 된다. 이 格에는 從神인 木이 用神이 된다. 이 丁壬合化木格에 대한 學說上의 차이를 命理書의 내용을 중심으로 비교분석한다.

이 格에 대해서 『淵海子平』에서는, "대개 化氣라는 것은 丁壬化한 木이 전부 숲을 이루거나, 丁壬合化木이 亥卯未 전부를 얻으면 曲直仁壽格이 됨을 말한다."275) 고 한다.

---

275) "夫化氣者, 丁壬化木盡成林, 丁壬化木, 得亥卯未全曰曲直仁壽.". 徐升 編著, 『淵海子平評註』, p.170.

그리고 『命理正宗(명리정종)』에서는 여기에 대해서, "丁壬化木(정임화목)은 木(목)을 따른다."276) "대개 化格(화격)을 이루었으면 요컨대 本局(본국)의 祿旺地(록왕지)로 行(행)하여야 發身(발신)하게 된다. 예컨대 丁壬化木格(정임화목격)이면 月令(월령) 寅(인)을 기뻐하고 東南方運(동남방운)으로 행하면 發身(발신)하는 바 나머지도 이와 같다. 化格(화격)을 이루었으면 祿馬(록마)인 衰絶鄕(쇠절향)을 가장 꺼리는 바, 丁壬化木格(정임화목격)이 金鄕(금향)으로 行(행)함이 그것이니 輕(경)하면 罷職(파직)될 것이며 重(중)한즉 사망할 것이다."277) "丁壬歌(정임가)에서는, 丁壬合化木格(정임합화목격)은 寅月(인월)을 기뻐하는데 亥卯月(해묘월)에 生(생)하였다면 확실히 福基(복기)하는 바, 이 二宮(이궁)에 태어나지 않았다면 모두 別格(별격)으로 論(론)해야 하며, 金(금)이 많으면 오히려 傷(상)하기 때문에 더욱 두려워한다."278) 고 그 吉神(길신)과 凶神(흉신)에 대해서 말하고 있다.

또 『窮通寶鑑(궁통보감)』에서는 여기에 대해서, "寅月(인월)의 丁火(정화)는 甲木(갑목)이 當權(당권)하여 印綬(인수)가 旺(왕)하니 丁壬(정임)이 合(합)하여 木(목)으로 化(화)할 경우에 庚金(경금)을 만나면 그 旺氣(왕기)를 거역하게 되어 破格(파격)이다."279) "丁壬(정임)이 木(목)

---

276) "丁壬化木從木.". 張楠, 『標點命理正宗』, p.171.
277) "蓋化成造化, 要行本局, 祿旺則發. 如丁壬化木, 月令喜寅, 或行東南方運則發, 餘倣此例. 化成造化, 最怕行祿馬衰絶之鄕, 丁壬化木, 行金鄕, 輕則罷職, 重則喪生.". 張楠, 『標點命理正宗』, p.172.
278) "丁壬歌, 丁壬化木喜逢寅, 亥卯生提是福基, 除此二宮皆別論, 金多尤恐反傷之.". 張楠, 『標點命理正宗』, p.252.
279) "正月丁火, 甲木當權, 乃爲母旺, 丁壬化木, 見庚金, 逆其旺氣, 破格.". 徐樂吾 註, 『窮通寶鑑』, p.82.

으로 化하는 것은 水火의 氣가 化하는 것이다."280) 고 한다.

『命理約言』에서는, "丁壬이 合하여 木으로 化하여 숲을 이룬다."281) 고 한다.

위에서 본 바와 같이 丁壬合化木格에 대해서 『淵海子平』에서는 丁壬合化木에 滿局이 木이면 木日曲直格이라 하고, 『命理正宗』에서는 丁壬合化木格을 이루었으면 本局의 祿旺地를 기뻐하고 衰絶鄕을 가장 꺼린다고 하며, 『窮通寶鑑』에서는 金을 꺼린다고 하고, 『命理約言』에서는 丁壬이 合하면 숲을 이룬다고 한다.

부연하면 丁壬合化木格을 이루었으면 從神인 木이 用神이고 水는 用神을 生하는 喜神이며 金運은 從神을 剋하는 病神이 되고 火運은 病神을 除去하는 藥神이 된다.

5.2.3.2 戊癸合化火格

戊日主가 月·時上에 癸水가 한 개만 있고 干支에 丙丁寅午戌巳 등으로 구성되고 水가 없거나 혹은 癸日主가 月·時上에 戊土

---

280) "丁壬化木, 水火之氣和也.". 徐樂吾 註, 『窮通寶鑑』, pp.132~133.
281) "丁壬合而化木成林.". 陳素菴 原著, 韋千里 選輯, 『精選命理約言』 卷二, pp.21~22.

가 一字만 있고 干支에 丙丁寅午戌巳 등으로 구성되고 水가 없으면 戊癸合化火格이 된다. 이 格에서는 從神인 火가 用神이다. 다음은 戊癸合化火格에 대한 學說上의 차이를 命理書의 내용을 중심으로 비교분석한다.

이 格에 대해서 『淵海子平』에서는, "대개 化氣라는 것은 戊癸가 南方 火焰으로 나아가면 戊癸合化火格이 되는데 無情之合으로 火局을 얻으면 炎上格이라 한다."282) 고 한다.

그리고 『命理正宗』에서는 아래와 같이 戊癸合化火格의 喜·忌에 대해서 말하고 있다.

"戊癸化火는 火를 따른다."283) "대개 化格을 이루었으면 요컨대 本局의 祿旺地로 行하여야 發身하게 된다. 化格을 이루었으면 祿馬인 衰絶鄕을 가장 꺼리는 바, 가령 戊癸化火格이 水鄕으로 行함이 그것이니 輕하면 罷職될 것이며 重한 즉 사망할 것이다."284) "戊癸歌에서는, 戊癸合化火格이 火炎이 높은 南方에 태어나고 時上에 火가 있다면 영웅호걸이 분명하지만 局中에 年月(의 火를)을 傷하는 水가 없어야 한다. 天元에 戊癸

---

282) "夫化氣者, 戊癸南方火焰侵. 戊癸化火, 無情之合, 得火局曰炎上.". 徐升 編著, 『淵海子平評註』, p.170.
283) "戊癸化火從火.". 張楠, 『標點命理正宗』, p.171.
284) "蓋化成造化, 要行本局, 祿旺則發. 化成造化, 最怕行祿馬衰絶之鄕, 如戊癸化火, 行水鄕, 輕則罷職, 重則喪生.". 張楠, 『標點命理正宗』, p.172.

火가 있고 地支에 水가 暗藏되어 있다면 門庭과 事緖가 대부분 敗壞되는데, 運에서 다시 (水의) 生旺地로 行한다면 傷妻剋子하는 風波가 일어날 것이다."285)

또 『窮通寶鑑』에서는 여기에 대해서, "巳月의 戊土는 地支에 火局을 이루고 天干에 癸水가 투출하여 戊癸合化火가 때를 만날 경우 格局이 破하지 않으면 富貴가 가볍지 않다."286) "寅月의 癸水는 혹 月上에 戊土가 透出하고 辰時에 태어나 比刦이 없고 丙·丁이 투출하면 이는 戊癸合化火格이 되는데 반드시 日主는 벼슬을 할 것이지만 刑冲하면 막힌다."287) 고 말하고 있다. 그리고 또 『命理約言』에서는 여기에 대해서, "戊癸가 合하여 火로 化한다."288) 고 말하고 있다.

위에서 본 바와 같이 『淵海子平』에서는 戊癸火가 火局을 얻으면 炎上格이 된다고 하고, 『命理正宗』에서는 戊癸化格을 이루었으면 本局의 祿旺地를 기뻐하고 祿馬인 衰絶鄕을 꺼린다고

---

285) "戊癸歌, 戊癸南方火炎高, 騰光時上顯英豪, 局中無水傷年月. 天元戊癸支藏水, 敗壞門庭事緖多, 行運更逢生旺地, 傷妻剋子起風波.". 張楠, 『標點命理正宗』, p.252.
286) "四月戊土, 支成火局, 干透癸水, 爲化合逢時, 格局無破, 富貴非輕.". 徐樂吾 註, 『窮通寶鑑』, pp.108~109.
287) "正月癸水, 或戊透月上, 坐辰時, 不見比刦, 丙·丁出干, 此爲化合, 定主腰金, 見刑冲則否.". 徐樂吾 註, 『窮通寶鑑』, pp.196~197.
288) "戊癸合而化火." 陳素菴 原著, 韋千里 選輯, 『精選命理約言』卷二, pp.21~22.

하며, 『窮通寶鑑』에서는 戊癸合化火가 때를 만나면 吉하다고 하고, 『命理約言』에서는 戊癸가 合하여 火로 化한다고 한다.

戊癸合化火格에 대해서 부연하면 從神인 火가 用神이며 用神을 生하는 木은 喜神이며 火를 損傷하는 水가 病神에 土는 그 病을 除去하는 藥神이 된다.

5.2.3.3 甲己合化土格

甲日主가 月上이나 時上에 己字가 한 개만 있고 干支에 戊辰戌丑未字가 많고 甲乙寅亥卯未가 없으면 甲木이 의지할 곳이 없어 己土와 合하여 甲己合化土格이 된다. 그리고 己日主가 月上이나 時上에 甲字가 한 개만 있고 干支에 戊辰戌丑未字가 많고 甲乙寅亥卯未가 없으면 甲木이 의지할 곳이 없어 己土와 合하여 甲己合化土格이 된다. 이 두 경우는 從神이 土이니 土가 用神이 된다. 또 己土日主가 一點의 甲木이 月上이나 時上에 있고 干支에 乙寅亥卯 등으로 구성되고 戊己辰戌丑未巳午字가 없으면 己日主가 甲木을 따라 從木格이 되는데, 從神이 木이니 木이 用神이 된다. 이 甲己合化土格에 대한 學說上의 차이를 命理書의 내용을 중심으로 비교분석한다.

『淵海子平』에서는 이 格의 성립과 그 喜·忌에 대해서 아래와 같이 말하고 있다.

"대개 化氣라는 것은 甲己가 化해서 土가 되고, 甲己合化土는 中正之合인데 辰戌丑未가 전부 있으면 稼穡勾陳자리를 얻었다고 한다."289) "化象이라는 것은 곧 甲乙生人이 辰戌丑未月에 生하여 天干에 한 개의 己字가 있으면 甲字와 합하여 甲己化土라 이르며 火運으로 行함을 기뻐한다. 만일 甲乙木을 生旺하는 運을 만나면 甲己化土가 성립되지 않으며 도리어 不吉하다. 己字에 두 개의 甲字가 노출되어 맞으면 爭合이라 하고, 한 개의 乙字가 노출되어 있으면 妬合이라 하는데 破格이 되어 甲己化土가 이루어지지 않는다."290)

『命理正宗』에서는, "甲己化土는 土를 따른다."291) "甲己歌에서는, 甲己合化土神이 辰巳時에 태어나면 埃塵에서 벗어나고 局

---

289) "夫化氣者, 甲己化土, 甲己化土中正之合, 辰戌丑未全, 曰稼穡勾陳得位.". 徐升 編著, 『淵海子平評註』, p.170.
290) "化象者, 乃甲乙日生人, 在辰戌丑未月, 天干有一己字, 合甲字, 謂之甲己化土, 喜行火運. 如逢甲乙木生旺運, 化不成反爲不吉. 己字中露出二甲字, 謂之爭合, 有一個乙字露出, 謂之妬合, 爲破格不成.". 徐升 編著, 『淵海子平評註』.p.174
291) "甲己化土從土.". 張楠, 『標點命理正宗』, p.171.

中의 歲月에 炎地로 向하면 바야흐로 功名富貴人이 분명하다. 甲己合化土가 春月에 생하면 평생토록 하는 일에 근심만 넘친다."292) 고 한다.

『窮通寶鑑』에서는, "卯月의 己土는 地支가 木局을 이루거나 寅卯辰이 모여 있는데 比刦이나 印綬가 없으면 從煞할 수 있으며, 甲木이 透出하면 (己土와 合하여) 처가 남편을 따라 化하게 되니 木을 따르면 역시 從煞格으로 論한다."293) 라며 己從甲化하여 從木格이 됨을 말하고 있다.

『命理約言』에서는, "甲己合하여 土로 化한 甲木은 庚金의 剋을 두려워하고 己土는 乙木의 剋을 꺼린다. 甲己合化土格에 만약 丁壬을 함께 만나면 聯合하여 木으로 化하니 甲己化土와는 극단적으로 반대가 되어 심각한 害가 된다."294) 라고 하여 合하는 五行과도 冲剋되면 凶하다고 한다.

위에서 본 바와 같이 甲己合化土格에 대해서 『淵海子平』에서

---

292) "甲己歌, 甲己中央化土神, 時逢辰巳脫埃塵, 局中歲月趨炎地, 方顯功名富貴人. 甲己干頭生遇春, 平生作事漫勞神.". 張楠, 『標點命理正宗』, p.252.
293) "二月己土, 支成木局, 或聚東方, 而無比印, 可以從煞, 甲木透出, 爲妻從夫化, 從木, 亦作從煞論.". 徐樂吾 註, 『窮通寶鑑』, pp.122~123.
294) "甲己合而化土, 甲畏庚剋, 己畏乙剋兮. 甲己化土格, 若丁壬並見, 聯合化木, 與甲己化土, 極端反對, 則爲害深矣.". 陳素菴 原著, 韋千里 選輯, 『精選命理約言』卷二, pp.21~22.

- 189 -

는 火를 기뻐하고 水木을 꺼린다고 하며, 『命理正宗』에서는 土를 기뻐하고 木을 꺼린다고 하고 『命理約言』에서는 甲己合化土格에서 甲은 庚을 꺼리고 己는 乙을 꺼리고 그리고 丁壬合木을 꺼린다고 한다. 이에 반하여 『窮通寶鑑』에서는 己土가 根이 없고 原局에 木이 滿局이면 甲己合化土하여 從木格이 됨을 말하고 있다. 이를 종합하여 자세히 설명하면 甲己合化土格에서는 土가 用神이고, 火는 喜神이며, 木이 病神에 金은 藥神이 되는데, 합을 방해하는 庚金과 乙木을 꺼리고 化神을 逆하는 丁壬合木을 꺼린다는 말이다. 그리고 己土日主가 根이 없고 原局에 木이 一色이면 甲木과 合하여 木을 따르는 경우는 己土의 입장에서 볼 때 棄命從殺格과 같이 보면 된다고 생각한다.

5.2.3.4 乙庚合化金格

乙木日主가 月上이나 時上에 一點의 庚金이 있거나 庚金日主가 月上이나 時上에 乙木이 하나만 있고, 干支에 辛巳酉丑申 등으로 구성되고 甲壬癸寅卯亥字 등이 없으면 乙庚이 합하여 乙庚合化金格이 된다. 從神이 金이니 金이 곧 用神이 된다.

다음은 이 乙庚合化金格에 대한 학설상의 차이를 명리서의 내용을 중심으로 비교분석한다.

이 格에 대해서 『淵海子平』에서는, "대개 化氣라는 것은 乙庚金이고, 을경합화금은 仁義之合이라 하며 巳酉丑이 전부 있으면 從革格이라고 한다."295) 고 말하고 있다. 그리고 『命理正宗』에서는 이 格과 그 喜忌에 대해서, "化格이란 例를 들어 乙日干이 庚辰時에 태어나서 地支에 혹 巳酉丑이 전부 있고 혹 辰戌丑未 四字가 많으면 역시 乙庚化金格이 되는 것으로 볼 것인바 西方運으로 行할 때는 富貴함을 의심할 바 없으나 일단 丙丁運을 만나서 金을 破하면 죽음에 이를 것이다."296) "乙庚化金은 金을 따른다."297) "乙庚歌에서는, 乙庚合化金局이 西方에서 旺하니 때에 從魁298)를 만나면 根基가 확실한데 辰戌丑未가 만약 相剋한다면 이는 名門將相의 자식이다. 乙庚合化金格은 火가 炎炎함

---

295) "夫化氣者, 乙庚金, 乙庚化金, 仁義之合, 巳酉丑全曰從革.". 徐升 編著, 『淵海子平評註』, p.170.
296) "從化格者, 如乙日干見庚辰時, 地支或全巳酉丑, 或見辰戌丑未四字多, 亦作乙庚化金看, 行西方富貴無疑, 一見丙丁運, 破金卽死.". 張楠, 『標點命理正宗』, p.171.
297) "乙庚化金從金.". 張楠, 『標點命理正宗』, p.171.
298) 六壬에서 酉를 말함. "北斗七星中第二星의 別稱. 從魁者, 斗魁第二星也, 斗魁第二星抵于酉, 故曰從魁.". 韓語大詞典編輯委員會 編纂, 『韓語大詞典』上卷, (上海: 韓語大詞典出版社), 1997, p.1871.

을 가장 꺼린다."299) 라고 말하고 있다. 또 『窮通寶鑑』에서는 이 格과 그 喜·忌에 대해서 "申月의 乙木은 庚金이 司令한 때이니 만약 사주에 金이 많으면 乙木이 쇠약해져 용납하여 싣기 어렵다. 단 辰時에 태어나 乙木遁干인 庚辰을 만나면 乙木이 庚金을 따라 化하여 乙庚合化金格을 이루어 오히려 富貴하게 된다. 化하여 金이 된 이상 丙丁을 가장 꺼리는데 이는 化神의 氣를 逆하기 때문이다."300) 고 論하고 있다. 또한 『命理約言』化局賦 에서는 "乙庚이 合하여 金으로 化한다."301) 고 한다.

이를 종합하면 乙庚合化金格을 『淵海子平』에서는 從革格과 같게 보고 있으며, 이 格이 성립되면 金을 기뻐하고 火를 꺼린다.는 말이 되는데, 土는 金을 生하는 喜神이고 水는 强金을 洩氣하고 火를 제거하는 藥神이 되며 木은 火를 生하기 때문에 凶하다는 등의 세부적인 설명이 필요하다고 본다. 그리고 化格이 성립되

---

299) "乙庚歌, 乙庚金局旺於西, 時遇從魁是根基, 辰戌丑未如相剋, 此是名門將相兒. 乙庚最怕火炎炎.". 張楠, 『標點命理正宗』, p.252.
300) "七月乙木, 月垣庚金司令, 若四柱多金, 乙木衰弱, 難以受載. 但生辰時, 乙木遁干見庚辰, 乙從庚化, 格成化金, 反主富貴也. 化金最忌丙丁, 以其逆化神之氣也.". 徐樂吾 註, 『窮通寶鑑』, pp.44~46.
301) "乙庚合而化金.". 陳素菴 原著, 韋千里 選輯. 『精選命理約言』卷二, pp.21~22.

려면 辰을 만나야 된다는 입장을 취하고 있다. 그러나 論者는 化格에 辰이 아니더라도 사주원국에 從하는 五行이 滿局을 이루고 있으면 從하지 아니할 수 없다고 생각하므로 化格의 成立에 辰이 필수 조건이라고는 보지 않는다.

5.2.3.5 丙辛合化水格

丙火日主가 月上이나 時上에 辛金이 하나만 있거나 혹은 辛金日主가 月上이나 時上에 丙火가 하나만 있고, 干支에 金旺하고 水盛하면 丙辛이 合하여 丙辛合化水格이 된다. 從神이 水가 되니 水가 곧 用神이 된다.

이 丙辛合化水格에 대한 學說上의 차이를 命理書의 내용을 중심으로 비교분석한다.

『淵海子平』에서는 이 格에 대해서, "대개 化氣라는 것은 丙辛이 化하여 水가 되어 淸濁을 나누고, 丙辛合化水가 申子辰 水局을 얻으면 潤下格이 됨이다."302) 고 말하고 있다. 그리고

---

302) "夫化氣者, 丙辛化水分淸濁, 丙辛化水, 得申子辰水局曰潤下.". 徐升 編著, 『淵海子平評註』, p.170.

『命理正宗』에서는, "丙辛化水는 水를 따른다."303) "丙辛歌에서는, 병신합화수격은 申을 만나면 기뻐하며, 만약 年月上에 潤下를 이루었다면 반드시 等閒한 사람이 아니라는 것을 알 수 있다. 丙辛合化水가 冬月에 生하고 陰日干 (즉 辛金)이 陽時 (즉 辰時)를 만나면 반드시 淸한데, 局中에 土가 있으면 쓰임에는 반드시 破格이지만 金을 얻어 相助하면 前程에 發身할 것이다."304) 라고 하여 丙辛合化水格의 吉神과 凶神에 대해서 말하고 있다. 또 『窮通寶鑑』에서는 "丙辛이 水로 化하는 것은 얼음과 눈이 火를 만나면 소멸하는 것과 같다."305) 고 말하고 있다. 그리고 또 『命理約言』化局賦에서는 "丙辛이 合하여 흐르는 水로 化하여 濕하다."306) 고 말하고 있다.

위에서 본바와 같이 이 格에 대해서 『淵海子平』에서는 潤下格과 같게 보고 있으며, 『命理正宗』에서는 金과 水를 기뻐하며 土를 꺼린다고 하며, 『窮通寶鑑』과 『命理約言』에서는 丙辛이

---

303) "丙辛化水從水.". 張楠, 『標點命理正宗』, p.171.
304) "丙辛歌, 丙辛化合喜逢申, 潤下若居年月上, 須知不是等閒人. 丙辛化水生冬月, 陰日陽時須見淸, 有土局中須破用, 得金相助發前程.". 張楠, 『標點命理正宗』, p.252.
305) "丙辛化水, 氷雪遇火而消也.". 徐樂吾 註, 『窮通寶鑑』, p.132.
306) "丙辛合而化水流濕.". 陳素菴 原著, 韋千里 選輯, 『精選命理約言』卷二, pp.21~22.

合하면 水가 된다고 한다. 여기에 대해서 敷衍하면 앞의 개념의 정리에서와 같은 성립조건이 되어 丙辛合化水格이 되면 從神인 水가 用神이고 水를 生하는 金은 喜神이며 水를 剋하는 土는 病神이 되고 그 病을 제거하는 木은 藥神이 된다는 등의 五行別 喜忌에 대한 자세한 설명이 필요하다고 생각한다.

5.2.4 兩神成象格의 用神

兩神成象格은 『命理約言』에서 가장 자세하게 나오는 學說로, 어느 두 五行이 四柱의 半을 각각 점하고 있거나 각각 二干二支씩을 점하고 있는 命造를 말한다. 이 格의 하나는 그 두 五行이 서로 相生關係에 있는 것이고 또 하나는 서로 相剋關係에 있다. 서로 相生하는 兩神成象格이면 相生하는 運은 吉하고 相剋하는 運은 凶하다. 서로 相剋하는 兩神成象格은 相生하는 運은 吉하고, 原局에서 다른 五行을 剋하고 있는 그 五行을 剋하는 運은 凶하다. 양신성상격에 대한 學說上의 내용을 命理學 古典을 통해서 비교분석한다.

『命理約言』에서는 이 格의 성립과 그 喜·忌에 대해서 다음과 같이 말하고 있다.

"兩神成象格도 相生하든지 相剋하든지하여 淸함을 원하고 혼잡한 것을 바라지 않는다."307) "兩神成象格은 八字가 五行의 두 가지로 되어 있고 또 서로 균형을 이루고 있어야 한다. 만약 그 둘이 서로 相生관계로 되어 있다면, 즉 金·水가 각각 半이면 火·土가 섞이지 말아야 하고, 木·火가 각각 반이면 金·水가 섞이지 말아야 한다. 서로 相剋관계라면 즉 金·木이 서로 반씩이면 火가 섞이지 말아야 하며, 火·金이 서로 반씩이면 水가 섞이지 말아야 한다. 또 반드시 情理가 있어야 하며 刑沖은 없어야 하고 運行이 어디까지나 淸徹하여야 妙하다."308) "가령 金水가 각각 二干 二支를 차지하고 있으면 金水相生格이라고 하는데 金水運으로 흘러가면 가장 좋고 火土運을 크게 꺼린다. 또 水木이 각각 二干 二支를 차지하고 있으면 水木相生格이라고 하는데 水木운으로 흘러가면 가장 좋고 土金을 크게 꺼린다."309) "만약 相生으로 이루어진 格에서 또다시 生을 만나면 곧

---

307) "兩神成象, 則或相生, 或相剋, 欲淸不欲混.". 陳素菴 原著, 韋千里 選輯, 『精選命理約言』卷一, p.7.
308) "兩神成象者, 八字五行之二, 而又均停. 如相生, 則金水各半, 不遇火土混之, 木火各半, 不遇金水混之. 相剋, 則金木各半, 不遇火混之, 火金各半, 不遇水混之. 又須有情理, 無刑沖, 運行一路淸徹爲妙.". 陳素菴 原著, 韋千里 選輯, 『精選命理約言』卷一, pp.44~45.
309) "如金水各占二干二支, 曰金水相生格, 運行金水最佳, 火土大忌. 如水木各占二干二支, 曰水木相生格, 運行水木最佳, 土金大忌.". 陳素菴 原著, 韋千里 選輯, 『精選命理約言』卷二, p.24.

流通(류통)의 妙(묘)이고, 만일 相剋(상극)으로 된 格(격)에서 다시 剋(극)을 만나면 또한 和合(화합)의 情(정)이 된다. 혹자는 이르기를 이치가 겨우 兩神(양신)에 불과하므로 狹小(협소)할 것 같아 싫어하는데, 이는 이 格(격)을 10種(종)으로 분류될 수 있음을 모르고 하는 말이니 힘을 다해 推評(추평)해야 할 것이다."310)

『滴天髓闡微(적천수천미)』八格(팔격)에서는 兩氣成形格(양기성형격)에 대해서, "만약 金水(금수)를 쓴다면 火土(화토)가 끼어들어서 혼잡하게 되면 마땅하지 않고, 만약 水木(수목)을 취하는 즉 火①金(화금)311)의 交爭(교쟁)은 불가하다. 木火成象(목화성상)이 되면 金水(금수)가 局(국)을 파괴함을 가장 꺼리고, 水火得濟(수화득제)한 것은 土(토)가 와서 水(수)를 막는 것을 더욱 꺼린다."312) "兩氣成形格(양기성형격)이 있다."313) 위의 ①의 경우는 이치상 土(토)가 타당하다고 생각한다.

이에 대해서 자세히 말하면 相生關係(상생관계)에 있는 兩神成象格(양신성상격)은 둘 중에 生(생)함을 받는 五行(오행)이 用神(용신)이고, 相剋關係(상극관계)에 있는 양신성상격은 둘 사이를 通關(통관)하는 五行(오행)이 用神(용신)이 된다. 예를 들면 命造(명조)에서

---

310) "若生而復生, 乃是流通之妙, 倘剋而遇剋, 亦爲和合之情. 或謂理僅兩神似嫌狹小, 不知格分十種, 儘費推評.". 陳素菴 原著, 韋千里 選輯, 『精選命理約言』卷二, p.25.
311) 『精選命理約言』에서는 이 경우에 土金(토금)을 꺼린다고 한다. 陳素菴 原著, 韋千里 選輯, 『精選命理約言』卷二, pp.24~25.
312) "若用金水, 則火土不宜夾雜, 如取水木, 則火金不可交爭. 木火成象者, 最怕金水破局, 水火得濟者, 尤忌土來止水.". 任鐵樵 增注, 袁樹珊 選輯, 『滴天髓闡微』, p.82.
313) "兩氣成形.". 任鐵樵 增注, 袁樹珊 選輯, 『滴天髓闡微』, pp.110~111.

- 197 -

같은 비율의 金水가 相生關係에 있다면 이는 金水가 태강한 命造가 되는데 이때는 그 太强한 氣를 洩氣하는 水(金의 生함을 받음)가 用神이 된다. 또 金木이 같은 비율로 서로 相剋關係에 있다면 金木의 사이를 通關하여 和解시키는 水가 用神이 된다. 이때에 洩氣한다는 입장에서 보면 正格에 쓰이는 抑扶用神의 개념도 적용되며, 通關한다는 뜻에서 보면 正格에 쓰이는 通關用神의 개념도 함께 적용된다고 본다.

5.2.5 從强格의 用神

從强格은 3.9에서 이미 살펴본 바와 같이 『滴天髓闡微』에서 처음 주장하는 學說로 독특한 이론이다. 그는 印星으로 從하는 從印格에 대한 말은 없고 印星과 比刦으로 從하는 從强格을 별도로 주장하고 있는데, 이는 말하자면 印比從氣格이라고도 할 수 있다. 이 格의 喜·忌에 대해서는 比刦運과 印星運은 吉한데 食傷은 印星과 相剋하므로 凶하고 財星과 官星은 强神과 부딪치므로 凶하다고 한다. 이 格은 印星과 比刦과 官星이 吉한 從印格과 比刦만 吉한 母慈滅子格과는 많은 상담을 거쳐 구분하여 숙지할 필요가 있다고 생각한다.

『滴天髓闡微』從象에서는 아래와 같이 從强格의 成立과 그 吉神과 凶神에 대해서 말하고 있다.

"만약 地支에 寅卯辰이 있고 日主가 木인데 다시 亥의 生이나 未의 庫를 만나거나, 또는 地支에 亥卯未가 있고 日主가 木인데 다시 寅의 祿이나 辰의 餘氣가 있다면, 旺이 極에 이른 것이다. 金으로써 能히 剋할 수 있는 바가 아니라면 반드시 天干에 火가 있어서 그 精英을 洩氣해야 한다. 만약 天干에 火가 없고 水가 있으면 從强이라고 하는데 水運으로 行하면 그 旺神에 순응하게 되어 가장 아름답다. 나머지 五行도 이것을 본받으면 된다."314) "만약 年月時의 天干에 財官이 섞이지 않고 또 刦財와 印綬가 있다면 從强이라고 하니 生地 庫地①에서도 역시 능히 발복할 수 있다."315)

論者는 위의 ①의 경우 刦財와 印綬가 庫地에 通根하면 강해진다는 관점에서 볼 때, 그 刦財와 印綬가 强해지므로 發福한다, 고

---

314) "若地支寅卯辰, 日主是木, 或再見亥之生, 未之庫, 如地支亥卯未, 日主是木, 或再逢寅之祿, 辰之餘, 旺之極矣. 比金所能剋也, 須要天干有火, 洩其精英. 天干無火而有水, 謂之從强, 行水運, 順其旺神, 最美. 餘倣此.". 任鐵樵 增注, 袁樹珊 選輯, 『滴天髓闡微』, pp.104~105.
315) "倘年月時干, 不雜財官, 又有刦印, 謂之從强, 則生地庫地, 亦能發福.". 任鐵樵 增注, 袁樹珊 選輯, 『滴天髓闡微』, p.106.

생각한다. 그리고 印星과 比刦으로 從하여 印星과 比刦만 吉한 從强格은 그 從神만 吉한 從氣格과 결과적으로 같다고 본다. 따라서 從强格의 用神은 太强한 印星과 比刦을 泄氣하는 比刦이 用神이 됨이 타당하다고 본다.

5.2.6 從氣格의 用神

앞(3.9)에서 이미 살펴보았듯이 五行의 氣勢를 따르는 變格 中에 從氣格은 『滴天髓闡微』에서 처음으로 등장하는 학설로서 사주원국이 木火의 氣로 응집되어 있으면 木火運이 吉하고, 金水의 氣로 응집되어 있으면 金水運이 吉하다고 한다.

이 格에 대해서 연구를 해본 결과, 만약 金水從氣格이라고 한다면 金水만 길하고 火土뿐만 아니라 木도 凶하다는 뜻이 된다. 이에 반해서 『命理約言』에서 말하는 相生關係에 있는 양신성상격이 만약 金水兩神成象格이라면 强한 金水를 冲剋하는 火土를 흉하다고 하는데, 이는 곧 金水뿐만 아니라 木도 吉하다는 결론에 도달하게 된다.

이 둘의 차이점에 대해서 論者는 하나의 귀결점을 찾으려 한다. 큰 댐의 둑이 무너졌을 때 억제는 불가능하기 때문에 順行함이 타당하다. 이처럼 金水從氣格에서도 金水兩神成象格에서 이미 論한 바와 같이 太强한 金水의 氣를 洩氣하는 水가 用神이고 金은 喜神이며 水를 剋하는 土는 病神이 되고 木은 그 病神을 除去하는 藥神이 된다는 귀결점에 도달하게 된다. 즉 金水와 木은 吉하고 病神인 土를 生하는 火와 土는 凶하다. 물론 이때 金水의 비율이 서로 다른 경우라면 또 다른 관점에서 해답을 구해야 한다.

5.2.7 從勢格의 用神

從勢格은 『滴天髓闡微』에서 처음으로 나오는 이론으로서, 日主는 無根하고 食傷과 財星과 官星이 均等하게 旺한 경우에, 그 食傷과 財星 및 官星의 勢力으로 從하는 경우를 말한다.

여기에 대해서 『標點命理正宗』에서는, "壬水가 만일 寅月에 生하면 食神이 旺相하여 역시 서로 應하는데 南方運氣에 財帛이 늘어나고 殺이 있으면 마침내 반드시 이름이 난다."[316] 라고 하여

---

316) "壬水如逢寅月生, 食神旺相亦相應, 南方運氣增財帛, 有殺終須播姓名.". 張楠, 『標點命理正宗』, p.213.

從勢格이라는 말은 없으나 그 내용에 대해서 언급하고 있음을 알 수 있다.

『窮通寶鑑』에서도 從勢格에 대한 설명은 없지만 "丙火가 辰月에 태어났을 때 取用하는 법은, 地支에 土局을 이루고 있는 경우에 甲木의 疏土가 없으면 庚金을 써서 土를 洩하고 水를 生하여야 하니 庚金으로서 補佐를 삼는다."317) 고 하여 그 내용에 대해서 말하고 있다.

『滴天髓闡微』의 從勢格의 내용은 앞의 3.9에서 종세격의 성립과 그 喜·忌에 대해서 이미 살펴보았다.

5.2.8 母慈滅子格의 用神

이 格에 대해서는 3.9『滴天髓闡微』에서 이미 분석한 바 있으므로 여기서는 사례명조를 분석하고 그 희기에 대해서 알아본다.

"戊戌·丙辰·辛丑·戊戌, 辛金이 季春에 生하여 四柱에 모두 土이므로, 丙火官星은 元神이 모두 洩氣되며, 土가 重하여 埋金이 되니 母多滅子다. 초년 火·土運에는 刑喪破敗하여 탕진하고

---

317) "三月丙火取用, 支成土局, 無甲疏土, 則用庚金洩土生水, 以庚爲佐.". 徐樂吾 註, 『窮通寶鑑』, pp.64~65.

남은 것이라곤 없었으나 庚申운으로 바뀌면서 日元을 도와 일으키고 母性에 順하니 크게 좋은 기회를 만나게 되었다. 辛酉 運에 이르러서는 辰丑과 拱合하니 재산을 상납하고 벼슬에 올랐으나 壬戌運에 土가 또 地支를 얻으니 견책을 당하여 落職 되었다."318)

부연하면 母慈滅子格의 내용을 보면 太旺한 印星이 欠이 된다. 따라서 官星은 太旺한 印星을 生하므로 凶하고, 印星運은 太旺한 印星을 또 도우니 凶하며, 食傷과 財星은 太旺한 印星과 逆行으로 거스르니 凶하다고 한다. 그러나 比刦運만은 太旺한 印星의 氣를 順行으로 설기하도록 하여 덜어내어 日元을 도우니 吉하다고 하며 곧 用神이 된다.

5.3 用神 導出의 方法論

이 論文에서 用神에 관한 학설을 종합적으로 연구한 결과, 論者

---

318)
"戊辛丙戊
戊丑辰戌
壬辛庚己戊丁
戌酉申未午巳
辛金生於季春, 四柱皆土, 丙火官星, 元神洩盡, 土重金埋, 母多滅子. 初運火土, 刑喪破敗, 蕩焉無存, 一交庚申, 助起日元, 順母之性, 大得際遇. 及辛酉, 拱納辰丑, 捐納出仕, 壬戌運, 土又得地, 註誤落職.". 任鐵樵 增注, 袁樹珊 選輯, 『滴天髓闡微』, p.362.

의 獨創的인 연구 成果로서 다음과 같은 「用神 導出의 方法論」을 제시한다. 이 방법은 쉽고 간편해서 정확하게 用神을 가려내는데 도움이 될 수 있다. 命造를 分析하고 길흉화복을 판별하기 위한 一次的 過程은 먼저 用神을 가려내는 일인데, 아래 기준을 따르면 훨씬 용이하다. 日干의 印星과 比劫이 傷食과 財星과 官星보다 强하면 身强한 命造이고, 弱하면 身弱한 命造다.

5.3.1 正格

正格의 用神은 抑扶用神, 調候用神, 病藥用神, 通關用神의 원리에 의한다.

5.3.1.1 身强

5.3.1.1.1 印星이 많아서 身强한 경우

. 身强하고 印星이 過多하면 財星이 用神이다. 예를 들면 水旺함이 원인이 되어 身强하게 된 木日主는 水多木浮하므로, 土로서

堤防을 하여 水의 勢力을 制伏하여야 日干과 다른 干支가 强弱의 均衡을 이루게 된다. 이때는 抑扶用神, 調候用神, 病藥用神의 개념이 적용된다.

. 身强하고 印星이 過多한데 用神으로 쓸 만한 財星이 없으면 官星이 用神이다. 예를 들면 水旺함이 원인이 되어 身强하게 된 木日主에 水를 制御할 土가 없으면 金으로써 强해진 木을 制伏하여야 命造에서 强弱의 均衡을 이루게 된다. 이때는 주로 抑扶用神의 원리가 적용된다.

. 身强하고 印星이 過多한데 用神으로 쓸 만한 財星이나 官星이 없으면 傷食이 用神이다. 예를 들면 水旺함이 원인이 되어 身强하게 된 木日主에 쓸 만한 土와 金이 없다고 함은 그만큼 太强해진 命造라는 말인데, 이때는 太强한 氣를 火로써 덜어내어야 日干과 다른 오행이 강약의 균형을 이루게 된다. 이때는 抑扶用神, 調候用神, 病藥用神, 通關用神의 원리가 적용된다.

. 身强하고 印星이 過多한데 用神으로 쓸 만한 財星이나 官星 혹은 傷食이 없으면 變格에서 論한다. 예를 들면 水旺함이 원인이 되어 身强하게 된 木日主를 制伏할 土와 金이 없거나 洩氣할 火가 없다고 함은 從印格 혹은 水木兩神成象格 등의 變格이 된다

고 함인데 이때는 變格(변격)에서 論(론)한다. 이때는 抑扶用神(억부용신), 病藥用神(병약용신)의 원리가 적용된다.

5.3.1.1.2 比刦(비겁)이 많아서 身强(신강)한 경우

. 身强(신강)하고 比刦(비겁)이 過多(과다)하면 官星(관성)이 用神(용신)이다. 예를 들면 많은 木(목)이 원인이 되어 身强(신강)하게 된 木日主(목일주)는 金(금)으로써 그 木(목)을 制伏(제복)하여야 한다. 이때는 抑扶用神(억부용신), 病藥用神(병약용신)의 원리에 의한다.

. 身强(신강)하고 比刦(비겁)이 過多(과다)한데 用神(용신)으로 쓸 만한 官星(관성)이 없으면 財星(재성)이 用神(용신)이다. 예를 들면 많은 木(목)이 원인이 되어 身强(신강)하게 된 木日主(목일주)에 木(목)을 除去(제거)할 金(금)이 없으면 土(토)로써 그 身强(신강)함을 制伏(제복)하여야 한다. 이때는 抑扶用神(억부용신), 病藥用神(병약용신)의 원리가 적용된다.

. 身强(신강)하고 比刦(비겁)이 過多(과다)한데 用神(용신)으로 쓸 만한 官星(관성)이나 財星(재성)이 없으면 食傷(식상)이 用神(용신)이다. 예를 들면 많은 木(목)이 원인이 되어 身(신)강하게 된 木日主(목일주)에 쓸 만한 金(금)이나 土(토)가 없다고 함은 그만큼 太(태)강하게 된 命造(명조)라는 말이 되는데, 이때는 火(화)로써 그 太强(태강)한 氣(기)를 洩氣(설기)하여야 한다. 이때는 抑扶用神(억부용신), 調候用神(조후용신), 病藥用神(병약용신), 通關用神(통관용신)의 원리에 의한다.

. 身強하고 比刦이 過多한데 用神으로 쓸 만한 官星이나 財星 혹은 食傷이 없으면 變格에서 論한다. 예를 들면 많은 木이 원인이 되어 身強하게 된 木日主에 用神으로 쓸 만한 金이나 土 혹은 火가 없다고 함은 水木兩神成象格 혹은 木日曲直格 등의 變格이 된다는 말인데 이때는 變格에서 論한다. 이때는 抑扶用神, 調候用神, 病藥用神, 通關用神의 원리에 의한다.

5.3.1.2 身弱

5.3.1.2.1 官星이 많아서 身弱한 경우

. 身弱하고 官星이 強하면 印星이 用神이다. 예를 들면 弱한 木日主가 強한 金의 剋을 받고 있는 경우에 水를 用神으로 하고 強한 金을 洩氣하여 弱한 木을 生하여야 한다. 이때는 抑扶用神, 病藥用神, 通關用神의 원리에 의한다.

. 身弱하고 官星이 強한데 用神으로 쓸 만한 印星이 없으면 傷食이 用神이다. 예를 들면 弱한 木日主가 強한 金의 剋을 받고

있는 경우에 用神으로 쓸 만한 水가 없으면 火로써 그 强한 金을 制伏하여 弱한 木을 救하여야 한다. 이때는 抑扶用神, 病藥用神의 원리에 의한다.

. 身弱하고 官星이 强한데 用神으로 쓸 만한 印星이나 傷食이 없으면 比刦이 用神이다. 예를 들면 弱한 木日主가 强한 金의 剋을 받고 있는 경우에 用神으로 쓸 만한 水 혹은 火가 없으면 木으로써 弱한 日主를 도와야 한다. 이때는 抑扶用神, 病藥用神, 通關用神의 원리에 의한다.

. 身弱하고 官星이 强한데 用神으로 쓸 만한 印星이나 傷食 혹은 比刦이 없으면 變格에서 論한다. 예를 들면 弱한 木日主가 强한 金의 剋을 받고 있는 경우에 用神으로 쓸 만한 水와 火 혹은 木이 없다고 함은 棄命從殺格 등의 變格에 속한다는 말이니 變格에서 論한다. 이때는 抑扶用神, 病藥用神, 通關用神의 원리에 의한다.

5.3.1.2.2 財星이 많아서 身弱한 경우

. 身弱하고 財星이 많으면 比刦이 用神이다. 예를 들면 弱한 木

日主가 土가 많으면 木으로써 疏土하여야 한다. 이때는 抑扶用神, 病藥用神의 원리에 의한다.

. 身弱하고 財星이 많은데 用神으로 쓸 만한 比刦이 없으면 印星이 用神이다. 예를 들면 弱한 木日主가 土가 많은데 疏土할 木이 없으면 水로써 弱한 木을 生하여야 한다. 이때는 抑扶用神, 病藥用神, 通關用神의 원리에 의한다.

. 身弱하고 財星이 많은데 用神으로 쓸 만한 比刦이나 印星이 없으면 變格에서 論한다. 예를 들면 弱한 木日主가 土가 많은데 疏土할 木이 없거나 木을 生할 水가 없다고 함은 棄命從財格 등의 變格에 속한다는 뜻이 되는데 이때는 變格에서 論한다. 이때는 抑扶用神, 病藥用神의 원리에 의한다.

5.3.1.2.3 食傷이 많아서 身弱한 경우

. 身弱하고 傷食이 많으면 印星이 用神이다. 예를 들면 弱한 木日主가 火가 많으면 水로써 火를 除去하고 弱한 木을 生하여야 한다. 이때는 抑扶用神, 病藥用神, 通關用神의 원리에 의한다.

. 身弱하고 傷食이 많은데 用神으로 쓸 만한 印星이 없으면 比

劫이 用神이다. 예를 들면 弱한 木日主가 火가 많은데 用神으로 쓸 만한 水가 없으면 木으로써 弱한 木을 도와야 한다. 이때는 抑扶用神, 病藥用神의 원리에 의한다.

. 身弱하고 傷食이 많은데 用神으로 쓸 만한 印星이나 比劫이 없으면 變格에서 論한다. 예를 들면 弱한 木日主가 火가 많은데 用神으로 쓸 만한 水 혹은 木이 없다고 함은 棄命從兒格 등의 變格에 속한다는 말이 되는데 이때는 變格에서 論한다. 이때는 抑扶用神, 病藥用神의 원리에 의한다.

5.3.2 變格

變格의 用神은 從旺用神이라고하여 從하는 五行 혹은 六神이 用神이 된다.

5.3.2.1 專旺格에서는 木日曲直格은 木이 用神이고, 火日炎上格은 火가 用神이며, 土日稼穡格은 土가 用神이고, 金日從革格은 金이 用神이며, 水日潤下格은 水가 用神이다.

5.3.2.2 從格에서는 棄命從殺格은 官星이 用神이고, 從印格은 印星이 用神이며, 棄命從財格은 財星이 用神이고, 棄命從兒格은 食傷이 用神이 된다.

5.3.2.3 化格에서는 丁壬合化木格은 木이 用神이고, 戊癸合化火格은 火가 用神이며, 甲己合化土格은 土가 用神이고, 乙庚合化金格은 金이 用神이며, 丙辛合化水格은 水가 用神이다.

5.3.2.4 兩神成象格에서는 相生의 관계에 있는 命造는 洩氣하는 五行이 用神이고, 相剋의 관계에 있는 命造는 通關하는 五行이 用神이다.

5.3.2.5 從强格에는 印星과 比刦의 太强함을 洩氣하는 比刦이 用神이다.

5.3.2.6 從氣格에는 두 가지 五行 中 洩氣하는 五行이 用神이다.

5.3.2.7 從勢格에는 食傷과 官星 사이를 通關하는 財星이 用神이다.

5.3.2.8 母慈滅子格에는 太强한 印星을 洩氣하는 比刦이 用神이다.

6. 結論

　本 論文은 가장 難解하지만 命理學의 核心的인 內容이며 가치 판단의 기준이 되는 用神論에 보다 더 쉽게 접근할 수 있는 用神 導出의 方法論을 만들어 제시함으로써 命理學의 발전에 一助를 하고자 함에 그 目的을 두고 있다. 이를 위하여 「命理學 用神 導出의 方法論에 관한 硏究」를 論題로 設定하고 그 내용으로는 硏究目的과 範圍 및 方法을 제시하였다. 그리고 用神의 槪念과 重要性을 밝히고 그 中心 思想을 알아보았다. 그 다음 用神論의 嚆矢에 대해서 알아보기 위해서는 『四庫全書』子部 術數類에 수록된 典籍을 참고로 하여 古法 命理學(李虛中命書 前)의 用神論을 고찰해 보았다. 그리고 命理學 古典別 用神論의 發展過程과 그 대표되는 내용을 함께 살펴보았다. 그 결과 『李虛中命書』에서 용신이라는 用語가 胎動하여 用神論의 嚆矢가 되었으며 用神의 개념은 『淵海子平』에서 확립되고 盛行되기 시작하였음을 알 수 있었다. 『命理正宗』은 病藥說과 蓋頭說과 動靜說을 주장하여, 蓋頭說과 動靜說은 抑扶用神의 내용을 이루고 病藥說은 病藥用

神(신)의 내용이 되었음을 알 수 있었다. 『三命通會(삼명통회)』는 氣象規模(기상규모)를 강조하고 看命法(간명법)을 말하고 있으며, 『子平眞詮(자평진전)』은 格局用神論(격국용신론)에서 順逆論(순역론)의 체계를 세웠다. 그리고 『窮通寶鑑(궁통보감)』은 調候用神(조후용신)을 위주로 하고 抑扶用神(억부용신)에 접근하고 있으며, 『命理約言(명리약언)』에서는 抑扶用神(억부용신)의 定義(정의)를 내리고, 『滴天髓闡微(적천수천미)』에서는 四從格(사종격)과 용신론과 관련되는 諸般理論(제반이론)이 수록되어 있었다.

用神(용신)의 導出(도출)과 관련된 제 이론을 연구한 결과 格局論(격국론)과 관련되는 理論(이론)은 格局論(격국론), 月建(월건)의 重要性(중요성)이 있고, 抑扶用神(억부용신)과 관련되는 理論(이론)은 中和論(중화론), 節氣(절기)의 深淺(심천), 十二月(십이월)의 五行(오행) 旺弱(왕약), 胞胎法(포태법), 月建(월건)의 重要性(중요성), 生剋喜忌論(생극희기론), 通根論(통근론), 日主喜忌論(일주희기론), 強弱論(강약론), 六神論(육신론), 蓋頭說(개두설), 動靜說(동정설)이 있고, 調候用神(조후용신)과 관련되는 이론은 寒暖燥濕論(한난조습론), 日主喜忌論(일주희기론), 中和論(중화론)이 있고, 病藥用神(병약용신)은 病藥說(병약설)이 그 내용을 이루고 있으며, 通關用神(통관용신)은 통관론이 그 내용을 이루고 있다.

格局別(격국별) 用神(용신)의 도출에서 正格(정격)의 用神(용신)의 類型(유형)인 抑扶用神(억부용신), 調候用神(조후용신), 病藥用神(병약용신), 通關用神(통관용신)을 연구하고 그 내용을 정리하였다. 그리고 變(從旺)格(변(종왕)격)의 用神(용신)으로서, 木曰曲直格(목왈곡직격), 火曰炎上格(화왈염상격), 土曰稼穡格(토왈가색격), 金曰從革格(금왈종혁격), 水曰潤下格(수왈윤하격)의 專旺格(전왕격)의 用神(용신)을 정리하였다. 또 棄命從殺格, 從印格, 棄命從財格, 棄命從兒格의 從格의 用神도 연구하고 그 내용을 정리하였다. 그리고 또 丁壬合化木格, 戊癸合化火格, 甲己合化土格, 乙庚合化金格, 丙辛合化水格의 化格의 用神도 아울러 정리하였다. 그 외에 兩神成象格, 從强格, 從氣格, 從勢格, 母慈滅子格의 용신도 정리하고 從强格을 從氣格의 一部分으로 再分類하는 노력을 기울였다.

이와 같이 체계적으로 연구를 한 결과를 토대로 하여 만든 「用神 導出의 方法論」을 제시하였다. 그리고 이 논문을 연구하는 과정에서 나타난 부차적인 문제점을 다음과 같이 요약정리하고 그 改善案을 제시한다.

첫째, "原局에서 抑扶할 수 없다면 運으로서 抑扶해 주어야 한다."라고 한다. 이 句節은 사주원국에 용신이 없으면 運에서 용신을 찾아야 한다고 해석할 수도 있는데, 필자는 용신은 반드시 사주원국에서 찾아야 한다는 持論을 가지고 있다.

둘째, 『滴天髓闡微』의 化象에는 化格과 化는 하되 그 喜·忌는 正格의 법칙이 적용되는 正格을 구분함이 없이 一括的으로 論

하고 있으므로 혼란을 초래하고 있다.

 셋째, 예를 들면 木日曲直格인 듯하지만 干支에 太强한 木氣를 洩氣하는 火가 있는 命造라면 木日曲直格이 아니고, 이때는 月支가 屬하는 六神의 格으로서 傷食인 火가 곧 用神이 되는 正格에 속한다고 생각한다. 따라서 다른 專旺格에서도 이와 마찬가지로 專旺格의 成立 與·否는 傷·食의 有·無에 따라서 결정된다고 본다.

 넷째, 命理書에는 모두 抑扶用神과 病藥用神의 차이점에 대한 설명이 없기 때문에 많은 혼란을 초래하고 있다. 그래서 論者는 억부용신과 병약용신에 대해 구분하였다. 즉 억부용신은 日干을 中心으로 보는 觀點이고 병약용신은 用神을 中心으로 보는 觀點이다. 예를 들면 日干을 中心으로 볼 때, 身弱하면 印星 혹은 比刦으로 日干을 生扶하고, 身强하면 財星 혹은 官星으로 抑制하든지 食傷으로 洩함으로서 日干을 直接 이롭게 해주게 된다. 그러나 用神을 中心으로 볼 때는, 身弱한 命造에서 印星이 用神이 되는 경우에 財星은 用神을 剋傷하므로 病神이 되는데, 이때 比刦은 藥神으로서 病神인 財星을 除去하므로서 用神을 救하게 된다. 이와 같은 입장에서 볼 때 병약용신의 槪念은 억부용신의 槪念보다 진일보한 理論이라고 할 수 있다.

이 論文에서 用神에 관한 여러 학설을 종합적으로 연구한 결과, 보다 간편하게 용신을 도출할 수 있도록 論者의 「用神 導出의 方法論」을 별도의 5.3에 제시하였다. 그리고 연구하는 과정에서 나타난 부차적인 문제점은 위와 같이 요약정리하고 그 改善案을 제시한 것으로, 用神의 연구에 一助할 수 있게 되기를 바란다.

參考文獻

Ⅰ. 單行本

1. 韓國書

金東奎 譯, 『滴天髓闡微』, (서울: 明文堂), 2002.
金倍成, 『命理大經』, (서울: 命運堂), 2004.
金于齋 編著, 『滴天髓精解』, (서울: 明文堂), 1992.
金于齋, 『八字大典』, (서울: 明文堂), 1994.
김영필, 『논리와 사고』, (울산: 울산대학교출판부), 2001.
金顯錫 編者, 『大運萬歲曆』, (서울: 東洋書籍), 2001.
南宮祥 編著, 『韓國四柱學寶鑑』, (서울: 易學社), 2001.
박영창·김도희 편저, 『四柱學講義』, (서울: 삼하출판사), 2007.
朴永昌·金倍成 編著者, 『滴天髓講讀(上)』, (서울: 名運堂), 2005.
朴一宇 編著, 『三命通會』, (서울: 明文堂), 1997.
朴在玩, 『陶溪實觀』, (서울: 너른 터), 1993.
朴在玩, 『命理辭典』, (서울: 너른터), 1993.
朴在玩, 『命理要綱』, (서울: 신지평), 1997.
박흥식 편저, 『사주명리학 핵심』, (서울: 삼한출판사), 2004.
白靈觀, 『四柱精說』, (서울: 明文堂), 1993.
서우선, 『변화를 이용하는 지혜』, (서울: 문학아카데미), 1999.
申修勳, 『命理講論』, (서울: 서지원), 2005.

申六泉, 『四柱鑑定法秘訣集』, (大邱: 甲乙堂), 1998.

沈載烈 講述, 『淵海子平精解』, (서울: 明文堂), 1995.

沈載烈 編著, 『命理正宗精解』, (서울: 明文堂), 1997.

沈鍾哲 譯解, 『滴天髓闡微』, (서울: 大地文化社), 2005.

沈孝瞻, 徐樂吾 評註,『子平眞詮評註』, 朴永昌 譯, (서울:청학), 2006.

梁元碩, 『명리학개론』, (서울: 대유학당), 2002.

嚴泰汶, 『窮通寶鑑』, (서울: 易學圖書館), 2003.

芮光海 譯, 『窮通寶鑑 1, 2』, (서울: 指南), 2003.

芮光海 譯, 『滴天髓闡微 上,下』, (서울: 指南), 1999.

劉庚辰, 『四柱用神定法論』, (서울: 淵海命苑), 2002.

殷南根, 『오행의 새로운 이해』, (서울: 법인문화사), 2000.

李慕圓·朴英昌·金榮河, 『命理學槪論』, (서울: 여백미디어), 2004.

李舞鶴, 『舞鶴命理要言』, (서울: 삼하), 2003.

李舞鶴, 『命理正門』, (서울: 東洋哲學硏究所), 1964.

李舞鶴 編譯, 『滴天髓補註』, (서울: 삼하), 2001.

李錫暎, 『四柱捷徑』제1책~제6책, (서울: 韓國易學敎育學院), 1996.

이선종, 『적천수천미용신분석』, 서울: 장서원, 2005.

李善鍾 譯解, 『적천수천미 해설강의 上. 下』, (서울: 장서원), 2003.

이은성, 『曆法의 原理分析』, (서울: 정음사), 1985.

李汀璨, 『蘭臺妙選』, (全州: 東邦易理學院), 1999.

정성희, 『조선시대 우주관과 역법의 이해』, (서울: 지식산업사), 2005.
鐘義明, 『四柱와 韓醫學』, (서울: 驪江出版社), 1995.
陳素菴, 韋千里 編著, 『精選命理約言』, 李容俊 編譯, (서울: 청학출판사), 2007.
崔國峰 編著, 『稽疑神訣』, (서울: 錦元出版社), 1987.
崔鳳秀·權伯哲 講述, 『窮通寶鑑精解』, (서울: 明文堂), 1992.
阿部熹作(泰山), 鄭民鉉 譯, 『四柱推命學』 제1책~제23책, (서울: 三元文化社), 1998.
韓東錫, 『宇宙變化의 原理』, (서울: 행림출판), 1996.
韓重洙·柳方鉉, 『生活易學』, (서울: 明文堂), 2006.
和泉宗章, 『鬼谷子算命學 天中殺』, (부산: 陽地書籍), 1983.

2. 中國書

高景炎, 『命理精華』, (台北: 華聯出版社), 1969.
郭璞 撰, 「玉照定眞經」, 『四庫術數類叢書 七』所收, (上海: 古籍), 1995.
鬼谷子 撰, 李虛中 注, 「李虛中命書」, 『四庫術數類叢書 七』所收, (上海: 古籍), 1995.
董仲舒, 『春秋繁露』, 南基顯 解釋, (서울: 자유문고), 2005.
羅桂成, 『唐宋陰陽五行論集』, (台北: 文源書局有限公司), 1988.
藍傳盛, 『玉井奧訣評註』, (台北: 武陵出版有限公司), 2005.
萬民英, 『三命通會』, (臺北: 武陵出版有限公司), 2003.

白惠文 編著, 『命學秘解』, (台中: 瑞成書局), 1976.

徐樂吾, 『子平粹言』, (台北: 武陵出版有限公司), 1998.

徐樂吾 註, 『窮通寶鑑』, (臺北: 武陵出版有限公司), 2004.

徐樂吾 補註, 『滴天髓補註』, (臺北: 武陵出版有限公司), 1999.

徐樂吾 評註, 『滴天髓徵義』, (臺北: 武陵出版有限公司), 2002.

徐樂吾 評註, 『造化元鑰』, (台北: 五洲出版社), 1970.

徐升, 『新注淵海子平論命集』, (臺南:世一文化事業股份有限公司), 2003.

徐升 編著, 『淵海子平評註』, (臺北: 武陵出版有限公司), 2002.

徐子平 撰, 「珞琭子三命消息賦註」『四庫術數類叢書七』所收, (上海: 古籍出版社), 1995.

釋曇瑩 撰, 「珞琭子賦註」『四庫術數類叢書七』所收, (上海: 古籍出版社), 1995.

沈孝瞻, 徐樂吾 評註, 『子平眞詮評註』, (臺北: 武陵出版有限公司), 2002.

梁湘潤 編輯著, 『淵海喜忌隨筆』, (臺北: 行卯出版社), 1997.

梁湘潤, 『李虛中命書』, (臺灣: 武陵出版社), 1985.

言如山, 『八字命理之奧秘』, (臺北: 瑞成書局), 1984, pp.205-206

尤達人遺, 『知命四十年』, (上海: 印書館), 1991.

袁樹珊, 『命理探原』, (台北: 武陵出版有限公司0, 1996.

袁天綱, 『袁天綱五星三命指南 』, 著者는 袁天綱으로 推測할 뿐. 發行年度 未詳.

韋千里, 『命學講義』, (台北: 武陵出版有限公司), 1998.

韋千里, 『呱呱集』, (上海: 印刷書館), 1992.
李鐵筆 評註, 『窮通寶鑑評註』, (台北: 益群書店股份有限公司), 2005.
李鐵筆 評註, 『子平眞詮評註』, (台北:益群書店印行), 1998.
一行, 『一行禪師天元賦注解』, (인터넷 daum: 一行禪師天元賦注解), 2008.
任鐵樵 增註, 袁樹珊 選輯, 『滴天髓闡微』, (臺北: 武陵出版有限公司), 1999.
張楠, 『標點命理正宗』, (臺北: 武陵出版有限公司), 2001.
陳素菴, 韋千里 選輯,『精選命理約言』, (上海: 韋氏命苑), 1935.
何雨野, 『八字易象與哲學思維』, (北京: 中國社會), 2004.

3. 日本書

阿部泰山, 『阿部泰山全集』23책, (日本: 京都書院)
井上聰, 『古代中國陰陽五行研究』, (東京: 株式會社翰林書房), 1996.
板井祖山, 『四柱推命學入門』, (日本: 白川書院), 1965.

Ⅱ. 論文類

1 韓國

고영택, 「中國 古典 命理書에 대한 哲學的 理解(中和之氣 中心

으로)」, (해군대학 교수, 새한철학회 철학논총 제43집), 2005.

金一權, 「古代 中國과 韓國의 天文思想 硏究」, (서울大學校 大學院博士論文), 1999.

박경숙·박민용, 「신경회로망을 이용한 용신(用神)선택 알고리즘」, (제 5회 한국정신과학 학술대회 논문집, 한국정신과학학회), 1996. 10.

박주현, 「사주학에서의 심리구조」, (제4회 한국 정신과학 학술대회 논문집, 한국정신과학학회), 1996. 4.

성철재, 「명리학(命理學) 바로보기」, (제13회 한국정신과학학회 2000년도 추계학술대회 논문집, 한국정신과학학회), 2000.

沈揆喆, 「命理學의 淵源과 理論體系에 관한 硏究」, (博士學位論文, 韓國精神文化硏究院, 韓國學大學院), 2003.

鄭國鎔, 「性格特性의 豫測을 위한 四柱命理學에 관한 硏究」, (東義大學校 大學院 博士論文), 2004.

2 中國

張新智, 「子平學之理論硏究」, (博士論文, 國立政治大學中國文學硏究所), 2002.

Ⅲ. 기타

『朝鮮日報』, 2008년 12월 22일, A1면

Abstract

Theoretical study on Yongshin theory of Myeongrihak life principle science

Yoo, Gyeong-Jin
Future prediction department
Graduate School of Dongbang University

〈Overview of the thesis〉

The purpose of this thesis is to make a contribution to development of Myeongrihak by suggesting methodology of deducing Yongshin(用神) capable to more easily approach to Yongshin(用神)theory(論), which become core contents and Myeongrihak(Myeongrihak(命理學)) and standard of judgement of Myeongjo.(命造)

For this end, the concept and importance of Yongshin were revealed and their central ideology was found out. Next, for finding out appearance and development of Yongshintheory, development process of Yongshintheory appeared in classic of Myeongrihak and contents of its theory were reviewed. As the result, it was found out that the terminology of Yongshin was born in 『Leeheojungmyeongseo(李虛中命書)』and became the start of Yongshintheory and the concept of Yongshin was established in 『Yeonhaejapyeong(淵海子平)』and began to be prospered. 『Myeongrijeongjong(命理正宗)』had insisted disease medicine theory/Byeongyakseol(病藥說), Gaeduseol(蓋頭說), and dynamic static theory/Dongjeongseol(動靜說) and it was found out that Gaeduseol, and dynamic static theory/Dongjeongseol became contents of Eokbu(抑扶) Yongshin(用神) and disease medicine theory/Byeongyakseol became contents of Byeongyak(病藥) Yongshin.(用神)

『Sammyeongtonghoi(三命通會)』 had emphasized scale of weather and spoke about Ganmyeongbeob(看命法) and 『Japyeongjinjeon(子平眞詮)』 had established a system of Sunyeok(順逆) theory(論) in Gyeokguk(格局) Yongshin theory. And 『Gungtongbogam(窮通寶鑑)』was mainly with Johu(調候) Yongshin(用神)and approached to Eokbu(抑扶)Yongshin(用神) and in 『Myeongriyakeon(命理約言)』, definition of Eokbu(抑扶)Yongshin(用神) was made and in 『Jeokcheonsucheonmi(滴天髓闡微)』, all theories related to Sajonggyeok(四從格) and Yongshintheory were contained.

As the result of researching on all theories regarding

deduction of Yongshin, for theories related to Gyeokguk(格局)theory(論), there were Gyeokguktheory and importance of Wolgeon(月建) and for theories related to Eokbu(抑扶)Yongshin(用神), there were Junghwa(中和)theory(論), deep and shallow of seasons, strong weak of five principles of life in 12 months,

pregnancy method, importance of Wolgeon(月建), Saenggeukheegi(生剋喜忌)theory(論), Tonggeun(通根)theory(論), Iljuheegi(日主喜忌)theory(論), strong weak/Gangyak(强弱)theory(論), six Gods/Yukshin(六神)theory(論), Gaeduseol(蓋頭說), and Dongjeongseol(動靜說). And as theories related to Johu(調候)Yongshin(用神), there were cold warm dry wet/Hannanjoseub(寒暖燥濕) theory(論), Iljuheegi(日主喜忌)theory(論), and Junghws(中和)theory(論) and disease medicine/Byeongyak(病藥) Yongshin(用神) was composed of disease medicine/ Byeongyak(病藥) theory(說)and Tonggwan(通關)Yongshin(用神) was composed of Tonggwan(通關) theory(論). However, it was possible to confirm that Yongshin of Byeongyeok(變格) was different and following five principle/Ohaeng(五行) or six Gods/Yukshin (六神) became Yongshin.

「Methodology of deduction of Yongshin(用神)」made based

on results of examination of systematic analysis of Yongshin theory appeared in classic of Myeongrihak was suggested like this. Finally, in this 「methodology of deduction of Yongshin」, five principle or six gods, which correspond to a balanced point of strong weak cold heat/Gangyakhanyeol(强弱寒熱) at Sajuwonguk(四柱原局), become Yongshin by applying theories of Eokbu(抑扶)Yongshin(用神), Johu(調候)Yongshin(用神), Byeongyak(病藥)Yongshin(用神), Tonggwan(通關)Yongshin(用神) in Jeonggyeok(正格) and in Byeongyeok(變格),following five principles/Ohaeng(五行) or six Gods/Yukshin(六神) become Yongshin. If we take this method, Yongshin can be deduced more simply and accurately.

부록(論文의 기초자료임)

1. 命理學 古典의 用神論

가. 『李虛中命書』의 用神論

『李虛中命書』三卷은 당나라 현종 때 僧 一行이 내놓은 命理書『一行禪師天元賦』에 영향을 받은 당대의 이허중이 周代에 나온 『鬼谷子遺文』에 註釋을 단 책이다. 이 책은 郭璞 이후 명리학의 중흥을 이루었으며 이 책의 提要에서는 다음과 같이 밝히고 있다.

"이허중명서 3권의 옛날 본래의 기록은 귀곡자가 지었고, 당나라 이허중이 註釋을 달았다. 虛中의 字는 常容이고, 魏나라 侍中 李冲의 8세손이다. 元和 年間[319]에 進士에 급제하여 官職이 殿中侍御史에 이르렀다. 韓愈가 이허중을 위하여 墓誌銘을 지었음이 『昌黎文集』에 보인다.

한유가 묘지 중에서 이르기를 '이허중은 五行書에 가장 깊은 연구를 하였고, 사람의 태어난 년 월 일이 日辰과 만나는 것으로써, 支干의 相生, 勝衰, 死王을 서로 斟酌하여 사람의 壽夭, 貴賤, 利·不利를 추리한다.' 고 했다."[320]

---

319) 唐 憲宗 在位: 서기 805~820년
320) "李虛中命書三卷, 舊本題鬼谷子撰, 唐李虛中註. 虛中字常容, 魏侍中李冲八世孫, 進士及第元和中, 官至殿中侍御史. 韓愈爲作墓誌銘, 見於昌黎文集.愈墓誌中所云, 最深五行書, 以人之始生年月日所值日辰, 支干相生勝衰死王相斟酌, 推人壽夭貴賤利不利.".
周 鬼谷子 撰. 唐 李虛中 注. 『四庫術數類叢書七』. 上海: 古籍出版社, 1995. P.809-1

『李虛中命書』의 내용으로는 納音五行, 신살 등 주로 古法四柱學의 개념들이 서술되어 있다. 그러나 본 논문에서 『李虛中命書』에 큰 비중을 두는 것은 그 前의 命理書에서는 보이지 않던 用神이라는 用語가 처음으로 등장하기 때문이다.

"먼저 上은 맑고 下는 탁함을 얻었더라도 나중에 下의 탁함이 上으로 승월하면 맑아진다. 먼저 상의 가볍고 맑은 氣를 취하면 用神의 福이 된다. 다음으로 살펴서 濁한 氣가 下에 거하고, 上은 비록 맑으나 빼어나지 않았다면 下의 濁한 기라도 쓰임이 있으니 取하여, 만일 上으로 升越하면 福이 된다."[321]

敷衍하면 用神이 天干에 투출하면 福이 된다. 그러나 천간에 용신 될 만한 五行이 없을 경우에는 지지에 있는 오행을 용신으로 취하고, 이때 運에서 用神이 透出하면 복이 된다는 뜻으로 이해된다. 이 이론은 張楠이 그의 저서 『神峰通考命理正宗』에서

"吉神이 透出하면 더욱 吉하고 凶神이 투출하면 더욱 凶하다."[322]

---

[321] "先上淸而得之下濁後下濁而升越上淸. 先取上之輕淸爲用神之福. 次看濁氣居下, 上雖淸而不秀, 則取下濁有用之氣, 爲福所升越爲上矣.". 周 鬼谷子撰. 唐 李虛中 注. 『四庫術數類叢書 七』. 上海古籍出版社, 1995. P.809-18

라고 한 蓋頭說의 始原이 되기도 한다.

『李虛中命書』에 대한 연구서로는 대만의 梁湘潤이 저술한 『李虛中命書』323)가 있다. 이 책에는 납음오행, 신살 등 고법사주학의 중요한 개념들이 서술되어 있다. 그리고 用神이라는 用語는 다음과 같이 生하고 剋하고 抉하고 抑하는 五行의 뜻으로도 쓰였다고 한다.

"「用神」이라고 말하는 것은 모두 五行의 生剋抉抑에 專用하는 말로써 남송시대부터 專用하기 시작했다. 진정한 뜻은 광범위하게 神殺, 貴人, 干支가 上下로 剋制하거나 혹은 神殺에 앉아서 衰하는 等等을 포함한다."324)

---

322) 張楠. 『標點命理正宗』. 臺北: 武陵出版有限公司, 2001. p.24.
323) 梁湘潤. 『李虛中命書. 臺灣: 務陵出版社, 1985.』
324) "「用神」一詞起於南宋時代專用之於五行生剋抉抑之專用詞. 本義是廣泛包含神煞, 貴人, 等等之干支上下剋制或神煞坐衰.". 梁湘潤. 『李虛中命書. 臺灣: 務陵出版社, 1985.p.20.

나. 『淵海子平』의 用神論

　新四柱學인 子平學에서는 年月日時의 四柱八字 中 日干이 中心이 되고 日干과 他 干支間의 관계 즉 旺弱과 寒熱을 비교·분석하여 命을 推算한다. 이를 미루어 볼 때 用神이라는 用語(術語)는 唐代의 李虛中이 『李虛中命書』에서 처음 도입했지만, '旺弱寒熱의 調和를 이루는데 가장 핵심이 되는 五行을 用神이라고 한다.' 라는 의미의 용어가 성행한 시기는 子平學이 정립된 明代의 『淵海子平』이후부터라고 볼 수 있다. 이미 用神의 形成과 發展에서 살펴보았듯이 『淵海子平』에서의 用神論은 中和思想에 그 바탕을 두고 있으며 아래와 같이 論하고 있다.

　첫째, 自然과 人間이 調和를 이룸으로서 極美에 이르는 中和思想에 基礎를 두고 있다.

　　"대개 사람의 命은 마땅히 中和의 氣를 얻어야 하며 지나치게 많은 것도 지나치게 부족함과 같다. 氣가 中和되면 福이 두텁고 偏黨하여 剋하면 災殃이 된다.."325) "天時를 미루어 보고

---

325) "蓋人之命, 宜得中和之氣, 太過與不及同. 中和之氣爲福厚, 偏黨之剋爲災殃.".

地利의 太過 不及을 묶어 살펴서 中和를 취용하여야 하며, 가고 머무르고 펼치고 짝함을 이치에 맞추어서 輕重强弱을 바르게 나타내어야 한다."326) "사람의 命에 榮枯得失은 다 五行의 生剋之 中에 있으며 富貴貧窮 또한 팔자의 중화를 떠나서 나오는 것이 아니니 우선 氣節의 淺深을 보고 다음으로 財官의 향배를 살펴야 된다.."327)

둘째, 日干을 위주로 한다.

"子平一法에는 오로지 日干을 위주로 하고 提綱을 취하여 所藏한 五行을 令으로 하고 다음으로 年月時支에 이르러 그 단서를 表한 것이다.328)

셋째, 抑扶用神에 대해서 말하고 있는데, 이는 正格의 用神을 定하는 근간적 기준이 된다. 즉

徐升 編著. 『淵海子平評註』. 臺北: 務陵出版有限公司, 2002. p. 100.
326) "推天時, 察地利約太過而不及, 以中和而爲用, 去留舒配而中理, 輕重强弱而表正.". 徐升 編著. 『淵海子平評註』. 臺北: 務陵出版有限公司, 2002. pp.228~229
327) "人命榮枯得失, 盡在五行生剋之中, 富貴貧窮, 不出乎八字中和之外, 先觀氣節之淺深, 後看財官之向背.". 徐升 編著. 『淵海子平評註』. 臺北: 務陵出版有限公司, 2002. pp.212~213
328) "子平一法, 專以日干爲主, 而取提綱, 所藏之物爲令, 次及年月時支以表其端.". 徐升 編著. 『淵海子平評註』. 臺北: 務陵出版有限公司, 2002. p.183.

"金이 旺한데 火를 얻으면 그릇을 이루고, 火가 旺한데 水를 얻으면 바야흐로 相濟를 이루며, 旺한 水가 土를 얻으면 池沼를 이루며, 土가 旺한데 木을 얻으면 나라의 동량이 된다."329) "强한 金이 水를 만나면 비로소 그 날카로움이 꺾이고, 强한 水가 木을 만나면 비로소 그 勢가 泄氣된다. 强한 木이 火를 만나면 비로소 그 완고함이 化하며, 强한 火가 土를 만나면 비로소 그 불길이 그쳐지고, 强한 土가 金을 만나면 비로소 그 害를 제한다."330) "대개 官星은 旺한 財星을 만나 官星을 생해 줌을 기뻐하고 旺한 印星으로 官星을 보호해주어야 한다. 혹 傷官運을 만났는데 또 印綬의 다스림이 없으면서 傷官이 得地 하면 祿이 손상됨을 만난 것인데 喪妻剋子하고 官職을 잃고 災殃의 生함을 즉시 볼 수 있을 것이다."331) "身旺하면 祿(官星) 과 馬(財星)를 만나는 것을 기뻐하며 身弱하면 財官을 만나는 것을 꺼린다. 四柱가 뿌리가 없으면 旺한 때를 만나야 하고 日干이 氣가 없으면 劫財를 만나야 강해지며 身弱하면 印星을

---

329) "金旺得火, 方成器皿, 火旺得水, 方成相濟, 水旺得土, 方成池沼, 土旺得木, 方能疎通, 木旺得金, 方成棟梁.". 徐升 編著. 『淵海子平評註』. 臺北: 務陵出版有限公司, 2002. p.60.
330) "强金得水, 方挫其鋒, 强水得木, 方泄其勢, 强木得火, 方化其頑, 强火得土, 方止其焰, 强土得金, 方制其害.". 徐升 編著. 『淵海子平評註』. 臺北: 務陵出版有限公司, 2002. p.60.
331) "蓋官星喜逢財旺以生之, 印旺以護之. 或逢傷官運, 又無印綬治之, 傷官得地, 祿遭傷損, 喪妻剋子, 剝職生災, 立可見矣.". 徐升 .編著 『淵海子平評註』. 臺北: 務陵出版有限公司, 2002. pp.182~183.

기뻐한다."332) "甲乙이 가을에 生하여 金이 투출되어 나타나면 水木火運에 榮昌한다. 丙丁이 겨울에 强水가 왕양하면 火土木 方에 貴가 나타난다. 戊己가 봄에 태어나면 西南方에 구제가 있다. 庚辛이 여름에 자라면 水土運에 傷하지 않는다. 壬癸가 土旺을 만나면 金木에서 마땅히 영화롭다. 身弱에 印星이 있으면 殺旺해도 傷하지 않으나 財星地로 行함을 꺼린다. 傷官이 傷盡333)이 되면 官運으로 行해도 무방하다. 傷官格에 財星을 쓰면 마땅히 印星을 제거해야 한다. 이때 혹 傷官格에 財星과 印星이 함께 드러나면 장차 어떻게 발복하리오. 身旺者는 財를 쓰고 身弱者는 印星을 쓰는데 財를 쓰면 印星을 제거하고 印星을 쓰면 財를 제거해야 바야흐로 두루 발복한다."334) "印星이 많은 者는 財運으로 행하여 發福하고, 財旺者는 比刦을 만난들 어찌 방해가 되겠는가. 평생 발복하지 않는 것은 팔자가 休囚해서이고 一世에 권리가 없는 것은 身이 衰한데 七殺을 만나서이다. 身旺者는 泄氣함이 옳고 損傷함이 마땅하며, 身이 衰한 者는 扶助를 기뻐한다. 中和를 받아서 태과불급이 없어야

---

332) "身旺喜逢祿馬, 身弱忌見財官. 四柱無根, 得時爲旺, 日干無氣, 遇刦爲强, 身弱喜印.". 徐升 編著. 『淵海子平評註』. 臺北: 務陵出版有限公司, 2002. p.200.
333) 여기서의 傷官傷盡은 傷官이 제거됨을 뜻함. 徐升 編著. 『淵海子平評註』. 臺北: 務陵出版有限公司, 2002. p.257. 참조
334) "甲乙秋生金透露, 水木火運 榮昌. 丙丁冬降水汪洋, 火土木方貴顯. 戊己春生, 西南方有救. 庚辛夏長, 水土運無傷. 壬癸逢於土旺, 金木宜榮. 身弱有印, 殺旺無傷, 忌行財地. 傷官傷盡, 行官運以無妨. 傷官用印宜去財, 傷官用財宜去印. 是或傷官財印俱彰, 將何發福. 身旺者用財, 身弱者用印, 用財去印, 用印去財, 方發彌福.". 徐升 編著. 『淵海子平評註』. 臺北: 務陵出版有限公司, 2002. PP.200~201.

한다."335) "丙·丁이 水가 많으면 北方을 싫어하지만 戊己를 만나면 오히려 貴命으로 보며, 庚辛이 火旺하면 南方을 두려워하지만 戊己를 만나면 오히려 영화롭게 된다고 단정한다. 甲乙이 가을에 태어난 경우 丙丁이 透干하면 傷害를 짓는다 간주하지 말며, 戊己가 여름에 태어났는데 庚辛이 나타나 있으면 응당 귀명으로 論하라. 火가 水를 많이 띠고 있으면 木運으로 行하면 貴하고, 土가 木旺을 만나면 火鄕으로 들어야 영화롭다. 庚이 水를 거듭 만나면 水冷金寒하여 火를 기뻐하고, 戊가 酉를 많이 만나면 氣가 작아 몸이 衰하니 火를 좋아한다. 不及하면 生하고 도와주는 것을 기뻐하고 太過하면 脫剝해야 마땅하다."336)

넷째, 調候用神에 대해서 말하고 있다. 즉

"南方은 火炎하니 北方 水運으로 들어가야 이롭고, 北方 水는 寒濕하니 南方 火運으로 들어가야 이로우며, 水火는 旣濟의 功이 있다. 五行은 그 서로 구제함을 얻어야 위엄과 이름과 영

---

335) "印多者行財而發福, 財旺者遇比何妨. 平生不發, 八字休囚, 一世無權, 身衰遇鬼. 身旺者則宜泄宜傷, 身衰者則喜扶喜助. 稟中和莫令太過不及.". 徐升 編著. 『淵海子平評註』. 臺北: 務陵出版有限公司, 2002. P.201.
336) "丙丁水多嫌北地, 逢戊己反作貴推, 庚辛火旺怕南方, 遇戊己反成榮斷. 甲乙秋生透丙丁, 莫作傷看, 戊己夏産露庚辛, 當爲貴論. 火帶水多, 貴行木運, 土逢木旺, 榮入火鄕. 庚逢水重, 水冷金寒喜炎熱, 戊遇酉多, 身衰氣銳愛熒煌. 不及喜生扶, 太過宜脫剝.". 徐升 編著. 『淵海子平評註』. 臺北: 務陵出版有限公司, 2002. P.214.

화를 九天에 떨쳐 三丘337)에 다섯 번 行할 것이다.338)

다섯째, 病藥用神에 대해서 간접적으로 말하고 있다. 이는 用神은 不可損傷이므로 병에는 약이 있어야 한다는 취지이다. 病藥說은 明代의 『命理正宗』에서 처음으로 등장한다. 그러나 『淵海子平』에서도 病藥說이라는 말은 쓰이지 않지만 觀念上으로는 이미 병약용신이 쓰이고 있음을 알 수 있다. 즉

"印綬가 財星을 만났는데 財運으로 行하고 또 死絶地를 兼하면 필히 황천에 들어가는데 만약 四柱에 比肩이 있으면 거의 해소된다."339)

라는 내용에서 印星은 用神이 되고 인성을 剋傷하는 財星이 병신이며 비겁은 그 병을 제거하는 藥神이 됨을 알 수 있다.

여섯째, 通關用神에 대해서 말하고 있다. 즉

---

337) 三丘: 三神山{중국의 전설에 나오는 봉래산(蓬萊山)·방장산(方丈山)·영주산(瀛州山)의 세산.} 이희승 편저자. 『국어대사전』. 서울: 민중서림, 1999. 참조
338) "南方火炎, 利入北方水運, 北方水寒, 利入南方火運, 水火有旣濟之功. 五行得其相濟, 威名榮振九天, 三丘五行.". 徐升 編著. 『淵海子平評註』. 臺北: 務陵出版有限公司, 2002. P.186.
339) "印綬見財行財運, 又兼死絶, 必入黃泉, 如柱有比肩, 庶幾有解.". 徐升 編著. 『淵海子平評註』. 臺北: 務陵出版有限公司, 2002. P.290.

"官·殺을 만나서 身弱한 경우에는 마침내 物을 얻어서 化하는 즉 吉하다. 가령 甲日에 金殺이 와서 傷害를 입고 있는 경우에 만일 時上에 一位의 壬癸水가 있거나 혹은 申子辰이 있으면 해소되는 즉 能히 凶이 化하여 吉하게 된다. 나머지도 이것을 본받으면 된다.340)

일곱째, 用神은 損傷되어서는 아니 된다. 즉

"用神은 손상되어서는 아니 되며, 日主는 健旺함이 가장 마땅하다. 가령 月令에 官星이 있으면 損傷되어서는 아니 되며, 財星이 있으면 刦奪되어서는 아니 되며, 印星이 있으면 破損되어서는 아니 된다. 대개 柱中에 쓰이는 神은 손상되어서는 아니 된다. 요컨대 日干이 强健하여야 能히 財官을 감당할 수 있다."341)

여덟째, 用神과 그 病神에 대해서 말하고 있다. 즉

"取用함이 官星이 되면 傷官이 불가하고 취용함이 財星이면

---

340) "身弱遇鬼, 得物以化之則吉. 如甲日被金殺來傷, 若時上一位壬癸水, 或申子辰解之, 卽能化凶爲吉. 餘者倣此.". 徐升 編著. 『淵海子平評註』. 臺北: 務陵出版有限公司, 2002. P.61.
341) "用神不可損傷, 日主最宜健旺. 如月令有官不可傷, 有財不可刦, 有印不可破. 凡柱中有用之神, 不可損害也. 仍要日干强健, 則能任其財官.". 徐升 編著. 『淵海子平評註』. 臺北: 務陵出版有限公司, 2002. PP.85~86.

刦財(겁재)가 불가하다. 취용함이 印星(인성)이 되면 財星(재성)으로 破(파)함이 불가하고 취용함이 食神(식신)이면 印星(인성)으로 破(파)함이 불가하다."342)

아홉째, 用神(용신)의 위치에 따라서 힘을 얻는 六親(육친)이 다르다. 즉

"가령 月令(월령)에 용신이 있으면 부모의 힘을 얻은 것이며 年(년)에 용신이 있으면 조상의 힘을 얻을 것이며 時(시)에 용신이 있으면 자손의 힘을 얻을 것이며, 이와 반대의 경우에는 그 힘을 얻지 못한다."343)

열째, 六神(육신)의 太過不及(태과불급)이 모두 欠(흠)이 된다.

印星(인성)의 吉(길)함도 지나치면 欠(흠)이 된다. 즉

"金(금)은 土(토)의 生(생)함에 의지하지만 토가 많으면 금이 파묻힌다. 土(토)는 火(화)의 生(생)함에 의지하지만 화가 많으면 토가 마른다. 火(화)는 木(목)의 生(생)함에 의지하지만 목이 많으면 화가 熾(치)344)한다. 木(목)은 水(수)의 生(생)함에 의지하지만 수가 많으면 목이 표류한다. 水(수)는 金(금)의 生(생)

---

342) "用之爲官不可傷, 用之爲財不可刦. 用之爲印不可破, 用之食神不可破.". 徐升 編著. 『淵海子平評註』. 臺北: 務陵出版有限公司, 2002. P.289.
343) "假令月令有用神, 得父母力, 年有用神, 得祖宗力, 時有用神, 得子孫力. 反此則不得力.". 徐升 編著. 『淵海子平評註』. 臺北: 務陵出版有限公司, 2002. P.58.
344) 木이 많으면 불이 꺼진다는 의미이니 熄이라고 생각함. 論者註

함에 의지하지만 금이 많으면 물이 濁해진다."345)

傷食도 지나치면 欠이 된다. 즉

"金은 能히 水를 生하나 수가 많으면 금이 가라앉고, 水는 능히 木을 生하나 木이 盛하면 水가 收縮되며, 木은 능히 火를 生하나 화가 많으면 목은 타버리고, 火는 능히 土를 생하나 토가 많으면 화는 꺼지고, 土는 능히 金을 生하나 금이 많으면 토가 변한다."346)

財星이 過多하면 欠이 된다. 즉

"金은 能히 木을 剋하나 목이 견고하면 금이 이지러지고, 木이 능히 土를 극하지만 토가 중첩되면 목이 부러진다. 土는 능히 水를 剋하지만 수가 많으면 오히려 토를 흘려보내고, 水는 능히 火를 剋하지만 화가 많으면 수를 증발해 버리며, 火가 능히 金을 극하지만 금이 많으면 불이 꺼져버린다."347)

---

345) "金賴土生, 土多金埋. 土賴火生, 火多土焦. 火賴木生, 木多火熾(意味上 熄임이 分明하다. 論者註.). 木賴水生, 水多木漂. 水賴金生, 金多水濁.". 徐升 編著. 『淵海子平評註』. 臺北: 務陵出版有限公司, 2002. P.60.
346) "金能生水, 水多金沈, 水能生木, 木盛水縮, 木能生火, 火多木焚, 火能生土, 土多火埋, 土能生金, 金多土變.". 徐升 編著. 『淵海子平評註』. 臺北: 務陵出版有限公司, 2002. P.60.
347) "金能剋木, 木堅金缺, 木能剋土, 土重木折, 土能剋水, 水多土流, 水能剋火, 火多水蒸, 火能剋金, 金多火熄.". 徐升 編著. 『淵海子平評註』. 臺北: 務陵出版有限公司, 2002. P.60.

官殺(관살)이 太過(태과)하면 不利(불리)하다. 즉

"衰(쇠)한 金(금)이 火(화)를 만나면 반드시 녹아버리고, 弱(약)한 火(화)가 水(수)를 만나면 반드시 불이 꺼진다. 弱(약)한 水(수)가 土(토)를 만나면 반드시 진흙에 막히고, 衰(쇠)한 土(토)가 木(목)을 만나면 반드시 傾陷(경함)을 당하며, 弱(약)한 木(목)이 金(금)을 만나면 반드시 베어 잘린다."348)

열한째, 節氣(절기)와 十二月(십이월)의 五行(오행)의 旺弱(왕약)에 대해서 말하고 있다. 즉

"一年(일년)을 五行(오행)으로 細分(세분)하여 十二月(십이월) 中(중)에 氣候(기후)를 配合(배합)하고, 각각 主管(주관)하는 旺相(왕상)한 氣候(기후)에 따라서 用神(용신)을 定(정)한다. 그중 五行(오행)은 또 陰陽(음양)으로 나누어져 兩分(양분)되며, 一年(일년) 中(중)에도 각각 주관하는 生旺(생왕)의 氣(기)가 있다."349)

열두째, 胞胎法(포태법)은 陰胞胎法(음포태법)과 陽胞胎法(양포태법)을 모두 받아들이고 있다. 즉

---

348) "金衰遇火, 必見銷鎔, 火弱逢水, 必爲熄滅. 水弱逢土, 必爲淤塞, 土衰遇木, 必遭傾陷, 木弱逢金, 必爲砍折.". 徐升 編著, 『淵海子平評註』. 臺北: 務陵出版有限公司, 2002. P.60.
349) "一年之內, 細分五行, 配合氣候於十二月之中, 各主旺相以定用神, 其中五行又分陰陽爲兩股於一年之中, 各主生旺之氣. 格.". 徐升 編著, 『淵海子平評註』. 臺北: 務陵出版有限公司, 2002. P.61.

"보통 법은 金은 巳에서 木은 亥에서 水는 申에서 火는 寅에서 각각 長生한다. 土는 중앙에 居하고 母의 生함에 의탁하는 데 마치 戊는 巳에 己는 午에 있는 것과 같다."350)

열셋째, 『연해자평』卷二에서 格局351)을 內十八格과 外十八格으로 나누어 있다. 내십팔격에는 正官格, 雜氣財官格, 月上偏官格, 時上偏財格, 時上一位貴格, 飛天祿馬格, 倒沖格, 乙己鼠貴格, 六乙鼠貴格, 合祿格, 子遙巳格, 丑遙巳格, 壬騎龍背格, 井欄叉格, 歸祿格, 六陰朝陽格, 刑合格, 拱祿格, 拱貴格, 印綬格, 雜氣印綬格이 있다. 內十八格이라고 하지만 실제 나열된 格은 모두 21 가지다. 그리고 外十八格에는 六壬趨艮格, 六甲趨乾格, 勾陳得位格, 玄武當權格, 炎上格, 潤下格, 從革格, 稼穡格, 曲直格, 日德秀氣格, 福德格, 棄命從財格, 傷官生財格, 棄命從殺格, 傷官帶殺格, 歲德扶殺格, 歲德扶財格, 來丘格, 兩干不雜格, 五行俱足格이 있다. 外十八格이라고 하지만 나열된 격은 모두 20 가지다. 따라서 본 논문에서는 『연해자평』의 內格과 外格의

---

350) 常法以金生巳, 木生亥, 水生申, 火生寅. 土居中央, 寄母生, 如戊在巳, 己在午.". 徐升 編著. 『淵海子平評註』. 臺北: 務陵出版有限公司, 2002. P.58.
351) 徐升 編著. 『淵海子平評註』. 臺北: 務陵出版有限公司, 2002. pp.123~148. 참조

분류방식은 논리적 타당성이 없다고 볼 수 있으므로 따르지 않기로 한다. 그리고

"西山易鑑 先生이 그 變通을 터득했으니 장차 天干과 格局을 구분하여 六格이 중요하니 官이요, 印이요, 財이며, 殺이요, 食神이며, 傷官이니 消息이 증험되지 않음이 없다."352)

라고 하여 그 中 六格의 중요함을 강조하고 있다.

열넷째, 一行得氣格과 그 喜·忌에 대해서 다음과 같이 말하고 있다.

"炎上格은, 만약 丙·丁日主가 寅午戌 전부를 만나든지 혹은 巳午未 전부를 만나면 역시 염상격이다. 다만 水方向과 金地를 꺼린다. 東方運으로 行하기를 기뻐하며 沖을 두려워하고 身旺함을 要하며 歲運도 같다. 염상이라는 것은 火의 勢力이 急한데 또 火局을 얻으면 혼연히 세력을 이루어짐이니 火는 文明의 象이 된다."353)

---

352) "西山易鑑先生得其變通, 將干格分爲六格爲重, 曰官, 曰印, 曰財, 曰殺, 曰食神, 曰傷官, 而消息之, 無不驗矣.". 徐升 編著. 『淵海子平評註』. 臺北: 務陵出版有限公司, 2002. p.184.
353) "炎上格, 且如丙丁二日見寅午戌全, 或巳午未全亦是. 但忌水鄕金地. 喜行東方運, 怕沖, 要身旺歲運同. 炎上者火之勢急, 又得火局, 渾然成勢, 火爲文明之象.". 徐升 編著. 『淵海子平評註』. 臺北: 務陵出版有限公司, 2002. p.142.

"潤下格은, 만일 壬癸日主에 요컨대 申子辰이 전부 있거나 혹 亥子丑이 전부 있으면 이 格이다. 辰戌丑未 官鄉을 꺼리고 西方運은 기뻐한다. 南은 마땅하지 않고 冲剋을 두려워하며 歲運도 같다. 潤下格은 天干地支가 온통 물이어야 옳다. 마치 호수와 바다가 넓고 넓어서 끝없이 즐기는 것과 같다. 主人은 맑고 빼어나고 국량이 넓다. 혹시 土運을 만나면 當主가 필히 지체된다. 만일 冬月에 태어나면 또한 기특한 者가 된다."354)

"從革格, 이 格은 庚辛日로서 巳酉丑 金局을 전부 만나든지 혹은 申酉戌을 전부 만나는 것이다. 南方火運을 꺼리고 庚辛이 旺하는 運을 기뻐한다."355)

"稼穡格, 戊己日生으로서 辰戌丑未가 전부가 있으면 稼穡格이다. 이 格은 西·南行을 기뻐하며 오직 東北을 꺼린다."356)

"曲直格, 이 格은 甲·乙干으로서 地支에 寅卯辰 혹은 亥卯未 木局을 取함이니 辛庚의 氣를 만나지 않아야 한다. 庚辛즉 官殺을 만나면 이 格이 아니다. 단지 木運을 따르는 것을 論하기 때문에 曲直格이라 하며 北方을 기뻐하는데 北方에는 水가 있

---

354) "潤下格, 且如壬癸日要申子辰全, 或亥子丑全是也. 忌辰戌丑未官鄉, 喜西方運. 不宜南, 怕冲剋, 歲運同. 潤下者, 天干地支渾是水. 如湖海汪洋, 氿以無際. 主人淸秀量洪. 倘遇土運, 必主淹滯. 若生於冬月, 又爲奇特者也.". 徐升 編著. 『淵海子平評註』. 臺北: 務陵出版有限公司, 2002. pp.142~143.
355) "從革格, 此格以庚辛日, 見巳酉丑金局全, 或酉戌全者是也. 忌南方火運, 喜庚辛旺運.". 徐升 編著. 『淵海子平評註』. 臺北: 務陵出版有限公司, 2002. p.143.
356) "稼穡格, 以戊己日生, 値辰戌丑未全者是也. 此格喜行西南, 推忌東北.". 徐升 編著. 『淵海子平評註』. 臺北: 務陵出版有限公司, 2002. pp.143~144.

어 木은 水의 生함에 의지하기 때문에 그 類를 따른다."357)

열다섯째, 從格의 그 喜·忌에 대해서 다음과 같이 말하고 있다.

"棄命從財格은, 만일 乙日主가 辰戌丑未를 만나면 財神이 極旺한데, 乙木이 四柱에서 의지할 데가 없으면 자신을 버리고 財를 따른다."358)

"棄命從殺格은, 만일 乙日干이 크게 盛환 巳酉丑 金局을 만나고, 또 制殺하는 것이 없고 身主가 無氣하면, 身을 버리고 오직 官殺을 따른다. 殺旺과 財鄕으로 行할 것을 要하며 日主가 有根함과 比肩地를 꺼린다."359)

"從象이라는 것은 만일 甲乙日主가 根이 없고 地支에 전부 金이면 從金한다 이르고, 四柱에 순전히 土이면 從土한다 이르고, 四柱에 순전히 水이면 從水한다360) 이르고, 四柱에 순전히 木이면 從木한다361) 이른다. 그 從象者의 大運이 旺하면 吉하고

---

357) "曲直格, 此格以甲乙日干, 取地支寅卯辰, 或亥卯未木局,要不見辛庚之氣. 見庚辛卽官殺, 非此格也. 只從木運論, 故曰曲直, 運喜北方, 北方有水, 木賴水生, 故從其類.". 徐升 編著. 『淵海子平評註』. 臺北: 務陵出版有限公司, 2002. p.144.
358) "棄命從財格, 假如乙日見辰戌丑未, 財神極旺, 乙木四柱無依, 則舍而從之.". 徐升 編著. 『淵海子平評註』. 臺北: 務陵出版有限公司, 2002. p.145.
359) "棄命從殺格, 且如乙日干, 見巳酉丑金局大盛, 又無制殺, 身主無氣, 只得捨身而從之. 要行殺旺及財鄕, 忌日主有根, 及比肩之地.". 徐升 編著. 『淵海子平評註』. 臺北: 務陵出版有限公司, 2002. p.145.
360) 印星으로 從하는 從印格으로 이해됨. 論者註.
361) "甲乙이 根이 없고"라는 단서가 앞에 나오는데, "四柱에 순전히 木이면 從木한다."라는 말이 뒤에 나오는 것은 이치상 맞지 않다. 따라서 뒤의 문장을 四柱純火,

死絶地면 凶하다."362)

열여섯째, 從化格에 대해서 말하고 있다. 즉

"대개 五運化氣라는 것은 甲己가 化해서 土가 되고, 乙庚金이 되고, 丁壬化한 木이 다하여 숲을 이루고, 丙辛이 化하여 水가 되어 淸濁을 나누고, 戊癸化하여 南方 火焰으로 침입한다. 甲己合化土는 中正之合인데 辰戌丑未가 전부 있으면 稼穡勾陳 자리를 얻었다고 이른다. 乙庚合化金은 仁義之合이라 하며 巳酉丑이 전부 있으면 從革格이라 이른다. 戊癸合化火는 無情之合인데 火局을 얻으면 炎上格이다. 丙辛合化水가 申子辰 水局을 얻으면 潤下格이다. 丁壬合化木이 亥卯未 전부를 얻으면 曲直仁壽格이다. 龍을 만나는 즉 化하여 변화를 일으키고 龍이 날아 하늘에 있으니 大人을 만남이 이롭다."363)

라고 한다. 따라서 從化格의 用神은 그 각각에 해당하는 一行得

謂之從火.(四柱에 순전히 火이면 從火한다.)라고 하여야 된다고 생각됨. 論者註.
362) "從象者, 如甲乙日主無根, 地支全金, 謂之從金, 四柱純土, 謂之從土, 四柱純水, 謂之從水, 四柱純木, 謂之從木. 其從象者, 大旺運吉, 死絶地凶.". 徐升 編著. 『淵海子平評註』. 臺北: 務陵出版有限公司, 2002. p.174.
363) "夫五運化氣者, 甲己化土乙庚金, 丁壬化木盡成林, 丙辛化水分淸濁, 戊癸南方火焰侵. 甲己化土中正之合, 辰戌丑未全, 曰稼穡勾陳得位. 乙庚化金, 仁義之合, 巳酉丑全曰從革, 戊癸化火, 無情之合, 得火局曰炎上. 丙辛化水, 得申子辰水局曰潤下. 丁壬化木, 得亥卯未全曰曲直仁壽. 逢龍卽化, 變作龍飛在天, 利見大人.". 徐升 編著. 『淵海子平評註』. 臺北: 務陵出版有限公司, 2002. p.170.

氣格의 用神을 定하는 法과 같이 從神이 곧 用神이 된다. 그리고 從化格이 되려면 辰時를 만나야 된다는 입장을 취하고 있다.

『淵海子平』의 특징은 日干을 위주로 한데 있다. 즉

"子平一法에는 오로지 日干을 위주로 하고 提綱을 취하여 所藏한 五行을 令으로 하고 다음으로 年月時支에 이르러 그 단서를 表한 것이다."364)

『淵海子平』에서의 문제점은 첫째, 앞에서 언급했듯이 棄命從兒格과 從印격은 다른 從格과 같이 별도로 論하지 않고 從象에서 一括的으로 분류한 것으로 보아 從格으로 發展해 오는 과도기적 단계에 있었음을 알 수 있다. 둘째, 『연해자평』卷二에서 格局365)을 內十八格과 外十八格으로 나누고 있다. 內十八格에는 十八格이라고 하지만 나열된 格은 모두 21 가지다. 그리고 外十八格이라고 하지만 나열한 格은 모두 20 가지다. 따라서 本 論文에서는 『연해자평』의 內格과 外格의 분류방식은 논리적 타당성이

---

364) "子平一法, 專以日干爲主, 而取提綱, 所藏之物爲令, 次及年月時支以表其端.". 徐升 編著. 『淵海子平評註』. 臺北: 務陵出版有限公司, 2002. p.183.
365) 徐升 編著. 『淵海子平評註』. 臺北: 務陵出版有限公司, 2002. pp.123~148. 참조.

없는 것으로 볼 수 있으므로 따르지 않기로 하며, 牽强附會한 外格 또한 論外로 한다.

셋째, 胞胎法은 陰胞胎法과 陽胞胎法을 모두 인정하고 있다. 그러나 屢次 實觀을 해 본 결과 命理에서의 陰干은 陽干의 胞胎法을 따르는 것이 타당성이 있다고 본다.

넷째, 從化格이 성립하려면 辰時를 만나야 된다는 입장을 취하고 있다. 그러나 從化格에서 꼭 辰時가 아니더라도 四柱原局이 從하는 五行으로 滿局을 이루었으면 從하지 아니할 수 없으므로 本 論文에서는 『命理約言』에서와 같이 이 理論에 同意하지 않는다.

다. 『命理正宗』의 用神論

明代의 張楠의 『神峰通考命理正宗』에서는 『연해자평』을 충실하게 계승하고 좀 더 체계적으로 발전해오면서 動靜說과 蓋頭說 및 病藥說의 독창적인 학설을 주장하였다. 그리고 五星論과 金不換骨髓歌斷 및 刑冲理論을 도입하였다. 특히 그의 병약설이 대두되면서 그 이전에 중시되어 왔던 財官認識과 中和論에 病藥用神論을 더함으로써 看命함에 豫測率을 한층 높이는 계기가 되었다. 이와 같은 『命理正宗』의 내용을 요약하면 첫째, 思想的 基礎는 中和에 두고 있음을 알 수 있다. 즉

"榮枯得失이 모두 生剋 中에 있고 富貴榮華는 中和 이외에 있는 것이 아니며 太過한데 制伏이 없으면 貧賤하고 不及한데 生扶함을 잃으면 刑夭한다. 대저 木이 盛하면 金을 만나야 높이 棟樑을 지을 수 있고, 水가 많으면 土를 만나야 막을 堤防을 건설하는 功이 있고, 火가 堅金을 煉鑄하면 鋒刃의 氣가 나올 것이고, 木이 旺土를 疏土하면 稼穡의 禾를 培成하고, 火炎은 水가 있어야 이름하여 旣濟의 功이 된다."366)

---

366) "榮枯得失, 盡在生剋之中, 富貴榮華, 不越中和之外, 太過無制伏者貧賤, 不及失生扶者刑夭, 蓋夫木盛逢金, 高作棟樑之具, 水多遇土, 修防堤岸之功, 火煉堅金, 鑄出鋒

라고 한다.

둘째, 抑扶用神에 대해서 말하고 있다. 즉

"財官이 가볍고 日主가 旺하면 財官運으로 行하여야 가장 奇異하게 되고, 만약 財官이 旺하고 日主가 弱하면 身旺한 運으로 行하여야 가장 奇異하게 된다."367) "혹 官星이 太旺하면 마땅히 傷官運으로 行하여 그 官星을 除去하여야 하고, 財星이 太旺하면 마땅히 比刦運으로 행하여 그 재성을 제거하여야 한다. 印星이 태왕하면 마땅히 財星運으로 行하여 그 인성을 破하여야 하고, 日干이 太旺하면 마땅히 官殺運으로 행하여 그 일간을 制하여야 한다."368)

"어떤 것을 損이라 하는가? 損이란 그 有餘함을 덜어내는 것을 말한다. 곧 木이 震位인 봄에 태어났다면 바로 木氣가 當權한 것이다. 金이 兌宮인 가을에 태어났다면 바로 金神이 得位한 것이다. 當權한 것은 滋助해줌이 마땅하지 않고 得位한 자는 生扶해 줄 필요가 없다. 가령 水는 또 木을 滋養하고 土는 金

刃之器, 木疏土旺, 培成稼穡之禾, 火炎有水, 名爲旣濟之功.". 張楠 著. 『標點命理正宗』. 臺北: 武陵出版有限公司, 2001. p.410.
367) "財官輕而日主旺, 運行財官最爲奇, 若財官旺而日主弱, 運行身旺最爲奇.". 張楠 著. 『標點命理正宗』. 臺北: 武陵出版有限公司, 2001. p.20.
368) "然或官星太旺者, 宜行傷官運, 以去其官星, 財星太旺者, 宜行比刦運, 以去其財星. 印星太旺者, 宜行財星運, 以破其印星, 日干太旺者, 宜行官殺運, 以制其日干.". 張楠 著. 『標點命理正宗』. 臺北: 武陵出版有限公司, 2001. p.30.

을 培養하는데, 만약 木이 有餘하여 病이 된다면 金으로써 木을 制하여야 하고, 金氣가 有餘하여 病이 된다면 火를 써서 金을 制하여야 한다. 官星의 氣가 남으면 그 관성을 덜어주어야 하고 財星의 氣가 유여하면 그 재성을 덜어주어야 한다."369)

"어떤 것을 益이라 하는가? 益이란 그 不及한 바를 더해줌을 말하는데, 木의 경우는 午에서 死하고, 水의 경우는 卯에서 死하는 것인바 不及하면 도와줌이 마땅하다. 만약 木氣가 본래 衰한데 庚辛이 또 와서 木을 剋하거나, 水氣가 본래 衰한데 戊己가 또 와서 水를 剋하는 경우엔 즉 水木이 不及한 이것이 病이 되는바, 이때 水木을 더해주어야 한다는 이치가 어찌 타당하지 않겠는가? 만약 木이 不及하다면 혹 水運으로 行하여 그 根本을 滋養해 주거나 혹 木運으로 行하여 그 枝葉을 무성하게 해주어야 하며, 만약 水가 불급하다면 혹 金運으로 행하여 그 源流를 깊게 해주거나 혹은 水運으로 행하여 그 澎湃함을 넓게 해주어야 한다. 만약 官星의 氣가 부족하면 官旺鄕을 기뻐하고 財星의 氣가 부족하면 財旺地로 行함을 기뻐한다."370)

---

369) "何以謂之「損」? 損者, 損其有餘也. 然木生震位, 正木氣之當權也. 金産兌宮, 正金神之得位. 當權者不宜資助, 得位者不必生扶. 假或水又滋木, 土或培金, 若木有餘之病, 用金以制之, 金氣有餘之病, 用火以剋之. 官星之氣有餘, 則損其官星, 財星之氣有餘, 則損其財星.". 張楠 著. 『標點命理正宗』. 臺北: 武陵出版有限公司, 2001. p.31.
370) "何以謂之「益」? 益者, 益其不及也, 若木之死於午, 若水之死於卯也, 不及則宜資助. 且如木氣之本衰, 庚辛又來剋木也, 水氣之本衰, 戊己土又來剋水也, 則水木不及之病在此矣, 益之理又當何如耶? 若木之不及, 或行水運以滋其根本, 或行木運以茂其枝葉, 若水之不及, 或行金運以浚其源流, 或行水運以廣其澎湃. 若官星之氣不足, 則喜官旺

"대개 身强하고 殺이 無根하면 旺財가 殺을 生해줌을 기뻐하지만 殺을 制함은 마땅하지 않다. 身弱한데 殺星이 有根하다면 食神으로 制殺하거나 印星으로 化殺함을 기뻐하고 財星으로 殺을 生함은 마땅하지 않으니 殺旺하면 制하여 물리쳐야 본래 貴하다고 한다."371)

"가령 甲乙木이 正二月에 태어나 그 火氣는 아직 熾熱하지는 못하지만 이 虛火를 써서 용신이 되므로, 바로 木이 火를 生하면 木은 능히 榮昌하는 바 傷官運으로 行하면 發福한다."372)

즉 太旺하면 泄氣하는 傷食이 用神이 된다.

셋째, 調候用神에 대해서 말하고 있다. 즉

"風霜을 만난 나무는 春節을 만나서야 華蓋함을 볼 수 있고 旱魃한 싹은 비를 만나는 것이 어려움을 막는 기회다. 맑고 서늘

之鄕, 財星之氣不足, 則喜行財旺之地.". 張楠 著. 『標點命理正宗』. 臺北: 武陵出版有限公司, 2001. p.31.
371) "蓋身强殺無根, 喜財旺生殺, 不宜制. 身弱殺有根, 喜食印制化, 不宜財生, 故曰殺旺有制卻爲貴本.". 張楠 著. 『標點命理正宗』. 臺北: 武陵出版有限公司, 2001. p.176.
372) "如甲乙木生正二月, 其火氣尙未熾烈, 則用此虛火爲用神, 正謂木能生火木榮昌, 行傷官運發.". 張楠 著. 『標點命理正宗』. 臺北: 武陵出版有限公司, 2001. pp.88~89.

한 기후 때문이면 炎熱이 남아도는 때에 항상 펼 수 있을 것이며, 따뜻한 때에 태어났으면 苦寒한 뒤에야 매사가 收成할 것이다."373)

넷째, 그 以前에는 쓰이지 않던 病藥說이라는 學術用語가 여기에서 처음으로 나온다. 즉

"어떤 것을 病이라 하는가? 原局의 八字 中에 害가 되는 神이다. 어떤 것을 藥이라 하는가? 가령 八字 原局에 害가 되는 字가 있다면, 그 害가 되는 字를 除去하는 一字를 이른다. 朱子가 이른바와 같이 그 病의 각 원인에 따라서 藥을 써야 한다. 그러므로 書에서 이르기를, 「病이 있어야 비로소 貴命이니 傷함이 없으면 奇異하지 않다. 格中의 病을 만일 除去한다면 財祿이 서로 따른다.」라고 하였다. 命書가 만권이 있어도 이 四句에 요체가 포함된다. 대개 人命의 造化가 비록 中和가 되면 貴命이라고 하지만, 일일이 中和에만 의지한다면 어찌 그 消息을 탐구하며 그 休咎를 論할 수 있겠는가. 富貴에 이른 사람의 경우는 반드시 먼저 筋骨의 노력과 體膚를 줄이고 身이 곤궁한 뒤에야 忍하는 心性이 動하고, 그 불능하던 것으로부터 이익이

---

373) "風霜之木, 春華之至可觀焉, 旱魃之苗, 得雨之機難遏也. 是以淸凉之候, 恒伸於炎熱之餘, 和煦之時, 每收於若寒之後.". 張楠 著. 『標點命理正宗』. 臺北: 武陵出版有限公司, 2001. p.29.

늘어나니 人命의 妙함이 이와 같은 것이다!"374) "이전의 어리석은 사람들이 항상 病藥說을 알지 못하고 누누이 中和로써 人命의 造化에 돌입하니 열에 한 둘도 증험함이 있지 않았다. 財官으로써만 論하면 역시 다 歸趣가 없으니 나중에 비로소 病藥의 뜻을 깨닫게 된다. 거듭 財官과 中和에 근거하여 參看하면 그때마다 八九는 잃어버리며, 그 造化의 妙함이 이러하니 어찌 말로 다 할 수 있겠는가?"375) "만일 四柱八字가 純土로 되어 있다면 水日干은 殺이 重하고 身이 輕한 것이며, 金日干은 土가 두터워 埋金이 되고, 火日干은 火가 어두워 無光이며, 木日干은 財多身弱이 되고, 土日干은 比肩이 太重하니 이 모든 格에 土가 病이 되므로 전부 木이 醫藥이 되어 그 病을 제거하기 때문에 木을 기뻐한다. 가령 財가 用神이면 比肩을 만나면 病이 되고, 官殺은 藥이 되므로 기뻐한다. 만약 食神傷官이 用神이면 印綬가 病이 되며 財星은 藥이 되므로 기뻐한다. 혹 本身에 病이 重한데 藥이 적거나, 혹은 本身에 病이 가벼운데 藥이

---

374) "何以爲之病? 原八字中, 原有所害之神也. 何以爲之藥? 如八字原有所害之字, 而得一字以去之之謂也. 如朱子所謂各因其病而藥之也. 故書云..「有病方爲貴, 無傷不是奇. 格中如去病, 財祿兩相隨」命書萬卷, 此四句爲之括要. 蓋人之造化, 雖貴中和, 若一於中和, 則安得探其消息, 而論其休咎也. 若今之至富至貴之人, 必先勞其筋骨, 餓其體膚, 空乏其身, 然後動心印性, 增益其所不能, 人命之妙, 其猶此乎!". 張楠 著. 『標點命理正宗』. 臺北: 武陵出版有限公司, 2001. p.27.
375) "愚嘗先前未諳病藥之說, 屢以中和而突入之造化, 十無一二有驗. 又以財官爲論, 亦俱無歸趣, 後始得悟病藥之旨. 再以財官中和參看, 則嘗失八九而得其造化所以然之妙矣. 何以言之?". 張楠 著. 『標點命理正宗』. 臺北: 武陵出版有限公司, 2001. p.27.

重할 경우에는 行運에서 그 中和를 취하는 것이 마땅하다. 만약 病이 重할 경우에 藥을 얻으면 大富大貴할 사람이다. 病이 가벼운데 藥을 얻으면 略富略貴할 사람이다. 病도 없고 藥도 없으면 富하지도 貴하지도 못할 사람이다."376) "만일 八字가 純然하여 旺하지도 弱하지도 않고 原局에 財·官·印綬가 모두 傷함이 없으며 日干의 氣가 또 中和를 얻고 아울러 起發하게 보이는 것도 없으면 이는 平常人이다. 그리하여 病藥說 이것이 제일 緊要한 것이니 術者는 이것을 精察하지 않을 수 없을 것이다. 자세히 보면 경험하여 본 類를 보게 된다."377)

라고 한다. 이 說은 四柱八字 中에 害가 되는 五行을 病이라 하고, 그 病을 制伏하거나 和解시켜 주는 五行을 藥이라고 하는데, 이는 病藥用神論의 中心 內容이 된다. 가령 官星이 旺하여 身弱한 命造에서 印星이 用神이 되는 경우에 官星은 印星을 生하는 喜神이 되고, 財星은 인성을 傷害하는 病이 되는데 이때 比

---

376) "假如人八字中四柱純土, 水日干, 則爲殺重身輕, 如金日干, 則爲土厚埋金, 火日干, 則晦火無光, 木日干, 則爲財多身弱, 土日干, 則爲比肩太重, 是則土爲諸格之病, 俱喜木爲醫藥, 以去其病也. 如用財見比肩爲病, 喜官殺爲藥也. 如用食神傷官, 以印爲病, 喜財爲藥也. 或本身病重而藥少, 或本身病輕而藥重, 又宜行運以取其中和. 若病重而得藥, 大富大貴之人也. 病輕而得藥, 略富略貴之人也. 無病而無藥, 不富不貴之人也.". 張楠 著. 『標點命理正宗』. 臺北: 武陵出版有限公司, 2001. pp.27~28.
377) "如八字純然, 不旺不弱, 原財官印俱無損傷, 日干之氣又得中和, 並無起發可觀, 此是平常人也. 然病藥之說, 此是第一家之繁要, 售斯術者不可不精察也. 詳見驗類.". 張楠 著. 『標點命理正宗』. 臺北: 武陵出版有限公司, 2001. p.28.

却이 그 病을 除去하는 藥神이 되며, 食傷은 病을 生하므로 凶하다. 이와 같이 用神이 되는 六神을 中心으로 다른 六神과의 관계를 一目瞭然하게 整理하여 六神間의 吉凶을 판단해 볼 수 있는 것도 病藥說을 應用함으로써 가능해 졌다. 張楠은 『명리정종』에서 財官의 喜·忌도 중요하지만 病藥說 이것이 제일 緊要한 것이니 病藥說을 中和論과 함께 命造分析에 적용할 것을 강조하여 보다 더 精巧한 분석이 되도록 하였다. 그러나 어느 쪽으로든 기우러져 病이 있는 命造는 남는 五行은 덜어주고 모자라는 오행은 도와주는 病藥處方을 함으로써 大富大貴할 수 있지만 四柱原局에서 이미 中和된 命造는 病이 없으니 藥도 없으므로 平常人에 불과한 命造라는 것을 看過해서는 아니 된다.

다섯째, 通關用神에 대해서 다음과 같이 말하고 있다.

"財多身弱에 혹 官鬼를 대동하고 있으면서 印綬의 相生이 있다면 자연히 富貴榮昌할 것이다."378) "傷官이 官星을 만나면 백가지 禍의 실마리가 되는데 財星이나 印星이 있으면 通關되

---

378) "財多身弱, 或帶官鬼, 有印綬相生, 自然富貴榮昌.". 張楠 著. 『標點命理正宗』. 臺北: 武陵出版有限公司, 2001. p.78.

므로 곧 해소된다."379) "金不換(금불환)에서 이르기를, 傷官格四柱(상관격사주)에 官星(관성)을 보면 늙도록 자식이 없다. 또 이르기를 傷官(상관)이 傷盡(상진)380) 되어야 하는데 문득 官星(관성)을 보면 凶(흉)하고, 傷官格(상관격)에 官星(관성)을 보더라도 財鄕(재향)으로 들면 妙(묘)하게 解救(해구)된다."381) "身弱(신약)한 命造(명조)가 官星(관성)을 만났을 경우에 印星(인성)을 만나서 化(화)하면 吉(길)하다."382)

여섯째, 傷官格(상관격)과 그 喜(희)·忌(기)에 대해서 아래와 같이 말하고 있다.

"만약 八字(팔자)에 傷官(상관)·食神(식신)이 중첩하고 日主(일주)가 원래 衰弱(쇠약)한 경우엔 급히 印星運(인성운)으로 행함으로써 그 傷官(상관)을 破(파)하여야 하고 比刦(비겁)運(운)으로 行(행)하므로써 日主(일주)를 도와야 한다. 또 만일 日主(일주)가 生旺(생왕)하고 比肩(비견)이 太多(태다)한데 財神(재신)이 衰弱(쇠약)하다면, 대개 傷官格(상관격)으로서 財星(재성)이 用神(용신)이 되는바 官星(관성)을 만나 그 比刦(비겁)을 制(제)함을 기뻐하는 것은 財星(재성)이 살아나기 때문이다."383) "傷官格(상관격)은 진실로 官星(관성)과 서로 만나는 것을 기뻐하지 않으나, 金水傷官格(금수상관격)과 水木傷(수목상

---

379) "傷官見官, 爲禍百端, 有財有印乃解.". 張楠 著. 『標點命理正宗』. 臺北: 武陵出版有限公司, 2001. p.90.
380) 이는 官星이 없는 경우라고 생각함. 論者註.
381) "金不換云.. 傷官四柱見官, 到老無兒. 又曰..傷官傷盡, 忽見官星則凶, 傷官見官, 妙入財鄕乃解.". 張楠 著. 『標點命理正宗』. 臺北: 武陵出版有限公司, 2001. p.91.
382) "身弱遇鬼, 得物以化則吉.". 張楠 著. 『標點命理正宗』. 臺北: 武陵出版有限公司, 2001. p.223.
383) "若八字重疊傷官·食神, 日主原又衰弱, 急須行印運以破其傷官, 行比刦運以資其日主. 又如日主生旺, 比肩太多. 財神衰弱, 蓋傷官以財爲用神也, 則又喜見官星, 以制其比刦, 存起其財星也.". 張楠 著. 『標點命理正宗』. 臺北: 武陵出版有限公司, 2001. p.87.

官格과 木火傷官格의 경우는 官星을 만나는 것을 크게 꺼리지 않는다. 일찍이 古歌에 이르기를 「火土傷官格은 傷盡384)됨이 마땅하고, 金水傷官格은 官星을 기뻐하며, 木火傷官格은 官星이 旺함을 요하고, 土金傷官格은 오히려 官이 成함을 꺼리는데385), 오직 水木傷官格은 財官을 다 만나야 비로소 기뻐한다.」고 했다."386)

敷衍하면 金水傷官格은 調候上 官星을 기뻐하고, 水木傷官格은 調候上으로 財星을 기뻐하며, 木火傷官格은 斫破生火하므로 官星을 꺼리지 않는다. 그리고 火土傷官格은 太燥한데 水를 만나면 旺者冲之益發로 因하여 오히려 凶하게 되므로 官星이 없어야 하고, 太强한 土金傷官格에 食神이 用神이 되는 경우에는 官星을 만나 冲剋하면 凶하므로 官星을 꺼린다. 그러나 實觀결과 太强한 傷官格에서 많은 比刦이 欠이 되는 경우에는 대체적으로 官星을 만나도 무방하며, 身弱한 傷官格에서는 官星만남을 꺼리는 경

---

384) "화토상관격은 관살이 사주에 없거나 있더라도 극히 미약하여야 한다. 이를 상진(傷盡)이라고 한다." 白靈觀 著. 『四柱精說』. 서울: 明文堂, 1993. p.127.
385) 土金傷官格에 대한 내용이 分明하므로 앞의 去字를 土字로 校正하고, 金字와 官字사이에 傷字를 挿入함이 타당하다고 생각함. 論者註.
386) "傷官固不喜官星相見, 若金人水傷官·水人木傷官·木人火傷官, 不大忌見官星. 故古歌云..「火土傷官宜傷盡, 金水傷官喜見官, 木火傷官官要旺, 去金官去反成官, 惟有水木傷官格, 財官兩見始爲懽.」". 張楠 著. 『標點命理正宗』. 臺北: 武陵出版有限公司, 2001. p.91.

우가 많은데 특히 官星과 傷官이 冲·剋됨을 매우 꺼린다.

일곱째, 傷官格을 眞傷官格과 假傷官格으로 분류하고 있다. 즉

"傷官格에는 眞傷官格과 假傷官格이 있다. 眞傷官格이라는 것은 마치 甲乙日干이 巳午未月에 生하여 眞火가 傷官用事가 되니, 대개 甲乙日干이 그 精英을 불에 사르게 되므로 北方 水運이 그 傷官을 破함으로써 그 木氣를 도와 일으키는 것과 같다. 가령 甲乙木이 正二月에 태어나 火를 보면 假傷官格이 되는데, 그 火氣는 아직 熾烈하지 못하지만 이 虛火를 써서 用神이 되므로 바로 木이 火를 生하면 木은 능히 榮昌하는 바 假傷官格은 傷官運으로 行하면 發福한다."387)

라고 한다. 그러나 이는 月支의 日干에 대한 六神의 관계에 따라서 定하는 格局論과는 다르므로 本 論文에서는 배제한다.

여덟째, 一行得氣格과 그 喜·忌에 대해서 다음과 같이 말하고

---

387) "然傷官之格, 有眞傷官, 有假傷官. 如眞傷官者, 甲乙日干生於巳午未月, 眞火爲傷官用事, 蓋甲乙日被火焚其精英, 若火多而木性失, 則喜北方水運, 以破其傷官, 扶起其木氣, 如甲乙木生正二月, 見火爲假傷官, 其火氣尙未熾烈, 則用此虛火爲用神, 正謂木能生火木榮昌, 假傷官行傷官運發.". 張楠 著. 『標點命理正宗』. 臺北: 武陵出版有限公司, 2001. pp.88~89.

있다.

"曲直仁壽格이란 甲乙日主가 地支에 寅卯辰 혹은 亥卯未가 전부 있어야 하고 庚辛金氣의 半分이 있어서는 안 된다. 따라서 東北南方運은 기뻐하지만 西方運은 꺼린다."388)

"稼穡格이란 원래 戊己日干에 辰戌丑未와 巳午未字가 많고 四柱에 官殺이 없는 경우이니, 西南運을 기뻐하고 東北運을 꺼린다."389)

"炎上格은 丙丁二日이 寅午戌이 전부 있거나 巳午未가 전부 있으면 炎上格인데 金水運을 꺼린다."390)

"潤下格은 壬癸日主가 申子辰이 전부 있어야 하고 혹은 亥子丑이 전부 있으면 潤下格인데 辰戌丑未 官鄕을 꺼리다."391)

"從革格은 庚辛日이 巳酉丑이 전부 있거나 혹은 申酉戌이 전부 있으면 從革格인데 南方運을 꺼린다."392)

---

388) "曲直壽格者, 日干甲乙之木, 地支要寅卯辰, 或亥卯未木全, 無半分庚辛之氣. 行運喜東北南方, 用此怕西方運.". 張楠 著. 『標點命理正宗』. 臺北: 武陵出版有限公司, 2001. p.164.
389) "稼穡格者, 蓋取戊己日干, 見辰戌丑未, 及巳午未字多, 若四柱無官殺, 運喜西南, 忌東北.". 張楠 著. 『標點命理正宗』. 臺北: 武陵出版有限公司, 2001. p.165.
390) "炎上格, 丙丁二日見寅午戌全, 或巳午未全亦是, 忌水鄕金地.". 張楠 著. 『標點命理正宗』. 臺北: 武陵出版有限公司, 2001. p.166.
391) "潤下格, 壬癸日, 要申子辰全, 或亥子丑全是也, 忌辰戌丑未官鄕.". 張楠 著. 『標點命理正宗』. 臺北: 武陵出版有限公司, 2001. p.167.
392) "從革格, 庚辛日, 見巳酉丑全, 或申酉戌全者是也, 忌南方運.". 張楠 著. 『標點命理正宗』. 臺北: 武陵出版有限公司, 2001. p.168.

아홉째, 從格과 그 喜·忌에 대해서 아래와 같이 말하고 있다.

"棄命從財格이란 陰陽을 막론하고 日主가 모두 財星을 따르는 것을 말한다. 財星은 나의 처이지만 身主가 無力하다면 그 財星을 能任할 수 없으니 오직 身主를 버리고 財星을 따라갈 따름이다. 따라서 財星을 生하여 일으켜줄 것을 要하며 身主가 旺鄕을 듦과 身을 生하는 印星地를 두려워한다."393)

"棄命從殺格은 日主가 一點의 生氣도 없고 四柱가 純然히 官殺만 있는 것인 즉 부득이 從殺하는데 이때에는 財星이 있어서 그 殺을 生하여 일으키기를 要하고 財殺運으로 行하여 그 殺을 生助해 주어야 하지만, 八字에 日主의 根이 있는 곳과 殺을 制하는 運을 두려워 한다."394) "從殺格에서 만약 殺旺運이면 대부분 富貴한다."395)

그리고 從印格에 대해서는,

---

393) "棄命從財格, 此則不論陰陽日主皆從也, 財乃吾妻, 身主無力, 不能任其財也, 只得舍命而從之. 就要生起財星, 而亦畏身入旺鄕及印生之地.". 張楠 著. 『標點命理正宗』. 臺北: 武陵出版有限公司, 2001. p.76.
394) "曰棄命從殺格, 緣日主全無一點生氣, 四柱純然有官殺, 則不得已而只得從殺也. 就要有財, 生起其殺, 行財殺運, 以生助其殺也, 畏見八字有根處, 及制殺運.". 張楠 著. 『標點命理正宗』. 臺北: 武陵出版有限公司, 2001. p.42.
395) "從殺格, 若煞旺運, 多富貴.". 張楠 著. 『標點命理正宗』. 臺北: 武陵出版有限公司, 2001. p.377.

"水淺하고 金多하면 부르기를 體全之象이라 하고, 削剝되어야 기이할 경우에는 나를 生扶함을 꺼리게 된다.396)"397)

라고 하여 간접적으로 말하고 있다.

열째, 從化格과 그 喜·忌에 대해서 다음과 같이 말하고 있다.

"甲己歌에서는, 甲己合化土神이 辰巳時에 태어나면 埃塵에서 벗어나고 局中의 歲月에 炎地로 向하면 바야흐로 功名富貴人이 분명하다. 甲己合化土가 春月에 生하면 평생토록 하는 일에 근심만 넘친다."398)

"乙庚歌에서는 乙庚合化金局이 西方에서 旺하고 때가 從魁399)를 만나면 根基가 확실하니 辰戌丑未가 만약 相剋400)한다면 이는 名門將相의 자식이다. 乙庚合化金격은 火가 炎炎함을 가장 꺼린다."401)

---

396) 水日干이 金을 따르는 從印格이라고 생각함. 論者註.
397) "水淺金多, 號曰體全之象, 削之剝之爲奇, 生我扶我爲忌.". 張楠 著. 『標點命理正宗』. 臺北: 武陵出版有限公司, 2001. p.410.
398) "甲己歌, 甲己中央化土神, 時逢辰巳脫埃塵, 局中歲月趨炎地, 方顯功名富貴人. 甲己干頭生遇春, 平生作事漫勞神.".張楠 著. 『標點命理正宗』. 臺北: 武陵出版有限公司, 2001. p.252.
399) 酉月임. 張楠 著. 『標點命理正宗』. 臺北: 武陵出版有限公司, 2001. p.220. 참조
400) 의미상 生이라는 생각이 듬. 論者註.
401) 乙庚歌 乙庚金局旺於西, 時遇從魁是根基, 辰戌丑未如相剋, 此是名門將相兒. 乙庚最怕火炎炎.". 張楠 著. 『標點命理正宗』. 臺北: 武陵出版有限公司, 2001. p.252.

"丙辛歌에서는, 丙辛合化水格은 申을 만남을 기뻐하며, 만약 年月에 潤下를 이루었다면 반드시 等閒한 사람이 아니라는 것을 알 수 있다. 丙辛合化水가 冬月에 生하고 陰日干 즉 辛金이 陽時402)를 만나면 반드시 淸한데, 局中에 土가 있으면 쓰임에는 반드시 破格이지만 金을 얻어 相助하면 前程에 發身할 것이다."403)

"丁壬歌에서는, 丁壬合化木格은 寅月을 기뻐하는데 亥卯月에 生하였다면 확실히 福基하는 바, 이 二宮에 태어나지 않았다면 모두 別格으로 論해야 하며, 金이 많으면 오히려 傷하기 때문에 더욱 두려워한다."404)

"戊癸歌에서는, 戊癸合化火格이 火炎이 높은 南方에 태어나고 時上에 火가 있다면 영웅호걸이 분명하지만 局中에 年月의 火를 傷하는 水가 없어야 한다. 天元에 戊癸火가 있고 地支에 水가 暗藏되어 있다면 門庭과 事緖가 대부분 敗壞되는데, 運에서 다시 水의 生旺地로 行한다면 傷妻剋子하는 풍파가 일어날 것이다."405)

---

402) 辰時라는 생각이 듦. 論者註.
403) "丙辛歌, 丙辛化合喜逢申, 潤下若居年月上, 須知不是等閒人. 丙辛化水生冬月, 陰日陽時須見淸, 有土局中須破用, 得金相助發前程.". 張楠 著. 『標點命理正宗』. 臺北: 武陵出版有限公司, 2001. p.252.
404) "丁壬歌, 丁壬化木喜逢寅, 亥卯生提是福基, 除此二宮皆別論, 金多尤恐反傷之.". 張楠 著. 『標點命理正宗』. 臺北: 武陵出版有限公司, 2001. p.252.
405) "戊癸歌, 戊癸南方火炎高, 騰光時上顯英豪, 局中無水傷年月. 天元戊癸支藏水, 敗壞門庭事緒多, 行運更逢生旺地, 傷妻剋子起風波.". 張楠 著. 『標點命理正宗』. 臺北: 武陵出版有限公司, 2001. p.252.

또 "甲己化土는 木을 따르고, 乙庚化金은 火를 따르며, 戊癸化火는 水를 따르고, 丁壬化木은 火를 따르며, 丙辛化水는 火를 따른다.406) 龍을 만나는 즉 變化를 일으키고 龍이 날아 하늘에 있으니 大人을 만남이 利롭다."407) "무릇 化格을 이루었으면 化神의 旺한 運으로 行하여야 한다."408)

그러나 從化格에서 꼭 辰時가 아니더라도 四柱原局이 從하는 五行으로 滿局을 이루었다면 從하지 아니할 수 없으므로 本 論文에서는 『命理約言』에서와 같이 이 理論에 同意하지 않는다.

열한째, 蓋頭說에 대해서 말하고 있다. 즉

"乙日干에는 丙丁火가 傷官이 된다. 乙日干에 傷官이 重要한 것이라면 곧 庚金官星은 病이 되는데, 만약 早年에 壬申·癸酉 運으로 行하면 곧 이는 좋지 않는 運이 되는 것은 壬癸水가 申酉上에 蓋頭된 때문이다. 뒤에 甲戌乙亥는 좋은 運이 되는 이

---

406) 從化格에 대한 總例이므로 原書에 나열된 순서에 따라서 從木은 從土로, 從火는 從金으로, 從水는 從火로, 從火는 從木으로, 從火는 從水로 校正하여야 한다고 생각함. 論者註.
407) "甲己化土從木, 乙庚化金從火, 戊癸火化從水, 丁壬化木從火, 丙辛化水從火. 逢龍卽化, 飛龍在天, 利見大人.". 張楠 著. 『標點命理正宗』. 臺北: 武陵出版有限公司, 2001. p.171.
408) "凡化成造物者, 要行本祿旺運.". 張楠 著. 『標點命理正宗』. 臺北: 武陵出版有限公司, 2001. p.382.

것은 甲乙木이 蓋頭된 때문이다. 또 丙子·丁丑運으로 行할 때 또 좋은 것은 丙丁火가 蓋頭하여 庚을 剋하기 때문이다. 또 만약 庚辛日干에 甲乙丙丁 四字가 기쁜 福神이 된다면 庚辛壬癸 四字는 病神이 되는데, 甲乙丙丁 여러 字가 蓋頭된 運이 길게 보이면 좋지만 만약 庚辛壬癸 여러 字가 길게 보이면 이는 그르친 命이다."409)

라고 한다. 蓋頭說의 蓋頭라 함은 天干을 말하는데 『命理正宗』에서 최초로 주장한 독창적인 學說로서, 吉神이 天干에 透出하면 더욱 吉하고 凶神이 天干에 透出하면 더욱 凶하다. 따라서 用神이 損傷되지 않으면서 地支에 뿌리를 두고 天干에 透出하였으면 한층 더 格이 높은 命造라고 評價하는 것이다. 이 蓋頭說은 中和思想을 實現하려는 用神을 定하는 理論과는 직접적인 관계는 없다.

열두째, 『命理正宗』에서 최초로 주장한 독창적인 學說로 動靜說410)이 또 있다. 動靜說은 天干의 五行은 天干의 다른 五行과

---

409) "乙日干, 用丙丁火爲傷官, 乙日干傷官重者, 便以庚金官星爲病, 如早年行壬申癸酉運, 便是不好運, 蓋因壬癸水蓋在申酉頭上, 後行甲戌·乙亥運便好了, 是甲乙木蓋了頭也. 又行丙子·丁丑運又好, 蓋得丙丁火蓋了頭來剋庚也. 又如庚辛日干, 喜甲乙丙丁四字爲福神, 庚辛壬癸四字爲病神, 行運望見甲乙丙丁數字蓋了頭便好, 如望見庚辛壬癸數字, 便是壞命.". 張楠 著. 『標點命理正宗』. 臺北: 武陵出版有限公司, 2001. pp.24~25.

서로 作用을 하고, 地支에 暗藏되어 있는 五行은 암장된 다른 五行만 剋制한다는 理論으로 四柱原局과 運에 있는 六神들 상호간의 冲·刑 등의 작용을 말한다. 그러나 이 動靜說은 中和思想을 실현하려는 用神을 定하는 이론과는 직접적인 관계는 없다.

열셋째, 看命法에 대해서 아래와 같이 말하고 있다.

"무릇 命을 볼 때는 먼저 四柱의 年月日時를 살피고, 다음으로 天地人 三元을 나누어 天干은 天元이 되고 地支는 地元이 되고 支藏干은 人元이 되며, 年은 基根이고 月은 提綱이며 日은 命主가 되고 時는 分野가 되는 故로 日干을 爲主로 하여 天元을 配合하여야 한다."411)

열넷째, 旺弱의 기준을 다음과 같이 말하고 있다.

"어떤 것을 旺이라 하는가? 가령 봄의 숲은 木이 旺한데 水를 많이 만나면 그 木神은 益壯하게 되는 것이고, 夏月의 火炎이 木을 많이 만나면 그 資質이 더욱 猛烈하게 되는 것이니 이를

---
410) 張楠 著. 『標點命理正宗』. 臺北: 武陵出版有限公司, 2001. p.22.
411) "凡看命, 先看四柱年月日時, 次分天地人三元, 干爲天元, 支爲地元, 以支中所藏者爲人元, 年爲基根, 月爲提綱, 日爲命主, 時爲分野, 故以日主天元配合.". 張楠 著. 『標點命理正宗』. 臺北: 武陵出版有限公司, 2001. p.282.

근거로 旺을 구별한다."412)

"어떤 것을 弱하다고 하는가? 水는 비록 巳에서 極弱하게 되지만 巳中에는 庚金이 있어 水의 뿌리가 되며, 火는 비록 亥에서 極弱하게 되지만 亥中에는 甲木이 있어 火의 뿌리가 된다. 弱한 것은 곧 旺한 것의 根源이 된다."413)

열다섯째, 日主의 衰强과 輕重의 판단기준에 대해서 아래와 같이 말하고 있다.

"四柱造化는 먼저 日主를 보아야 하는데 官地에 坐하고 印綬地에 坐함에 따라서 衰强의 與否를 取하고, 天時인 月令을 提綱이라 하는바 月令에 根源을 두었느냐 두지 않았느냐에 따라서 輕重을 들어야 한다."414)

열여섯째, 陰胞胎法과 陽胞胎法을 아래와 같이 모두 받아들이는 입장을 취하고 있다.

---

412) "何以謂之「旺」也? 若春林木旺, 見水多益壯其神, 夏月火炎, 見木多愈資其烈, 由此區別.". 張楠 著. 『標點命理正宗』. 臺北: 武陵出版有限公司, 2001. p.30.
413) "何以謂之「弱」也? 水雖至巳爲極弱, 然巳有庚金爲水根也, 火雖至亥爲極弱, 然亥有甲木爲火之根也. 弱則有旺之基焉.". 張楠 著. 『標點命理正宗』. 臺北: 武陵出版有限公司, 2001. p.30.
414) "造化先須看日主, 坐宮坐印衰强取, 天時月令號提綱, 原有原無輕重擧.". 張楠 著. 『標點命理正宗』. 臺北: 武陵出版有限公司, 2001. p.238.

"어떤 것을 生이라 하는가? 六陽의 生處가 참된 生이니, 가령 甲木이 亥에서 生하는데 亥中의 壬水가 와서 甲木을 滋養하기 때문이다. 六陰의 生處는 모두 弱한데 가령 乙木이 午에서 生하는데 午中에는 丁火가 있어서 木의 精英을 泄하고 己土가 있어서 乙木이 撓屈되기 때문이다. 또 六陰의 死處는 모두 生地가 되니 가령 乙木은 亥에서 死가 되는데 亥中에는 壬水가 있어서 오히려 木을 滋養하기 때문이다. 六陽의 死處는 참된 死處가 되니 가령 甲木은 午에서 死가 되는데 午中에는 丁火가 있어서 木의 참된 精을 泄하고 己土가 撓屈이 되기 때문이다."415) "纂要에 이르기를 「무릇 傷官은 旺相地로 行하면 吉하고 死墓地면 다 凶하니 陽順陰逆에 따라서 用神을 헤아려야 된다. 가령 甲木을 취용한다면 亥地에서 長生, 子에서 沐浴, 丑에서 冠帶, 寅에서 臨官, 卯에서 帝旺, 辰에서 衰, 巳에서 病, 午에서 死, 未에서 墓, 申에서 絶, 酉에서 胎, 戌에서 養이 되는 것이다.」416)

---

415) "何以謂之生也? 六陽生處眞爲生也, 如甲木生亥, 亥有壬水來滋甲木也. 六陰生處俱爲弱, 如乙木生於午也, 午有丁火泄木之精英, 有己土爲乙木之撓屈. 又如六陰死處俱爲生, 如乙木死於亥, 亥有壬水反來滋木也. 六陽死處眞爲死, 如甲木死於午, 且午中又有丁火泄木眞精, 己土爲之撓屈.". 張楠 著. 『標點命理正宗』. 臺北: 武陵出版有限公司, 2001. p.32.
416) "纂要云..「凡傷官行旺相吉, 死墓皆凶, 陽順陰逆, 以用神而推, 且如用屬甲, 甲長生亥地, 沐浴子, 冠帶丑, 臨官寅, 帝旺卯, 衰辰, 病巳, 死午, 墓未, 絶申, 胎酉, 養戌是也.」張楠 著. 『標點命理正宗』. 臺北: 武陵出版有限公司, 2001. pp.91~92.

라고 했다.

이 胞胎法은 五行의 旺弱을 定하는 기준이 되며 用神 또한 이 기준에 따라서 가려진다. 그리고

"申宮詩에 이르기를, 申金을 月支에서 만나니 剛健하고 水土의 長生地가 이 宮에 있다."417)

라고 하여 水土가 申宮에서 長生한다고 한다. 그러나 屢次 命理學上 實觀을 해본 결과 土日干은 火日干의 胞胎法을 따르는 것이 타당하다고 생각하므로 본 논문에서는 火土同宮長生法을 따르기로 한다.

열일곱째, 陽刃을 인정하면서 陰刃을 인정하고 있지 않다.

"羊刃이란 甲丙戊庚壬 五陽干에는 刃이 있고, 乙丁己辛癸 五陰干에는 刃이 없으므로 羊刃이라 한다."418)

열여덟째, 『命理正宗』에서 등장하는 또 하나의 이론으로는 五

---

417) "申宮詩曰, 申金剛健月支逢, 水土長生在此宮.". 張楠 著. 『標點命理正宗』. 臺北: 武陵出版有限公司, 2001. pp.219~220.
418) "何謂羊刃? 甲丙戊庚壬五陽干有刃, 乙丁己辛癸五陰干無刃, 故名羊刃.". 張楠 著. 『標點命理正宗』. 臺北: 武陵出版有限公司, 2001. p.127.

星論419)이 있다. 이 五星論에서는 계절별 五行의 旺弱 및 寒暖燥濕과 그에 따른 吉·凶神에 대하여 말하고 있다. 이 理論은 金不換看命繩尺420) 및 金不換骨髓歌斷421)에서 좀 더 발전하여 當代(明代)의 『欄江網』고 함께 淸代에 와서 『窮通寶鑑』에서 꽃을 피웠다. 그 이후 命理學에서 旺弱과 寒暖燥濕의 調和·不調和를 구분할 수 있는 척도가 되어 用神을 정하는데 커다란 기준이 되고 있다.

또 十天干體象全編論422)에서는 十 天干의 각각 必要하고 不要한 五行에 대해서 말하고 있으며, 이는 十干의 性情에 따라 用神을 定하는데 참고가 된다. 그리고 十二支詠423)에서는 十二地支의 性情과 그 각각의 吉神과 凶神에 대하여 말하고 있으며, 이 또한 旺弱寒熱의 中和點이 되는 用神을 定하는 기준이 된다.

열아홉째, 六神의 利害 즉 食傷의 利害, 官星의 利害, 印星의 利害, 財星의 利害에 대해서 아래와 같이 말하고 있다.

---

419) 張楠 著. 『標點命理正宗』. 臺北: 武陵出版有限公司, 2001. p.200. 참조.
420) 張楠 著. 『標點命理正宗』. 臺北: 武陵出版有限公司, 2001. p.205. 참조.
421) 張楠 著. 『標點命理正宗』. 臺北: 武陵出版有限公司, 2001. p.206. 참조.
422) 張楠 著. 『標點命理正宗』. 臺北: 武陵出版有限公司, 2001. p.216. 참조.
423) 張楠 著. 『標點命理正宗』. 臺北: 武陵出版有限公司, 2001. p.218. 참조.

"金이 旺하면 火를 얻어야 器皿을 이루고, 火가 旺하면 水를 얻어야 相濟되고, 水가 旺하면 土를 얻어야 池沼를 이루고, 土가 旺하면 木을 만나야 疏通이 되고, 木이 旺하면 金을 얻어야 棟樑을 이룬다. 이는 곧 身旺에 官殺을 만나서 入格되는 것을 말하는 것이다."424) "金이 土를 의뢰하여 生出되지만 土가 많으면 金이 묻히고, 土가 火에 의뢰하여 生出되지만 火가 많으면 흙이 타고, 火가 木에 의뢰하여 生出되지만 木이 많으면 불은 熾425)하고, 木은 水에 의지하여 生出되지만 水가 많으면 木은 漂流하고, 水는 金에 의뢰하여 生出되지만 金이 많으면 水가 濁하다. 이는 곧 身弱에 印星을 만나되 印星이 太旺하면 害가 된다. 그러나 많은 金이 水를 生하더라도 꺼리지 않는 경우가 있으니 獨水가 庚辛金을 三犯하는 때426)이다."427) "金이 능히 水를 生하지만 水多하면 金沉하고, 水가 능히 木을 生하지만 木이 盛하면 水는 收縮하고, 木이 능히 火를 生하지만 火가 많으면 木焚하고, 火가 능히 土를 生하지만 土가 많으면 火의 빛을 가리고, 土가 능히 金을 生하지만 金이 많으면 土가

---

424) "金旺得火, 方成器皿, 火旺得水, 方成相濟, 水旺得土, 方成池沼, 土旺得木, 方成疏通, 木旺得金, 方成棟梁. 此乃身旺遇官殺入格.". 張楠 著. 『標點命理正宗』. 臺北: 武陵出版有限公司, 2001. p.222.
425) 원문에는 熾로 되어 있으나 문맥상 熄로 생각됨. 論者註.
426) 從印格이라고 생각함. 論者註.
427) 金賴土生, 土多金埋, 土賴火生, 火多土焦, 土賴木生, 木多火熾, 木賴水生, 水多木漂, 水賴生金, 金多水濁, 此乃身弱逢印, 太旺重疊, 即爲所害. 金多生水不忌, 獨水三犯庚辛云云.". 張楠 著. 『標點命理正宗』. 臺北: 武陵出版有限公司, 2001. p.222.

虛(허)하다. 이는 身弱(신약)에 傷官食神(상관식신)을 重疊(중첩)으로 太旺(태왕)하게 만나면 害(해)가 된다는 것이다. 만일 身旺(신왕)하고 또 比肩(비견)이 重疊(중첩)되었다면 비로소 傷官食神(상관식신)을 꺼리지 않는다."428) 金(금)이 능히 木(목)을 剋(극)하지만 木(목)이 굳으면 金(금)이 이지러지고, 木(목)이 능히 土(토)를 剋(극)하지만 土(토)가 重疊(중첩)되면 木(목)이 折(절)하고, 土(토)가 능히 水(수)를 剋(극)하지만 水多(수다)하면 土蕩(토탕)하고, 水(수)가 능히 火(화)를 剋(극)하지만 火炎(화염)하면 水(수)가 마르고, 火(화)가 능히 金(금)을 剋(극)하지만 金(금)이 많으면 火(화)가 꺼진다. 이는 곧 身弱(신약)한데 太旺(태왕)한 財(재)를 중첩으로 만나면 오히려 서로 害(해)가 된다는 것이다. 만약 身强(신강)한 命造(명조)가 財(재)를 만나면 入格局(입격국)한 者(자)로 富貴(부귀)한 八字(팔자)가 된다."429) "金(금)이 弱(약)한데 火(화)를 만나면 반드시 녹아 버리고, 火(화)가 弱(약)한데 水(수)를 만나면 반드시 꺼져 없어져 버리고, 水(수)가 弱(약)한데 土(토)를 만나면 반드시 흙탕으로 막힐 것이고, 土(토)가 약한데 木(목)을 만나면 반드시 傾陷(경함)하게 될 것이고, 木(목)이 弱(약)한데 金(금)을 만나면 반드시 斫折(작절)될 것이다. 이는 곧 身弱(신약)한데 또 太旺(태왕)한 官殺(관살)剝430)雜(잡)을 만나면 반드시 殘疾(잔질)·夭折(요절)·貧賤(빈천)하게 될 것이다."431) "强(강)한 金(금)이 水(수)를 얻으면 비로소 그 날카로움을 꺾을

---

428) "金能生水, 水多金沉, 水能生木, 木盛水縮, 木能生火, 火多木焚, 火能生土, 土多火掩, 土能生金, 金多土虛, 此乃身弱逢傷官食神, 重疊太旺, 故有所害, 如或日强, 又比肩重疊, 方不忌傷官食神.". 張楠 著. 『標點命理正宗』. 臺北: 武陵出版有限公司, 2001. PP.222~223.
429) "金能剋木, 木堅金缺, 木能剋土, 土重木折, 土能剋水, 水多土蕩, 水能剋火, 火炎水乾, 火能剋金, 金多火熄, 此乃身弱, 逢財太旺重疊, 反能相害, 若身强遇財入格局者, 卽爲富貴八字.". 張楠 著. 『標點命理正宗』. 臺北: 武陵出版有限公司, 2001. p.223.
430) 원문에는 剝으로 되어 있으나 문맥상 混으로 생각됨. 論者註.

- 276 -

수 있고, 强한 水가 木을 얻으면 비로소 그 强한 勢를 泄氣할 수 있고, 强한 木이 火를 만나면 비로소 그 頑强함을 다스릴 수 있고, 强한 火가 土를 얻으면 비로소 그 强한 불꽃을 그치게 할 수 있고, 强한 土가 金을 만나면 바야흐로 그 막힘을 通하게 할 수 있다."432) "身弱한 命造가 官星을 만났을 경우에 印星을 만나서 化하면 길하다. 가령 甲日主가 金殺이 와서 傷害될 경우에 만약 時上에 一位의 壬癸水나 申子辰이 풀어주면 凶이 化하여 吉하게 된다. 나머지도 이와 같다."433)

스무째, 中和를 이루는 用神을 定함에 四柱八字의 모든 환경을 종합적으로 고려하여야 함을 말하고 있다.

"四時가 이미 旺한지 旺하지 않는지를 定하고, 五行이 有氣한 지 無氣한지, 나타남에 숨음이 있는지, 休囚함이 있는지, 進退함이 있는지, 否泰함이 있는지, 亨通함이 있는지, 迍蹇함이 있는지, 駁雜함이 있는지, 純粹함이 있는지를 살펴야 한다. 他物

---

431) 金弱遇火, 必見銷鎔, 火弱逢水, 必見熄滅, 水弱逢土, 必爲於塞, 土弱逢木, 必遭傾陷, 木弱逢金, 必爲斫折, 此乃身弱, 又遇官殺剋雜太旺, 必爲殘疾夭折貧賤也.". 張楠 著. 『標點命理正宗』. 臺北: 武陵出版有限公司, 2001. p.223.
432) "强金得水, 方挫其鋒, 强水得木, 方泄其勢, 强木得火, 方比其頑, 强火得土, 方止其焰, 强土得金, 方宜其滯.". 張楠 著. 『標點命理正宗』. 臺北: 武陵出版有限公司, 2001. p.223.
433) "身弱遇鬼, 得物以化則吉, 如甲日被金殺來傷, 若時上一位壬癸水, 申子辰解之, 卽化凶爲吉. 餘倣此.". 張楠 著. 『標點命理正宗』. 臺北: 武陵出版有限公司, 2001. p.223.

을 따라 變하기도 하고 類로 因하여 類를 求하기도 하니 五行에 이르러서는 모두 自旺함이 마땅하니 한 가지로 치우치면 傷하여 不可하다."434)

스물한째, 用神과 그의 喜神 및 病神에 대해서 아래와 같이 말하고 있다.

"用神이 官星이면 傷官이 不可하고, 用神이 財星이면 比刦이 不可하고, 用神이 印星이면 財로써 破印해서는 안되며, 用神이 食神이면 梟印이 不可하다."435) "正官格歌에서는, 官星이 用神인 경우에 身旺함을 기뻐하고, 羊刃과 冲刑함을 꺼리며, 傷官과 食神을 모두 꺼리는 바이지만 印星과 財星을 기뻐한다."436) "七殺格歌에서는 七殺이 旺할 경우에는 印星으로 殺印相生하거나 羊刃으로 合殺하거나 食傷으로 制殺하여 身旺하게 되는 것을 기뻐하며, 꺼리는 바는 官星을 만나는 것이다. 殺星이 만약 旺하지 않으면 바야흐로 財星을 써서 殺星을 生하여야 기쁘다."437) "用財歌에서는, 財星이 用神이면 比刦을 꺼리고,

---

434) "定四時已旺未旺, 察五行有氣無氣, 有顯隱, 有休囚, 有進退, 有否泰, 有亨通, 有迍塞, 有駁雜, 有純粹, 隨物而變物, 因類而求類, 至如五事, 俱宜自旺, 一物不可偏傷.". 張楠 著. 『標點命理正宗』. 臺北: 武陵出版有限公司, 2001. p.420.
435) "用之爲官不可傷, 用之爲財不可劫, 用之印綬不可破, 用之食神不可奪.". 張楠 著. 『標點命理正宗』. 臺北: 武陵出版有限公司, 2001. p.239.
436) "正官格歌, 用官喜身旺, 嫌刃與冲刑, 傷食俱所忌, 喜印及財星.". 張楠 著. 『標點命理正宗』. 臺北: 武陵出版有限公司, 2001. p.262.

七殺과 偏財를 기뻐한다. 身弱하더라도 羊刃을 기피하고 印星으로서 生身해짐이 마땅하다."438) "印綬歌에서는, 印綬가 身旺을 兼하였으면 殺과 官星을 기뻐한다. 印星을 冲하면 쓸모가 없고 또한 財星이 臨하면 두렵다."439)

스물두째, 氣象의 規模를 보고 用神의 出處를 論하라고 했다.

"이제 무릇 四柱를 세워서 五行을 取하니 一運을 定하여 十年을 통관한다. 淸濁과 純駁함을 萬有不齊하니 好惡是非는 이치를 하나로만 잡기 어렵다. 따라서 반드시 먼저 氣象의 規模를 보고 富貴貧賤의 綱領을 전부 살핀 다음으로 用神의 出處를 論하면 무릇 生死窮達의 精微함을 다 알 수 있을 것이다."440)
"寸金이란 金氣가 微弱함을 말하고 丈鐵이란 金의 剛健함을 말한다. 이는 氣候의 淺深을 살펴서 쓰는데 柔한자는 土로써 金을 돕고, 剛한 者는 火로써 金을 制하여야 福命이라고 말 할 수 있다."441)

---

437) "七殺格歌, 七殺喜印刃, 傷官與食神, 合煞身旺者, 所忌見官星, 殺星如不旺, 方喜用財生.". 張楠 著. 『標點命理正宗』. 臺北: 武陵出版有限公司, 2001. p.262.
438) "用財歌, 用財嫌比刦, 七殺及偏財, 身弱忌羊刃, 身旺印宜哉.". 張楠 著. 『標點命理正宗』. 臺北: 武陵出版有限公司, 2001. p.262.
439) "印綬歌, 印綬兼身旺, 喜殺與官星, 冲印爲無用, 亦畏有財臨.". 張楠 著. 『標點命理正宗』. 臺北: 武陵出版有限公司, 2001. p.262.
440) "今夫立四柱而取五行, 定一運而關十載, 淸濁純駁, 萬有不齊, 好惡是非, 理難執一, 是必先觀氣象規模, 乃富貴貧窮之綱領畢具, 次論用神出處, 凡死生窮達之精微盡知.". 張楠 著. 『標點命理正宗』. 臺北: 武陵出版有限公司, 2001. p.325.

스물셋째, 冲刑理論을 도입했다.
         충 형 이 론

"月支子水는 만약 午를 만나면 破함에 응당 定함이 없으나 가
 월지자수   오   파   정
령 卯刑을 만나면 有情하게 되며, 柱內에 申辰이 와 合局이
  묘형   유정   주내   신진   합국
되면 江海를 이루어 파도 소리가 일어난다.". 442) "卯宮詩에서
     강해   묘궁시
이르기를, 卯月의 木이 六冲443)을 만나면 禍가 되어 응당 낙엽
         묘월 목   육충   화
이 지지만 三合을 만나면 기쁘게도 곧 수풀을 이룬다."444)
          삼합

이 冲·刑理論은
   충 형 이 론

"用神은 損傷되어서는 아니 된다."445)
 용신   손상

라는 내용과 관련이 있다.

『命理正宗』에서 특기할만한 이론으로는 첫째, 五星論446)이
  명 리 정 종   오 성 론

---

441) "寸金言其微弱, 丈鐵言其剛健. 此可審氣候之淺深而用也, 柔者, 用土以資之, 剛者, 用火以制之, 可以言福.". 張楠 著. 『標點命理正宗』. 臺北: 武陵出版有限公司, 2001. p.389.
442) "月支子水, 若逢午破應無定, 縱遇卯刑還有情, 柱內申辰來合局, 卽成江海發濤聲.". 張楠 著. 『標點命理正宗』. 臺北: 武陵出版有限公司, 2001. p.218.
443) 子午冲, 卯酉冲, 寅申冲, 巳亥冲, 辰戌冲, 丑未冲하여 地支冲은 모두 여섯이다.
444) "卯宮詩曰, 卯木, 禍見六冲應落葉, 喜逢三合便成林, 若歸時日秋金重, 更向西行患不禁.". 張楠 著. 『標點命理正宗』. 臺北: 武陵出版有限公司, 2001. PP.218~219.
445) "用神不可損傷.". 徐升. 『淵海子平評註』. 臺北: 武陵出版有限公司, 2002. p.183.
446) 張楠 著. 『標點命理正宗』. 臺北: 武陵出版有限公司, 2001. p.200. 참조

있다. 이 五星論(오성론)에서는 계절별 오행의 旺弱(왕약) 및 寒暖燥濕(한난조습)과 그에 따른 吉·凶神(길흉신)에 대하여 말하고 있다. 이 이론은 金不換看命繩尺(금불환간명승척)447) 및 金不換骨髓歌斷(금불환골수가단)448)에서 좀 더 발전하여 當代(明代)(당대 명대)의 『欄江網(난강망)』과 함께 淸代(청대)에 와서 『窮通寶鑑(궁통보감)』에서 꽃을 피웠다. 그 이후 命理學(명리학)에서 旺弱(왕약)과 寒暖燥濕(한난조습)의 調和·不調和(조화부조화)를 구분할 수 있는 척도가 되어 用神(용신)을 定(정)하는데 커다란 기준이 되고 있다.

둘째, 十天干體象全編論(십천간체상전편론)449)에서는 十 天干(십 천간)의 각각 必要(필요)하고 不要(불요)한 五行(오행)에 대해서 말하고 있으며, 이는 十干(십간)의 性情(성정)에 따라 用神(용신)을 定(정)하는데 참고가 된다. 그리고 十二支詠(십이지영)450)에서는 十二地支(십이지지)의 性情(성정)과 그 각각의 吉神(길신)과 凶神(흉신)에 대하여 말하고 있으며, 이 또한 旺弱寒熱(왕약한열)의 中和點(중화점)이 되는 用神(용신)을 定(정)하는 기준이 된다.

셋째, 病藥用神(병약용신)의 내용이 되는 病藥說(병약설)을 최초로 주장하였다.

넷째, 動靜說(동정설)이 있다. 動靜說(동정설)은 天干(천간)의 五行(오행)은 天干(천간)의 다른 五行(오행)과 서로 작용하고 地支(지지)에 暗藏(암장)되어 있는 五行(오행)은 暗藏(암장)된 다른 五行(오행)만 剋制(극제)한다는 理論(이론)으로 四柱原局(사주원국)과 運(운)에 있는 六神(육신)들 상호

---

447) 張楠 著. 『標點命理正宗』. 臺北: 武陵出版有限公司, 2001. p.205. 참조.
448) 張楠 著. 『標點命理正宗』. 臺北: 武陵出版有限公司, 2001. p.206. 참조.
449) 張楠 著. 『標點命理正宗』. 臺北: 武陵出版有限公司, 2001. p.216. 참조
450) 張楠 著. 『標點命理正宗』. 臺北: 武陵出版有限公司, 2001. p.218. 참조.

간의 冲·刑 등의 작용을 말한다.

다섯째, 蓋頭說이 있다. 蓋頭說은 吉神이 天干에 透出하면 더욱 吉하고 凶神이 天干에 透出하면 더욱 凶하다. 따라서 用神이 損傷되지 않으면서 地支에 뿌리를 두고 天干에 透出하였으면 한 층 더 높은 命造라고 평가하는 것이다. 그러나 動靜說과 蓋頭說은 中和思想을 實現하려는 用神을 定하는 이론과는 직접적인 관계가 없다.

여섯째, 冲·刑理論을 도입하였다. 이 이론은 "用神은 損傷되어서는 아니 된다.451) 라는 내용과 관련이 있다.

『命理正宗』의 문제점으로는 첫째,

"甲己化土는 土를 따르고, 乙庚化金은 金을 따르며, 戊癸化火는 火를 따르고, 丁壬化木은 木을 따르고, 丙辛化水는 水를 따른다.452) 龍을 만나는 즉 變化를 일으키고 龍이 날아 하늘에 있으니 大人을 만남이 이롭다."453) "從化格이란 例를 들어 乙

---

451) "用神不可損傷.". 徐升. 『淵海子平評註』. 臺北: 武陵出版有限公司, 2002. PP.85~86.
452) 從化格에 대한 總例이므로 原書에 나열된 順序에 따라서 從木은 從土로, 從火는 從金으로, 從水는 從火로, 從火는 從木으로, 從火는 從水로 校正하여야 한다고 생각됨. 論者註.

日干이 庚辰時에 태어나서 地支에 혹 巳酉丑이 전부 있고 혹 辰戌丑未 四字가 많으면 역시 乙庚化金格이 되는 것으로 볼 것인 바 西方運으로 行할 때는 富貴함을 의심할 바 없으니 일단 丙丁運을 만나서 金을 破하면 죽음에 이를 것이다."454)

라고 한다. 그러나 從化格에서 꼭 辰時가 아니더라도 四柱原局이 從하는 五行으로 滿局을 이루었으면 從하지 아니할 수 없으므로 本 論文에서는 『命理約言』에서와 같이 이 이론에 동의하지 않는다.

둘째, 傷官格에서 傷官月에 태어나면 眞傷官格이라 하고 傷官月에 태어나지 않았더라도 太旺한 命造에서 泄氣하는 傷官이 用神이 되면 假傷官格이라고 한다. 그러나 이는 月支의 日干에 대한 六神의 관계에 따라서 定하는 格局論과는 다르므로 本 論文에서는 배제한다.

셋째, 從印格에 대해서 "水淺하고 金多하면 부르기를 體全之象이라 하고, 削剝되어야 기이할 경우에는 나를 生扶함을 꺼리게 된

---

453) "甲己化土從木, 乙庚化金從火, 戊癸化火從水, 丁壬化木從火, 丙辛化水從火, 逢龍卽化,飛龍在天, 利見大人.". 張楠 著. 『標點命理正宗』. 臺北: 武陵出版有限公司, 2001. p.171.
454) "從化格者, 如乙日干見庚辰時, 地支或全巳酉丑, 或見辰戌丑未四字多, 亦作乙庚化金看, 行西方富貴無疑, 一見丙丁運, 破金卽死.". 張楠 著. 『標點命理正宗』. 臺北: 武陵出版有限公司, 2001. p.171.

다.455)"456) 라고 간접적으로 말하고 있을 뿐이다. 따라서 이 格(격)에 대해서는 많은 實觀(실관)을 통하여 연구를 할 부분이다.

넷째, 陰胞胎法(음포태법)과 陽胞胎法(양포태법)을 모두 받아들이는 입장을 취하고 있다. 그러나 필자는 누차 實觀(실관)을 해본 결과 陰干(음간)은 陽干(양간)의 胞胎法(포태법)을 따르는 것이 옳다고 본다.

다섯째, 陽刃(양인)은 인정하면서 陰刃(음인)은 인정하고 있지 않다.

"羊刃(양인)이란 甲丙戊庚壬(갑병무경임) 五陽干(오양간)에서 刃(인)이 있고, 乙丁己辛癸(을정기신계) 五陰干(오음간)에는 刃(인)이 없으므로 羊刃(양인)이라 한다."457)

그러나 實觀(실관)결과 陰刃(음인) 역시 陽刃(양인)과 마찬가지로 刦財(겁재)의 작용을 한다.

여섯째, 申宮(신궁)에서 水土長生(수토장생) 즉 胞胎法(포태법)(十二運養生圖(십이운양생도))에서 土日干(토일간)의 胞胎法(포태법)은 水日干(수일간)의 胞胎法(포태법)을 따르고 있다는 점이다. 그러나 土(토)의 旺衰(왕쇠)는 火(화)에 의존하여 運行(운행)하고 있다고 한다. 일반적으로 風水(풍수)에서는 水土同宮長生法(수토동궁장생법)을 따르고 있고 命理(명리)에서는 火土同宮(화토동궁)

---

455) 從印格이라고 생각함. 論者註.
456) "水淺金多, 號曰體全之象, 削之剝之爲奇, 生我扶我爲忌.". 張楠 著. 『標點命理正宗』. 臺北: 武陵出版有限公司, 2001. p.410.
457) "何謂羊刃? 甲丙戊庚壬五陽干有刃, 乙丁己辛癸五陰干無刃, 故名羊刃.". 張楠 著. 『標點命理正宗』. 臺北: 武陵出版有限公司, 2001. p.127.

長生法(장생법)을 취하고 있다. 따라서 屢次(누차) 命理學上(명리학상) 實觀(실관)을 해본 결과 土日干(토일간)은 火日干(화일간)의 胞胎法(포태법)을 따르는 것이 타당하다고 생각하므로 本 論文(본 론문)에서는 火土同宮長生法(화토동궁장생법)을 따르기로 한다.

일곱째, 棄命從兒格(기명종아격)에 대해서는 말이 없다.

라. 『三命通會』의 用神論

『삼명통회』는 明나라 때 萬民英이 편찬하였으며 명리학서 중 가장 방대한 책으로 전 12卷으로 되어있다. 그 체제를 요약하면 1~7권에서는 五行, 干支名字之義, 四時節氣, 運, 吉神凶殺, 節氣深淺과 日干의 吉凶, 格局, 疾病 등을 論하고 있다. 그리고 8~12권에서는 看命口訣, 六神, 元理賦 등이 수록되어 있다.458) 우리나라에는 1270년 몽고(元)와 강화이후 유학생·사신·귀하인·신흥사대부·국경지역(평안·함경도)의 지식인을 통해 13世紀 말부터 알려지기 시작하여 14세기 초부터 전래된 이후 많이 연구되고 있는 命理古典이라고 할 수 있다.459) 여기에서의 用神論에 대해서 論하는 바를 요약하면 다음과 같다.

첫째, 中和思想에 기초를 두고 있음을 다음과 같이 밝히고 있다.

"用神이 가장 꺼리는 것은 損傷되는 것이고 겸하여 훔쳐 나누어지는 것을 두려워한다. 太過와 더불어 不及도 마땅하지 않다.

---

458) 萬民英, 『三命通會』, 臺北, 武陵出版有限公司, 2003. pp..10~14.
459) 金萬泰, 「命理學의 韓國的 受容 및 展開過程에 관한 硏究」원광대학교 동양학대학원 석사논문, 2004. pp.106-114.

가령 太過한 物이면 본래 전혀 좋지 않은데 혹 歲運에서 또 와서 生扶하면 이것이 기울어 엎어져 실패한다. 가령 木은 꺾이고 水는 기울어지고 土는 붕괴되고 火는 한번 일어났다가 소멸되고 金은 折損된다. 가령 미치지 못하는 物은 본래 전혀 좋지 않는데 혹 歲運에서 또 剋竊이 오면 이 物이 무너져 없어지니 어찌 홀로 禍가 있지 않겠는가. 用神에 대한 喜神과 忌神은 지극히 심오하고 지극히 묘하여, 요컨대 힘써 中和를 얻으면 貴하게 된다."460) "五行은 힘써 균등하게 머무르길 바라니, 치우치면 能히 만물을 이루기 어렵다. 풀어서 말하면, 균등하게 머무는 것에는 그 說이 다섯이 있다. 하나는 日主와 用神이 沖·和하여 서로 도우며 彼此가 각기 依賴하여 치우침이 없는 것이다. 하나는 用神의 氣를 덜어내는 그 五行을 制하는 物(五行)이 있어야 作梗에 이르지 않는 것이다. 하나는 干支上下字의 모양이 서로 昇繼함을 얻는바 過不及이 없는 것이다. 하나는 死氣가 혹 活物을 對하면 적은 무리는 能히 많은 무리를 이길 수 없는 것이다. 하나는 變하고자 하고 化하고자 하는데 투기함이 있고 破함이 있는 것과, 고요하고자 하고 편안하고자 하는데 犯함이 있고 激하는 것이 있는 것이다.461)

---

460) "用神最忌損犯, 兼怕分竊. 不宜太過與不及. 如太過之物, 本不好了, 或歲運又來生扶, 卽是傾覆壞了. 如木則折, 水則傾, 土則崩, 火則一發而滅, 金則折損, 如不及之物, 本不好了, 或歲運又來剋竊, 壞盡此物, 豈獨有禍. 用神喜忌, 至玄至妙, 務要得中和爲貴.". 萬民英, 『三命通會』, 臺北, 武陵出版有限公司, 2003. p.788.

둘째, 四柱八字는 氣象의 規模에 좌우되니 格局에 구애되지 말 것이며 五行의 和氣點에서 用神의 出處를 論하라고 한다.

"이제 무릇 四柱를 세워서 五行을 취하니 一運을 定하여 十年을 통관한다. 淸濁과 純駁함은 萬有不齊하니 好惡是非는 이치를 하나로만 잡기 어렵다. 고로 옛 사람들이 命을 論할 때 精微하게 연구하여서는 體에 근거하여 갖추어 썼다. 오늘날에 命을 論할 때는 格局에 얽매이다 보니 거짓에 집착하게 되고 진실을 잃고 있다. 四柱八字는 필히 먼저 氣象의 規模가 곧 富貴貧賤의 綱令임을 보고, 다음으로 用神의 出處를 論하여야 한다. 죽음이 다하면 窮達의 精微함이 생한다. 본래 八字는 繁華하지 않으며 오직 五行의 和氣를 바란다. 實을 향해서 虛를 찾고 無를 쫓아 有를 취한다. 그래서 大海는 勺水를 따르고, 少陰은 老陽에서 나오고, 이룸은 敗의 실마리에서 시작하고, 변화는 점차 化함에서 비롯하니 이것이 또한 깊이 살피는 것이 마땅하다. 이에 가령 一陽에서 解凍이 시작되고 三伏에 生寒한다."462)

---

461) "五行務要均停, 偏倚難能濟物, 解.. 停均, 其說有五. 一曰主用神沖和相濟, 彼此各有倚賴, 不偏. 一損用神之氣者, 有物以制之, 不致作梗, 一干支上下字樣, 相承得所, 無過不及. 一死氣或對活物, 黨寡不能勝黨衆. 一欲變欲化‥有妒有破‧欲靜欲安‧有犯有激者.", 萬民英, 『三命通會』, 臺北, 武陵出版有限公司, 2003. p.811.
462) "今夫立四柱而取五行, 定一運而關十載. 淸濁純駁, 萬有不齊, 好惡是非, 理難執一, 故古之論命, 研究精微, 則由體而該用. 今之論命, 拘泥格局, 遂執假而失眞, 是必先

셋째, 用神은 하나다. 라고 다음과 같이 말하고 있다.

"用神은 하나여야 하는데 貴한 氣라도 重疊으로 오면, 象을 맑고 밝게 하려하나 氣가 傷하여 산만해 진다."463)

"전적으로 하나의 用神을 잡아서 尊長을 삼고 權神을 삼고 號令을 삼고 本領을 삼고 倚托을 삼으니, 이것은 소홀히 할 수 없는 것이고 이것을 잡아서 命을 미루어 헤아려야 한다.464)

넷째, 看命法과 用神을 가려내는 방법에 대해서 다음과 같이 말하고 있다.

"무릇 造化의 이치를 미루어 헤아려 궁구하는데 그 法은 일간을 위주로 한다."465) "用神은 運行을 먼저 十二宮으로 펴고 어떤 宮에 어느 節氣를 받는지를 보고 財星과 官星 및 印綬를 食神과 더불어 輕重을 분명히 살펴야 당연히 알 수 있다."466)

觀氣象規模, 乃富貴貧賤之綱領, 次論用神出處. 盡死生窮達之精微. 不須八字繁華, 只要五行和氣. 向實尋虛, 從無取有. 然大海從於勺水, 少陰産於老陽, 成乃敗之機, 變乃化之漸, 此又所當深察. 乃若一陽解凍, 三伏生寒.". 萬民英, 『三命通會』, 臺北, 武陵出版有限公司, 2003. p.833.
463) "用神一字, 貴氣重來, 象欲晶明, 氣傷懶散.". 萬民英, 『三命通會』, 臺北, 武陵出版有限公司, 2003. p.797.
464) "專執一位用神爲尊長, 爲權神, 爲號令, 爲本領, 爲倚托, 此非小可, 執此推之.". 萬民英, 『三命通會』, 臺北, 武陵有限公司, 2003. p.788.
465) "凡推究造化之理, 其法以日爲主,". 萬民英, 『三命通會』, 臺北, 武陵出版有限公司, 2003. p.786.

"다만 네 개의 地支의 토대가 자세하게는 같지 않으니, 五氣 中에 어떤 것이 가장 중요하고, 장차 올 五行과, 반면에 어떤 五行이 能히 소비되어 흩어지는지, 어떤 五行이 능히 生하고 돕는지, 어떤 五行이 능히 冲·合하는지, 어떤 오행이 능히 變化 하는지를 보고난 후에, 또 日干이 어떤 五行에 속하는지를 보고 그와 더불어 가장 중요한 氣가 어떻게 통치하는지를 살피고는, 곧 財·官 등의 六神을 用神의 氣로 잡아야 한다. 五氣는 곧 木火土金水를 이른다."467) "곧 日干坐下의 이 地支를 月支 時支 年支와 더불어 무엇보다도 먼저 살피고, 刑·冲·破·害 및 生·剋·比·和관계가 어떠한지? 日干에게 어떠한 喜神과 忌神이 와 있는지? 를 보아야 한다."468) "요컨대 이것은 一段 반드시 먼저 四地支를 보고 所藏한 干氣를 일일이 써서 확 트이도록 이끌어 나오게 하여 세밀히 헤아려 어떤 것이 黨衆인지, 어떤 것이 힘이 적은지, 어떤 것이 旺하고 어떤 것이 弱하고, 어떤 것이 가볍고 어떤 것이 무거운지 전부 밝혀서 用神과 吉·凶의

---

466) "用神, 運行先布十二宮, 看於何宮受某節, 財官印綬與食神, 當知輕重審分明.". 萬民英, 『三命通會』, 臺北, 武陵出版有限公司, 2003. p.990.
467) "不如只詳四個地支基址, 五氣中何物最重, 將來品量, 卻能耗散何神, 能生扶何神, 能衝合何神, 能變化何神, 然後卻看日干屬何五氣, 與其最重之氣統攝何如, 便掌財官等物, 用神之氣. 五氣謂如木火土金水.". 萬民英, 『三命通會』, 臺北, 武陵出版有限公司, 2003. pp.787~788.
468) "乃日干坐下, 首先看此地支, 與月支一位·時支一位·年支一位, 刑衝破害·生剋比和何如? 主干喜忌何物得來?". 萬民英, 『三命通會』, 臺北, 武陵出版有限公司, 2003. p.787.

道理를 얻어야 한다. 일일이 소통하도록 이끌어 가지 않고 大綱 어지럽게 가려지면 法度를 헤아려 取捨하는데 어려움이 있다."469)

다섯째, 用神은 뚜렷하게 밝혀야 하고 損傷되어서는 아니 된다. 고 한다.

"대개 用神에 대한 喜神과 忌神을 뚜렷하게 밝히는 것이 아주 당연하며 아주 작은 그릇됨도 불가하다."470) "日主가 健旺한 것이 가장 마땅하고 用神을 損傷해서는 아니 된다는 것이다."471)

여섯째, 아래와 같이 當時에만 하더라도 現代的 의미의 用神개념과 『子平眞詮』에서 말하는 格局用神을 뚜렷한 구분 없이 혼용하고 이었음을 알 수 있다.

"苗木을 보고서 나무의 이름을 알 수 있듯이, 月의 用神으로서

---

469) "此一段須要先看四支, 一一將所藏干氣, 提督出來, 細推何者黨衆, 何者力寡, 何旺何弱, 何輕何重, 方明得用神吉凶道理, 不去一一提督, 大綱昏蔽, 難以忖度取捨.". 萬民英, 『三命通會』, 臺北, 武陵出版有限公司, 2003. p.793.
470) "蓋用神之喜忌, 最當分曉, 不可毫髮誤也.". 萬民英, 『三命通會』, 臺北, 武陵出版有限公司, 2003. p.98.
471) "日主最宜健旺, 用神不可損傷是也.". 萬民英, 『三命通會』, 臺北, 武陵出版有限公司, 2003. p.900.

그 格을 알 수 있다."472) "格局은 다만 用神으로써 推理한다. 用神이 傷하지 않는 사람은 멸망하지 않는다."473)

일곱째, 아래와 같이 用神과 그 喜·忌에 대해서 말하고 있다.

"가령 官星이 되는 水가 用神이면 土를 꺼리고 申子辰 등의 곳으로 이르러야 하고, 官星이 되는 木이 用神이면 金을 꺼리고 亥卯未 등의 곳으로 이르러야 한다."474) "전적으로 用神을 잡아서 간절히 喜忌를 명확히 밝혀야 한다."475)

여덟째, 抑扶用神에 대해서 아래와 같이 말하고 있다.

"日主가 太盛하면 때에 따라서 그것을 節制하는 것이 마땅한 用神476)이며, 日主가 차차 衰하면 때에 따라서 그것을 補助하는 것이 옳은 用神이다."477) "六乙日生人이 乙酉時에 태어나

---

472) "樹之見苗, 則知其名, 月之用神, 則知其格.". 萬民英, 『三命通會』, 臺北, 武陵出版有限公司, 2003. p.133.
473) "格局只以用神推. 用不受傷人不滅.". 萬民英, 『三命通會』, 臺北, 武陵出版有限公司, 2003. p.990.
474) "如用水爲官, 忌土到申子辰等處, 用木爲官, 忌金到亥卯未等處.". 萬民英, 『三命通會』, 臺北, 武陵出版有限公司, 2003. p.804.
475) "專執用神, 切詳喜忌.". 萬民英, 『三命通會』, 臺北, 武陵出版有限公司, 2003. p.788.
476) 太盛하더라도 原局에 洩氣할 食傷이 없으면 財·官이 用神이 된다고 생각됨. 論者註.
477) "日主用神太盛, 宜時以節制之, 日主用神漸衰, 宜時以補助之.". 萬民英, 『三命

金局을 만나면 火가 기이하다. 火用神에 木을 거듭 만나면 목숨을 끊을 듯 傷하게 하던 官貴가 오히려 의지할 곳이 없게 된다."478) "가령 金이 三·四水를 生하면 母가 子息을 많이 生하여 母는 이미 虛하게 된 것이니 子息이 衰하고 母가 旺한 곳으로 向함을 기뻐하며 吉하다. 가령 木生火에서 亥水가 있어야 바로 子는 衰하고 母는 旺하게 되며 나머지도 이와 같다."479) "身旺하게 태어났는데 혹 比肩이 太盛하면 用神이 弱해질까 怯을 내니, 그 身主의 氣를 업신여겨 마땅히 廢하여 나의 用神을 도우는 것이 적당하나 이와 반대면 상서롭지 않다."480)

아홉째, 棄命從殺格에 대해서 아래와 같이 말하고 있다.

"乙日干이 乙酉時면 身主는 節地이고 官鬼는 旺하다. 乙은 辛으로써 鬼가 되며 酉上의 辛은 旺하고 乙은 絶地이다. 만약 巳酉丑月에 通根하여 金局으로 化하면 貴命이 된다."481)

通會』, 臺北, 武陵出版有限公司, 2003. p.322.
478) "六乙日生時乙酉 得逢金局火爲奇 用神遇木重重見 鬼絶壽傷反無依.". 萬民英, 『三命通會』, 臺北, 武陵出版有限公司, 2003. p.583.
479) "如金生三水四水. 母生子廣. 母旣當虛. 卽喜子衰而母在旺鄕爲吉. 如木生火在亥. 正爲子衰母旺. 餘類此.". 萬民英, 『三命通會』, 臺北, 武陵出版有限公司, 2003. p.800.
480) "當生身旺, 或比肩太繁, 用神怯弱者. 宜凌廢其身之氣, 適扶我之用神, 反是則不祥矣.". 萬民英, 『三命通會』, 臺北, 武陵出版有限公司, 2003. p.831.
481) "乙日, 乙酉時, 身絶鬼旺. 乙以辛爲鬼, 酉上辛旺乙絶. 若通巳酉丑月, 化金局者貴.". 萬民英, 『三命通會』, 臺北, 武陵出版有限公司, 2003. p.583.

열째, 棄命從財格의 성립과 그 喜·忌에 대해서 다음과 같이 말하고 있다.

"戌月 中旬에 丙·丁日主가 天干에 財星이 透出하여 用神이 되면, 이 傷官格은 官星이 旺한 것을 기뻐한다. 다만 身이 旺하면 오히려 身主가 傷할까 근심된다."482)

부연하면, 戌月에 丙丁日主가 傷官格이지만 棄命從財格이 될 때는 財星이 用神이고 食傷은 喜神이며 比刦이 病神이고 官殺은 藥神이 된다. 印星은 比刦을 生하는 凶神이다.

열한째, 刑·沖·破·害의 이론을 도입했다.

"戊土의 陽刃 午가 財星인 子水를 만나고, 壬水의 陽刃인 子水가 財星인 午火를 만나고, 庚金의 陽刃은 酉인데 財星인 卯木을 만나면 모두 財星을 衝하기 때문에 꺼린다."483) "傷官이 傷盡에 혹 官星을 만나면 凶하다."484) "곧 日干 坐下의 이 地

---

482) "丙丁日主戌中旬, 財透天干作用神, 此格傷官官喜旺. 只愁身旺反傷身.". 萬民英, 『三命通會』, 臺北, 武陵出版有限公司, 2003. p.372.
483) "戊刃午, 見子財, 壬刃子, 見午財, 庚刃酉, 見卯財, 皆衝之財, 故忌.". 萬民英, 『三命通會』, 臺北, 武陵出版有限公司, 2003. p.384.
484) "傷官傷盡, 或見官星則凶.". 萬民英, 『三命通會』, 臺北, 武陵出版有限公司, 2003. p.979.

支를 月支 時支 年支와 더불어 刑·冲·破·害가 어떠한지? 를 보아야 한다."485)

열두째, 陰胞胎法과 陽胞胎法을 모두 받아들이는 입장이며, 아래에서 보는 바와 같이 胞胎法의 强弱이 구분된다.

"丙日干 丁酉時生은 陽刃이 長生하고 身主는 死한다. 丁火는 陽刃이고 辛은 財星이고 酉上의 辛은 旺하고 丙火는 死地이며 丁火는 長生한다. 癸卯月生人이면 癸는 能히 丁을 破하고 陽刃의 官이 된다. 癸水는 卯上에서 長生하며 卯中의 旺한 乙木은 丙火의 印星이다. 만약 用神이 有力하고 또 水木運으로 行하면 貴顯하다."486) "胞胎養沐長生冠帶의 地支는 二十歲까지 行함이 옳고, 臨官帝旺의 運은 陽氣가 强盛하니 三四十歲까지 行함이 옳고, 衰病墓絶의 運은 天癸가 고갈하니 五六十歲에 行함이 옳다."487)

---

485) "乃日干坐下, 首先看此地支, 與月支一位·時支一位·年支一位, 刑衝破害何如?". 萬民英, 『三命通會』, 臺北, 武陵出版有限公司, 2003. p.787.
486) "丙日, 丁酉時, 刃生身死. 丁爲刃, 辛爲財, 酉上辛旺丙死, 丁火長生. 癸卯月生者, 癸能破丁, 刃爲官. 癸水卯上長生, 卯中有旺乙爲印. 如用神有力, 又行水木運, 貴顯.". 萬民英, 『三命通會』, 臺北, 武陵出版有限公司, 2003. p.605.
487) "胞胎養沐長生冠帶之地, 二十歲宜行, 臨官帝旺之運, 陽氣强盛, 三四十歲宜行, 衰病墓絶之運, 天癸枯竭, 五六十歲宜行.". 萬民英, 『三命通會』, 臺北, 武陵出版有限公司, 2003. p.830.

따라서 胞胎法은 身强과 身弱을 구분하는 기준이 된다.

열셋째, 陽刃은 인정하고 있으나 陰刃은 부인하고 있다.

"刃이란 칼날의 刃이다. 오직 甲丙戊庚壬은 五陽干으로 刃이 있지만, 乙丁己辛癸는 五陰干으로 刃이 없다."488)

열넷째, 아래와 같이 雜格이 成立하게 된 根源을 부인하고 있다.

"官星과 七殺이 둘 다 있으면 喜神은 존속하게 하고 忌神은 除去하여야 한다. 만약에 머무르는 둘 다 扶合은 없고 破害만 있다면 四柱 中에 有力하다고 斟酌되는 다른 字가 用神이 되는 것이 당연하다."489)

『三命通會』에서 특기할만한 내용으로는 첫째, 즉

"오늘날에 命을 論할 때는 格局에 얽매이다 보니 거짓에 집착

---

488) "刃者, 刀刃之刃. 惟甲丙戊庚壬·五陽干有刃, 乙丁己辛癸·五陰干無刃.". 萬民英, 『三命通會』, 臺北, 武陵出版有限公司, 2003. p.382.
489) "官煞兩停, 喜者存之, 憎者去之, 若兩停俱無扶合, 而有破害, 當斟酌柱中有力一字爲用神.". 萬民英, 『三命通會』, 臺北, 武陵出版有限公司, 2003. pp.342~343.

하게 되고 진실을 잃고 있다. 四柱八字는 필히 먼저 氣象規模가 곧 富貴貧賤의 綱領임을 보고, 다음으로 用神의 出處를 論해야 한다."490)

라고 함으로써 雜格 등 格局에 얽매이지 말고 氣象規模에 따라서 命造의 富貴貧賤을 판단할 것을 말하고 있다.

둘째, 아래와 같이 雜格이 成立하게 되는 根源을 부인하고 있다.

"官星과 七殺이 둘 다 있으면 喜神은 존속하게 하고 忌神은 除去하여야 한다. 만약에 머무르는 둘 다 扶合은 없고 破害만 있다면 四柱 中에 有力하다고 斟酌되는 다른 字가 用神이 되는 것이 당연하다."491)

이것으로 봐서 이전까지만 하더라도 官星을 重視한 결과 牽强附會한 방법을 통해서라도 原局에 없는 官星을 만들기 위해서 만든 것이 雜格인데, 이때부터 用神은 命造에서 所用되는 六神을

---

490) "今之論命, 拘泥格局, 遂執假而失眞, 是必先觀氣象規模, 乃富貴貧賤之綱領, 次論用神出處.". 萬民英, 『三命通會』, 臺北, 武陵出版有限公司, 2003. p.833.
491) "官煞兩停, 喜者存之, 憎者去之. 若兩停俱無扶合, 而有破害, 當斟酌柱中有力一字爲用神.". 萬民英, 『三命通會』, 臺北, 武陵出版有限公司, 2003. pp.342~343.

- 297 -

爲主로 하기 시작했음을 짐작할 수 있다.
위 주

셋째, 用神은 하나여야 한다고 하였다.
　　　용 신

"用神은 하나492)여야 하는데 貴한 氣라도 重疊으로 오면, 象
　용 신　　　　　　　　　　귀　　　기　　　중 첩　　　　　　상
을 맑고 밝게 하려하나 氣가 傷하여 산만해 진다."493)
　　　　　　　　　　　기　　상

넷째, 아래와 같이 看命法과 用神을 가려내는 방법을 말하고 있
　　　　　　　　　간 명 법　　용 신
다.

"무릇 造化의 이치를 미루어 헤아려 궁구하는데 그 法은 日干
　　　조 화　　　　　　　　　　　　　　　　　　　　　　법　　일 간
을 위주로 한다."494) "다만 네 개의 地支의 토대가 자세하게는
　　　　　　　　　　　　　　　　　　지 지
같지 않으니, 五氣 中 어떤 것이 가장 중요하고, 장차 올 五行
　　　　　　　오 기 중　　　　　　　　　　　　　　　　　　　오 행
과, 반면에 어떤 五行이 능히 소비되어 흩어지는지, 어떤 五行
　　　　　　　　　오 행　　　　　　　　　　　　　　　　　　　　오 행
이 능히 生하고 돕는지, 어떤 오행이 능히 衝·合하는지, 어떤
　　　　　생　　　　　　　　　　　　　　　　　충 합
五行이 능히 變化하는지를 보고난 후에, 또 日干이 어떤 五行
오 행　　　　변 화　　　　　　　　　　　　　　　일 간　　　　　　오 행
에 속하는지를 보고 그와 더불어 가장 중요한 氣가 어떻게 통치
　　　　　　　　　　　　　　　　　　　　　　　　　기

---

492) 五行 中 한 가지 五行을 말하며, 그 中에서 한 개의 六神을 뜻한다고 생각함. 論者註.
493) '用神一字, 貴氣重來, 象欲晶明, 氣傷懶散.". 萬民英, 『三命通會』, 臺北, 武陵出版有限公司, 2003. p.797.
494) "凡推究造化之理, 其法以日爲主.". 萬民英, 『三命通會』, 臺北, 武陵出版有限公司, 2003. p.786.

하는지를 살피고는, 곧 財·官 등의 六神을 用神의 氣로 잡아야 한다. 五氣는 곧 木火土金水를 이른다."495)

『三命通會』의 문제점으로는 첫째, 現代的 의미의 用神槪念과 『子平眞詮』에서 말하는 格局用神은 뚜렷한 구분 없이 혼용되고 있는 경우도 이었음을 알 수 있다.

"苗木을 보고서 나무의 이름을 알 수 있듯이, 月의 用神으로 그 格을 알 수 있다."496) "格局은 다만 用神으로써 推理한다. 用神이 傷하지 않는 사람은 멸망하지 않는다."497)

그러나 本 論文에서는 現代的 의미의 用神槪念만 받아들이기로 한다.

둘째, 陽刃은 인정하고 있으나 陰刃은 부인하고 있다.

---

495) "不如只詳四個地支基址, 五氣中何物最重, 將來品量, 卻能耗散何神, 能生扶何神, 能衝合何神, 能變化何神, 然後卻看日干屬何五氣, 與其最重之氣統攝何如, 便拿財官等物, 用神之氣. 五氣謂如木火土金水.". 萬民英, 『三命通會』, 臺北, 武陵出版有限公司, 2003. pp.787~788.
496) "樹之見苗, 則知其名, 月之用神, 則知其格.". 萬民英, 『三命通會』, 臺北, 武陵出版有限公司, 2003. p.133.
497) "格局只以用神推. 用不受傷人不滅.". 萬民英, 『三命通會』, 臺北, 武陵出版有限公司, 2003. p.990.

"刃이란 칼날의 刃이다. 오직 甲丙戊庚壬은 五陽干으로 刃이 있지만, 乙丁己辛癸는 五陰으로 刃이 없다."498)

그러나 實觀결과 陰刃 역시 陽刃과 마찬가지로 刧財의 작용을 하고 있음을 알 수 있었다.

셋째, 陰胞胎法과 陽胞胎法을 모두 받아들이는 입장이다. 그러나 필자가 누차 實觀을 해 본 결과 陰干은 陽干의 胞胎法을 따르는 것이 옳다고 본다.

---

498) "刃者, 刀刃之刃, 惟甲丙戊庚壬·五陽干有刃, 乙丁己辛癸·五陰干無刃.". 萬民英, 『三命通會』, 臺北, 武陵出版有限公司, 2003. p.382.

마. 『子平眞詮』의 用神論

『子平眞詮』의 格局(順逆)用神論에 대한 선행연구를 보면 아래와 같다.

"『子平眞詮』의 이론에서 새로운 것은 四吉神과 四凶神의 格을 구별하고 그에 따라서 格局과 用神을 정하는 원리를 설명하고 있다는 점이다. 正官, 財星, 正印, 食神은 吉한 六神이고, 七殺, 傷官, 陽刃, 偏印은 凶한 六神이다. 四吉神은 順用하고 四凶神은 逆用하는 원리가 설명된 것이 『子平眞詮』의 핵심이다. 이런 원칙에 따라서 定해지는 用神을 順逆用神이라고도 하고 格局用神이라고도 부른다. 이 책은 格局에 의해서 用神을 定하는 원리를 가장 체계적으로 정리해놓은 책이다. 이 책은 格局의 구성은 月支本氣를 위주로 定하는 것을 원측으로 하고, 月支 地藏干의 透出이나 地支의 合局은 보조적으로 格을 구성하는 요소로 보고 있다.

格局의 順用이란 格을 五行의 관계에서 相生하는 것을 쓰는 것이고, 逆用이란 格을 五行의 관계상 相剋하는 것을 쓰는 것을 말한다. 順用할 것은 順用하고 逆用할 것은 逆用하면 成格이 되는 것이고, 그와 반대가 되면 破格이 되는 것이다."[499]

---

499) 李容俊.「四柱學의 歷史와 格局用神論의 變遷過程 硏究」. 碩士學位論文, 京畿

위에서 보는 바와 같이 『자평진전』에서 말하는 格局(順逆)用神論은, 本 論文에서 연구 주제로 삼는 現代的 의미의 用神論 즉 旺弱寒熱의 均衡點을 찾아 中和思想을 실현하려는 用神論과는 거리가 있으므로 여기에서는 論外로 한다. 여기에 대해서 張新智도 對命式結構的深度掌握「用神」說에서 一, 普通格局的取用方法으로는 (一)「抑扶」(二)「通官」(三)「病藥」(四)「調候」二. 特殊格局之取用으로는 (一)「一行得氣/專旺格」(二)「從格」(三)「化氣格」500) 라고만 하고 있을 뿐 格局(順逆)用神을 用神論의 범위에 넣고 있지 않다.

大學校 國際·文化大學院, PP.73~74, 2004.
500) 張新智.「子平學之理論硏究」. 博士論文. 國立政治大學中國文學硏究所, 2002, pp.149~161.

바. 『窮通寶鑑』의 用神論

원래 明代에 身元未詳의 인물이 지은 『欄江網』을 淸代에 와서 余春台가 다시 편집한 『窮通寶鑑』은, 調候를 爲主로 하고 抑扶를 참작하여 中和를 이루는 用神을 定하는 가장 根幹的 基準이 되는 軸을 제공하고 있다. 그래서 여기서는 이 책에서 밝히고 있는 十天干別 十二月支와의 관계에서 분류되는 十天干別 旺弱과 寒熱을 알아본 다음 그 각각의 中和點에 해당하는 用神을 定하는데 필요한 五行이 무엇인가에 대해서 알아본다.

『窮通寶鑑』의 주된 내용을 정리하면 다음과 같이 要約해 볼 수 있다.

첫째, 思想的 基礎는 中和에 두고 있음을, "八字에는 中和가 貴하다."501) 라고 말하는데서 알 수 있다.

둘째, "이 책에서는 十干의 性質과 十干이 十二各月에 태어났을 경우에 적용방법에 대한 綱領을 나타내었다."502)

---

501) "八字以中和爲貴". 徐樂吾 註. 『窮通寶鑑』. 武陵出版有限公司, 2004. p.92.

셋째, 抑扶用神에 대해서 말하고 있다. 즉

中和思想을 실현하기 위한 抑扶用神의 基準이 되는 旺弱에 대해서는, 甲 乙 丙 丁 戊 己 庚 辛 壬 癸의 十 日干이 각각 三春인 寅·卯·辰月과 三夏인 巳·午·未月과 三秋인 申·酉·戌月과 三冬인 亥·子·丑月에 태어났을 경우에 日干 對 十二月支와의 관계를 중심으로 볼 때 相(印星으로서 日干을 生함), 旺(比·刦으로서 日干을 도움), 休(傷·食으로서 日干이 泄氣됨), 囚(財星으로서 日干이 剋함), 死(官星으로서 日干이 剋을 당함)함에 따라 그 각각의 旺·弱을 구분할 수 있는 基準을 제공하고 있다. 그리고 그 기준을 중심으로 볼 때 상황의 변화에 따라서 日干이 身强함과 身弱함으로 되는 그때마다 그 吉神과 凶神에 대해서 말하고 있다. 가령 甲木日干이 亥·子月에 태어난 경우에 旺盛한 亥·子水는 印星으로서 甲木을 生하는 相이 되고, 寅·卯月에 태어난 경우에는 旺盛한 寅·卯木이 甲木을 도우니 旺이 되는데 이 둘의 경우는 得令을 하였으므로 身强의 基準이 된다. 그리고 甲木日干이 巳·午月에 태어

---

502) "是書於十干性質, 生於十二月之用法, 已擧其大綱.". 徐樂吾 註. 『窮通寶鑑』. 臺北: 武陵出版有限公司, 2004. p.92.

나면 旺盛한 食傷에 甲木이 泄氣되니 休가 되며, 辰·戌·丑·未月에 태어나면 甲木이 旺盛한 財星을 剋傷하므로 囚가 되고, 申·酉月에 태어나면 旺盛한 官星이 甲木을 剋傷하므로 死가 되는데 이 셋의 경우는 失令하였으니 身弱의 基準이 된다. 따라서 四柱八字에서 月支를 포함한 相과 旺이 休와 囚와 死보다 많으면 身强한 命造가 되는 경우가 대부분이고, 月支를 포함한 休와 囚와 死가 相과 旺보다 많으면 身弱한 命造가 되는 경우가 대부분이다.

  그 用神에 대해서 언급하면, 가령 甲木日主가 身强한 中에 많은 水가 凶이 되면 水를 制伏하는 土가 用神이 되고, 많은 木이 凶이 되면 木을 制伏하는 金이 用神이 되며, 太强하면 泄氣하는 火가 用神이 되고, 太强이 極에 이르면 變格인 木日曲直格이 되는데 이때는 從神인 木이 用神이 된다. 그리고 甲木日干이 身弱한 中에 많은 火가 凶이 되면 그 火를 制伏하는 水가 用神이 되고, 많은 土가 凶이 되면 土를 制伏하는 木이 用神이 되며, 많은 金이 凶이 되면 그 金을 制伏하는 火가 用神이 되든지 水가 金과 甲木사이를 通關하는 用神이 된다. 또 甲木日干이 의지할 水와 木이 없는 中에 火가 滿局을 이루었으면 棄命從兒格이 되고, 土

가 滿局을 이루었으면 棄命從財格이 되며, 金이 滿局을 이루었으면 棄命從殺格이 된다. 이처럼 從格이 되면 從하는 神이 곧 用神이 된다. 나머지 日干도 이와 같이 推理하면 된다.

10日干 × 12月支 = 120가지의 경우에서 나타나는 相 旺 休 囚 死의 관계는 아래 표-1과 같다.

〈표부록 1. 바〉十天干의 旺·相·休·囚·死地支[503]

日干 月令	甲	乙	丙	丁	戊	己	庚	辛	壬	癸
寅	旺	旺	相	相	死	死	囚	囚	休	休
卯	旺	旺	相	相	死	死	囚	囚	休	休
辰	囚	囚	休	休	旺	旺	相	相	死	死
巳	休	休	旺	旺	相	相	死	死	囚	囚
午	休	休	旺	旺	相	相	死	死	囚	囚
未	囚	囚	休	休	旺	旺	相	相	死	死
申	死	死	囚	囚	休	休	旺	旺	相	相
酉	死	死	囚	囚	休	休	旺	旺	相	相
戌	囚	囚	休	休	旺	旺	相	相	死	死
亥	相	相	死	死	囚	囚	休	休	旺	旺
子	相	相	死	死	囚	囚	休	休	旺	旺
丑	囚	囚	休	休	旺	旺	相	相	死	死

이 抑扶用神에 대해서 『窮通寶鑑』에서 말하고 있는 내용을

---

503) 萬民英, 『三命通會』, 臺北, 武陵出版有限公司, 2003. p.120. 참조.

살펴보면 아래와 같다.

"木_목을 論_논함에 만약 가을에 生_생하면 火_화가 있어 金_금을 制_제함이 마땅한데 이는 木_목이 金_금을 꺼리지 않는 것이 아니라 金_금을 덜어내는 것이다. 火_화로서 金_금을 制_제하면 金_금은 연장을 이루니 바야흐로 木_목을 다듬어 材木_{재목}을 이루게 된다. 三秋_{삼추}에는 金_금은 旺_왕하고 木_목이 마르니 쇠잔한 枝葉_{지엽}은 金_금으로 剪除_{전제}하는 것을 기뻐하는데 이때 火_화가 金_금을 견제하면 木_목의 성질이 傷_상하지 않는다. (木·火·金_{목화금})이 서로 적당히 制_제하면 中和_{중화}를 이루게 된다. 이 때문에 秋木_{추목}은 金_금을 기뻐하며 官·殺_{관살}을 막론하고 모두 火_화를 얻으면 貴格_{귀격}이 된다고 한 것은 바로 이를 이름이다."504)

"夏月_{하월}의 木_목은 뿌리와 잎이 모두 건조하여 서리고 굽은 것이 곧게 펴지려면 盛_성한 물을 얻어서 滋潤_{자윤}의 힘을 이루어야 하니 실로 물이 적어서는 안 된다."505)

"冬月_{동월}의 木氣_{목기}가 枯槁_{고고}하니 火_화를 用神_{용신}으로 삼는 것이 가장 마땅하며 기후의 조화를 이루어야 反生_{반생}의 공을 이룬다. 水_수가 旺_왕하면 土_토를 用神_{용신}으로 삼아 水_수를 制_제함으로서 배합을 따르는 것이 옳으며 金水_{금수}는 마땅한 바가 아니다. 運_운 또한 東南_{동남}의 生旺_{생왕}방향

---

504) "論木, 若生於秋, 宜有火制金, 非忌金而去之也. 以火制金成器, 方能斲木成材. 三秋金旺木枯, 殘枝敗葉, 喜金剪除, 得火制金, 不傷木性, 相制而歸於中和, 故秋木喜金, 不論官煞, 皆宜得火, 乃成貴格, 正爲此也.". 徐樂吾 註. 『窮通寶鑑』. 臺北: 武陵出版有限公司, 2004. pp.1~2.
505) "夏月之木, 根乾葉燥, 盤而且直, 屈而能伸, 欲得水盛而成滋潤之力, 誠不可小.". 徐樂吾 註. 『窮通寶鑑』. 臺北: 武陵出版有限公司, 2004. p.2.

으로 向하는 것이 마땅하고 西北의 死絶地는 온통 꺼린다."506)

"寅月의 甲木을 總論하면 初春은 氣가 寒하므로 丙火와 癸水가 調和를 이루어야 上命이 되고, 봄이 깊어지면 老木이 되니 庚金과 戌土가 있어야 上命이 되며, 煞을 쓰되 身弱하면 印綬로서 化煞하여야 하고, 身煞이 둘 다 强하여 여의치 않으면 食傷으로 制하여 貴하다."507)

"亥月의 甲木은 壬水에 의해서 泛身되는 것을 꺼리니 이때는 반드시 戊土로 水를 制하여야 한다. 甲木이 많아 戊土를 制하면 比刦이 財를 다투는 것인데 만약 庚金이 透干하여 比刦을 制하면 富와 壽를 누리게 된다."508)

"辰月의 乙木이 陽氣가 盛하면 癸水로 滋養하는 것이 마땅하며 木이 旺盛하면 丙火로 泄氣함이 마땅하다. 혹 庚金이 있고 己土가 없을 때 印綬를 써서 煞을 化하면 비록 현달할 수는 없다고 하더라도 小富小貴는 기대할 수 있다. 癸水가 旺할 때 戊己土의 制함이 있으면 反生의 功을 이룬다."509)

---

506) "冬月木氣枯槁, 最宜用火, 調和氣候, 功成反生, 水旺用土以制水, 隨宜配合, 金水非所宜也. 更宜向東南生旺之方, 切忌西北死絶之地.". 徐樂吾 註. 『窮通寶鑑』. 臺北: 武陵出版有限公司, 2004. p.3.
507) "總之正月甲木, 初春氣寒, 以丙癸爲上命, 春深木老, 以庚戌爲上命, 用煞而身弱, 以印化煞, 不如身煞兩强, 以食傷制煞之爲貴.". 徐樂吾 註. 『窮通寶鑑』. 臺北: 武陵出版有限公司, 2004. p.8.
508) "十月甲木, 忌壬水泛身, 須戊土制之. 甲多制戊, 爲比刦爭財, 若有庚金出干, 制住比刦, 富壽可必.". 徐樂吾 註. 『窮通寶鑑』. 臺北: 武陵出版有限公司, 2004. p.27.
509) "三月乙木, 陽盛宜癸水滋之, 木盛宜丙火泄之. 或有庚而無己土, 用印化煞, 雖不顯達, 小富小貴可期. 癸水旺得戊己制之, 成反生之功.". 徐樂吾 註. 『窮通寶鑑』. 臺

"三秋의 木은 金神이 秉令하는 때이므로 火를 써서 煞을 制하는 것이 먼저이고, 다음은 癸水를 써서 煞을 化하는 것이다. 戌月은 土가 燥熱하여 木이 마르는 때이니 水의 滋培가 마땅하므로 癸水를 專用한다."510)

"秋月의 火, 火가 申酉에 이르면 死絶地가 되므로 반드시 木의 生함이 있어야 하고 比刼의 도움이 있어야 한다. 旺水를 만나면 殞滅의 근심을 면하기 어렵고 土가 많으면 火의 빛을 가리게 된다. 三秋는 金神이 秉令하는 때로 財旺하고 身이 弱하니 日主를 도우는 比刼이 많으면 旺한 財의 세력을 분산할 수 있어서 오히려 유리하게 된다. 무릇 日主는 弱하고 煞이 旺하면 반드시 印綬가 用神이 되고, 財가 旺하면 반드시 刼財가 用神이 된다는 것은 규정되어 있는 이치이다."511)

"冬月의 火, 冬月은 火勢가 絶滅하는 때이며 겸하여 水旺令이니 한편으로는 木으로써 救하고 한편으로는 반드시 戊土로 制水함이 있어야 한다. 혹 己土와 壬水가 섞여있다면 오히려 木을 생하지만 寒冬收縮할 때이니 木은 火를 生할 뜻이 없으니

北: 武陵出版有限公司, 2004. pp.37~38.
510) "三秋之木金神秉令之時, 用火制煞爲上, 次者用癸水化煞. 九月土燥木枯, 宜水滋培, 故專用癸水.". 徐樂吾 註. 『窮通寶鑑』. 臺北: 武陵出版有限公司, 2004. p.44.
511) "秋月之火, 火至申酉, 爲死絶之地, 必須有木以生之, 比刼以助之. 見水旺, 難免殞滅之憂, 土多掩光. 三秋金神秉令, 財旺身衰, 多見比刼幇身, 分財旺之勢, 反爲有利, 凡身弱者, 煞旺必須用印, 才旺必須用刼, 一定之理也.". 徐樂吾 註. 『窮通寶鑑』. 臺北: 武陵出版有限公司, 2004. p.57.

더욱 모름지기 火의 融和가 있어 木이 生機를 얻어야 바야흐로 火를 生하기 때문에 比刼인 火가 이롭다는 것이다. 겨울의 火는 반드시 印綬 刼財 食傷이 서로 적합하게 制함을 이루어야 바야흐로 上格을 이룬다. 金을 만나면 무리의 殺이 日主를 剋하고 財를 탐하여 印綬를 무너뜨리면 格局을 破해버려 身弱할 뿐만 아니라 財를 감당하기 어려울 뿐이다. 그러므로 天地가 비록 기울어져도 만약 木의 구제함이 없으면 역시 水火가 並存하여 旣濟의 功을 이루기 어려운 것이다."512)

"巳月의 丙火는 水가 없어서는 안 되며, 壬水가 巳宮에 이르면 絶地가 되므로 水를 쓸 경우에 金이 보좌가 없어서는 안 된다. 혹 地支에 水局을 이루고 壬水가 거듭 透出하였을 때 制伏이 전혀 없다면 盜賊의 命이다."513)

"申月의 丙火는 서쪽으로 기울어진 태양과 같으니 陽氣가 衰弱한데 만약 身弱하다면 반드시 印綬나 比刼을 써야 한다. 그러나 四柱에 印星과 比刼이 많아서 身旺하면 財를 써서 煞을 生하여야 한다. 만일 壬水가 많으면 戊土를 취해 水를 制하여야

---

512) "冬月之火, 冬月火勢絶滅之時, 水旺兼令, 一面以木爲救, 一面須有戊土制水. 或己土混壬水以反生木, 但寒凍收縮之時, 木無生意, 更須有火融和, 木得生機, 方能生火, 枯火比爲利, 冬月之火已必以印刼食傷, 互相調制, 方成上格. 見金則黨煞攻身, 貪財壞印, 格局盡破, 不僅身弱難任其才而已. 故天地雖傾, 若無木爲救, 亦不能使水火並存, 而成旣濟之功也.". 徐樂吾 註. 『窮通寶鑑』. 臺北: 武陵出版有限公司, 2004. p.57.
513) "四月丙火, 不能缺水, 壬至巳宮爲絶地, 用水不能無金爲佐. 或支成水局, 加之重重壬透, 一無制伏, 盜賊之命.". 徐樂吾 註. 『窮通寶鑑』. 臺北: 武陵出版有限公司, 2004. p.67.

바야흐로 妙하다."514)

"戌月의 丙火는 火氣가 더욱 물러날 때이니 土가 火를 어둡게 하는 것을 꺼리는바 반드시 甲木을 먼저 쓰고 그 다음에 壬水를 취하여야 한다. 戊庚이 水木을 마침내 곤궁하게 하는 것은 원국에 甲壬癸가 없는 것과 같은 것으로 비록 있으나 없는 것과 같다."515)

"亥月의 丙火는 休囚에 드는 시기로 氣勢가 지극히 弱하므로 甲木을 써서 火를 生해줌이 마땅하고, 水가 旺하면 戊土로써 制해줌이 옳고, 木이 旺하면 庚金으로써 裁節해주어야 마땅하다. 亥宮은 甲木의 長生地로 만약 亥卯未 木局을 이루면 庚金을 써서 裁抑하지 않으면 안 된다. 丙火는 壬水가 없어서는 안 되나 水가 旺하면 甲木으로 引化하여야 한다. 亥月에서 壬水가 祿地를 얻으나 甲木의 長生地이므로 甲木을 우선한다. 火가 旺하면 壬水를 쓰고 水旺이면 戊土가 마땅한 것은 오히려 甲木 印綬를 生하는데 있다. 亥宮에서 甲木이 有氣한데, 반드시 戊土로 水를 制하면 곧 反生의 功을 이룬다."516)

---

514) "七月丙火, 太陽轉西, 陽氣衰矣, 若身弱, 則須用印劫. 如四柱印比多, 身强用財滋煞. 如壬多, 取戊制方妙.". 徐樂吾 註. 『窮通寶鑑』. 臺北: 武陵出版有限公司, 2004. pp.71~73.
515) "九月丙火, 火氣愈退, 所忌土晦光, 必須先用甲木, 次取壬水. 戊庚困了水木, 則與原局無甲壬癸相同, 雖有若無.". 徐樂吾 註. 『窮通寶鑑』. 臺北: 武陵出版有限公司, 2004. pp.74~75.
516) "十月丙火, 值休囚之時, 氣勢極弱, 宜用甲木以生之, 水旺宜戊土以制之, 木旺宜庚金以裁節之. 亥宮甲木長生, 若亥卯未會局, 非用庚金裁抑不可也. 丙不離壬, 水旺以甲引化. 亥月壬水得祿, 甲木長生, 故以甲爲先. 火旺用壬, 水旺宜戊, 反生甲木印也, 好在

"卯月의 丁火는 濕한 乙木이 丁火를 傷하게 하며 偏印이 秉令하는 때로 春草는 불을 당기려하나 불이 붙지 않으므로 庚金으로 乙木을 除去하고 甲木으로 丁火를 이끌어야 한다. 財星이 旺하면 印綬를 쓰는데, 印綬를 쓴다는 것은 반드시 身弱에 기인한다. 地支에 木局을 이루면 印綬가 太旺하니 반드시 財星을 써서 印綬를 덜어야 한다. 木은 적고 水가 많으면 水의 氣를 받아들일 수 없으니 반드시 戊土로 煞을 制하여야 한다."517)

"巳月은 丁火가 身弱하면 반드시 甲木을 써서 丁火를 이끌어내어야 한다."518)

"戌月丁火는 土가 當旺하여 丁火의 빛을 어둡게 하니 반드시 甲木으로써 土를 制하여야 한다. 甲木이 없고 乙木을 쓰는 경우에는 富와 貴가 모두 적거나 또 富하더라도 貴하지 않는 경우가 많다. 혹 壬水가 중첩되어 있거나 많은 癸水가 있다면 반드시 戊土로서 制하여야 한다."519)

"亥月의 丁火는 甲木이 있어야 하고, 水가 旺하면 戊土를 쓰

亥宮甲木有氣, 只須戊土制水, 便成反生之功.". 徐樂吾 註. 『窮通寶鑑』. 臺北: 武陵出版有限公司, 2004. pp.76~77.
517) "二月丁火, 濕乙傷丁, 偏印秉令, 春草引火不然, 以庚去乙, 以甲引丁, 才旺用印, 用印者必緣身弱. 支成木局, 印綬太旺, 必須用才損印. 木少水多, 不能納水之氣, 必須土制煞.". 徐樂吾 註. 『窮通寶鑑』. 臺北: 武陵出版有限公司, 2004. pp.82~85.
518) "四月丁火身弱, 必用甲引丁.". 徐樂吾 註. 『窮通寶鑑』. 臺北: 武陵出版有限公司, 2004. p.86.
519) "九月丁火, 戊土當旺, 晦火之光, 必須有甲木制之, 無甲用乙者, 富貴皆小, 且富而不貴者多, 或一重壬水, 又多見癸水, 必以戊土爲制.". 徐樂吾 註. 『窮通寶鑑』. 臺北: 武陵出版有限公司, 2004. p.93.

고 火가 旺하면 水를 쓴다."520)

"丑月의 丁火는 甲木이 있어야 하고, 水가 旺하면 戊土를 쓰고 火가 旺하면 水를 쓴다."521)

"春月에 生한 土는 그 勢가 虛浮하니 火가 生扶해주는 것을 기뻐하며 木이 太過함을 싫어하며 水가 泛濫함을 꺼리는데 이때 比刦이 도와주는 것을 기뻐한다. 金이 있어 木을 制하면 상서로우나 金이 太多하면 土氣를 빼앗기게 된다."522)

"秋月의 土. 秋月은 金神이 當旺한 때이니 金이 많으면 土의 氣를 泄하므로 子旺母衰하게 되는데 金이 旺하면 火로써 金을 制하는 것을 기뻐한다. 身弱한 土金傷食格에 印綬인 火를 거듭 만나고 金神이 火鄕으로 들어가면 最上의 格이고, 그 다음은 盛하던 土가 木의 剋을 받아 衰하는 경우에는 金으로써 木을 制함이 마땅하다. 그러나 剋泄이 交集으로 인할 때에는 火로써 木을 化하고 金을 制하여 身을 돕는 것을 기뻐하니 秋月의 土는 火를 떠날 수 없다. 土가 이미 衰한데 많은 水를 만나면 財多身弱이 되니 이때는 比肩으로써 身을 돕는 것을 기

---

520) "十月丁火 不離甲木, 水旺用戊, 火旺用水.". 徐樂吾 註. 『窮通寶鑑』. 臺北: 武陵出版有限公司, 2004. pp.96~97.
521) "十二月丁火, 不離甲木, 水旺用戊, 火旺用水.". 徐樂吾 註. 『窮通寶鑑』. 臺北: 武陵出版有限公司, 2004. pp.96~97.
522) "生於春月, 其勢虛浮, 喜火生扶, 惡木太過, 忌水泛濫, 喜土比助. 得金而制木爲祥, 金太多仍盜土氣.". 徐樂吾 註. 『窮通寶鑑』. 臺北: 武陵出版有限公司, 2004. p.100.

뼈하며, 霜降 이후는 土旺用事523)하는 때이니 比肩의 도움이 없어도 괜찮다."524)

"辰月의 戊土는 먼저 甲木을 쓰고 그 다음은 丙火를 쓰며 癸水를 또 그 다음에 쓰는 것은 戊土가 司權하기 때문이다. 만약 地支에 火局을 이루고 壬癸水가 透出하여 印綬가 旺한데 財星을 쓴다면 반드시 富貴한다. 地支에 木局을 이루고 또 甲乙이 透出하면 이것을 官殺會黨이라 하는데, 하나의 庚金이 透出해서 官殺을 掃除하면 역시 身主는 富貴할 것이고, 庚金이 없다면 천박한 사람이니 이때는 火로서 木氣를 泄함이 마땅하다."525)

"戌月의 戊土는 當權하여 日元이 자연히 旺하니 먼저 甲木을 보고 그 다음 癸水를 취한다. 만일 金이 土氣를 泄하면 癸水를 써서 金氣를 流動시킴이 마땅하다. 金이 旺하면 火가 있어야 한다. 戌月의 戊土는 日元이 秉令하여 旺히기 때문에 財星이 旺하면 局을 이루는데 壬癸가 透出하면 오히려 富格이지만,..

---

523) 「用權 즉 권세를 씀.」 李熙昇 編著. 『국어대사전』. 서울: 民衆書林, 1999. p.2805.
524) "秋月之土, 秋月金神當旺之時, 金多泄土之氣, 爲子旺母衰, 金旺喜火以制之. 土金傷官佩印, 見火重重, 爲金神入火鄕, 上上之格, 次者盛土衰, 亦宜金以制之. 然剋泄交集, 仍喜火化木制金, 以扶身, 故秋月之土, 不離火也. 土氣已衰, 見水多, 爲才多身弱, 喜得比肩扶身, 霜降以後, 土旺用事, 則不比亦可矣.". 徐樂吾 註. 『窮通寶鑑』. 臺北: 武陵出版有限公司, 2004. p.101.
525) "三月戊土, 先甲後丙, 癸又次之, 因戊土司權故也. 若支成火局,而壬癸透, 印旺用才, 富貴必矣. 支成木局, 又甲乙出干, 此名官殺會黨, 得一庚透, 掃除官殺, 亦主富貴, 無庚乃淺薄之人, 宜用火泄木氣.". 徐樂吾 註. 『窮通寶鑑』. 臺北: 武陵出版有限公司, 2004. pp.104~107.

財가 太旺하면 比刦의 도움이 마땅하다."526)

"寅月의 己土는 餘寒이 물러나지 않았기 때문에 丙火를 귀하게 여긴다. 壬水가 많으면 戊土의 制水가 있어야 한다. 甲木이 무리를 이루면 庚金이 출현하여 甲木을 制함이 마땅하며, 만약 甲木은 많으나 庚金이 없다면 丁火를 써서 木氣를 泄氣함이 마땅하다. 혹 戊土가 무리를 이루었더라도 甲木이 透出하여 戊土를 制하면 身主는 榮顯하다."527)

辰月의 己土는 바로 곡식을 재배하는 때이니 먼저 丙火를 쓰고 그 다음에 癸水를 쓰며, 土가 따뜻하고 윤택함에 따라서 甲木을 써 疏土한다. 甲木官星이 用神이 되면 財星과 印星이 보좌가 되므로 官星을 傷害하는 庚金을 꺼린다. 혹은 온통 乙木인데 金의 制伏이 없으면 가난하거나 요절하는 命이다."528)

"亥月의 己土는 丙火의 따뜻함이 아니면 만물을 生할 수 없다. 초겨울에 壬水가 旺하면 戊土를 취하여 水를 制하여야 하고, 土가 많으면 甲木을 취하여 疏土하여야 한다. 대개 三冬의 己

---

526) "九月戊土當權, 日元自旺, 先看甲木, 次取癸水. 如見金泄土之氣, 宜用癸水以流動金氣. 金旺宜佩印也. 九月戊土, 日元秉令而旺, 故財旺成局, 壬癸透干, 反爲富格, 財太旺宜比刦助之.". 徐樂吾 註. 『窮通寶鑑』. 臺北: 武陵出版有限公司, 2004. pp.114~115.
527) "正月己土, 餘寒未退, 故丙爲尊, 壬多要見戊制, 一派甲木, 宜有庚出制之, 若甲多無庚, 宜用丁泄, 或一派戊土, 有甲出制, 又主榮顯.". 徐樂吾 註. 『窮通寶鑑』. 臺北: 武陵出版有限公司, 2004. pp.121~122.
528) "三月己土, 正裁培禾稼之時. 先丙後癸, 土暖而潤, 隨用甲疏. 以甲木官星爲用, 才印爲輔, 故以見庚金傷官爲忌也. 或一片乙木, 無金制伏, 貧夭之命.". 徐樂吾 註. 『窮通寶鑑』. 臺北: 武陵出版有限公司, 2004. pp.123~124

- 315 -

土는 천간에 壬水를 만나면 전답이 호수에 침수된 것과 같으니
이러한 사람은 孤苦한 삶을 살게 되지만 만약 火를 만나면 고
독하지 않고 土를 만나면 가난하지 않다. 庚辛이 무리를 이루고
있을 때 丙火를 써 食傷을 制할 경우, 즉 身弱한 土金傷官에
印綬를 띠고 있다면 極富極貴의 命이다."529)

"春月에 태어난 金은 아직 寒氣가 다 가시지 않았을 때이니 火
가 없어서는 안 된다. 다만 金氣가 休囚한 때로 체질이 유약하
니 火가 旺하면 녹아버릴 염려가 있으니 반드시 두터운 土로
보좌하고 比刦으로 扶助하면 煞印相生格이 되어 바야흐로 大
格을 이룬다. 이른바 金이 器物을 이루지 못했을 때 火를 얻고
자 하는 것이 이것이다. 金이 弱한데 水를 만나면 泄氣되고 木
을 만나면 힘이 손상되기 때문에 春月의 金이 食傷生才로 쓰면
上等의 格이 되지 못하는 것이다."530)

"寅月의 庚金은 絶地에 臨하여 반드시 土가 있어 金을 生하여
야만 극도로 약해진 象에서 다시 소생할 수 있으니 土가 없으

---

529) "十月己土, 非丙暖不生, 初冬壬旺, 取戊土制之, 土多·取甲木疏之. 凡三冬己土, 見壬水出干, 爲水浸湖田, 此入孤苦, 若見火不孤, 見土不貧. 見一波庚辛, 而用丙火制傷, 爲土金傷官佩印, 極富極貴之命.". 徐樂吾 註. 『窮通寶鑑』. 臺北: 武陵出版有限公司, 2004. pp.120~130.
530) "春月之金, 餘寒未盡, 不能缺火. 但時値休囚, 體柔質弱, 火旺有鎖鎔之虞, 故必欲厚土爲輔, 比刦扶助, 煞印相生, 方成大格, 所謂金未成器, 欲得見火是也. 金弱見水泄氣, 見木損力, 故春金用食傷生才, 格非上等.". 徐樂吾 註. 『窮通寶鑑』. 臺北: 武陵出版有限公司, 2004. p.133.

면 이것을 보조할 수 없다. 그런데 寅月은 木이 旺하여 土를 剋하는 때로서 土가 있다 하더라도 모두 死하고 寒土가 동결한 상태이니 金을 生할 수 없다. 丙火가 있으면 土를 生하고 金을 따뜻하게 하여 萬般이 모두 활기를 띠어 反生의 功을 이룰 수 있으니 丙火가 가장 필요한 用神이다. 土가 많으면 또한 金이 매몰될 두려움이 있으니 木을 써서 疏土함이 마땅하고, 火가 많으면 土를 쓰고, 地支에 火局을 이루었으면 壬水를 쓴다. 身旺하여 官星을 쓸 경우 財와 印綬의 보좌가 있어야 한다. 木이 金에게 傷害를 받는다는 것은, 比刦이 지나치게 많으면 반드시 官殺로 比刦을 制하여야 財星이 존재하게 된다는 것이다. 혹 丙火를 쓰는데 丙火가 癸水를 만나 困한데 戊土의 救함이 없거나 壬水를 쓰는데 壬水가 戊土를 만나 困한데 甲木의 救함이 없으면 모두가 平人에 불과하다."531)

"巳月의 庚金은 巳宮이 丙·戊의 祿地이며 庚金의 長生地이니 庚金이 비록 火旺地에 태어났다 하더라도 戊土가 있어 化煞하니 金이 鎔解되기에 이르지는 않는다. 다만 氣勢가 弱하기 때문에 여름의 金은 戊土쓰기를 기뻐하며 火土가 偏燥하면 壬水

---

531) "正月庚金臨絶, 必須有土生之, 爲弱極復生之象, 是輔助不能無土也. 然正月木旺剋土, 有土皆死, 寒土凍結, 不能生金. 得丙火生土暖金, 則滿盤皆活, 功成反生, 故丙火爲最要用神治. 土厚又懼埋金, 則宜用木疏之, 火多用土, 支成火局用壬. 身旺, 用官不離才印爲佐. 木被金傷者, 比刦太多. 須有官煞制刦以存才. 或用丙, 而丙遭癸困, 無戊土爲救, 用壬·而壬遭戊困, 爲甲木爲救, 皆係平人.". 徐樂吾 註. 『窮通寶鑑』. 臺北: 武陵出版有限公司, 2004. pp.136~137.

로서 救해야 한다. 地支에 金局을 이루었으면 弱이 변하여 强하게 되었으니 반드시 丁火를 써야 한다. 庚金이 巳月에 태어났을 경우에 水를 취하여 土를 潤澤하게 하여야 金을 生할 수 있고 火가 旺한데 水가 없으면 土를 취하여 火氣를 泄해야 한다."532)

"午月의 庚金은 午月에 丁己가 同宮에서 官印이 相生하며 특히 火炎土燥한 때이니 水를 써서 火를 破하고 土를 윤택하게 하지 않으면 金을 보전시킬 수 없으므로 壬水를 專用하고 癸水를 그 다음으로 취하는데, 戊己土가 투간하여 水를 制하는 것을 절대 꺼린다. 地支가 火局을 이루고 있으면 水로서 制하지 않으면 안 되니 水가 救援의 神이 되는데 이때 戊己土가 用神인 水를 傷하게 해서는 안 되며, 水가 없을 경우에는 土를 써서 火氣를 泄해 官印이 相生하면 역시 높은 곳에 출입할 수 있다."533)

"未月의 庚金은 三伏의 때로 庚金에 寒氣가 生하여 土가 旺하니 金이 氣를 얻기 때문에 먼저 丁火를 쓰고 그 다음으로 甲木

---

532) "四月庚金, 巳宮丙戊得祿, 庚金長生, 庚金雖生於火旺之地, 有戊土化煞, 不致鎔金也. 但氣勢弱耳, 故夏金喜用戊土, 火土偏燥, 壬水爲救. 支成金局, 變弱爲强, 須用丁火, 庚生四月, 取水潤土以生金, 火旺無水, 取土泄火之氣.". 徐樂吾 註. 『窮通寶鑑』. 臺北: 武陵出版有限公司, 2004. pp.141~142.
533) "五月庚金, 五月丁己同宮, 官印相生, 特火炎土燥, 非用水破火潤土, 不能存金, 故專用壬水, 癸水次之, 切忌戊己透干制水. 支成火局, 非有水制不可, 以水爲救, 不可見戊己傷用, 無水·則用土以泄火氣, 官印相生, 亦可出入頭地.". 徐樂吾 註. 『窮通寶鑑』. 臺北: 武陵出版有限公司, 2004. pp.142~143.

을 취하여야 한다. 身旺하면 財·官을 기뻐하고 身弱하면 金水의 生扶를 기뻐한다. 丁火가 用神인 경우에 癸水가 用神을 傷함을 꺼린다. 地支에 土局이면 甲木을 먼저 쓰고 丁火를 나중에 쓴다. 혹 四柱에 金이 많으면 丁火가 透出하여 金을 制하면 공을 세워 이름이 널리 알려진다."534)

"申月의 庚金은 剛銳함이 極에 이르렀으니 丁火를 專用하여 煆煉하고 그 다음 木을 取하여 引丁하여야 한다. 혹 地支에 土局을 이루면 먼저 甲木을 쓰고 나중에 丁火를 쓴다."535)

"酉月의 庚金은 月슈이 酉金으로 陽刃이 秉令하니 金氣가 가장 剛銳하고 때가 깊은 가을이니 寒氣가 점점 심해지므로 丙·丁을 아울러 쓰는데 丁火로 庚金을 煆治하고 다시 丙火로 寒氣를 해제하여야 한다. 酉月庚金의 煞印格은 陽刃이 당연히 旺하고 煞이 退氣하니 마땅히 財의 生함이 있어야 한다.536)

"戌月의 庚金은 戊土가 司슈하니 土厚埋金을 가장 두려워하므로 먼저 甲木으로 疏土하고 나중에 壬水로 淘洗하면 金은 저절로 나오게 되는데 壬水를 濁하게 하는 己土가 나타나는 것을

---

534) "六月庚金, 三伏庚生寒, 土旺而金得氣, 故先用丁火, 次取甲木. 身旺喜財官, 身弱喜金水生扶. 用丁·忌癸水傷用. 支會土局, 甲先丁後. 或柱多金, 有丁出制, 功名.". 徐樂吾 註. 『窮通寶鑑』. 臺北: 武陵出版有限公司, 2004. p.144.
535) "七月庚金, 剛銳極矣, 專用丁火煆煉, 次取木引丁. 或支成土局, 先甲後丁.". 徐樂吾 註. 『窮通寶鑑』. 臺北: 武陵出版有限公司, 2004. pp.145~146.
536) "八月庚金, 月垣酉金, 陽刃秉令, 金氣最爲剛銳, 時屆深秋, 寒氣漸重, 故須丙丁並用, 以丁火煆治庚金, 更以丙火解制寒氣. 八月庚金之煞刃格, 刃當旺, 煞退氣, 宜用才生.". 徐樂吾 註. 『窮通寶鑑』. 臺北: 武陵出版有限公司, 2004. p.147.

꺼린다. 혹 地支(지지)에 水局(수국)을 이루면 丙火(병화)가 투출하여 救濟(구제)하여야 한다."537)

"亥月(해월)의 庚金(경금)은 水性(수성)이 寒冷(한랭)한 때이니 丁火(정화)가 아니고서는 鑄造(주조)할 수 없고 丙火(병화)가 아니고서는 따뜻하게 할 수 없다. 丁火(정화)를 쓸 경우에는 甲木(갑목)을 떠날 수 없으며 丁火(정화)가 主(주)가 되면 丙甲(병갑)이 輔佐(보좌)가 된다."538)

"子月(자월)의 庚金(경금)은 天氣(천기)가 嚴寒(엄한)하니 丁甲(정갑)을 취하고 그 다음 丙火(병화)의 따뜻하게 비춤을 取(취)한다. 혹 丙丁(병정)이 太多(태다)하면 官殺混雜(관살혼잡)이라 하여 가장 좋지 않고, 또한 日主(일주)가 弱(약)하니 損傷(손상)이 있을까 두렵다."539)

"丑月(축월)의 庚金(경금)은 寒氣(한기)가 太重(태중)하고 또 溼泥(습니)가 많아 더욱 寒凍(한동)하니 먼저 丙火(병화)를 취하여 解凍(해동)하고 그 다음 丁火(정화)로 煉金(련금)하여야 하며 甲木(갑목) 역시 적어서는 안 된다."540)

"辰月(진월)의 辛金(신금)은 戊土(무토)가 司令(사령)할 때이니 甲木(갑목)이 없어서는 안 되고 辛金(신금)의 秀氣(수기)를 泄(설)하는 壬水(임수)가 없어서도 안 된다. 壬水(임수)와 甲

---

537) "九月庚金, 戊土司令, 最怕土厚埋金, 宜先用甲疏, 後用壬洗, 則金自出矣, 忌見己土濁壬. 或支成水局, 丙透救之.". 徐樂吾 註. 『窮通寶鑑』. 臺北: 武陵出版有限公司, 2004. pp.148~149.

538) "十月庚金, 水冷性寒, 非丁莫造, 非丙不暖. 用丁不離甲木, 丁爲主, 丙甲爲佐.". 徐樂吾 註. 『窮通寶鑑』. 臺北: 武陵出版有限公司, 2004. p.150.

539) "十一月庚金, 天氣嚴寒, 仍取丁甲, 次取丙火照暖, 或丙丁太多, 名官煞混雜最無良, 又怕身輕有損傷.". 徐樂吾 註. 『窮通寶鑑』. 臺北: 武陵出版有限公司, 2004. p.151~152.

540) "十二月庚金, 寒氣太重, 且多溼泥, 愈寒愈凍, 先取丙火解凍, 次取丁火煉金, 甲亦不可少.". 徐樂吾 註. 『窮通寶鑑』. 臺北: 武陵出版有限公司, 2004. p.153.

木이 모두 透干하면 富貴가 다 같이 완전하다. 혹 地支에 四庫를 만나면 土厚埋金이라 하니 甲木의 制함을 보지 않으면 우매하고 頑惡한 무리다. 혹 四柱에 火가 많은데 水의 制伏이 없으면 火土雜亂이라 하여 緇衣를 입을 命이지만 癸水를 보게 되면 解救된다. 혹 比刼이 중첩하면 壬癸가 淺弱하니 요절하기 쉬운데 甲木이 天干에 나타나면 貴하게 되지만 庚金이 甲木을 制하지 않아야 비로소 妙하다."541)

"巳月의 辛金은 때가 여름의 시작이니 丙火의 燥烈함을 꺼리고 壬水의 淘洗함을 기뻐한다. 地支에 金局을 이루었으면 水가 天干에 透出하고 木이 있어 戊土를 制하면 一淸澈底, 科甲功名이라 한다. 대개 火旺한데 水가 없으면 土를 취하여 火氣를 泄하여야 한다."542)

"午月의 辛金은 丁火가 司權하는 때이니 辛金이 失令하고 陰柔함이 極에 이르렀으니 煆煉함은 마땅하지 않고 반드시 己土와 壬水를 兼用하여야 한다. 壬水가 없으면 己土가 溼하지 않고 己土가 없으면 辛金이 生하지 않기 때문에 壬水와 己土를

---

541) "三月辛金, 戊土司令之時, 不能缺甲, 泄辛金之秀, 不能無壬, 壬甲兩透, 富貴兼全, 或支見四庫, 名土厚埋金, 不見甲制, 愚頑之輩. 或四柱火多, 無水制伏, 名火土雜亂, 主作緇衣, 見癸可解. 或比刼重重, 壬癸淺弱, 主夭, 有甲出干, 則貴, 然無庚制方妙.". 徐樂吾 註. 『窮通寶鑑』. 臺北: 武陵出版有限公司, 2004. p.159.
542) "四月辛金, 時逢首夏, 忌丙火之燥烈, 喜壬水之洗淘. 支成金局, 水透出干, 有木制戊, 名一淸澈底, 科甲功名. 凡火旺無水, 取土泄之.". 徐樂吾 註. 『窮通寶鑑』. 臺北: 武陵出版有限公司, 2004. p.160.

並用하여야 한다. 壬水가 없으면 癸水를 역시 쓸 수 있으나 다만 癸水는 힘이 弱하다. 午月의 辛金은 壬水가 透出하여 火를 破하여야 바야흐로 좋다. 午月의 辛金은 지극히 柔弱하니 반드시 印綬를 써야한다. 그러나 仲夏는 火가 旺한 때로 土가 燥하여 金을 生할 수 없으므로 반드시 壬水를 兼用하여야 하며 壬水를 씀으로서 土를 윤택하게 할 수 있다. 만약 水土가 過多하여 丁火를 剋泄함이 太過하면 반드시 甲木이 있어 土를 制하고 水를 泄하며 火를 生하여야 바야흐로 배합되어 中和를 얻게 된다."543)

"未月의 辛金은 진흙이 말라 灰가 되니 반드시 壬水를 취하여 土를 윤택하게 하여야 하고 庚金을 보좌로 삼는다. 壬水를 쓸 경우 戊土가 天干에 나타나는 것을 꺼리니 반드시 甲木으로 救하여야 하고, 甲木을 쓸 경우 庚金이 甲木을 制하는 것을 꺼린다. 未月은 己土를 쓰든 혹 丁乙을 쓰든 막론하고 만약 壬水의 배합이 없으면 결국 偏枯함에 속하니 부귀를 취할 수 없다."544)

---

543) "五月辛金, 丁火司權, 辛金失令, 陰柔之極, 不宜煆煉, 須己壬兼用. 己無壬不溼, 辛無己不生, 故壬己並用. 無壬, 癸亦可用, 但癸力小. 五月辛金, 得壬透破火方可. 五月辛金, 柔弱之極, 必須用印. 無如仲夏火旺之時, 土燥不能生金, 故必須兼用壬水, 用壬所以潤土也. 若水土過多, 剋泄丁火太過, 則又須見甲木, 制土·泄水·生火, 方能配得中和.". 徐樂吾 註. 『窮通寶鑑』. 臺北: 武陵出版有限公司, 2004. pp.161~162.
544) "六月辛金, 燥泥成灰, 必取壬水潤土, 庚金爲佐. 用壬, 忌戊土出干, 必須甲木爲救, 用甲木, 又忌庚金制甲. 未月不論用己土·或丁乙, 若無壬水配合, 總屬偏枯, 不能取富貴也.". 徐樂吾 註. 『窮通寶鑑』. 臺北: 武陵出版有限公司, 2004. pp.162~163.

"여름의 水, 여름에는 물이 마르는 때이고 또 水의 絶地가 되니 比肩의 扶助를 얻고 다시 마땅히 金으로서 生하여 刧印을 함께 만나면 生扶의 아름다움이 있다. 火旺하면 涸하고 土가 旺하면 乾하고 木이 旺하면 氣勢를 泄하여 弱水가 되니 모두가 마땅한 바가 아니다."545)

"가을의 水, 水가 가을에 生하면 旺한 金이 相生하여 淸瑩澄澈하니 戊土로서 制함을 기뻐하나 己土는 혼탁하여 꺼리므로 木火를 씀이 마땅하다. 火가 많으면 財가 풍족하며 木이 많으면 자식이 영화롭다. 만약 水勢가 범람하면 반드시 戊土로서 제방을 쌓아야 곧 軌道에 들어가고 물이 알맞게 流通한다. 己土를 만나면 水를 그치게 하지 못할 뿐만 아니라 오히려 壬水를 濁하게 하므로 三秋의 壬水는 官星을 用神으로 삼는 것을 꺼린다."546)

"三春壬水, 三春은 木이 旺하여 설기가 太重하니 印綬를 써서 食傷을 制하고 身을 도와야 한다. 寅月의 壬水는 水性이 柔弱하니 比肩과 羊刃이 없는 命造이면 戊土를 쓸 필요가 없고 庚金을 專用한다. 刧刃이 있어 水勢가 泛濫하면 반드시 戊土가

---

545) "夏月之水, 夏月乾涸之時, 又爲水之絶地, 得比肩扶助, 更須金以生之, 刧印並見, 乃得生扶之未. 火旺則涸, 土旺則乾, 木旺·則氣勢泄弱, 皆非所宜也.". 徐樂吾 註. 『窮通寶鑑』. 臺北: 武陵出版有限公司, 2004. p.175.
546) "秋月之水, 水生於秋, 有旺金相生, 淸瑩澄澈, 喜戊土爲制, 忌己土混濁, 宜木火爲用. 火多財盛, 木多子榮. 若水勢泛濫, 必須戊土隄防, 姑得入於軌道, 水宜流通. 見己土·不能止水, 反而濁壬, 故三秋壬水, 忌用官星也.". 徐樂吾 註. 『窮通寶鑑』. 臺北: 武陵出版有限公司, 2004. p.176.

- 323 -

있어 水를 制하고, 또한 반드시 丙火가 투출하여야 春江의 날이 따뜻해지고 서로 비추어 빛을 이룬다. 만약 四柱에 戊土가 많으면 반드시 甲木으로 戊土를 制함이 있어야 한다."547)

"卯月의 壬水는 辛金이 水源이고 戊土는 堤防이 되는데 煞印相生이면 功名이 顯達하다. 혹 地支에 木局을 이루었는데 庚金이 透出하면 과거에 급제한다. 혹 木이 투출하고 火가 많으면 木盛火炎이라 하는데 이때는 比肩羊刃이 있어야 하는데 水가 투출하는 것이 더욱 마땅하다. 혹 比肩이 重重하면 반드시 土가 있어야 한다. 甲乙이 重重하고 比肩이 없는 命造는 庚辛金을 만나 水를 生하고 木을 制하여야 한다."548)

"辰月의 壬水는 戊土가 司權하여 산을 밀어 바다를 막는 患이 있을까 두려우니 먼저 甲木을 써서 季土를 疏土하고 그 다음으로 庚金을 取하여 水源을 삼는다. 만약 水가 旺한데 많은 金을 만나면 金은 가라앉고 水는 寒하니 반드시 丙火로 庚金을 制하고 더욱이 戊土로 水를 制하여야만 바야흐로 妙하게 된다."549)

---

547) "三春壬水, 三春木旺, 泄氣太重, 用印制食以扶身. 正月壬水, 水性柔弱, 無比肩羊刃者, 不必用戊, 專用庚金. 有劫刃, 水勢泛濫, 必有戊制水, 更須透丙, 春江日暖, 相映成輝. 若四柱戊土太多, 須有甲制戊.". 徐樂吾 註. 『窮通寶鑑』. 臺北: 武陵出版有限公司, 2004. pp.181. 178~179.
548) "二月壬水, 辛金發水源, 戊土爲隄防, 煞印相生, 功名顯達. 或支成木局, 有庚透者, 金榜題名. 或木出火多, 名木盛火炎, 須比肩羊刃, 尤宜水透. 或比肩重重, 又須戊土. 甲乙重重無比肩者, 見庚辛生水制木.". 徐樂吾 註. 『窮通寶鑑』. 臺北: 武陵出版有限公司, 2004. pp.179~180.
549) "三月壬水, 戊土司權, 恐有推山塞海之患, 先用甲疏季土, 次取庚金. 若水旺而多

"三夏壬水. 三夏는 火가 盛하니 財星이 旺하고 身은 弱하니 比刼을 써서 才를 나누고 身을 幫助하여야 한다. 巳月의 壬水는 丙火가 司權하므로 水가 極히 弱하니 壬水 比肩을 專用하여 도우고 그 다음 發水源인 辛金을 취하는데, 또 丙火가 辛金과 暗合하면 庚金으로 보좌한다. 혹 四柱에 金이 많고 得地하면 弱이 極에 이르렀다가 다시 强해지니 반드시 巳中의 戊土를 써야 한다. 혹 甲乙이 많더라도 庚金이 出干하면 貴하다. 地支에 水局을 이루어 壬水가 得地한 때 月令에 才煞이 秉令한 眞神을 얻어 用神으로 하면 반드시 大貴한다."550)

"午月의 壬水는 丁火가 旺하고 壬水가 弱하니 癸水를 취하여 用神으로 삼고 庚金을 취하여 보좌한다."551)

"未月의 壬水는 己土가 當權하고 丁火는 退氣하니 먼저 辛金과 癸水를 쓰고 다음으로 甲木을 써서 土를 疏通하여야 한다. 甲乙이 透出하여 土를 制하면 從으로 論하지 않는다. 만약 地支에 木局을 이루어 水를 泄함이 太過하면 마땅히 金水를 用

見庚金, 金沉水寒, 須丙制庚, 更宜戊土制水, 方妙.". 徐樂吾 註. 『窮通寶鑑』. 臺北: 武陵出版有限公司, 2004. pp.180~181.
550) "三夏壬水. 三夏火盛, 才旺身弱, 用比刼分才以幫身. 四月壬水, 丙火司權, 水弱極矣, 專取壬水比肩爲助, 次取辛金發源, 且暗合丙火, 庚金爲佐. 或四柱多金得地, 則弱極復强, 須用巳中戊土. 或多甲乙, 有庚出干者, 貴. 支成水局, 壬水得地, 月垣才煞秉令, 眞神得用, 必然大貴.". 徐樂吾 註. 『窮通寶鑑』. 臺北: 武陵出版有限公司, 2004. pp.181~183.
551) "五月壬水, 丁旺壬弱, 取癸爲用, 取庚爲佐.". 徐樂吾 註. 『窮通寶鑑』. 臺北: 武陵出版有限公司, 2004. p.183.

神으로 하여야 한다."552)

"申月의 壬水는 庚金이 司令하고 壬水가 申에서 長生하여 근원이 멀리서부터 흘러오니 弱이 변하여 强하게 되므로 戊土를 專用하고, 그 다음 丁火를 취하여 戊土를 輔佐하고 庚金을 制한다. 煞星인 土가 强하면 반드시 甲木食神으로 制煞하여야 하고 甲木이 무리를 이루고 또 火가 많으면 泄氣가 太重한데 이때는 반드시 印綬를 써야한다."553)

"申月의 癸水는 庚金이 司令하여 剛銳가 極에 이르렀으니 반드시 金을 制하는 丁火를 用神으로 삼고, 丁火는 午戌未에 通根하여야 妙하다. 혹 丁火가 透出하고 甲木이 있으면 반드시 命主는 과거에 급제한다."554)

"戌月의 癸水는 淸輕하니 戊土의 剋함이 마땅하지 않으므로 반드시 甲木으로 戊土를 制하여야 한다. 오직 戌月은 癸水가 失令하고 甲木이 역시 마르니 甲木을 써 戊土를 制하려면 반드시 比肩의 滋潤함이 있어야 비로소 戊土를 制하는 功을 이

---

552) "六月壬水, 己土當權, 丁火退氣, 先用辛金癸水, 次用甲木劈土. 甲乙出制, 不作從論. 若支成木局, 泄水太過, 仍當以金水爲用也.". 徐樂吾 註. 『窮通寶鑑』. 臺北: 武陵出版有限公司, 2004. pp.184~185.
553) "七月壬水, 庚金司令, 壬得申之長生, 源流自遠, 轉弱爲强, 專用戊土, 次取丁火火佐戊制庚. 煞强, 須得甲木食神制之, 一派甲木, 又見火多, 泄氣太重, 必須用印.". 徐樂吾 註. 『窮通寶鑑』. 臺北: 武陵出版有限公司, 2004. pp.185~186.
554) "七月癸水, 庚司令, 剛銳極矣, 必丁火制金爲用, 丁火以通根午戌未爲妙. 或丁透有甲, 必主科甲.". 徐樂吾 註. 『窮通寶鑑』. 臺北: 武陵出版有限公司, 2004. p.195. 203.

룰 수 있으니 그 중요한 점은 곧 發水源인 辛金에 있는 것이다. 그러므로 用神은 辛金에 있으며 甲癸는 輔佐가 된다."555)

"亥月의 癸水는 亥中에 長生하는 甲木으로 因하여 元神이 泄氣되어 흩어지면 마땅히 庚·辛을 써야하고, 水가 많으면 戊土를 쓰고, 金이 많으면 丁火를 쓴다. 혹 壬水가 무리를 이루고 있을 경우에 戊土가 透干하여 제방이 되면 淸貴를 자랑할 수 있다. 혹 庚辛이 무리를 이루고 있을 경우에 丁火가 투출하여 金을 制하면 命主는 名利雙全한다. 原局에 火가 많아 才旺身弱하면 比刦과 印綬를 씀이 마땅하다."556)

넷째, 調候用神의 기준이 되는 되는 寒暖·燥濕문제도 다루고 있다. 甲 乙 丙 丁 戊의 天干과 寅 卯 巳 午 未 戌의 地支는 暖·燥하고, 己 庚 辛 壬 癸의 天干과 申 酉 亥 子 丑 辰의 地支는 寒·濕하다. 따라서 四柱原局에서 甲 乙 丙 丁 戊의 天干과 月支를 포함한 寅 卯 巳 午 未 戌의 地支가 己 庚 辛 壬 癸의 天干

---

555) "九月癸水淸輕, 不宜戊土之剋, 故須甲木制之. 唯九月癸水失令, 甲木亦枯, 用甲制戊, 必須比肩滋潤, 方能成制戊之功, 而其重要之點, 乃在辛金發水之源也, 故用在辛金, 甲癸爲佐.". 徐樂吾 註. 『窮通寶鑑』. 臺北: 武陵出版有限公司, 2004. p.195. 205.
556) "十月癸水, 亥中甲木長生, 泄散元神, 宜用庚辛, 水多用戊, 金多用丁. 或一派壬水, 若得戊透隄防, 淸貴堪誇. 或一派庚辛, 得丁出制, 主名利雙全. 四柱火多, 才旺身弱, 宜用刦印.". 徐樂吾 註. 『窮通寶鑑』. 臺北: 武陵出版有限公司, 2004. pp.195. 206~207.

과 申_신 酉_유 亥_해 子_자 丑_축 辰_진의 地支_{지지}보다 많으면 燥熱_{조열}한 命造_{명조}이므로 寒_한濕_습한 干支_{간지}를 기뻐하고, 己 庚 辛 壬 癸_{기 경 신 임 계}의 天干_{천간}과 月支_{월지}를 포함한 申_신 酉_유 亥_해 子_자 丑_축 辰_진의 地支_{지지}가 甲 乙 丙 丁 戊_{갑 을 병 정 무}의 天干_{천간}과 寅 卯_{인 묘} 巳 午 未 戌_{사 오 미 술}의 地支_{지지}보다 많으면 寒濕_{한습}한 命造_{명조}이므로 燥熱_{조열}한 干支_{간지}를 기뻐한다. 이 調候用神_{조후용신}에 대해서 『窮通寶鑑_{궁통보감}』에서 말하고 있는 내용을 살펴보면 아래와 같다.

"水_수가 旺_왕하면 火_화가 用神_{용신}이 되고 火_화가 많으면 水_수가 用神_{용신}이 된다."557)

"子月_{자월}의 甲木_{갑목}은 木性_{목성}에 寒氣_{한기}가 生_생하니 丁火_{정화}를 먼저 쓰고 庚金_{경금}을 나중에 쓰며 丙火_{병화}를 보좌한다. 癸水_{계수}가 투출하면 반드시 戊_무己土_{기토}의 구제가 있어야 하고 壬水_{임수}가 투출하여 丁火_{정화}를 쓸 수 없을 경우에는 반드시 丙火_{병화}의 투출함이 있어야 바야흐로 妙_묘하다. 冬木_{동목}은 本性_{본성}이 收斂_{수렴}하므로 丁火_{정화}를 써서 庚金_{경금}을 制_제하거나 庚金_{경금}을 써서 甲木_{갑목}을 쪼개어야 한다."558)

"丑月_{축월}의 甲木_{갑목}은 本性_{본성}이 마르니 庚金_{경금}을 써서 甲木_{갑목}을 쪼개지 않으면 丁火_{정화}를 끌어당길 수 없고, 丁火_{정화}를 쓰지 않으면 木性_{목성}이 활

---

557) "水旺用火, 火多用水.". 徐樂吾 註. 『窮通寶鑑』. 臺北: 武陵出版有限公司, 2004. p.5.
558) "十一月甲木, 木性生寒, 丁先庚後, 丙火佐, 癸透必須戊己爲救, 壬透則丁火不能用, 必須有丙火透出方妙. 冬木本性收斂, 用丁制庚, 用庚劈甲.". 徐樂吾 註. 『窮通寶鑑』. 臺北: 武陵出版有限公司, 2004. p.29.

동할 수 없기 때문에 발전할 가능성이 없다. 그러므로 반드시 庚丁을 써야 되는데 丁火가 중요하고 甲木을 쪼개는 庚金은 보좌가 되며 庚丁이 둘 다 투출하면 富貴한 命造다. 비록 庚金이 있다 하더라도 丁火가 없어서는 안 되며, 庚金은 없다 하더라도 그런 대로 쓸 수 있지만, 丁火가 없으면 無用之物이다."559)

"午月의 乙木은 丁火가 권세를 주관하는 때로 곡식이 모두 가뭄을 만났으니 四柱에 金水가 많으면 丙火를 먼저 쓰고 나머지는 모두 癸水를 먼저 쓴다."560)

"巳月은 丁火가 乘旺한 때로 火勢가 위로 타오르니 반드시 壬水를 취하여 火炎을 해소하고 庚金으로 보좌하여야 하며 壬水가 없으면 癸水를 쓴다."561)

"夏月에 生한 土는 그 勢가 燥烈하니 旺盛한 水를 얻어 滋潤하여야 功을 이룬다. 旺火가 달구어서 土가 말라 터지는 것을 꺼리고 木이 火를 도와 炎上하면 水로써 剋하여야 장애가 없고, 金이 生하여 水가 범람하면 妻才에 유익하다. 比肩을 만

---

559) "十二月甲木, 木性枯槁, 非用庚金劈甲, 不能引丁火, 非用丁火, 木性不活動, 無發展之可能. 故必以庚丁爲用, 丁爲主要, 庚金劈甲爲助, 庚丁兩透, 富貴之造, 雖有庚金, 丁不可少, 乏庚略可, 乏丁無用.". 徐樂吾 註. 『窮通寶鑑』. 臺北: 武陵出版有限公司, 2004. pp.30~31.
560) "五月乙木, 丁火司權, 禾稼俱旱, 柱多金水, 丙火爲先, 餘皆用癸水爲先.". 徐樂吾 註. 『窮通寶鑑』. 臺北: 武陵出版有限公司, 2004. p.41.
561) "四月丁火乘旺, 火勢炎上, 必取壬水解炎, 庚金爲佐, 無壬用癸.". 徐樂吾 註. 『窮通寶鑑』. 臺北: 武陵出版有限公司, 2004. p.86.

나면 塞滯(색체)되어 不通(불통)하는데 만일 太過(태과)하면 木(목)으로 剋(극)하는 것이 마땅하다."562)

"겨울의 土(토), 겨울에는 陽氣(양기)가 안으로 수렴되므로 土(토)가 밖은 춥고 안은 따뜻하지만 嚴冬雪寒(엄동설한)한 때이니 調候(조후)가 시급하다. 一陽(일양)이 높은 곳에서 비춰주면 萬象(만상)에 봄이 돌아오는 것과 같이 冬月(동월)의 土(토)는 역시 丙火(병화)를 떠날 수 없는 것이다. 만약 地支(지지)에 巳午寅戌(사오인술)이 있으면 토기가 온난하기 때문에 財星(재성)을 用神(용신)으로 하든 食傷(식상)을 用神(용신)으로 하든 다 아름답다. 水(수)는 土(토)의 財星(재성)이니 水(수)旺(왕)하면 財(재)가 풍부하고, 金(금)은 土(토)의 子(자)이니 金(금)이 많으면 자식이 수려한데 오직 財星(재성)을 用神(용신)으로 하거나 食傷(식상)을 用神(용신)으로 할 때는 모두 원국에 火(화)가 旺盛(왕성)해서 土(토)가 따뜻해야 한다는 것이 先決條件(선결조건)이다. 그렇지 않으면 반드시 調候(조후)가 급하므로 金水(금수) 모두를 用神(용신)으로 할 수 없는 것이다. 原局(원국)에 火(화)가 있어 調候(조후)가 되면 木(목)은 많더라도 火(화)를 生助(생조)하면서 土(토)를 疏土(소토)하기 때문에 겨울의 土(토)는 火(화)를 用神(용신)으로 하고 甲木(갑목)으로 보좌하는 것을 기뻐하니 비록 많다고 하더라도 허물이 없다. 만약 金(금)이나 水(수)나 木(목)을 用神(용신)으로 삼는다면 반드시 印綬(인수)가 있어 身强(신강)하고 土(토)를 따뜻하게 하여야 하며 더욱 比刦(비겁)이 日主(일주)를 돕고 있어야 身主(신주)가 康强(강강)하여 오래 살고 상서롭게 되는 것이다."563)

---

562) "夏月之土, 其勢燥烈, 得盛水滋潤成功, 忌旺火煆煉焦坼, 木助火炎, 水剋無碍, 金生水泛, 妻才有益. 見比肩蹇滯不通, 如太過又宜木剋." 徐樂吾 註. 『窮通寶鑑』. 臺北: 武陵出版有限公司, 2004. p.101.

"午月의 己土, 여름에 태어난 己土는 癸水를 우선으로 하여 기후의 調和를 이루어야 한다."564)

"亥月의 辛金은 壬水의 淘洗를 기뻐하지만 亥月에 生하면 반드시 丙火를 취하여야 하는 것은 寒氣가 漸增하기 때문이다. 丙火가 있으면 水暖金溫하고 壬水가 있으면 金白水淸하다. 亥月은 小陽春이니 木氣가 萌動할 때인데 丙火의 餘光이 反照하면 역시 활동의 氣가 있게 되므로 능히 발달할 수 있다. 壬水가 많은 경우에 戊土의 制함이 있으면 傷官佩印으로 반드시 居積致富한다. 戊土가 많고 壬水가 적으면 原局에 印綬가 旺한 것인데 이때 傷官運으로 行하면 身主는 이름이 난다."565)

"겨울의 水, 冬令은 水가 旺한 때로 寒冷의 위세가 나날이 重하여 물이 엉기어 얼음이 되니 반드시 丙火로 따뜻함을 증가시켜 寒함을 制하여야 하기 때문에 冬月의 水는 丙火가 없어서는

---

563) "冬月之土, 冬月陽氣內斂, 故土外寒而內溫, 在嚴寒之時, 調候危急. 一陽高照, 萬象回春, 故冬月之土, 亦不離乎丙火也. 若支有巳午寅戌, 土氣溫暖, 則用才, 用食傷, 皆美. 水土之才也, 水旺則才豊, 金·土之子也, 金多則子透, 惟用才·用食傷, 皆以原局火盛土暖爲先決條件. 否則, 須以調候危急, 金水皆不能用矣. 原局有火調候, 見木多助火而疏土, 故冬月之土, 用火喜以甲木爲佐, 雖多無咎也. 如用金·用水, 或用木, 必須身强有印暖之, 更須有比刦助之, 則身主康强, 壽考維祺矣.". 徐樂吾 註. 『窮通寶鑑』. 臺北: 武陵出版有限公司, 2004. pp.101~102.
564) "五月己土, 生於夏令, 調和氣候, 癸水爲先.". 徐樂吾 註. 『窮通寶鑑』. 臺北: 武陵出版有限公司, 2004. pp.124~125.
565) "十月辛金, 喜壬水淘洗, 而生於十月, 必兼取丙火者, 因寒氣漸增也. 得丙火爲水暖金溫, 得壬水爲金白水淸. 亥月小陽春, 木氣萌動, 丙火餘光反照, 亦有活動之氣, 故能發達也. 壬多而有戊制之, 傷官佩印, 必居積致富. 戊多壬少, 原局印旺, 行傷官運, 又主成名也.". 徐樂吾 註. 『窮通寶鑑』. 臺北: 武陵出版有限公司, 2004. p.170.

안 된다. 天地가 閉塞되어 萬象이 收藏되면 水는 地下의 行을 따라 正軌에 들어간다. 水가 盛할 때에는 수고스럽게 金이 生하지 않더라도 쓸데없이 寒冬함을 더하므로 無義하다고 한 것이다. 木의 氣가 바싹 시들면 비록 어떤 이익이 많다 해도 이는 無情한 것을 이르는 것이다. 10월 11월은 水勢가 범람하니 土로서 제방함을 기뻐하지만 12월은 土가 지나치게 太旺하니 도랑의 물이 말라 수레바퀴자국같이 되지 않을까 우려할 만하다."566)

"子月의 壬水는 陽刃이 身을 도우니 더욱 旺하여 먼저 戊土를 쓰고 다음으로 丙火를 쓰는데, 丙火가 없어서는 안 된다. 調候에는 丙火가 마땅하다."567)

"丑月의 壬水는 極旺함이 다시 衰하게 되는데 무슨 까닭인가? 上半月은 癸·辛이 主事하니 旺하므로 丙火를 專用하고 下半月은 己土가 主事하니 衰하게 되므로 역시 丙火를 쓰고 甲木으로 보좌해야 한다. 四柱에 壬水가 많으면 반드시 戊土를 水를 制하여야 하는데 丙火가 있으면 富貴할 가망이 있으나 甲木이 土를 制하면 格의 病이 된다. 臘月의 壬水는 丙火를 爲主로

---

566) "冬月之水, 冬令水旺之時, 寒威日重, 水結成氷, 必須丙火增暖除寒, 故冬月之水, 不能缺丙火也. 天地閉塞, 萬象收藏, 水從地下行, 入於正軌. 水盛之時, 毋勞金生, 從增寒凍, 故曰無義. 木氣枯槁, 雖多奚益, 是謂無情. 十月十一月, 水勢泛濫, 喜土隄防, 十二月土旺太過, 溝渠之水, 涸轍堪虞.". 徐樂吾 註. 『窮通寶鑑』. 臺北: 武陵出版有限公司, 2004. p.176.
567) "十一月壬水, 陽刃幇身, 更旺, 先取戊土, 次用丙火, 不能缺丙. 調候宜丙.". 徐樂吾 註. 『窮通寶鑑』. 臺北: 武陵出版有限公司, 2004. pp.191.177.

하고 丁火와 甲木을 보좌로 삼는다. 調候가 急한 때에는 財·官·印을 論할 것이 아니라 모두 調候를 회복하는데 두고 論해야 한다.568)"569)

"子月의 癸水는 氷冬한 때로 氣候의 調和가 시급하니 丙火를 專用한다. 癸水가 비록 旺하지만 元神이 泄氣되어 흩어지면 여전히 印綬와 比刦의 滋扶가 필요하다."570)

"丑月의 癸水는 극도로 寒冷하여 얼음이 되므로 丙火로 解凍하되 寅·巳·午·未·戌에 通根하여야 비로소 妙하다. 地支에 火局을 이루었으면 또한 庚·辛을 씀이 마땅하다."571)

다섯째, 病藥用神에 대해서는 다음과 같이 말하고 있다.

"子月의 乙木은 丙火로 解冬하고 戊土로서 癸水의 病을 제거해야 한다. 冬月에 戊土를 兼하여 취하는 것은 病을 제거하는 藥에 불과할 뿐 用神이 되는 것은 아닌데, 原局에 丙火가 없고

---

568) 調候가 시급할 때는 才·官·印을 논할 것이 아니라, 才·官·印을 버려두고 천천히 論한다. 라고 번역하는 경우도 있다는 생각이 든다. 論者註.
569) "十二月壬水, 旺極復衰, 何也. 上半月癸辛主事, 故旺, 專用丙火, 下半月己土主事, 故衰, 亦用丙火, 甲木佐之. 四柱多壬, 必須戊土制之, 有丙火可望富貴, 見甲木制土, 爲格之病. 臘月壬水, 以用丙火爲主, 丁火甲木爲佐. 調候危急, 不論才官印, 皆置之緩論可也.". 徐樂吾 註. 『窮通寶鑑』. 臺北: 武陵出版有限公司, 2004. pp.193~194.
570) "十一月癸水, 氷凍之時, 以調和氣候爲急, 專用丙火. 癸水雖旺, 泄散元神, 仍要印劫滋扶.". 徐樂吾 註. 『窮通寶鑑』. 臺北: 武陵出版有限公司, 2004. pp.195. 207~208.
571) "十二月癸水, 寒極成冰, 丙火解凍, 通根寅巳午未戌, 方妙. 支成火局, 又宜用庚辛.". 徐樂吾 註. 『窮通寶鑑』. 臺北: 武陵出版有限公司, 2004. pp.195.209.

壬癸를 만나면 부득이 戊土를 취하여 用神으로 삼는다."572)
"未月의 丙火는 火炎土燥한 때로 壬水를 주요한 用神으로 삼되 庚金으로 보좌를 삼는다. 만약 庚金의 相生이 없으면 壬水는 가벼운데 戊土의 制함을 만나면 病은 있되 藥은 없는 것과 같다."573) "卯月의 辛金이 地支에 火局을 이루면 火土가 太旺하여 반드시 金水가 함께 傷하는데, 이때 만약 두 개의 壬水가 나타나 火를 制하면 金水의 氣가 勝하게 되니 이는 病이 重할 경우 藥을 얻는 것이므로 富貴가 오히려 奇異하다고 한다."574)
"戌月의 辛金은 戊土가 秉令한 때이니 土旺에 埋金되는 것을 꺼린다. 만일 戊土가 透干하였으면 반드시 甲木으로 制土하여야 하고 戊土가 透干하지 않았으면 壬水를 專用한다. 혹 木이 많고 土가 두터운데 水가 없으면 평범한 사람에 불과하다. 즉 火土가 病이고 水木이 藥이다. 印星이 重하면 才鄕을 기뻐한다."575) "亥月의 乙木은 寒木이 陽을 向할 때이나 반드시 丙

---

572) "十一月乙木, 丙以解凍, 戊以去癸水之病. 冬月兼取戊土, 不過爲去病之藥, 非以爲用, 原局無丙而見壬癸, 不得已取戊土爲用.". 徐樂吾 註. 『窮通寶鑑』. 臺北: 武陵出版有限公司, 2004. pp.51~53.
573) "六月丙火火炎土燥, 以壬水爲主要用神, 庚金爲佐也. 若無庚相生, 壬水輕而見戊相制, 有病無藥.". 徐樂吾 註. 『窮通寶鑑』. 臺北: 武陵出版有限公司, 2004. p.70.
574) "二月辛金, 支成火局, 火土太旺, 金水必致兩傷, 若得二壬出制, 金水之氣勝, 病重得藥, 故云富貴反奇.". 徐樂吾 註. 『窮通寶鑑』. 臺北: 武陵出版有限公司, 2004. pp.155~158.
575) "九月辛金, 戊土秉令, 忌土旺埋金. 如戊土透干, 必須甲制, 不透·專用壬水. 或木多土厚, 無水者常人. 則火土爲病, 水木爲藥. 印重最喜才鄕.". 徐樂吾 註. 『窮通寶鑑』. 臺北: 武陵出版有限公司, 2004. pp.168~169.

火를 취하여 用神으로 삼아야하며, 壬水가 秉令하면 水旺木浮하니 戊土가 病을 制하는 藥이 된다."576)

여섯째, 通關用神에 대한 말은 없지만,

"酉月의 乙木이 地支에 金局을 이루면, 活木은 뿌리 속에 묻힌 金을 꺼리는바 癸水의 化金이 있어야 한다."577) "午月의 己土는 곡식이 밭에 있는 때로서 가장 기뻐하는 것은 단비이니 癸水를 취하는 것이 중요하고, 辛金이 癸水를 生하면 癸水로 하여금 뿌리가 있게 되며, 日元이 火旺한 丙火를 얻어 身旺해진 연후에야 食神生財格으로 쓸 수 있다."578)

라고 함으로서 身弱한 日主에 官星이 旺하면 印星이 通關하는 用神이 됨을 간접적으로 밝히고 있다. 그리고 身强한 偏印格에서 財星과 대치하고 있는 사이를 食神이 通關하는 吉神作用을 함도 알 수 있다. 그러나 이 경우에도 太强한 命造라면 泄氣하는 傷食

---

576) "十月乙木, 寒木向陽, 必取丙火爲用, 壬水秉令, 水旺木浮, 以戊土爲制病之藥.". 徐樂吾 註. 『窮通寶鑑』. 臺北: 武陵出版有限公司, 2004. p.50.
577) "八月乙木, 支成金局, 所謂活木忌埋根之鐵也, 癸水化之.". 徐樂吾 註. 『窮通寶鑑』. 臺北: 武陵出版有限公司, 2004. p.47.
578) "午月己土, 禾稼在田, 最喜甘沛, 取癸爲要, 辛金生癸, 使癸水有根, 日元得丙而火旺, 然後用食神生才.". 徐樂吾 註. 『窮通寶鑑』. 臺北: 武陵出版有限公司, 2004. pp.124~125.

이 通關하는 用神이 된다.
　　통관　　　용신

　　일곱째, 아래와 같이 月支가 日干의 傷官이 되는 眞傷官格과
　　　　　　　　　　　　월지　　일간　　상관　　　　　진상관격
月支가 日干의 傷官이 아니더라도 太强한 命造에서 泄氣하는 傷
월지　　일간　　상관　　　　　　태강　　명조　　　　설기　　　상
官이 用神이 되는 假傷官格을 모두 취하는 입장이다.
관　　용신　　　　가상관격

　　"겨울의 金은 金水傷官格으로서 官星이 있을 때 가장 좋은 格
　　　　　　　금　　금수상관격　　　　관성　　　　　　　　　　　　격
局이 된다."579)
국

　　"正月의 甲木은 火가 없어서는 안 되는데, 火가 있어 木火傷官
　　　정월　　갑목　　화　　　　　　　　　　　　화　　　　　목화상관
格이 되면 木日主는 총명하다."580) "卯月의 丙火는 陽氣가 펼
격　　　　　목일주　　　　　　　　　　　묘월　　병화　　양기
쳐 오르는 때로 己土를 用神으로 삼는 것은 火土傷官으로서
　　　　　　　　기토　　용신　　　　　　　　　화토상관
丙火의 氣를 泄氣한다는 것이다."581) "亥月의 壬水는 地支에
병화　　기　　설기　　　　　　　　　　　　해월　　임수　　지지
木局을 이루고 甲·乙이 透出하였으면 水木傷官格이 되고 傷官
목국　　　　　갑　을　　투출　　　　　　수목상관격　　　　　상관
이 局을 이루어 太旺하면 庚金으로 傷官을 制하고 身을 도와
　　국　　　　　태왕　　　　경금　　　상관　　제　　　신
야 한다."582)

---

579) "冬月之金, 以金水傷官, 見官爲最高格局也.". 徐樂吾 註. 『窮通寶鑑』. 臺北: 武陵出版有限公司, 2004. p.134.
580) "正月甲木, 不能缺火, 木火傷官, 木主聰穎.". 徐樂吾 註. 『窮通寶鑑』. 臺北: 武陵出版有限公司, 2004. p.7.
581) "二月丙火, 陽氣舒升, 用己土, 爲火土傷官, 泄丙火之氣.". 徐樂吾 註. 『窮通寶鑑』. 臺北: 武陵出版有限公司, 2004. pp.58. 62~63.
582) "十月壬水, 支成木局, 甲乙出干, 爲水木傷官格局, 傷官成局太旺, 用庚金制傷扶身.". 徐樂吾 註. 『窮通寶鑑』. 臺北: 武陵出版有限公司, 2004. p.190.

여덟째, 金水傷官格에 대해서는 아래와 같이 말하고 있다.

"金이 만약 겨울에 태어났으면 金水傷官格에 官星을 기뻐하는데 이것은 調候에 관계된 것이고 旺弱의 例外이다."583) 겨울의 金은 官星과 印綬와 比刦을 떠날 수 없다. 財星이 旺하면 比刦으로 相扶해주는 것이 마땅하고, 傷官이 旺하면 반드시 官星과 印綬로 도와주어야 한다. 겨울에 水는 旺하고 當令하여 金水眞傷官格이 되니 土가 水를 制함이 있어야 金이 沉潛하지 않고, 火가 있어 解凍하여야 金氣가 따뜻해지니 土金이 扶助하면 子母가 공을 이룬다. 그러므로 겨울의 金은 金水傷官格으로서 官星이 있을 때 가장 좋은 格局이 된다."584) "子月의 辛金은 壬水와 丙火를 떠날 수 없는데 子月은 寒凍하기 때문에 더욱 丙火가 주요하다. 壬丙이 함께 투출하였을 경우에 戊土가 壬水를 극하지 않고 癸水가 丙火를 困하게 하지 않으면 극품의 貴를 누린다. 壬水가 많으면 반드시 戊土로 壬水를 制하여야 하고 兼하여 丙火가 투출한 命造는 반드시 貴하게 된다. 혹 地支에 木局을 이루고 丁火가 투출해 있으며 戊土가 있으면 功

---

583) "金若生於冬令, 金水傷官喜見官, 乃調候關係, 爲例外也.". 徐樂吾 註. 『窮通寶鑑』. 臺北: 武陵出版有限公司, 2004. pp.132~133.
584) "冬月之金, 不離官印·比刦. 才旺宜比刦相扶, 傷官旺必須官印爲助. 冬月水旺秉令, 爲眞傷官, 有土制水, 金不沉潛, 有火解凍, 金氣溫暖, 土金扶助, 子母成功. 故冬月之金, 以金水傷官, 見官爲最高格局也.". 徐樂吾 註. 『窮通寶鑑』. 臺北: 武陵出版有限公司, 2004. p.134.

名이 特達한다. 金水傷官格은 반드시 官星을 보아야 바야흐로 貴를 取할 수 있다."585)

아홉째, 木日曲直格에 대해서는 다음과 같이 말하고 있다.

"寅月의 甲木이 地支에 木局을 이루고 四柱에 庚辛金이 없으면 대부분 曲直仁壽格이 된다."586) "卯月의 乙木이 地支에 木局을 이루면 曲直仁壽格이라 하는데 같은 曲直格이라 하더라도 癸水가 투출하면 貴命이며 다시 丙火를 얻어 그 旺기를 泄하면 上上之命이다."587)

열째, 아래와 같이 火日炎上格의 성립과 그 喜·忌에 대해서 말하고 있다.

"午月의 丙火는 月令이 陽刃이므로 火氣가 더욱 炎炎하므로 四柱에 金水가 없고 地支에 火局을 이루어 炎上格을 이루고

---

585) "十一月辛金, 不離壬丙, 而十一月寒冬, 更以丙爲主要, 壬丙兩透, 不見戊土困壬, 癸水困丙, 則爲極品之貴. 壬多·又須有戊土制之, 兼有丙出干者, 必貴. 或支成木局, 有丁出干, 又見戊者, 功名特達. 金水傷官, 必須見官, 方能取貴也.". 徐樂吾 註. 『窮通寶鑑』. 臺北: 武陵出版有限公司, 2004. pp.171~172.
586) "正月甲木, 支成木局, 四柱不見庚辛, 大都爲曲直仁壽格.". 徐樂吾 註. 『窮通寶鑑』. 臺北: 武陵出版有限公司, 2004. p.8.
587) "二月之木, 支成木局, 謂曲直仁壽格也, 然同一曲直格, 透癸者貴, 更得丙泄其旺氣, 上上之命.". 徐樂吾 註. 『窮通寶鑑』. 臺北: 武陵出版有限公司, 2004. pp.35~36.

있을 경우에 柱中과 運에서 庚辛이 나타나지 않고 甲乙을 많이 보게 되면 오히려 크게 富貴하지만 역시 水運을 만나서는 안 된다."588) "午月은 丁火의 建祿인데 地支가 南方 혹은 火局을 이루고 四柱에 甲乙을 많이 만나면 炎上格을 이루게 되는데, 다만 土運으로 行하여야만 火氣를 泄할 수 있고 北地로 行하면 오히려 身主에게 凶하고 위태롭다."589)

열한째, 水曰潤下格과 그 喜·忌에 대해서 말하고 있다.

"亥月의 壬水는 地支에 水局을 이루고 戊·己土가 없으면 氣勢가 專旺하여 潤下格이라고 하는데 그 氣勢에 順하는 것을 用하여야 하니 西北이 이로우며 東方은 괜찮으나 南方은 반드시 꺼린다."590)

열두째, 아래와 같이 棄命從殺格과 그 喜·忌에 대해서 말하고 있다.

---

588) "五月丙火, 月令陽刃, 四柱無金水, 支成火局, 成炎上格, 柱運不見庚辛, 多見甲乙者, 反主大富貴, 然亦不可見水運.". 徐樂吾 註. 『窮通寶鑑』. 臺北: 武陵出版有限公司, 2004. pp.68~69.
589) "五月丁火建祿, 支成南方或火局, 四柱多見甲乙, 則格成炎上, 只能行土運, 泄火之氣, 運行北地, 反主凶危.". 徐樂吾 註. 『窮通寶鑑』. 臺北: 武陵出版有限公司, 2004. pp.88~90.
590) "十月壬水, 支成水局, 不見戊己, 氣勢專旺, 名潤下格, 以順其氣勢爲用, 利西北, 東方可行, 南方必忌.". 徐樂吾 註. 『窮通寶鑑』. 臺北: 武陵出版有限公司, 2004. p.190.

"子月의 丙火는 혹 四柱에 壬水가 많고 甲木이 없으면 棄命從殺格이 된다."591) "子月의 丁火는 癸水가 秉令하는 때이니 原局에 比刦과 印綬가 전혀 없다면 從殺格으로 論할 수 있다."592) "寅月의 戊土는 正月은 才593)가 旺하고 土가 虛한데 四柱에 比刦과 印綬가 없고 또 旺木을 견제할 庚金이 없으면 응당 從殺格으로 論하여야 한다."594) "辰月의 戊土는 地支에 木局을 이루면 三春은 木氣가 秉令하는 때이니 四柱에 比刦과 印綬가 없다면 從殺格으로 論한다.595)" "卯月의 己土는 地支가 木局을 이루거나 寅卯辰이 모여 있는데 比刦이나 印綬가 없으면 從煞할 수 있다."596) "五月의 庚金은 혹 木火가 무리를 이루고 있는데 傷官 印綬 比刦이 없다면 從殺格으로 論할 수 있다."597) 午月의 辛金은 丁火가 司權하는 때이니 辛金이 失令하고 陰柔함이 極에 이르렀으니 原局에 木火가 많고 金水

---

591) "十一月丙火, 或四柱多壬無甲, 乃作棄命從殺.". 徐樂吾 註. 『窮通寶鑑』. 臺北: 武陵出版有限公司, 2004. p.78.
592) "十一月丁火, 癸水秉令, 四柱豪無比印, 可作從煞論.". 徐樂吾 註. 『窮通寶鑑』. 臺北: 武陵出版有限公司, 2004. p.97.
593) 이치상 官이라고 생각됨. 論者註.
594) "正月戊土, 正月才旺土虛, 四柱無比印, 又無庚金逆木旺氣, 應作從煞論.". 徐樂吾 註. 『窮通寶鑑』. 臺北: 武陵出版有限公司, 2004. pp.104~105.
595) "三月戊土, 支成木局, 三春木旺秉令, 四柱無比印, 作從煞論.". 徐樂吾 註. 『窮通寶鑑』. 臺北: 武陵出版有限公司, 2004. pp.104~107.
596) "二月己土, 支成木局, 或聚東方, 而無比印, 可以從煞.". 徐樂吾 註. 『窮通寶鑑』. 臺北: 武陵出版有限公司, 2004. pp.122~123.
597) "五月庚金, 或一派木火, 無傷·印·比刦, 又作從殺而論.". 徐樂吾 註. 『窮通寶鑑』. 臺北: 武陵出版有限公司, 2004. pp.142~143.

가 뿌리가 없으면 당연히 從財 從殺로 論해야 하는데 金水598) 運을 만나면 반드시 敗한다."599) "未月의 壬水는 己土가 當權하는데 己土가 무리를 이루고 壬水가 뿌리가 없으며 印星의 相生이 없으면 從하지 않을 수 없으니 假從이 된다."600) "午月의 癸水는 己土가 무리를 이루고 四柱에 金水가 없고 癸水가 뿌리가 없으면 從煞格인데 甲·乙이 투간하여 煞을 制하면 破格이다."601)

열셋째, 從印格에 대한 말은 없으나,

"酉月의 壬水는 水가 적고 金이 많으며 甲木과 戊土602)가 없으면 發水之源인 金을 專用하니 獨水三犯庚辛이면 體全之象이라 하여 다른 一種의 格局을 이룬다."603)

라고 하여 간접적으로 從印格을 받아들이고 있다.

---

598) 辛金日主가 從財格을 이룰 때는 水는 喜神이 됨. 論者註
599) "五月辛金, 丁火司權, 辛金失令, 陰柔之極, 原局木多火多, 而金水無根, 當作從才從煞論, 逢金水運必敗.". 徐樂吾 註. 『窮通寶鑑』. 臺北: 武陵出版有限公司, 2004. pp.161~162.
600) "六月壬水, 己土當權, 一派己土, 壬水無根, 又無印相生, 不得不從, 乃假從也.". 徐樂吾 註. 『窮通寶鑑』. 臺北: 武陵出版有限公司, 2004. pp.184~185.
601) "五月癸水, 一派己土, 柱無金水, 癸水無根, 則從煞, 甲乙出干制煞, 則破格.". 徐樂吾 註. 『窮通寶鑑』. 臺北: 武陵出版有限公司, 2004. pp.201~202.
602) 壬水日主가 從印格이 되는 경우에 土는 喜神이 됨. 論者註.
603) "八月壬水, 水少金多, 無甲無戊, 專用金發水之源, 名獨水三犯庚辛 號曰體全之象, 另成一種格局.". 徐樂吾 註. 『窮通寶鑑』. 臺北: 武陵出版有限公司, 2004. p.187.

열넷째, 아래와 같이 棄命從財格과 그 喜·忌에 대해서 말하고 있다. 즉

"辰月의 甲木은 木氣가 모두 다하니 혹 柱中에 水가 전혀 없고 戊己土가 天干에 透出하고 地支에 土局을 이루면 棄命從才格이 된다."604) "戌月의 甲木은 柱中에 戊己土를 많이 보는 경우 棄命從才로 보아야 한다."605) "未月의 乙木은 비록 土가 旺한 때라하나 未는 木의 庫藏이니 만약 四柱에 土가 많고 甲木이 비록 약하다 하더라도 從할 수 없으니 반드시 扶身하는 印綬之地로 行하는 것이 좋지만, 陰干인 乙木은 그렇지 않아서 만약 四柱에 土가 많으면 從才로 論할 수 있다."606) "戌月의 乙木은 燥土가 秉令하는 때로 혹 地支에 戊土가 많고 또 天干에 투출하면 從才格을 이루었다고 볼 수 있는데, 이때 比刦이 없으면 바야흐로 妙하나 일단 比刦을 만나면 富屋貧人이다."607) "丑月의 乙木은 혹 四柱에 己土가 많고 比刦을 만나지 않으면 從才格이 된다."608) "酉月의 丙火는 만일 辛金이 투출

---

604) "三月甲木, 木氣相竭, 或柱中全無一水, 戊己逢干, 支成土局, 又作棄命從才.". 徐樂吾 註. 『窮通寶鑑』. 臺北: 武陵出版有限公司, 2004. pp.10~11.
605) "九月甲木, 四柱多見戊己, 定作棄命從才而看.". 徐樂吾 註. 『窮通寶鑑』. 臺北: 武陵出版有限公司, 2004. pp.24~26.
606) "六月乙木, 雖爲土旺之時, 而未爲土庫, 如四柱土多, 甲木雖弱, 不能從也, 須行印綬扶身之地爲美, 而乙木陰干則不然, 如見四柱土多, 卽可以從才論.". 徐樂吾 註. 『窮通寶鑑』. 臺北: 武陵出版有限公司, 2004. pp.42~44.
607) "九月乙木, 燥土秉令, 或支多戊土, 又逢天干, 作從才看, 無比刦方妙, 一逢比刦, 富屋貧人.".徐樂吾 註. 『窮通寶鑑』. 臺北: 武陵出版有限公司, 2004. pp.48~49.

하고 地支에 金局을 이루며 比刼이 나타나지 않으면 眞從才格이 된다."609) "酉月의 丁火는 火氣가 물러나 柔弱해질 때이니 혹 辛金이 무리를 이루고 比刼이 없으면 이는 棄命從才格이다."610) "子月의 戊土는 혹 壬水가 무리를 이루고 比刼이 없으면 從才격으로 論할 수 있다."611) "亥月의 己土는 혹 癸水가 무리를 이루었을 때 比刼이 없으면 이는 從才격이 되어 오히려 身主는 富貴한다."612) "三春壬水, 地支에 火局을 이루면 從財格이다."613) "巳月의 壬水는 丙火가 司權하므로 水가 極히 弱하니 比肩인 壬水의 도움이 없고 四柱에 木이 적고 火가 많으면 棄命從才格으로 論한다."614) "午月의 癸水는 지극히 弱하고 뿌리가 없으니 火旺하면 火를 따르는데 原局에 破가 없으면 자연히 富貴한다."615)

---

608) "十二月乙木, 或四柱多己, 不逢比刼, 乃爲從才.". 徐樂吾 註. 『窮通寶鑑』. 臺北: 武陵出版有限公司, 2004. pp.53~54.
609) "八月丙火, 如辛出干, 支成金局, 不見比刼, 此爲眞從才格.". 徐樂吾 註. 『窮通寶鑑』. 臺北: 武陵出版有限公司, 2004. pp.73~74.
610) "八月丁火, 退氣柔弱, 或一派辛金, 又無比刼, 此棄命從才.". 徐樂吾 註. 『窮通寶鑑』. 臺北: 武陵出版有限公司, 2004. pp.81.93~94.
611) "十一月戊土, 或一派壬水, 不見比刼, 可作從才而論.". 徐樂吾 註. 『窮通寶鑑』. 臺北: 武陵出版有限公司, 2004. pp.118~119.
612) "十月己土, 或一派癸, 不見比刼, 此爲從才, 反主富貴.". 徐樂吾 註. 『窮通寶鑑』. 臺北: 武陵出版有限公司, 2004. pp.120.130.
613) "三春壬水, 支成火局, 從財格也.". 徐樂吾 註. 『窮通寶鑑』. 臺北: 武陵出版有限公司, 2004. pp.181. 178~179.
614) "四月壬水, 丙火司權, 水弱極矣, 無壬水比助, 四柱木少火多者, 作棄命從才論.". 徐樂吾 註. 『窮通寶鑑』. 臺北: 武陵出版有限公司, 2004. pp.181~183.
615) "五月癸水, 至弱無根, 火旺則從火, 原局無破, 自然富貴也.". 徐樂吾 註. 『窮通寶鑑』. 臺北: 武陵出版有限公司, 2004. pp.201~202.

열다섯째, 다음과 같이 棄命從兒格에 대해서 말하고 있다.

"午月의 甲木은 만약 丙·丁이 滿局이고 官殺을 만나지 않으면 從兒格을 이루는데 이때는 土運으로 行하여 火의 旺한 氣를 泄하여야 한다."616) "卯月의 癸水는 乙木이 司令하는 때이니 元神을 泄하여 弱하게 하므로 地支에 木局을 이루고 庚·辛을 만나지 않으면 順하게 局을 이루어 從兒格이 된다."617)

열여섯째, 戊癸合化火格에 대해서 아래와 같이 말하고 있다.

"巳月의 戊土는 月令이 建祿으로 厚重한 土이니 地支에 火局을 이루고 天干에 癸水가 透出하여 戊癸合化火가 때를 만날 경우 格局이 破되지 않으면 富貴가 가볍지 않다."618) "寅月의 癸水는 혹 月上에 戊土가 透出하고 辰時에 태어나 比劫이 없고 丙·丁이 투출하면 이는 戊癸合化火格이 되는데 반드시 日主는 벼슬을 할 것이지만 刑冲하면 막힌다."619)

---

616) "五月甲木, 若滿局丙丁, 不見官煞, 格成從兒, 行土運以泄火之旺氣.". 徐樂吾 註. 『窮通寶鑑』. 臺北: 武陵出版有限公司, 2004. p.15.
617) "二月癸水, 乙木司令, 泄弱元神, 支成木局, 不見庚辛, 爲順局從兒.". 徐樂吾 註. 『窮通寶鑑』. 臺北: 武陵出版有限公司, 2004. pp.197~198.
618) "四月戊土, 月令建祿, 厚重之土, 支成火局, 干透癸水, 爲化合逢時, 格局無破, 富貴非輕.". 徐樂吾 註. 『窮通寶鑑』. 臺北: 武陵出版有限公司, 2004. pp.108~109.
619) 正月癸水, 或戊透月上, 坐辰時, 不見比劫, 丙·丁出干, 此爲化合, 定主腰金, 見刑冲則否.". 徐樂吾 註. 『窮通寶鑑』. 臺北: 武陵出版有限公司, 2004. pp.196~197.

열일곱째, 아래와 같이 甲己合化土從木格에 대해서 처음으로 말하고 있다.

"卯月의 己土는 地支에 木局을 이루거나 寅卯辰이 모여 있는데 比劫이나 印綬가 없고, 甲木이 투출하면 己土와 合하여 처가 남편을 따라 化하게 되니 木을 따르면 역시 從煞格으로 論한다."620)

열여덟째, 아래와 같이 乙庚合化金格과 그 喜·忌에 대해서 말하고 있다.

"辰月의 乙木은 柔木이니 庚金의 旺한 세력을 만나면 좇아서 化하게 된다."621) "申月의 乙木은 庚金이 司令한 때이니 단 辰時에 태어나 乙木遁干인 庚辰을 만나면 乙木이 庚金을 따라 化하여 乙庚合化金格을 이루어 오히려 富貴하게 된다. 化하여 金이 된 이상 丙丁을 가장 꺼리는데 이는 化神의 氣를 逆하기 때문이다."622)

---

620) "二月己土, 支成木局, 或聚東方, 而無比印, 甲木透出, 爲妻從夫化, 從木, 亦作從煞論.". 徐樂吾 註. 『窮通寶鑑』. 臺北+: 武陵出版有限公司, 2004. pp.122~123.
621) "三月之爲柔木, 見庚金勢盛, 則從之而化.". 徐樂吾 註. 『窮通寶鑑』. 臺北: 武陵出版有限公司, 2004. pp.37~38.
622) 七月乙木, 月垣庚金司令, 但生辰時, 乙木遁干見庚辰, 乙從庚化, 格成化金, 反主富貴也. 化金最忌丙丁, 以其逆化神之氣也.". 徐樂吾 註. 『窮通寶鑑』. 臺北: 武陵出版有限公司, 2004. pp.44~4.

그러나 從化格에서 꼭 辰時가 아니더라도 四柱原局이 從하는 五行으로 滿局을 이루었으면 從하지 아니할 수 없으므로 本 論文에서는 『命理約言』에서와 같이 이 理論에 同意하지 않는다.

열아홉째, 從勢格에 대해서 간접적으로 말하고 있다. 從勢格은 『滴天髓闡微』에 처음으로 나오는 理論이다.

"丙火가 辰月에 태어나 地支에 土局을 이루고 있는 경우에 甲木의 疏土가 없으면 庚金을 써서 土를 泄하고 水를 生하여야 하니 庚金으로서 輔佐를 삼는다."623)

스무째, 다음과 같이 節氣深淺에 대해서 말하고 있다.

"辰月의 丁火는 戊土가 司令하면 弱한 丁火의 氣를 泄하므로 먼저 甲木을 써 丁火를 生하고 土를 制하여야 한다. 만약 地藏干으로 보아 土가 旺한 시기로 바뀌지 않는다면 당연히 二月과 동일하게 본다. 地支에 木局을 이루었으면 二月과 같이 庚金을 먼저 취한다."624)

---

623) "三月丙火, 支成土局, 無甲疏土, 則用庚金泄土生水, 以庚爲佐.". 徐樂吾 註. 『窮通寶鑑』. 臺北: 武陵出版有限公司, 2004. pp.64~65.
624) "三月丁火, 戊土司令, 泄弱丁氣, 先用甲木引丁制土. 若在未交土旺之時, 則當與二月同看也. 支成木局, 二月相同, 取庚爲先.". 徐樂吾 註. 『窮通寶鑑』. 臺北: 武陵出版

스물한쨰, 아래와 같이 陰胞胎法과 陽胞胎法을 모두 인정하는
　　　　　　　　　　　음포태법　　양포태법
입장을 취하고 있다.

"午月의 丁火는 建祿이다."625) "寅卯는 木이 旺한 때이니 곧
 오월　정화　건록　　　　인묘　목　왕

水의 死地가 된다."626) "酉月의 辛金은 月令이 建祿이다."627)
수　사지　　　　　　유월 신금　월령　건록

"甲戌·乙亥는 木氣가 처음 생기는 것이고, 甲寅·乙卯는 木의
 갑술을해　목기　　　　　　　　　 갑인을묘　목

旺地이며, 甲辰·乙巳는 木의 餘氣이므로 活木이라고 한다. 甲
왕지　갑진을사　목　여기　　활목　　　　갑

申·乙酉는 木의 絶地이고, 甲午·乙未는 木의 死地이다.628)
신을유　목　절지　　갑오을미　목　사지

스물두쨰, 四季節을 주관하는 土에 대해서는,
　　　　　사계절　　　　　토

"土는 專旺한 때가 있는 것이 아니고 辰戌丑未에 의지하여 旺
 토　전왕　　　　　　　　　진술축미　　　　왕

하고 辰戌丑未月에 각기 十八日 동안 旺盛하기 때문에 四季의
　　 진술축미월　　　 십팔일　　왕성　　　　　사계

支神에 따라 陰陽으로 구분된다. 辰戌은 陽支이니 戊土가 되
지신　　　음양　　　　　　진술　양지　　무토

고 丑未는 陰支이니 己土가 되니 그 작용은 所藏된 干에 따라
　축미　음지　　기토　　　　　　　소장　간

有限公司, 2004. pp.85~86.
625) "五月丁火建祿.". 徐樂吾 註. 『窮通寶鑑』. 臺北: 武陵出版有限公司, 2004. pp.88~90.
626) "寅卯木旺之時, 乃水之死地也.". 徐樂吾 註. 『窮通寶鑑』. 臺北: 武陵出版有限公司, 2004. p.175.
627) "八月辛金, 月令建祿.". 徐樂吾 註. 『窮通寶鑑』. 臺北: 武陵出版有限公司, 2004. pp.165~167.
628) "甲戌·乙亥·木氣初生, 甲寅·乙卯·목之旺地, 甲辰·乙巳·木之餘氣, 故云活木. 甲申·乙酉·木氣絶, 甲午·乙未·木氣死.". 徐樂吾 註. 『窮通寶鑑』. 臺北: 武陵出版有限公司, 2004. pp.1~2.

매우 다르다. 辰은 水의 墓이고 未는 木의 庫가 되니 伏水匿木이라고 한다. 辰은 乙木이 所藏되어 있으니 봄의 餘氣이고 未는 丁火가 所藏되어 있으니 여름의 餘氣이며 辰의 功用은 水木에 의지하고 未의 功用은 木火에 의존하기 때문에 辰未의 土는 만물을 滋養하며 春夏의 功用이다. 戌은 火의 墓이고 丑은 金의 墓인데 戌은 辛金을 暗藏하고 있으니 가을의 餘氣이고 丑은 癸水를 暗藏하고 있으니 겨울의 餘氣이며 戌丑의 土는 만물을 肅殺하는 秋冬의 功用이다. 이처럼 滋養과 肅殺이 다르기 때문에 辰未의 土가 모이면 貴하고 戌丑의 土가 모이면 貴하지 않다. 土에 金이 없으면 너무 實하고 水가 없으면 너무 燥熱하며 木이 없으면 疏通하지 못하며 많은 火를 만나면 말라버리니 가령 稼穡格을 이룬다 해도 역시 귀하지 못하다."629)

라고 상세히 말하고 있다.

스물셋째, 아래와 같이 土에는 火土同宮長生法을 취하고 있다.

---

629) "土無專旺之時, 寄旺於辰戌丑未, 四季月各旺十八日, 故隨四季支神而分陰陽, 辰戌陽支, 爲戊土, 丑未陰支, 爲己土也, 作用隨所藏之干而殊異. 辰爲水之墓, 未爲木之墓, 故云伏水匿木, 辰藏乙木, 春之餘氣, 未藏丁火, 夏之餘氣, 辰之功用, 依於水木, 未之功用, 依於木火, 故辰未之土, 滋養萬物, 春夏之功用也. 戌爲火墓, 丑爲金墓, 而戌藏辛金, 秋之餘氣, 丑藏癸水, 冬之餘氣, 戌丑之土, 肅殺萬物, 秋冬之功用也. 以滋養肅殺之殊, 故土聚辰未爲貴, 聚戌丑不爲貴, 土無金則太實, 無水則太燥, 無木則不疏通, 見火多則焦, 卽使格成稼穡, 亦不爲貴.". 徐樂吾 註. 『窮通寶鑑』. 臺北: 武陵出版有限公司, 2004. p.100.

"土의 旺衰를 論하면 土는 火에 의존하여 운행하기 때문에 火
는 酉에서 死하는데 火가 死하면 土 역시 囚하게 된다."630)

스물넷째, "燥土는 金을 生하지 못하니 癸水로 적셔주어야 마땅
하다."631) 고 한다.

스물다섯째, 三伏에 生寒을 말하고 있다. 즉

"未月의 丁火는 陰柔하고 火氣가 물러나는 때로, 만약 四柱에
金水가 많으면 三伏이라도 寒氣가 生하니 甲木을 써 生助하고
壬水로 輔佐하여야 한다."632)

라고 하여 三伏이라도 四柱環境에 따라서 寒濕할 수 있음을 말
하고 있다.

스물여섯째, 用神은 하나다. 즉

"水가 旺하면 火가 用神이 되고 火가 많으면 水가 用神이 되

---

630) "述土之旺衰, 賴火以運行, 火死於酉, 火死則土囚.". 徐樂吾 註. 『窮通寶鑑』.
臺北: 武陵出版有限公司, 2004. p.99.
631) "燥土不能生金, 宜雨露以潤之.". 徐樂吾 註. 『窮通寶鑑』. 臺北: 武陵出版有限
公司, 2004. pp.113~114.
632) "六月之丁火, 陰柔退氣, 若四柱金水多, 爲三伏生寒, 用甲木生助, 以壬水爲佐.".
徐樂吾 註. 『窮通寶鑑』. 臺北: 武陵出版有限公司, 2004. p.91.

지만 水火를 함께 用神으로 쓸 수는 없다."633) 고 한다.

스물일곱째, 從格은 從하는 神을 用神으로 삼는다. 즉

"申月의 丙火는 西쪽으로 기울어진 태양과 같으니 陽氣가 衰弱한데 原局에 辛金이 무리를 이루어 棄命從才가 되면 奇特한 命造다. 從格은 從하는 神으로써 用神이 되는 바이다."634)

라고 한다.

스물여덟번째, 庚金과 辛金은 다르다. 즉

"申月의 庚金은 丁火의 剋制함을 기뻐하지만 壬癸로써 泄氣하는 것은 마땅하지 않는데 비해, 申月의 辛金은 설기하는 것은 마땅하고 剋하는 것은 마땅하지 않으니, 이것은 陰陽의 성질이 다르기 때문이다."635)

라고 한다.

---

633) "水旺用火, 火多用水, 非水火並用也.". 徐樂吾 註. 『窮通寶鑑』. 臺北: 武陵出版有限公司, 2004. p.5.
634) "七月丙火, 太陽轉西, 陽氣衰矣, 一派辛金, 又爲棄命從才, 奇特之造. 從格以所從之神爲用.". 徐樂吾 註. 『窮通寶鑑』. 臺北: 武陵出版有限公司, 2004. pp.71~73.
635) "庚金生於七月, 喜丁火剋制, 不宜壬癸之泄, 而辛金七月, 宜泄不宜剋, 此陰陽干性質之殊也.". 徐樂吾 註. 『窮通寶鑑』. 臺北: 武陵出版有限公司, 2004. p.164.

스물아홉째, 아래와 같이 刑冲理論을 도입했다.

"水는 申에서 長生하고 亥子에서 祿旺이 된다. 西에서 北, 東, 南으로 行하는 것이 順이고 그 반대는 逆이다. 西北의 땅은 높은 곳이고, 東南은 低陷하니 물은 東南으로 흐른다. 거스르지 않고 아래로 내려가는 형세는 水의 본성이니 申·酉·戌·亥·子·丑 寅·卯·辰·巳·午·未로 行하면 順行이 되고, 申·未·午·巳·辰·卯·寅 丑·子·亥·戌·酉로 行하면 逆行이 된다. 入格 여부는 별도로 配合으로 판단해야 한다. 順行하면 주로 도량이 있고, 逆行하면 주로 명성과 명예가 있다. 吉神이 扶助함을 기뻐하고 刑·冲으로 격동하는 것을 꺼린다. 스스로 死의 地支는 寅卯로 그 氣를 納水하는 것을 말하고, 스스로 絶의 地支는 巳宮의 丙戊陽和의 氣를 제방으로 쓰는 것을 말한다."636)

『窮通寶鑑』에서 특기할만한 내용으로는

첫째, 思想的 기초는 中和思想에 두고 있다.

둘째, "이 책에서는 十干의 性質과 十干이 十二各月에 태어났

---

636) "水生於申, 祿旺於亥子, 自西·而北·而東·而南·爲順, 反之爲逆. 西北地處高亢, 東南低陷, 流向東南. 順下之勢, 水之性也, 申·酉·戌·亥·子·丑·寅·卯·辰·巳·午·未爲順行, 申·未·午·巳·辰·卯·寅·丑·子·亥·戌·酉爲逆行. 入格與否一 另看配合. 順行主有度量, 逆行主有聲譽. 喜吉神扶助, 忌刑冲激蕩. 自死之地, 謂寅卯納其氣也, 自絶之地, 謂巳宮丙戊, 陽和之氣, 隄防之用也.". 徐樂吾 註. 『窮通寶鑑』. 臺北: 武陵出版有限公司, 2004. p.174.

을 경우에 적용방법에 대한 綱領을 나타내었다."637)

셋째, 從勢格에 대해서 간접적으로 말하고 있다.

넷째, 從印格에 대한 말은 없으나 이를 간접적으로 받아들이고 잇다.

다섯째, 甲己合化土從木格에 대해서 처음으로 말하고 있다.

여섯째, 燥土는 金을 生하지 못한다고 한다.

일곱째, 三伏이라도 四柱環境에 따라서 生寒할 수 있음을 말하고 있다.

여덟째, 用神을 하나다. 라고 단정하고 있다.

아홉째, 從格은 從하는 神으로써 用神이 되는 바이다.

열째, 庚金과 辛金을 구분하면서,

"申月의 庚金은 丁火의 剋制함을 기뻐하지만 壬癸로써 泄氣하는 것은 마땅하지 않는데 비해, 申月의 辛金은 泄氣하는 것은 마땅하고 剋하는 것은 마땅하지 않으니, 이것은 陰陽의 성질이 다르기 때문이다."638)

라고 했다.

---

637) "是書於十干性質, 生於十二月之用法, 已擧其大剛.". 徐樂吾 註. 『窮通寶鑑』. 臺北: 武陵出版有限公司, 2004. 自序 p.1.
638) "庚金生於七月, 喜丁火剋制, 不宜壬癸之泄, 而辛金七月, 宜泄不宜剋, 此陰陽干性質之殊也.". 徐樂吾 註. 『窮通寶鑑』. 臺北: 武陵出版有限公司, 2004. p.164.

열한째, 土는 火土同宮長生法을 취하고 있다.

『窮通寶鑑』의 문제점으로는

첫째, 眞傷官格과 假傷官格을 모두 취하는 입장이다. 그러나 이는 月支의 日干에 대한 六神의 관계에 따라서 定하는 格局論과는 다르므로 本 論文에서는 배제한다.

둘째, 陰胞胎法과 陽胞胎法을 모두 받아들이는 입장이다. 그러나 필자가 屢次 實觀을 해본 결과 陰干은 陽干의 胞胎法을 따르는 것이 옳다고 본다.

셋째, "寅月의 癸水는 혹 月上에 戊土가 透出하고 辰時에 태어나 比刦이 없고 丙·丁이 투출하면 이는 戊癸合化火格이 되는데 반드시 日主는 벼슬을 할 것이지만 刑沖하면 막힌다."639) 라고 하여 從化格은 辰時에 生하여야 한다고 한다. 그러나 從化格에서 꼭 辰時가 아니더라도 四柱原局이 從하는 五行으로 滿局을 이루었다면 從하지 아니할 수 없으므로 本 論文에서는 『命理約言』에서와 같이 이 理論에 同意하지 않는다.

---

639) "正月癸水, 或戊透月上, 坐辰時, 不見比刦, 丙·丁出干, 此爲化合, 定主腰金, 見刑冲則否.", 徐樂吾 註. 『窮通寶鑑』. 臺北: 武陵出版有限公司, 2004. pp.196~197.

사. 『命理約言』의 用神論

　　淸代의 陳素庵이 내놓은 『命理約言』은 看命法을 용어별로 略述한 卷一(法 48篇), 看命法의 실질적 내용을 담고 있는 卷二(賦 20篇), 格局이나 神殺 등 舊說 이론의 오류를 반박하는 내용을 담고 있는 卷三(論 48篇), 그리고 卷四(雜論 24則과 附張神峯闢五行諸謬論 11則)로 나누어 命理學의 핵심적인 내용을 정리하고 있다. 그리고 四柱學의 始原을 밝히고, 특히 格局과 用神 등의 이론을 명료하게 말하고 있다. 이들의 내용을 간략하게 요약하면 첫째, 아래와 같이 思想的 基調는 中和에 두고 있다.

　　"무릇 日主는 中和가 되어야 가장 貴한 것이며, 오직 強하면 억제하고 弱하면 도우는 것이 用神을 쓰는 법이다."640)

　　둘째, 다음과 같이 看命法의 定義를 내렸다.

　　"推命을 할 때 먼저 日干이 得時했나 失時했나 혹은 得勢했나

---

640) "太弱則得扶立效, 凡日主最貴中和, 惟可抑之強, 可扶之弱, 則存乎作用耳, 作用之法.". 陳素菴 著. 韋千里 選輯. 『精選命理約言』 卷一. 上海: 韋氏命苑, 1935. pp.14~15.

- 354 -

失勢(실세)했나 아래 어느 地支(지지)에 앉았는지 옆에 어느 天干(천간)이 日干(일간)을 生剋(생극)하는지 抑扶(억부)하는지를 보고, 좇아서 나머지 三干(삼간) 및 四地支(사지지)가 日干(일간)을 生剋(생극)하는지 扶抑(부억)하는지를 보아야 하는데 이것은 불변의 법칙이다. 그러나 日干(일간)뿐만이 아니라 柱中(주중)에 모든 干支(간지)를 전부마다 이와 같이 연구해야 하는 것이니, 가령 年干(년간)을 보는 경우에도 우선 得時(득시) 得勢(득세)와 아래에 어떠한 地支(지지)에 앉았는지 옆에 어떠한 天干(천간)이 年干(년간)을 生剋(생극)하는지 扶抑(부억)하는지를 보고, 좇아서 나머지 三干(삼간) 및 四支(사지)지가 年干(년간)을 生剋(생극)하는지 扶抑(부억)하는지를 보아야 하는데 月干(월간)과 時干(시간)도 역시 그러하다. 가령 年支(년지)를 보는 경우에도 먼저 得時(득시) 得勢(득세) 與否(여부)와 위에 어떠한 天干(천간)을 싣고 있는지와 옆에 어떠한 地支(지지)가 年支(년지)를 生剋(생극)하는지 扶抑(부억)하는지를 보고, 좇아서 나머지 三支(삼지)와 四干(사간)이 年支(년지)를 生剋(생극)하는지 扶抑(부억)하는지를 살펴야 하며 月·日·時支(월·일·시지)도 역시 그러하다. 이와 같이 하나하나 확실하게 연구를 한 연후에 쓰임이 官殺(관살)도 되고 財·印(재·인)도 되고 食傷(식상)도 되며, 그것이 强(강)한 것인지 弱(약)한 것인지를 살펴서 쓸 것은 쓰고 버릴 것은 버리면 自然(자연)히 정확하고 적절하여 착오가 없어지게 되고 맑게 꿰뚫어서 의혹이 없어지게 되니 이것이 看命(간명)의 첫째 중요한 秘訣(비결)이다."641)

---

641) "推命先干日干, 或得時, 或失時, 或得勢, 或失勢, 下坐某支, 緊貼某干, 於日干生剋扶抑何如, 隨看餘三干及四支, 於日干生剋扶抑何如, 此恒法也. 然不特日干而已, 凡柱中干支皆當如此硏究, 如看年干, 先看得時得勢否, 下坐何支, 緊貼何干, 於年干生剋扶抑何如, 隨看餘三干及四支, 於年干生剋扶抑何如, 月干時干亦然. 如看年支, 先看得時得勢否, 上載何干, 緊貼何支, 於年支生剋扶抑何如, 隨看餘三支及四干, 於年支生剋扶抑何

셋째, 變格 中 從格과 一行得氣格의 성립에 대해서 아래와 같이 말하고 있다.

"만일 도와주는 것이 반드시 옳지 않으면 포기해야 하고, 抑制하는 것이 반드시 불가하다면 그 氣勢에 순응하여야 한다."642)

넷째, 다음과 같이 體用의 定義를 내렸다.

"體가 있고나서 用이 있는 것이니 日主六神은 體이고 日主를 扶抑하는 六神은 用이다."643)

라고 했다.

다섯째, 다음과 같이, 正格은 月支의 當令을 기준으로 취하고 變格은 得勢를 기준으로 취하되, 格에 구애되는 것은 옳지 않다고 했다.

如, 月日時支亦然. 如此一一硏究的確, 然後用之爲官殺, 爲財印, 爲食傷, 其是强是弱, 當用當舍, 自然精當無差, 洞澈不惑矣, 此看命第一要訣也.". 陳素菴 著. 韋千里 選輯. 『精選命理約言』 卷一. 上海: 韋氏命苑, 1935. pp.2~3.
642) "其必不可扶者則棄之, 必不可抑者則順之.". 陳素菴 著. 韋千里 選輯. 『精選命理約言』 卷一. 上海: 韋氏命苑, 1935. pp.1~2.
643) "有體而後有用, 日主六神體也, 扶抑日主六神也, 用也.". 陳素菴 著. 韋千里 選輯. 『精選命理約言』 卷一. 上海: 韋氏命苑, 1935. p.9.

"格局을 取함에는 먼저 月支에 當令한 것으로 취하고 다음에 得勢한 것에서 취한다."644) "대개 命과 格은 모두 生剋에 따라서 취하는 것이므로 官·殺·印·財·食·傷의 六格이 있다."645) "格을 論할 때는 月令에 通하는 氣를 取하기도 하고 다른 干支와의 扶抑관계를 보고 취한다. 대개 月令으로 格을 取하는 것이 至當한 이치이지만 이것에 조차 구애되는 것은 옳지 않다."646)

여섯째, 아래와 같이 抑扶用神의 定義를 내렸다. 그리고 太强하면 泄氣함이 타당하다고 했다.

"命에는 用神이 아주 중요한데 用神을 보는 法은 扶抑에 不過할 따름이다. 무릇 弱한 것은 도와주는 것이 마땅한데, 도와주는 것이 곧 用神이다. 그리고 도우는 것이 너무 지나치면 그 도와주는 것을 抑制하는 것이 用神이다. 또한 도우는 것이 부족하면 그 도우는 것을 도와주는 것이 用神이다. 대개 强한 것은 抑制하는 것이 마땅한데, 抑制하는 것이 곧 用神이다. 그리고 억제하는 것이 너무 지나치면 그 억제하는 것을 抑制하는 것이

---

644) "格局先取當令, 次取得勢.". 陳素菴 著. 韋千里 選輯. 『精選命理約言』 卷一. 上海: 韋氏命苑, 1935. p.10.
645) "凡命格皆從生剋而取, 故有官煞印財食傷六格.". 陳素菴 著. 韋千里 選輯. 『精選命理約言』 卷一. 上海: 韋氏命苑, 1935. p.36.
646) "論時格有取通月氣者, 有取他干支扶抑者. 夫月令取格, 至當之理, 猶不可拘.". 陳素菴 著. 韋千里 選輯. 『精選命理約言』 卷一. 上海: 韋氏命苑, 1935. p.46

用神이다. 또한 억제하는 것이 부족하면 그 抑制하는 것을 도와주는 것이 用神이다."647)

"가령 官殺이 太强하면 印으로써 그 强한 기운을 끌어내고 食傷이 太强하면 財로써 그 强한 기운을 끌어내어야 한다."648) 라고 한다.

일곱째, 調候用神에 대해서도 아래와 같이 말하고 있다.

"人命이 春·秋月에 生하면 寒暖의 中度를 얻지만 만약 한 여름에 태어나면 무덥기만 한데 무더우면 潤濕함을 기뻐하니 局中에 水를 얻으면 아름답다. 嚴冬에 태어나면 지나치게 추운데 추우면 따뜻함을 기뻐하니 局中에 火를 얻으면 아름답다."649)

여덟째, 用神은 不可損傷이라고 했다.

"用神은 破損되지 아니하여야 吉하고 生助함이 있으면 더욱 吉

---

647) "命以用神爲繁要, 看用神之法, 不過扶抑而已. 凡弱者宜扶, 扶之者, 卽用神也. 扶之太過, 抑其扶者爲用神. 扶之不及, 扶其扶者爲用神. 凡强者宜抑, 抑之者, 卽用神也. 抑之太過, 抑其抑者爲用神. 抑之不及, 扶其抑者爲用神.". 陳素菴 著. 韋千里 選輯. 『精選命理約言』 卷一. 上海: 韋氏命苑, 1935. p.8.
648) "如官殺太强, 則引之以印, 食傷太强, 則引之以財.". 陳素菴 著. 韋千里 選輯. 『精選命理約言』 卷一. 上海: 韋氏命苑, 1935.p.6.
649) "人命生於春秋之月, 寒暖得中, 若生於盛夏, 則偏於炎矣, 炎則喜潤, 局中得水爲佳. 生於嚴冬, 則偏於寒矣, 寒則喜溫, 局中得火爲美.". 陳素菴 著. 韋千里 選輯. 『精選命理約言』 卷一. 上海: 韋氏命苑, 1935.p.5.

하지만, 用神이 損傷되면 凶한데 救함이 없으면 더욱 凶하다."650)

아홉째, "原局에서 扶抑할 수 없다면 運으로써 扶抑해 주어야 한다."651) 고 한다. 그러나 이 말은 곧 四柱原局에서 用神이 없으면 運에서 用神을 찾아야 한다는 말이 되는데, 필자는 用神은 반드시 四柱八字原局에서 찾아야 한다는 持論을 가지고 있으며 實觀結果도 또한 그러하므로 여기에 同意하지 않는다.

열째, 六神보는 法에 대해서 말하고 있다. 六神에는 正官과 偏官, 正印과 偏印, 正財와 偏財, 傷官과 食神, 刦財와 比肩의 十種이 있다. 아래에 나열하는 六神이 命造에서 상호작용하는 吉凶관계는 특히 正格의 用神을 가려내는 근간적 기준이 된다.

아래와 같이 正官보는 法을 말하고 있다.

"正官을 보는 法은 먼저 日干의 强弱을 論하고 日干이 强하면

---

650) "用神無破爲吉, 有助則更吉, 用神有損爲凶, 無救則更凶.". 陳素菴 著. 韋千里 選輯. 『精選命理約言』 卷一. 上海: 韋氏命苑, 1935. pp.8~9.
651) "局不能扶抑者, 以運扶抑之.". 陳素菴 著. 韋千里 選輯. 『精選命理約言』 卷一. 上海: 韋氏命苑, 1935. pp.1~2.

당연히 正官을 도와주어야 하고 日干이 弱하면 당연히 日干을 도와주어야 한다. 다시 官星의 得時 得勢 與否를 보아야 하는데, 때마침 月令을 만나고 또 天干에 透出하였으면 가장 旺한 것이다. 다음은 當令은 했어도 天干에 透出하지 못했거나 혹은 當令하지는 못했지만 天干의 官星이 地支에 通根했거나 地支의 官星이 天干에 투출한 경우이다. 또 그 다음은 天干의 官星이 뿌리가 없거나 地支의 官星이 天干에 투출하지 못한 경우로서, 이때는 모두 반드시 財星으로서 官星을 生해주어야 官의 뿌리가 무성해지며, 혹은 印星으로서 官星을 지켜주어야 傷官의 害가 멀어지게 된다."652) "만약 官星이 太多한 경우에는 역시 傷官으로 制하여야 하는데 그러면 殺로 論하지 않는다. 正官이 온통 꺼리는 것은 冲破와 傷官이고 食神이 많아서 暗損을 당하는 것이고, 印星이 많아서 泄氣되는 것이고, 時에서 官이 死絶되는 것이다. 대개 官星이 强旺한 것은 이 다섯 가지 꺼리는 것을 만나도 다만 貴氣를 減하는데 지나지 않지만, 衰弱한 官星이 이 다섯 가지 꺼리는 것을 만나면 무너질 따름이다. 官이 衰하여 財星에 의지하면 많은 경우에 貴하게 되지만 官이 旺하면 역시 財에 의지하는 경우는 많지 않다."653)

---

652) "看官之法, 先論日干强弱, 日干强則當扶官, 日干弱則當扶日, 再看官星得時得勢與否, 適當月令, 又透天干爲上. 次則或當月令而不透干, 或不當月令而干官通支, 支官通干. 又次則干有支無, 支有干無, 皆須財以生之, 則官之根茂, 印以衛之, 則傷官之害遠.". 陳素菴 著. 韋千里 選輯. 『精選命理約言』 卷一. 上海: 韋氏命苑, 1935. pp.19~20.

다음은 偏官보는 法을 말하고 있다.

"七殺을 보는 法도 먼저 日干의 强弱을 論한 다음 日干이 强한 경우에 一點의 殺星이 있다면 역시 制하지 않아도 되지만 日干이 弱한 경우에는 殺星이 많고 적음을 불문하고 반드시 制하여야 한다."654) "만약 殺星이 太弱하면 마땅히 財神으로 殺星을 북돋우어주어야 하고 制殺하는 食神이 太過하면 마땅히 偏印으로 食神을 破해 주어야 한다. 총괄적으로 말하면 日干은 능히 財官을 감당할 수 있는 것이 중요하다. 만약 日干이 衰絶地에 있으면서 또 從殺도 못되고 制殺하거나 化殺하고 있는 中에 歲運이 財殺旺地가 되면 반드시 災禍가 일어나며 설령 더욱이 制殺하거나 化殺하지 않더라도 歲運에 財殺이 旺하면 危亡하지 않을 수가 없다. 만약 身殺이 兩停하다면 行運이 身을 도와주는 것이 낫다."655) "또 殺이 日主보다 强한데 殺運으로

---

653) "若官星太多, 亦須食傷制之, 然不作殺論. 其切忌, 冲破, 傷官, 食衆暗損, 印衆泄氣, 時歸死絶. 大抵官之强旺者, 遇此五忌, 但減貴氣, 官之衰弱者, 遇此五忌, 則壞矣. 官衰倚財, 以多爲貴, 官旺亦不甚倚財.". 陳素菴 著. 韋千里 選輯. 『精選命理約言』 卷一. 上海: 韋氏命苑, 1935. p.20.
654) "看殺之法, 先論日干强弱, 日干强, 則一點殺星, 亦可不制, 日干弱, 則不問殺之多寡, 必須制之.". 陳素菴 著. 韋千里 選輯. 『精選命理約言』 卷一. 上海: 韋氏命苑, 1935. p.21.
655) "若殺星太弱, 宜財神滋之, 制神太過, 宜偏印破之. 總之日干能任財殺爲要. 苟日干衰絶, 又不能從殺, 卽有制有化, 歲運財殺旺地, 必成災禍, 倘更無制無化, 歲運財殺旺地, 無不危亡. 若身殺兩停, 行運寧可扶身.". 陳素菴 著. 韋千里 選輯. 『精選命理約言』 卷一. 上海: 韋氏命苑, 1935. pp.21~22.

行하면 오히려 이로운 때가 있는데, 이는 반드시 日主가 본래
衰絶되지도 않고 原局에서 印綬가 有力한 象을 이루고 殺生印
印生身하는 경우이다. 이때는 오직 財運으로 行함을 두려워하
는데 印綬를 무너뜨리고 殺을 도우면 반드시 禍가 된다."656)
"이 神 즉 七殺은 반드시 먼저 처치해야 하는데, 혹 食神으로
制하여 그 강폭함을 순화시키거나 혹은 印綬로써 化하여 화평
하게 변화시키거나 혹은 傷官으로 대적시켜 兩神을 모두 해소
시켜버리거나 혹은 陽刃 一將으로써 합하여 功을 이루게 하거
나 하여 당연히 관리할 수 있게 되면 偏官을 취하여 用神으로
삼을 수 있다."657)

다음과 같이 正印보는 法을 말하고 있다.

"財는 能히 印을 파괴하는 것이니 印을 취하여 用神으로 하는
命은 財를 만나는 것이 좋지 않다. 그러나 만약 印이 많은 命
造는 반드시 財가 있어 印을 制하여야 한다. 原局에 많은 財가
印을 만나면 不祿이 되니 두렵다."658) "原局에 印星이 지나치

---

656) "又有殺强於主, 行殺運反利者, 此必日主本非衰絶, 而原局印綬成象有力, 殺生印印生身也. 惟忌行財運, 壞印助殺, 則必爲禍矣.". 陳素菴 著. 韋千里 選輯, 『精選命理約言』 卷一. 上海: 韋氏命苑, 1935. p.22.
657) "斯神先須處置, 或食神制之, 而馴其强暴, 或印綬化之, 而變作和平, 或傷官適之, 而兩凶ㅎ俱解, 或刃星合之, 而一將成功, 駕馭得宜, 取作偏官之用.". 陳素菴 著. 韋千里 選輯. 『精選命理約言』 卷一. 上海: 韋氏命苑, 1935. p.8.
658) "財能壞印, 取印爲用之命, 不宜見財. 若印多之命, 又必須財制之也. 原局財多,

게 弱하면 반드시 官殺運으로써 生해주어야 한다."659)

다음과 같이 偏印보는 法에 대해서 말하고 있다.

"偏印은 食神을 剋하기 때문에 가장 凶하여 梟神이라는 이름이 붙었으나 만약 日主를 生하는데 쓰임이 있으면 역시 日主를 보좌하는 良神이 된다. 惡殺을 만나면 그 暴悍함을 制化시키고 傷官을 쓸 때는 그 强梁을 制御해 준다. 身旺하고 食神이 가벼운데 偏印을 만나면 반드시 呑陷을 만나게 될 것이지만 官이 많고 印이 부족할 경우에는 偏印을 빌려 쓰면 또한 번창하게 될 것이다. 日干이 太旺할 때 梟神이 있으면 그 亢厲함이 더욱 증가되며, 比刦이 憂患이 될 때 梟神이 있어 도우면 猖狂함을 더하게 된다. 梟神을 制하려면 正財보다는 비교적 힘이 있는 偏財가 낫다. 命主의 의지가 되는 偏印도 正印과 마찬가지로 傷함을 만나면 좋지 않다. 食神으로 格을 이루었을 때 梟神을 만나면 損害가 있을까 깊이 근심된다. 梟神이 무리를 이루었을 때 食神을 만나면 즉시 災殃을 만난다."660)

恐見印而不祿.". 陳素菴 著. 韋千里 選輯. 『精選命理約言』 卷一. 上海: 韋氏命苑, 1935. pp.10~11.
659) "局印太輕, 須以官殺運生之.". 陳素菴 著. 韋千里 選輯. 『精選命理約言』 卷一. 上海: 韋氏命苑, 1935. p.28.
660) "偏印惟剋食最凶, 故有梟神之號, 倘生身有用, 亦爲佐主之良, 惡殺得之而化其暴悍, 傷官用之而禦其强梁, 身旺食輕, 逢之而必遭呑陷, 官多印缺, 借之而亦致榮昌. 日干太旺兮, 有梟愈增其亢厲, 比刦爲患兮, 得梟益助其猖狂. 求以制梟, 偏財勝於正財, 較爲

- 363 -

다음과 같이 正財보는 法을 말하고 있다.

"日干의 强弱을 보는 것이 중요하니 日干이 强하면 財를 도와주어야 하고 日干이 弱하면 당연히 日干을 도와주어야 한다."661) "身旺한데 財가 微弱하면 반드시 食傷이 生하고 도와야 發하지만 財多身弱이면 오히려 比刦에 의지하여 서로 도와야 한다. 財가 殺을 기뻐하는 까닭은 殺이 比刦을 剋하여 항복시켜주니 기뻐하는 것이다. 財가 印을 시기하는 까닭은 印이 食傷을 덜어 害를 입히니 미워하는 것이다. 四柱에 財가 많은데 運에서 官殺을 만나면 겉으론 안정되어 보이나 實은 위험한 것이다. 財神이 무리지어 있는데 印星으로 行하면 재앙이 발생하고 比刦이 무리지어 있는데 財鄕을 만나면 어려움이 생긴다. 印이 身을 도우니 旺한 財와 서로 각축해서는 안 된다."662)

아래와 같이 偏財의 쓰임에 대해서 말하고 있다.

有力. 依之爲命, 偏印同於正印, 不可遭傷. 食神入格兮, 見梟深愁損害. 梟神結黨兮, 得食立見災殃.". 陳素菴 著. 韋千里 選輯. 『精選命理約言』 卷一. 上海: 韋氏命苑, 1935. pp.11~12.
661) "看日干强弱爲要, 日干强, 則當扶財, 日干弱, 則當扶日.". 陳素菴 著. 韋千里 選輯. 『精選命理約言』 卷一. 上海: 韋氏命苑, 1935. p.29.
662) "身旺財微, 須藉食傷生發, 財多身弱,反資比刦相幇,財喜殺兮, 蓋喜其剋降比刦. 財妬印兮, 蓋妬其損害食傷. 四柱財多, 而運逢官殺似安實危矣. 財神結黨, 行印運而災來, 比刦成羣, 遇財鄕而難作. 印卽扶身, 勿與旺財相角.". 陳素菴 著. 韋千里 選輯. 『精選命理約言』 卷一. 上海: 韋氏命苑, 1935. p.13.

"格에 있어서나 運에 있어서나 比刦이 있으면 재앙이 되어 근심이 되지만 梟神을 剋制하는 데는 偏財가 가장 적절하다."663)

다음과 같이 傷官보는 法을 말하고 있다.

"옛 글에서 '傷官이 當令하면 眞傷官이고 當令하지 않으면 假傷官이다.'고 하는데, 이는 傷官을 眞假로 論할 것이 아니라 强弱으로 論해야 타당하다는 것을 몰랐기 때문이다. 强하면 制하여야 하니 傷官이 强한데 다시 傷官運으로 行하면 日干의 泄氣가 더욱 甚할 뿐이다. 弱하면 도와야 하니 傷官이 弱한데 다시 傷官을 破하는 運으로 行하면 日主는 더욱 의지할 수 없을 뿐이다."664) "傷官을 制하는 방법은 印星이 최상이고 比刦으로 身을 돕는 것은 그 다음이다. 傷官을 돕는 방법은 傷官運이 최상이고 比刦이 그 다음이다. 傷官이 官星을 만남을 기뻐하지 않는 것은 흡사 比刦이 財를 만나는 것과 같고, 梟神이 食神을 만나는 것과 같아서 반드시 憂患과 害가 있을 것이다."665) "그러나 官星을 만나도 괜찮을 경우가 있다는 것은 身

---

663) "在格在運, 亦愁比刦爲災, 惟剋制梟神, 偏財最爲切當.". 陳素菴 著. 韋千里 選輯. 『精選命理約言』 卷一. 上海: 韋氏命苑, 1935. p.14.
664) "舊又以當令爲眞傷官不當令爲假傷官, 不知傷官勿論眞假. 當論强弱. 强則制之, 傷官强而復行傷運, 則日愈泄氣矣. 弱則扶之, 傷官弱而復行破傷, 則日愈無依矣.". 陳素菴 著. 韋千里 選輯. 『精選命理約言』 卷一. 上海: 韋氏命苑, 1935. pp.32~33.
665) "制傷之法, 印運爲上, 帮身次之. 扶傷之法, 傷食運爲上, 比刦次之. 若傷官不喜見官, 正如先有比刦而見財, 先有梟神而見食, 必爲患害.". 陳素菴 著. 韋千里 選輯.

은 弱하고 傷官이 强한데 印綬가 있으면 官을 보아도 괜찮으니 官이 印綬를 生해주고 身이 能히 傷官을 감당할 수 있다. 身强하고 財弱하며 比刼이 있을 때 官을 만나면 좋은 경우이니 官이 比刼을 制하면 財를 빼앗기지 않게 된다. 그렇지 않는 경우는 모두 官星을 만나면 좋지 않는데, 官星을 만나면 傷하는 害를 받을 뿐만 아니라 日主가 剋을 당하므로 역시 傷官을 맡아서 쓸 능력이 없게 된다. 이때는 반드시 傷官運으로 行하여야 官을 剋하여 妙하게 되며 그 다음은 食神運 역시 괜찮다."666)
"印이 없고 比刼도 없는데 殺을 만나면 日主를 剋하므로, 日主는 能히 傷官을 감당할 수 없으니 殺을 制去하지 않을 수 없다."667) "傷官은 전적으로 官星을 극한다. 傷官格으로 이루어 졌으면 日主로써 평하는 것이 마땅한데 日主가 旺하면 財를 用하여 傷官의 흉폭함을 설기시켜야 하고 日干이 弱하면 印을 用하여 傷官으로 하여금 나에게 복종하도록 使令시켜야 한다. 傷官이 太旺하면 日主는 본래 泄氣 당함을 싫어하는데 다시 正官을 만나면 身이 剋을 당할까 더욱 염려되나 만약 많은 比肩

『精選命理約言』 卷一. 上海: 韋氏命苑, 1935. p.33.
666) "然官亦有可見者, 身弱傷强而有印綬, 可以見官, 官生印綬, 則身能任傷也. 身强財弱而有比刼, 可以見官, 官制比刼, 則財不受奪也. 否則皆不可見官, 見之非惟取傷之害, 而日主受剋, 亦不能任傷爲用. 此必仍行傷運, 剋之爲妙, 次則食運亦可.". 陳素菴 著. 韋千里 選輯. 『精選命理約言』 卷一. 上海: 韋氏命苑, 1935. p.33.
667) "然無印無比而見殺, 則亦剋主而不能任傷, 不可不去.". 陳素菴 著. 韋千里 選輯. 『精選命理約言』 卷一. 上海: 韋氏命苑, 1935. pp.33~34.

을 만나서 도움을 받으면 자연히 큰 해는 없게 된다. 傷官이 重한데 다시 傷官運으로 行하면 日主의 氣가 다하여 彫枯할 것이고, 傷官이 輕한데 다시 傷官을 剋하는 運으로 향하면 用神이 쇠잔하여 愴怛하게 될 것이다. 比刦이 많아서 旺해진 日主가 官과 傷官을 만남으로써 더욱 청해지지만, 失時 失勢하여 衰弱한 日干에 官이 加重된다면 어찌 身의 근심이 없겠는가."668)

다음과 같이 食神보는 法을 말하고 있다.

"食神을 보는 法은 만약 食神을 사용하여 殺을 制한다면 곧 食神과 殺을 비교하여 殺이 重하고 食神이 輕하면 당연히 食神을 도우고 殺을 抑制하여야 하나 食神이 重하고 殺이 輕하면 당연히 殺을 도우고 食神을 抑制하여야 한다."669) "이 食神이 가장 꺼리는 것은 梟印으로부터 剋을 받는 것인데, 이때 偏財를 만나면 역시 두려울 것 없다.670) 또한 日主가 太旺하여 原

---

668) "傷官專剋官星. 卽成傷格, 當以日評, 日旺者用財, 兼以泄其凶暴, 日弱者用印俾其服我使令. 傷官太旺, 固嫌泄氣, 正官再見, 更虞剋身, 若得多數比肩以助之, 自無大害. 傷重復行傷運, 主氣盡而彫枯, 傷輕復到剋鄕, 用神殘而愴怛, 多比多刦之旺主, 因遇官而傷乃彌淸, 失時失勢之衰干, 豈加官而身能無恙.". 陳素菴 著. 韋千里 選輯. 『精選命理約言』 卷一. 上海: 韋氏命苑, 1935. pp.16~18.
669) "看食神之法, 如用以制殺, 則以食殺相較, 殺重食輕, 當扶食抑殺, 食重殺輕, 當扶殺抑食.". 陳素菴 著. 韋千里 選輯. 『精選命理約言』 卷一. 上海: 韋氏命苑, 1935. p.30.
670) "此神最忌梟印剋之, 得偏財則亦不畏.". 陳素菴 著. 韋千里 選輯. 『精選命理約

局에 의지할 만한 것이 하나도 없는데 단지 一二點의 食神이 있어 대략 氣象을 이루었다면 반드시 食神이 生旺하는 運으로 行하여야 妙함이 있다."671) 食神을 用함에 이르러 正官 역시 많이 만나면 마땅하지 않는데 하물며 殺을 보면 어찌 되겠는가?"672) "七殺은 日干의 寇讎이고 食神은 日干의 子息으로, 七殺이 太强하면 日主가 傷하게 되니 食神으로 七殺을 制하면 도둑의 氣勢가 쇠퇴하게 되는 것으로 곧 자식이 어머니의 원수에게 복수하는 것과 같은 뜻이다. 食神格으로서 損傷을 입게 되는 경우는 전적으로 梟神의 방자한 毒에 의한 것이다. 官과 印을 거듭 만나면 食神이 반드시 빈약해지기 때문에 마땅하지 않다고 하는 것이며, 比刦을 거듭 만나면 오히려 부족하여 근심거리가 된다는 것은 徐大升이 이른바와 같이 木多火熾673), 火多土焦, 土多埋金, 金多水濁, 水多木漂를 뜻한다. 食神이 많을 때는 그 세력이 반드시 日干의 元氣를 泄氣시키므로 梟神으로 食神을 制하는 것을 기뻐하고, 食神이 적을 때 또 梟神을 만나 剋을 당하면 그 食神은 반드시 존재하기 어렵기 때문에 財星을 만나 梟神을 制하는 것을 기뻐한다. 食神을 用하는데 갑자기

言』卷一. 上海: 韋氏命苑, 1935. p.31.
671) "或日主太旺, 局中無一可倚, 止有一二點食神, 略成氣象, 則須行食神生旺之運爲妙.". 陳素菴 著. 韋千里 選輯. 『精選命理約言』卷一. 上海: 韋氏命苑, 1935. p.31.
672) "至於用食, 官亦不宜多見, 況殺乎.". 陳素菴 著. 韋千里 選輯. 『精選命理約言』卷一. 上海: 韋氏命苑, 1935. p.31.
673) 의미상 熄이라고 생각함. 論者註

梟神을 만나면 마치 팔을 비틀고 목을 움켜쥐는 것과 같이 된
다."674)

다음과 같이 比肩과 刦財의 쓰임에 대해서 말하고 있다.

"比肩은 日干을 보좌하는 힘이 뛰어나지만 財를 만나면 역시
침탈하려고 한다. 刦財는 日干을 도우려는 뜻은 가볍고 財를
탈취하려는 의도는 더욱 간절하다. 쇠약한 日干이 失令하면 比
肩에 의지할 수 있고 刦財에도 역시 의지할 만하다. 日干이 秉
權함이 지나칠 때도 比肩은 위력을 보태고 刦財 역시 맹렬함을
더한다. 감추어진 財던 들어난 財던을 불문하고 比肩과 刦財에
게 재앙을 당하지만 오직 正官이나 偏官이 있으면 그 재앙을
제거할 수 있다. 총괄해서 말하면 四柱를 배열하여 추론할 때
이 神 즉 比·刦을 많이 만날 필요는 없다.675)

---

674) "七殺爲日干之寇讎, 食神爲日干之子息, 七殺太盛, 日主受傷, 得食神以制之, 寇
慾頓衰, 卽子復母仇之義. 若食格遭戕, 全爲梟神肆毒. 官印重逢, 其食神必致力薄,故曰
亦屬非宜, 比刦疊見, 還愁不足者, 卽徐大升所謂木多火熾, 火多土焦, 土多金埋, 金多水
濁, 水多木漂之義. 食神旣多, 勢必盜泄日干元氣,故喜梟神以制之, 食神旣少, 又見梟神
以剋之, 其食神必難存在, 故喜逢財以制梟也. 用食忽逢梟至, 正如紾臂扼喉.". 陳素菴
著. 韋千里 選輯. 『精選命理約言』 卷二. 上海: 韋氏命苑, 1935. pp.15~16.
675) "比則輔主之力勝, 而見財亦侵, 刦則相主之義輕, 而奪財尤切. 衰干失令, 比可仗
而刦亦堪依. 亢主乘權, 比增威而刦亦加烈. 不問藏財露財, 並受其殃, 惟有正官偏官, 可
除其孼. 總之四柱排推, 不須多見斯神.". 陳素菴 著. 韋千里 選輯. 『精選命理約言』
卷一. 上海: 韋氏命苑, 1935. pp.18~19.

열한째, 다음과 같이 傷官格을 眞傷官格과 假傷官格으로 분류하는 것을 否認하고 있다. 이는 月支의 日干에 대한 六神의 관계에 따라 定해지는 格局論에 합당하다. 따라서 格局論에 통일을 기하기 위하여 本 論文에서도 이 이론을 따르기로 한다.

"옛 글에서 '傷官이 當令하면 眞傷官이고 當令하지 않으면 假傷官이다.'고 하는데, 이는 傷官은 眞假를 論할 것이 아니라 强弱으로 論하여야 타당하다는 것을 몰랐기 때문이다."676)

열두째, 一行得氣格과 그 喜·忌에 대해서 다음과 같이 말하고 있다.

"一行得氣格은 자신의 氣로 局面을 이루는데 역시 取用이 가능하다. 어느 한 方位의 秀氣를 占하고 있는 경우가 있는데, 木日이 寅卯辰 전부가 있으면 曲直格이 되고, 火日이 巳午未 전부가 있으면 炎上格이 되고, 金日이 申酉戌 전부가 있으면 從革格이 되고, 水日干에 亥子丑을 전부 구비하고 있으면 潤下格이 되고, 土日干이 辰戌丑未가 전부 있으면 稼穡格이 되는데 土는 四方位를 合해서 方이 된다. 어느 一局의 秀氣를

---

676) "舊又以當令爲眞傷官不當令爲假傷官, 不知傷官勿論眞假. 當論强弱.". 陳素菴 著. 韋千里 選輯. 『精選命理約言』 卷一. 上海: 韋氏命苑, 1935. pp.32~33.

占하고 있는 것도 있는데 木日干이 亥卯未가 전부 있으면 역시 曲直格이 되고, 火日干이 寅午戌이 전부 있으면 역시 炎上格이 되고, 金日干이 巳酉丑이 전부 있으면 역시 從革格이 되며, 水日干이 申子辰이 전부 있으면 역시 潤下格이 되고 土日干은 앞에서와 같다. 木火金水日에서는 方이든지 局이든지 반드시 三方이 모두 갖추어야 方으로 취하지만 土日干은 辰戌丑未 中 二三개만 얻으면 역시 취용할 수 있다. 대개 이 格에 들면 첫째는 반드시 月令의 氣에 通根하여 時令을 얻어야 하고 둘째는 時上에는 반드시 生旺地에 이르러야 하지 死絶地에 이르러서는 안 되며 셋째는 柱中에 剋破가 없어야 한다."677)

열셋째, 아래와 같이 從局과 그 喜忌에 대해서 말하고 있다.

"日主가 뿌리가 없고 세력이 쇠퇴하여 培埴하여도 감당할 수 없는 상황에서 다른 神이 滿局을 이루면서 무리가 많아 항복시키기 어려울 때는, 權勢에 이른 것을 중히 여겨서 通變해야 하니 弱한 것은 버리고 强한 것을 따르는 것이 마땅하다. 대개 從

---

677) "然一行得氣, 自成局面, 亦可取用. 有占一方秀氣者, 木日全寅卯辰, 爲曲直格, 火日全巳午未, 爲炎上格, 金日全申酉戌, 爲從革格, 水日全亥子丑, 爲潤下格, 土日全辰戌丑未, 爲稼穡格, 土合四方爲方也. 有占一局秀氣者, 木日全亥卯未, 亦爲曲直格, 火日全寅午戌, 亦爲炎上格, 金日全巳酉丑, 亦爲從革格, 水日全申子辰, 亦爲潤下格, 土日同前. 木火金水, 或方或局, 必三方俱全方取, 土則得二三亦可用. 凡入此格, 一則須通月氣, 得時令, 二則須時上引至生旺, 勿引至死絶, 三則須柱中無剋無破.". 陳素菴 著. 韋千里 選輯. 『精選命理約言』 卷一. 上海: 韋氏命苑, 1935. p.43.

- 371 -

하는 神이 剋을 당하면 破局이 되며 이미 버린 命主의 뿌리를 만나는 것은 상서롭지 못하다. 從神을 도우는 運을 만나면 福力이 깊고 두터워지는 것을 알 수 있을 것이고, 從神이 生育되는 運으로 굴러가면 秀氣가 發揚되는 기쁨이 있을 것이다."678)

棄命從官格의 성립과 그 喜·忌에 대해서 아래와 같이 말하고 있다.

"만일 原局에 모두 官으로 가득하고 衰弱한 日干이 기력이 없다면 命을 버리고 從官하는 것이 마땅하니, 財官旺地를 만나면 한결같이 모두가 좋고 食과 印 兩神을 만나면 不利한 것이 多端하고 傷官運이면 기울어지는 위험을 만날 것이고 身主가 旺해지는 運에서는 반드시 이상한 災殃이 많아질 것이다."679)

棄命從殺格의 喜·忌에 대해서 다음과 같이 말하고 있다.

"만약 나를 剋하는 것으로 가득 차 있을 때 내가 强하면 항복

---

678) "日主無根, 歲屈不堪培植, 他神滿局, 黨多難以伏降, 貴達權以通變, 宜捨弱以從強. 凡所從之神, 被剋則爲破局, 此已棄之命, 逢根卽屬不祥. 從神遭遇資扶, 知福力之深厚, 從神輾轉生育, 喜秀氣之發揚.". 陳素菴 著. 韋千里 選輯. 『精選命理約言』 卷一. 上海: 韋氏命苑, 1935. pp.20~21.
679) "若乃滿柱皆官, 衰干無氣, 當委命以從官, 財官旺地, 遇之而一路皆宜, 食印兩神, 逢之而多端不利, 傷官之運, 立見傾危, 身旺之鄉, 必多災異.". 陳素菴 著. 韋千里 選輯. 『精選命理約言』 卷一. 上海: 韋氏命苑, 1935. pp.7~8.

- 372 -

할 수 없지만 日主(일주)가 의지할 곳이 없으면 나를 버리고 從殺(종살)하는데 이때 殺(살)을 돕고 나를 剋(극)하는 運(운)으로 行(행)하면 더욱 형통할 것이지만 日主(일주)의 뿌리를 滋養(자양)하는 運(운)을 만나면 오히려 日主(일주)의 뿌리가 뽑히게 될 것이다."680) "대개 從殺者(종살자)는 殺(살)이 印綬(인수)를 生(생)하여 命主(명주)가 새싹이 돋아나는 것을 꺼린다. 그러므로 從殺格(종살격)의 運(운)은 대략 殺(살)을 生(생)하거나 殺地(살지)로 行(행)하는 것이 마땅하다."681)

從印格(종인격)은 아래와 같이 認定(인정)하고 있지 않다.

"印星(인성)이 많을 때만은 從(종)하는 이치가 없으니 대개 어미가 많으면 오히려 자식에게 災殃(재앙)이 되기 때문이다."682)

棄命從財格(기명종재격)에 대해서 다음과 같이 말하고 있다.

"만약 滿局(만국)이 모두 財(재)라면 命主(명주)를 버리고 의탁해야 하며, 이때 財旺運(재왕운)으로 行(행)하면 榮華(영화)가 곱절이나 되지만 身(신)을 生(생)하는 運(운)을 만나면 즉시 凋落(조락)함을 보게 될 것이다. 從財者(종재자)는 財(재)가 煞官(살관)을

---

680) "若乃滿盤剋我, 强不可降, 日主無依, 棄而從殺, 行助剋而彌亨, 遇滋根而反拔.". 陳素菴 著. 韋千里 選輯. 『精選命理約言』 卷一. 上海: 韋氏命苑, 1935. p.9.
681) "大抵從殺者殺生印綬, 卽嫌命主萌芽. 故從煞之運, 僅生殺與殺地宜行.". 陳素菴 著. 韋千里 選輯. 『精選命理約言』 卷一. 上海: 韋氏命苑, 1935. pp.13.
682) "惟印多則無從理, 蓋母衆反作子殃.". 陳素菴 著. 韋千里 選輯. 『精選命理約言』 卷一. 上海: 韋氏命苑, 1935. p.20.

生하여 日干이 剝削되는 것을 도리어 기뻐한다. 從財格의 運은 대개 財를 生하는 運과 財가 生하는 運 모두를 기뻐한다."683)

棄命從食神格과 그 喜·忌에 대해서 다음과 같이 말하고 있다.

"만약 食神으로 滿局을 이루었으면 역시 棄命하는 例에 따라야 할 것이니 한줄기 외로운 日干은 食神에 從하는 계책을 세움이 마땅하고, 이때는 食神이 旺相하는 運으로 흘러가면 기다리지 않아도 축복할 일이 배룽구에 가득할 것이나 食神의 死絶地를 만나면 반드시 솥 안의 음식물을 엎는 치욕을 끼칠 것이다. 가장 기뻐하는 財鄕으로 順生하면 벗과 교제하는 것처럼 기쁠 것이나, 온통 꺼리는 强한 印運이 食神을 制하면 禍가 원수처럼 일어날 것이며, 官殺運으로 行하면 다만 剋하는데 불과하니 참작함이 옳고 比刦運을 만나면 生을 얻은듯하지만 허물이 있을 것684)이다."685)

---

683) "若滿局之皆財, 乃棄命而相託, 行旺財之運, 倍見榮華, 遇生身之鄕, 立看彫落. 從財者財生煞官, 反喜日干剝削. 而從財之運, 凡生財與財生皆樂.". 陳素菴 著. 韋千里 選輯. 『精選命理約言』 卷一. 上海: 韋氏命苑, 1935. pp.13~14.
684) 從兒格은 日干이 뿌리가 없고 食傷으로 응집되어 있을 경우에 성립되는데, 이때 만약 比刦運을 만나면 일간이 勢力을 얻으니 從을 못하게 하는 효과가 잇어 허물이 되는 것으로 생각됨. 論者註.
685) "若乃滿局食神, 亦依棄命之例, 一線孤主, 宜爲從食之謀, 行其旺相之方, 不待滿籌致祝, 遇其死絶之地, 定知覆餗貽羞. 最喜財鄕順生, 而歡如酬酢, 切嫌印强運制, 而禍起仇讎, 行官殺兮, 雖所剋而宜酌, 逢比刦兮, 似得生而有尤.". 陳素菴 著. 韋千里 選輯. 『精選命理約言』 卷一. 上海: 韋氏命苑, 1935. p.16.

棄命從傷官格과 그 喜·忌 및 用神에 대해서 아래와 같이 말하고 있다.

"日主가 無氣하고 滿局이 모두 傷官이라면 당연히 命主를 버리고 傷官을 따라야 하니 오히려 凶神에 의지하여 用神을 삼는다. 이때는 傷官을 파괴하고 日主를 도우는 運으로 行함을 꺼리는데, 더욱 傷官이 많아서 마땅하지 않다고 論하는 것은 옳지 않다."686) "만약 모두 傷官으로 滿局을 이루었다면 역시 반드시 命主를 버리고 從하여야 하니 필히 勢力에 順應하고 항거하지 않는 것이 마땅하며, 이때는 오직 財神을 만나서 그 거친 性情을 曲盡히 인도해야 하며, 만약 印運을 갑자기 만나면 반드시 서로 싸워서 쓰러지고 격랑에 휩쓸리게 될 것이다."687)

열넷째, 化局과 그 喜·忌에 대해서 말하고 있으면서, "化局이 성립하려면 반드시 辰時여야 한다." 는 이론은 부인하고 있다.

"甲己合하여 土로 化하고 乙庚이 합하여 金으로 化하고 丙辛

---

686) "至於日主無氣, 滿局皆傷, 當棄命從之, 反倚凶神爲用. 行運忌壞傷相主, 又未可以傷多不宜爲論矣.". 陳素菴 著. 韋千里 選輯. 『精選命理約言』 卷一. 上海: 韋氏命苑, 1935. p.34.
687) "若乃滿局皆傷, 亦須棄命以相從, 必宜順勢而勿抗, 惟財神相遇, 可曲引其性情, 苟印運忽來, 必相爭而傾蕩.". 陳素菴 著. 韋千里 選輯. 『精選命理約言』 卷一. 上海: 韋氏命苑, 1935. p.18.

이 合하여 흐르는 水로 化하여 濕하고 丁壬이 合하여 木으로 化하여 숲을 이루고 아울러 戊癸가 合하여 火로 化한다. 甲己合化土格의 경우 甲木은 庚金의 剋을 두려워하고 己土는 乙木의 剋을 꺼린다. 甲己合化土格에 만약 丁壬을 함께 만나면 聯合하여 木으로 化하니 甲己化土와는 극단적으로 반대가 되어 심각한 害가 된다. 만약 化局의 眞假를 분별하려면 전적으로 地支의 정세를 살펴야 하는데 먼저 化神의 根本 鄕인 月支의 氣를 보아야 하며, 時支가 또한 중요한데 반드시 化神의 生旺 地支가 되어야 하고, 年支는 영향력이 조금 멀지만 역시 化局과 괴리가 반드시 없어야 하며, 日支는 비교적 친밀하니 더욱 化에 도움이 될 것이 요구된다. 行運의 吉凶에 이르러서는 四柱原局의 例에서와 같이 化局을 도우는 五行을 만나면 氣勢가 더욱 융성해질 것이고 化의 神을 깨트리는 運을 만나면 程途가 不利할 것이다. (化할 때) 반드시 辰字를 取하여야 한다고 하면서 龍이 날아야 바야흐로 神이 化한다고 한다. 그러나 하물며 五行에는 각기 좋아하고 싫어함이 다른데 어찌 辰字 하나로 五行의 情을 실현할 수 있겠는가. 그 이론이 이처럼 황당하니 빨리 없애는 것이 마땅하다."688)

---

688) "甲己合而化土, 乙庚合而化金, 丙辛合而化水流濕, 丁壬合而化木成林, 幷戊癸合而化火. 甲畏庚剋, 己畏乙剋兮. 甲己化土格, 若丁壬並見, 聯合化木, 與甲己化土, 極端反對, 則爲害深矣, 若辨化局之假眞, 全察地支之情勢, 先觀月氣, 乃化神根本之鄕, 更重時支, 必化神生旺之地, 年支稍遠, 亦須與化無乖, 日支較親, 更求於化有濟. 迨行運之吉

열여섯째, 다음과 같이 兩神成象格과 그 喜·忌에 대해서 자세히
말하고 있다.

"가령 金水가 각각 二干 二支를 차지하고 있으면 金水相生格
이라고 하는데 金水運으로 흘러가면 가장 좋고 火土運을 크게
꺼린다"689) "만약 相生으로 이루어진 格에서 또 다시 生을 만
나면 곧 流通의 妙이고, 만일 相剋으로 된 格에서 다시 剋을
만나면 또한 和合 의 情이 된다, 혹자는 이르기를 이치가
겨우 兩神에 불과하므로 狹小할 것 같아 싫어하는데, 이는 이
格을 10種으로 분류될 수 있음을 모르고 하는 말이니 힘을 다
해 推評해야 할 것이다."690)

열여섯째, 아래에서 四地支의 영향력의 순서는 月支 時支 日支
年支順임을 미루어 짐작할 수 있다.

"만약 化局의 眞假를 분별하려면 전적으로 地支의 정세를 살

凶, 同原柱之則例, 遇助化之物, 則氣勢加隆, 値破化之神, 則程途不利. 至於取必辰字, 謂龍飛方是化神. 況五行各異愛憎, 且一庫有何情致. 若此荒唐, 亟宜廢置.". 陳素菴 著. 韋千里 選輯. 『精選命理約言』 卷一. 上海: 韋氏命苑, 1935. pp.21~23.
689) "如金水各占二干二支, 曰金水相生格, 運行金水最佳, 火土大忌.". 陳素菴 著. 韋千里 選輯. 『精選命理約言』 卷一. 上海: 韋氏命苑, 1935. p.24.
690) "若生而復生, 乃是流通之妙, 倘剋而遇剋, 亦爲和合之情. 或謂理僅兩神似嫌狹小, 不知格分十種, 儘費推評.". 陳素菴 著. 韋千里 選輯. 『精選命理約言』 卷一. 上海: 韋氏命苑, 1935. p.25.

펴야 하는데 먼저 化神의 根本 鄕인 月支의 氣를 보아야 하며, 時支가 또한 중요한데 반드시 化神의 生旺地支가 되어야 하고, 年支는 영향력이 조금 멀지만 역시 化局과 괴리가 반드시 없어야 하고, 日支는 비교적 친밀하니 더욱 化에 도움이 될 것이 요구된다.691)

열일곱째, 아래에서 보는 바와 같이 五行旺相休囚를 論하고 있으나 官星地에 해당하는 死에 대한 말은 없다.

"五行의 旺相休囚는 四季節의 차례를 살펴서 取하는 것이다. 장래로 나아가는 것은 相이라 하고 나아가서 當令하면 旺이라 하며 功을 이루고 물러나는 것을 休라 하고 물러나서 氣가 없는 것을 囚라고 한다."692)

열여덟째, 아래와 같이 胞胎法에 대해서 말하면서 陰陽同生同死說이 옳다고 한다.

---

691) "若辨化局之假眞, 全察地支之情勢, 先觀月氣, 乃化神根本之鄕, 更重時支, 必化神生旺之地, 年支稍遠, 亦須與化無乖, 日支較親, 更求於化有濟.". 陳素菴 著. 韋千里 選輯. 『精選命理約言』 卷一. 上海: 韋氏命苑, 1935. pp.21~22.
692) "五行旺相休囚, 按四序取之. 將來者進, 是爲相, 進而當令, 是爲旺, 成功者退, 是爲休, 退而無氣, 是爲囚.". 陳素菴 著. 韋千里 選輯. 『精選命理約言』 卷一. 上海: 韋氏命苑, 1935. p.12.

"十干은 각 地支를 따라서 長生, 沐浴, 冠帶, 臨官, 帝旺, 衰, 病, 死, 墓, 絶, 胎, 養이 생긴다. 무릇 五陽은 生方에서 자라고 本方에서 旺盛하고 泄方에서 쓰러지고 剋方에서 죽는다, 하여 이치에 순응하며, 五陰 역시 陰陽同生同死說이 옳다고 하겠다. 土를 論하는 法은 확실히 巳午에서 生하고 寅卯는 剋이 되며 申酉는 泄이 되고 亥子는 財가 되니 四季에서 旺이 된다고 하면 더욱 이치에 합당한 것이다."693)

열아홉째, "대개 天干에 日干과 二比肩이면 太强하다."694) 고 한다. 그러나 경우에 따라서 다를 수 있으므로 斷定的으로 말할 수는 없다.

스무째, 『命理正宗』의 病藥說에 지나치게 구속될 필요가 없음을 말하고 있다.

"張神峰의 病藥說에서, 八字가 純粹하여 旺하지도 않고 弱하지도 않으며 財官이 損傷을 입지 않고 日主가 中和된 命을 평

---

693) "十干從名支起長生, 沐浴, 冠帶, 臨官, 帝旺, 衰, 病, 死, 墓, 絶, 胎, 養. 夫五陽育於生方, 盛於本方, 斃於泄方, 盡於剋方, 於理爲順, 五陰亦陰陽同生同死爲是, 論土之法, 只當以巳午位生, 寅卯爲剋, 申酉爲泄, 亥子爲財, 四季爲旺, 更自合理.". 陳素菴 著. 韋千里 選輯. 『精選命理約言』 卷一. 上海: 韋氏命苑, 1935. pp.13~17.
694) "夫天干一主二比是爲太强.". 陳素菴 著. 韋千里 選輯. 『精選命理約言』 卷一. 上海: 韋氏命苑, 1935. p.35.

범한 사람의 命(명)으로 단정한다면 그 說(설)은 더욱 偏僻(편벽)된 것이다. 人命(인명)이 純粹(순수)하여 中和(중화)되어 있으면 어찌 富貴(부귀)하지 않을 수 있겠는가. 지나치게 病藥說(병약설)에 구속될 필요가 있겠는가."695)

『命理約言(명리약언)』의 특징을 보면 첫째, 다음과 같이 眞傷官格(진상관격)과 假傷官格(가상관격)을 부인하고 있다.

"옛 글에서 '傷官(상관)이 當令(당령)하면 眞傷官(진상관)이고 當令(당령)하지 않으면 假傷官(가상관)이다.'고 하는데, 이는 傷官(상관)은 眞假(진가)로 論(론)할 것이 아니라 强弱(강약)으로 論(론)하여야 타당하다는 것을 몰랐기 때문이다."696)

이는 月支(월지)의 日干(일간)에 대한 六神(육신)의 관계에 따라 定(정)해지는 格局論(격국론)에 합당하다. 따라서 格局論(격국론)에 通一(통일)을 期(기)하기 위하여 本 論文(본 논문)에서도 이 理論(이론)을 따르기로 한다.

둘째, 從化格(종화격)의 성립과 그 喜(희)·忌(기)에 대해서 말하고 있으면서, "化局(화국)이 성립하려면 반드시 辰時(진시)여야 한다."는 이론을 부인하고 있

---

695) "張神峯病藥之說, 八字純然不旺不弱, 財官無損, 日主中和, 斷如常人之命, 則其說尤偏矣, 人命純粹中和, 安有不貴不富, 何必過拘病藥之說乎.". 陳素菴 著. 韋千里 選輯. 『精選命理約言』 卷一. 上海: 韋氏命苑, 1935. p.4.
696) "舊又以當令爲眞傷官不當令爲假傷官, 不知傷官勿論眞假. 當論强弱.". 陳素菴 著. 韋千里 選輯. 『精選命理約言』 卷一. 上海: 韋氏命苑, 1935. pp.32~33.

다.

이 점에 대해서 筆者 역시 從化格에서 꼭 辰時가 아니더라도 四柱原局에 從하는 五行으로 滿局을 이루었다면 從하지 아니할 수 없다고 생각하고 있으며, 實觀결과 또한 그러하므로 從化格의 성립에 辰時가 필수 조건이라고 보지 않는다.

셋째, 아래와 같이 『命理正宗』의 病藥說에 지나치게 구속될 필요가 없음을 말하고 있다. 따라서 많은 實觀을 통해서 연구할 이론이라고 생각한다.

> "張神峰의 病藥說에서, 八字가 純粹하여 旺하지도 않고 弱하지도 않으며 財官이 損傷을 입지 않고 日主가 中和된 命을 평범한 사람의 命으로 단정한다면 그 설은 더욱 偏僻된 것이다. 人命이 純粹하고 中和되어 있으면 어찌 富貴하지 않을 수 있겠는가. 지나치게 病藥說에 구속될 필요가 있는가."697)

『命理藥言』의 문제점은 첫째, "原局에서 扶抑할 수 없다면 運으로써 扶抑해 주어야 한다."698) 라고 한다. 그러나 이는 곧 四

---

697) "張神峯病藥之說, 八字純然不旺不弱, 財官無損, 日主中和, 斷如常人之命, 則其說尤偏矣, 人命純粹中和, 安有不貴不富, 何必過拘病藥之說乎.". 陳素菴 著. 韋千里 選輯. 『精選命理約言』 卷一. 上海: 韋氏命苑, 1935. p.4.

柱原局에서 用神이 없으면 運에서 用神을 찾아야 한다. 는 말이 되는데, 筆者는 用神은 반드시 四柱八字原局에서 찾아야 한다는 持論을 가지고 있으며 實觀결과도 또한 그러하므로 여기에 同意하지 않는다.

둘째, 從印格에 대해서는, "印星이 많을 때만은 從하는 이치가 없으니 대개 어미가 많으면 오히려 子息에게 災殃이 되기 때문이다."699) 라고 하여 從印格을 正面으로 부인하고 있다. 그러나 化局賦에서는 "丁壬이 合하여 木으로 化하여 숲을 이루고 아울러 戊癸가 合하여 火로 化한다."700) 라고 하여 從印格과 너무도 類似한, 丁火日主가 壬水와 合하여 印星인 木으로 從하고 戊土日主가 癸水와 合하여 印星인 火를 따른다고 함으로써 여기서도 사실은 從印格을 認定할 수 있다는 可能性을 보여주고 있다. 그러므로 本 論文에서도 從印格을 受用하는 입장을 취하기로 한다. 그러나 從印格의 그 從·不從에 대해서는 앞으로 많은 實觀을 통해서

---

698) "原不能扶抑者, 以運扶抑之.". 陳素菴 著. 韋千里 選輯. 『精選命理約言』 卷一. 上海: 韋氏命苑, 1935. pp.1~2.
699) "惟印多則無從理, 蓋母衆反作子殃.". 陳素菴 著. 韋千里 選輯. 『精選命理約言』 卷一. 上海: 韋氏命苑, 1935. p.20.
700) "丁壬合而化木成林, 幷戊癸合而化火.". 陳素菴 著. 韋千里 選輯. 『精選命理約言』 卷一. 上海: 韋氏命苑, 1935. pp.21~22.

연구해야 할 우리들과 後學들의 몫이라고 생각된다.

셋째, 아래에서 보는 바와 같이 五行旺相休囚를 論하고 있으나 官星地에 해당하는 死에 대한 말은 없다.

"五行의 旺相休囚는 四季節의 차례를 살펴서 取하는 것이다. 장래로 나아가는 것은 相이라 하고 나아가서 當令하면 旺이라 하며 功을 이루고 물러나는 것을 休라 하고 물러나서 氣가 없는 것을 囚라고 한다."701)

그러나 實觀결과 土를 포함한 五行間의 관계에서 旺相休囚死法이 타당하다고 생각한다.

넷째, "대개 天干에 日干과 二比肩이 있으면 太强하다."702) 고 한다. 그러나 경우에 따라서 다를 수도 있으므로 斷定的으로 太强하다고 말할 수는 없다.

---

701) "五行旺相休囚, 按四序取之. 將來者進, 是爲相, 進而當令, 是爲旺, 成功者退, 是爲休, 退而無氣, 是爲囚.".陳素菴 著. 韋千里 選輯. 『精選命理約言』 卷一. 上海: 韋氏命苑, 1935. p.12.
702) "夫天干一主二比是爲太强.". 陳素菴 著. 韋千里 選輯. 『精選命理約言』 卷一. 上海: 韋氏命苑, 1935. p.35.

아. 『滴天髓闡微』의 用神論

淸代에 任鐵樵는 劉基가 저술하고 주석하여 命理學의 철학적 입지를 굳힌 『滴天髓』에 대한 새로운 주석을 내어 『滴天髓闡微』를 간행함으로서 철학적 입지를 더욱 심화발전 시켰다. 책의 構成은 通神論과 六親論으로 大別된다. 通神論에는 天道 地道 人道 知命 理氣 配合 天干 地支 등의 形而上學的인 理論으로 되어 있으며, 六親論에는 夫妻 子女 父母 兄弟 女命 小兒 財德 疾病 地位 등 命理學의 實務에 쓰이는 形而下學的인 理論으로 構成되어 있다. 그리고 각 단원마다 해당하는 命造事例를 들어서 설명하는 특징이 있다. 이러한 『滴天髓闡微』에서 用神과 관련되는 내용을 요약하면 다음과 같다.

첫째, 아래와 같이 中心的 思想은 中和에 있다.

"中和라는 것은 命中에 바른 이치이다. 이미 中和의 바른 氣를 얻었다면 命理를 이루지 못할 근심이 또한 어찌 있겠는가?"703)

---

703) "中和者, 命中之正理也. 旣得中和之正氣, 又何患名利之不遂耶.". 任鐵樵 增注. 袁樹珊 撰輯. 『滴天髓闡微』. 臺北: 武陵出版有限公司, 1999. p.149.

"殺을 制御하면 吉하다 함은 모든 것이 調整(調節)하는 功에 의한 것이고, 殺을 빌어 권세를 쥐는 妙함은 中和의 理致에 있는 것이다. 총체적으로 말하면 日主가 旺相하면 官·殺混雜도 가능하나, 日主가 休囚하면 官殺混雜이 不可하다."704)

둘째, 抑扶用神 즉 正格의 用神을 定하는 法에 대해서 다음과 같이 말하고 있다.

"더욱이 旺한 것은 마땅히 剋해야 하고, 弱한 것은 마땅히 生해야 한다."705) "대개 旺함이 極에 달한 것은 洩氣함이 마땅하고 剋하는 것은 마땅하지 않으며 그 氣勢에 順應함이 마땅하고 그 성정에 상반되면 안 된다."706) "만약 身强殺淺하면 財星으로써 滋殺하고, 身殺兩停이면 食神으로써 制殺하고, 殺强身弱하면 印綬로써 化殺해야 한다."707) "木이 形象을 이루는 경우에 食傷으로 洩氣가 심하면 水로써 木을 生해야 하고, 官殺이

---

704) "制殺爲吉, 全憑調劑之功, 借殺爲權, 妙有中和之理. 總之日主旺相可混也, 日主休囚不可混也.". 任鐵樵 增注. 袁樹珊 撰輯. 『滴天髓闡微』. 臺北: 武陵出版有限公司, 1999. pp.162~163.
705) "而尤以旺者宜剋, 弱者宜生."任鐵樵 增注. 袁樹珊 撰輯. 『滴天髓闡微』. 臺北: 武陵出版有限公司, 1999. p.5.
706) "大凡旺之極者, 宜泄而不宜剋宜順其氣勢, 弗悖其性也.". 任鐵樵 增注. 袁樹珊 撰輯. 『滴天髓闡微』. 臺北: 武陵出版有限公司, 1999. p.18.
707) "如身强殺淺, 則以財星滋殺, 身殺兩停, 則以食神制殺, 殺强身弱則以印綬化殺.". 任鐵樵 增注. 袁樹珊 撰輯. 『滴天髓闡微』. 臺北: 武陵出版有限公司, 1999. pp.72~73.

交加하면 火로 行해야 하고, 印綬가 重疊하면 土로써 배양해야 하고, 財가 가볍고 刦財가 重疊하면 金으로써 이루어야 한다. 形象이 이루어지고 用神의 地支를 얻으면 아마도 偏枯의 病이 없어질 것이다."708) "泄이란 食傷이고 傷이란 官殺이다. 幇은 比刦이고 助는 印綬이다. 日主가 旺相하고 四柱原局에 財官이 無氣하다면, 泄(食傷)한 즉 官星이 損傷되고, 傷(官星)한 즉 比刦의 有餘함을 제거하고 官星의 부족함을 보충하게 되니, 이것을 가리켜 "傷하면 유리하고 泄하면 유해하다." 라고 하는 것이다. 日主가 旺相하고 四柱에 財官이 보이지 않고 比刦이 滿局이라면, 傷(官星)하게 하는 것은 衝激으로 해로우니 그 氣勢에 순응해서 泄氣하는 것보다 못하다. 이것이 소위 "傷(官星)하게 하면 해롭고 泄하면 이롭다." 라고 하는 것이다. 日主가 衰弱하고 柱中에 財星이 중첩되어 있다면, 印綬로 助하는 것은 도리어 인수가 붕괴되고, 비겁으로 도우는 즉 財星의 여분을 除去하고 日主의 부족함을 보충한다. 그래서 幇하면 吉하고 助하면 凶하다. 日主가 衰한데 柱中에 官殺이 交加하여 殺勢가 滿盤이면 比刦은 反剋을 당하여 무정하게 될까 두려우니 印綬로써 그 强暴함을 化하는 것만 못하다. 그러므로 比刦으로 幇하는

---

708) "木之成形, 食傷泄氣, 水以生之, 官殺交加, 火以行之, 印綬重疊, 土以培之. 財輕刦重, 金以成之. 成形于得用之地, 庶無偏枯之病.". 任鐵樵 增注. 袁樹珊 撰輯. 『滴天髓闡微』. 臺北: 武陵出版有限公司, 1999. p.85.

것은 凶하고 印綬로 助하는 것은 吉하다."709) "木이 많아 火가 꺼질 경우에는 金으로써 木을 剋하면 火는 살아나고, 火가 많아 土가 마를 경우에는 水로써 火를 극하면 土는 살아나고, 土가 많아 金이 묻힐 경우에는 木으로써 土를 剋하면 金이 살아나고, 金이 많아 水가 스며들 경우에는 火로써 金을 剋하면 水가 살아나고, 水가 많아 木이 뜰 경우에는 土로써 水를 剋하면 木이 살아난다."710) "木이 母이면 火는 자식인데 木이 金의 剋을 당할 경우에 火가 金을 剋하면 木이 살아나고, 火가 水의 剋을 당할 때 土가 水를 剋하면 火가 살아나고, 土가 木의 剋을 받을 때 金이 木을 剋하면 土는 生하고, 金이 火의 剋을 당할 때 水가 火를 剋하면 金이 生하며, 水가 土로 인하여 막힐 때 木이 土를 剋하면 水가 살아난다. 이 모두가 兒能生母의 뜻으로 이것이 능히 天機를 빼앗는다는 뜻이다."711) "만약 旺神

---

709) "泄者食傷也, 傷者官殺也. 幇者比刦也, 助者印綬也. 日主旺相, 柱中財官無氣, 泄之則官星有損, 傷則去比刦之有餘, 補官星之不足, 所謂傷之有利, 而泄之有害也. 日主旺相, 柱中財官不見, 滿局比刦, 傷之則激而有害, 不若泄之以順其氣勢, 所謂傷之有害, 而泄之有利也. 日主衰弱, 柱中財星重疊, 印綬助之反壞, 幇則去財星之有餘, 補日主之不足. 所以幇之則吉, 而助之則凶也. 日主衰弱, 柱中官殺交加, 滿盤殺勢, 幇之恐反剋無情, 不若助之以化其強暴, 所以幇之則凶, 而助之則吉也.". 任鐵樵 增注. 袁樹珊 撰輯. 『滴天髓闡微』. 臺北: 武陵出版有限公司, 1999. pp.91~95.
710) "木多火熄, 金剋木則生火, 火多土焦, 水剋火則生土, 土重金埋, 木剋土則生金, 金多水滲, 火剋金則生水, 水多木浮, 土剋水則生木.". 任鐵樵 增注. 袁樹珊 撰輯. 『滴天髓闡微』. 臺北: 武陵出版有限公司, 1999. p.243.
711) "木爲母, 火爲子, 木被金傷, 火克金則生木, 火遭水克, 土克水則生火, 土遇木傷, 金克木則生土, 金逢火煉, 水克火則生金, 水困土塞, 木克土則生水. 皆兒能生母之意, 此意能奪天機.". 任鐵樵 增注. 袁樹珊 撰輯. 『滴天髓闡微』. 臺北: 武陵出版有限公司, 1999. p.358.

을 강제로 제지하려 할 경우에 적은 것으로는 많은 것을 對敵(대적)할 수 없으며, (오히려) 그 성정을 부딪쳐 怒(노)하게 할 뿐 旺神(왕신)을 덜어낼 수는 없고 弱神(약신)이 오히려 손상을 입게 된다. 때문에 旺神(왕신)이 太過(태과)하면 泄(설)하는 것이 마땅하며 太過(태과)하지 않으면 剋(극)하는 것이 마땅하다. 弱神(약신)은 뿌리가 있으면 도우는 것이 마땅하다."712)

셋째, 調候用神(조후용신)에 대해서 다음과 같이 말하고 있다.

"天道(천도)는 춥고 따뜻함이 있어 만물을 발육시키나, 人道(인도)에는 그 寒暖(한난)을 얻되 지나쳐서는 아니 된다."713) "陰支(음지)는 춥고 陽支(양지)는 따뜻하고, 西北(서북)은 춥고 東南(동남)은 따뜻하고, 金水(금수)는 춥고 木火(목화)는 따뜻하다. 寒氣(한기)를 얻으면 暖氣(난기)를 만나야 發(발)하고, 따뜻한 氣(기)를 얻으면 寒氣(한기)를 만나야 이룰 수 있다. 寒氣(한기)가 심하거나 따뜻한 氣(기)가 지극한 것이 원국에 하나, 둘 象(상)을 이루면 반드시 좋은 자리가 없다."714) "寒氣(한기)가 지나친 자는 오히려 暖氣(난기)가 없는 것이

---

712) "若强制旺神, 寡不敵衆, 觸怒其性, 旺神不能損, 弱神反受傷矣. 是以旺神太過者宜泄, 不太過宜剋, 弱神有根者宜扶.". 任鐵樵 增注. 袁樹珊 撰輯. 『滴天髓闡微』. 臺北: 武陵出版有限公司, 1999. p.412.
713) "天道有寒暖, 發育萬物, 人道得之不可過也.". 任鐵樵 增注. 袁樹珊 撰輯. 『滴天髓闡微』. 臺北: 武陵出版有限公司, 1999. p.216.
714) "陰支爲寒, 陽支爲暖, 西北爲寒, 東南爲暖, 金水爲寒, 木火爲暖. 得氣之寒, 遇暖而發, 得氣之暖, 逢寒而成. 한之甚, 暖之至, 內有一二成象, 必無好處.". 任鐵樵 增注. 袁樹珊 撰輯. 『滴天髓闡微』. 臺北: 武陵出版有限公司, 1999. p.216.

아름답고, 暖氣가 지나친 자는 오히려 寒氣가 없는 것이 마땅하다. 대개 寒氣가 極에 이르면 暖氣의 기틀이 되고, 暖氣가 極에 이르면 寒氣의 조짐이 된다. 소위 陰이 極에 이르면 陽이 生하고, 陽이 極에 이르면 陰이 生하는 것이니 이것이 天地自然의 이치인 것이다."715)716)

"地道에는 마른 것과 濕한 것이 있어서 갖가지 종류의 물건을 생성하는데, 人道에서는 燥溼을 얻되 치우치게 되어서는 안 된다."717) "溼이란 陰氣이니 마땅히 燥함을 만나야 이루어지고, 燥는 陽氣이니 마땅히 溼을 만나야 生하게 된다. 그러므로 木이 여름에 生하여 精華한 氣運이 발설하면 밖으로는 넉넉하나 내실은 허탈하기 때문에 반드시 壬癸에 의지하여 生하거나 丑·辰溼土로써 배양함으로써 火가 치열하지 않고 木이 마르지 않고 土는 마르지 않으며 水가 고갈되지 않아 生成의 뜻이 있는 것이다. 金이 겨울에 태어나 비록 泄氣되어 休囚되더라도 丙·丁火를 쓰면 마침내 寒氣를 대적할 수 있고 未·戌燥土로써 溼

---

715) "過於寒者, 反以無暖爲美, 過於暖者, 反以無寒爲宜也. 蓋寒極暖之機, 暖極寒之兆也. 所謂陰極則陽生, 陽極則陰生, 此天地自然之理也.". 任鐵樵 增注. 袁樹珊 撰輯. 『滴天髓闡微』. 臺北: 武陵出版有限公司, 1999. p.217.
716) "正格命造에서는 寒氣가 지나치면 暖氣를 만나야 吉하고, 暖氣가 지나치면 寒氣를 만나야 吉하다. 그러나 變格인 從旺格과 從格과 從化格 등에서는 寒氣가 極限에 이르면 오히려 暖氣를 만나지 않는 것이 좋고, 暖氣가 極限에 이르면 寒氣를 만나지 않는 것이 오히려 吉하다." 고 말하는 것으로 이해됨. 論者註.
717) "地道有燥溼, 生成品彙, 人道得之, 不可偏也.". 任鐵樵 增注. 袁樹珊 撰輯. 『滴天髓闡微』. 臺北: 武陵出版有限公司, 1999. p.200.

氣를 제거하면 火가 어두워지지 않는다. 水가 범람하지 않고 金이 寒하지 않으며 土가 얼지 않으면 生發의 氣의 틀이 있게 된다. 이것이 地道生成의 妙理이다."718)

넷째, 病藥用神에 대해서 다음과 같이 말하고 있다.

"忌神이란 體用의 神을 損하고 害하는 것이다. 그러므로 八字에는 먼저 喜神이 있음이 중요하고 忌神은 세력이 없어야 하며, 忌神으로서 病이 되고 喜神으로서 藥을 삼는다. 病이 있는데 藥이 있으면 吉하고 病이 있으나 藥이 없으면 凶하다. 一生동안 吉함이 적고 凶함이 많은 것은 모두가 忌神이 세력을 얻은 때문이다."719)

다섯째, 아래와 같이 通關用神에 대해서 말하고 있다.

"天氣는 下降하려 하고, 地氣는 上升하려 하여 相合 相和 相生하려 한다. 木土는 火가 필요하고, 火金은 土가 필요하며, 土

---

718) "溼爲陰氣, 當逢燥而成, 燥爲陽氣, 當遇溼而生. 是以木生夏令, 精華發泄, 外有餘而內實虛脫, 必藉壬癸以生之, 丑辰溼土以培之, 則火不烈, 木不枯, 土不燥, 水不涸, 而有生成之義矣. 金生冬令, 雖然泄氣休囚, 竟可用丙丁火以敵寒, 未戌燥土以制溼, 則火不悔. 水不狂, 金不寒, 土不凍, 而有生發之氣機矣. 此地道生成之妙理也.". 任鐵樵 增注. 袁樹珊 撰輯. 『滴天髓闡微』. 臺北: 武陵出版有限公司, 1999. pp.220~221.
719) "忌神者, 損害體用之神也. 故八字先要有喜神, 則忌神無勢, 以忌神爲病, 以喜神爲藥. 有病有藥, 則吉, 有病無藥, 則凶. 一生吉少凶多者, 皆忌神得勢之故耳.". 任鐵樵 增注. 袁樹珊 撰輯. 『滴天髓闡微』. 臺北: 武陵出版有限公司, 1999. pp.270~271.

水는 金이 필요하고, 金木은 水가 필요하니 이것은 모두 牛郎과 織女의 有情함이다."720) "만약 殺이 무거우면 印綬를 기뻐하는데, 殺이 노출되었을 때 印綬 역시 노출되고 殺이 暗藏되었을 때 印綬 역시 暗藏되면 이것은 通達이 분명하다. 만약 原局에 印綬가 없으면 반드시 歲運에서 印綬向을 만나 通하거나 혹은 暗會 明合으로도 通해야 한다. 원국에 印綬가 있는데 財星에 의해서 損壞되고 있을 때, 官星으로 化하거나 比刼으로 解救해야 한다."721) "財星이 印星을 傷하면 官星이 필요하다."722)

여섯째, 다음과 같이 "地支가 天干보다 重하다."고 한다.

"天干에 많은 것이 地支에 重한 것만 못하다는 것이 확실히 이치에 맞다."723) "天干에서 比肩 하나를 만난 것이 地支에서 餘氣와 墓庫 하나를 만난 것만 못하다."724) "天干에 많은 것이

---

720) "天氣欲下降, 地氣欲上升, 欲相合相和相生也. 木土而要火, 火金而要土, 土水而要金, 金木而要水, 皆是牛郎織女之有情也.". 任鐵樵 增注. 袁樹珊 撰輯. 『滴天髓闡微』. 臺北: 武陵出版有限公司, 1999. p.157.
721) "若殺重喜印, 殺露印亦露殺藏印亦藏, 此顯然通達. 倘原局無印, 必須歲運逢印向而通之, 或暗會明合而通之. 局內有印, 被財星損壞, 或官星化之, 或比刼解之.". 任鐵樵 增注. 袁樹珊 撰輯. 『滴天髓闡微』. 臺北: 武陵出版有限公司, 1999. p.158.
722) "財神傷印者, 要官星.". 任鐵樵 增注. 袁樹珊 撰輯. 『滴天髓闡微』. 臺北: 武陵出版有限公司, 1999. p.237.
723) "干多不如支重, 理固然也.". 任鐵樵 增注. 袁樹珊 撰輯. 『滴天髓闡微』. 臺北: 武陵出版有限公司, 1999. p.59.
724) "天干得一比肩, 不如地支得一餘氣墓庫.". 任鐵樵 增注. 袁樹珊 撰輯. 『滴天髓

뿌리가 중첩되는 것보다는 못함은 당연히 맞는 이치이다."725)

열곱째, 다음과 같이 "方合은 三合보다 强하다."고 한다.

"寅卯辰이 완전한 것은 그 力量에 있어서 亥卯未 木局보다는 비교적 强허다."726)

여덟째, 아래와 같이 體用에 대해서 말하고 있다.

"體라는 것은 形象氣局을 말한다. 만약 形象氣局이 없으면 日主로서 體가 된다. 用이란 用神이다. 體用 이외에 다른 用神이 있는 것은 아니다. 體用의 用이 곧 用神임을 밝혀진데 대해서는 의문의 여지가 없다."727)

아홉째, 月令은 用神을 定하는데 가장 큰 영향력이 있지만 절대적인 것은 아님을 다음과 같이 말하고 있다.

闡微』. 臺北: 武陵出版有限公司, 1999. p.136.
725) "干多不如根重, 理固然也.". 任鐵樵 增注. 袁樹珊 撰輯. 『滴天髓闡微』. 臺北: 武陵出版有限公司, 1999. pp.162~163. 任鐵樵 增注. 袁樹珊 撰輯. 『滴天髓闡微』. 臺北: 武陵出版有限公司, 1999. pp.136~137.
726) ""如寅卯辰全, 其力量較勝于亥卯未木局.". 任鐵樵 增注. 袁樹珊 撰輯. 『滴天髓闡微』. 臺北: 武陵出版有限公司, 1999. p.98.
727) "體者形象氣局之謂也. 如無形象氣局, 卽以日主爲體. 用者用神也. 非體用之外別有用神也. 顯見體用之用, 卽用神無疑矣.". 任鐵樵 增注. 袁樹珊 撰輯. 『滴天髓闡微』. 臺北: 武陵出版有限公司, 1999. p.122.

"月令이란 命中에서 중요한 要素다. 氣象, 格局, 用神까지도 모두 提綱의 司令에 속한다."728) "八字에서 비록 月令이 중요하지만, 旺相休囚에 따라서 年日時 가운데도 역시 損益의 권한이 있는 것이다. 그러므로 月令에서 令을 얻지 못했다고 해도 역시 능히 年日時에서 令을 얻을 수도 있는 것이니 어찌 月令 한 가지에 집착해서 논할 수 있겠는가?"729) "예를 들면, 봄의 나무가 비록 강하지만 金이 太重하면 木은 역시 위험하게 되는데, 天干에 庚辛이 있고 地支에 申酉가 있을 때 火의 제압이 없으면 부당하고, 土를 만나 金을 生하면 반드시 요절하니, 이것은 得時했지만 旺하지 않음이다. 가을의 나무는 비록 弱하지만 나무의 뿌리가 깊다면 木 역시 强하게 되니, 天干에 甲乙이 있고 地支에 寅卯가 있다면 官이 透出했다고 해도 능히 받아들일 수 있고, 水의 生助를 만나면 太過하게 되는 것은 이것은 失時했지만 弱하지 않음이다. 이런 연고로 日干이 月令에서 休囚된 것만 論하지 말 것이니, 단지 四柱에 뿌리가 있으면 곧바로 財官食神을 받아들일 수 있고, 傷官 七殺을 감당할 수 있는 것이다. 長生과 祿旺은 뿌리가 무거운 것이고, 墓庫와 여기는 뿌리가 가벼운 것이다. 天干에서 比肩 하나를 만난 것이 地支

---

728) "月令者, 命中之要也, 氣象格局用神, 皆屬提綱司令.". 任鐵樵 增注. 袁樹珊 撰輯. 『滴天髓闡微』. 臺北: 武陵出版有限公司, 1999. p.131.
729) "八字雖以月令爲重, 而旺相休囚, 年日時中, 亦有損益之權. 故生月卽不値令, 亦能値年値日値時, 豈可執一而論.".任鐵樵 增注. 袁樹珊 撰輯. 『滴天髓闡微』. 臺北: 武陵出版有限公司, 1999. p.136.

에서 餘氣와 墓庫 하나를 만난 것만 못하다."730)

열째, 다음과 같이 胞胎法은 陰陽同生同死說을 따라야 한다고 力說하고 있다.

"본래 丁火는 寅에서 死가 된다고 하는 것은 오류의 극치이다. 寅中의 甲木이 丁火의 嫡母인데 어찌하여 死가 되겠는가? 무릇 陰干은 生地에서 死가 되고 死地에서 生이 된다고 하는 것은 正論이 아니다. 마치 酉金이 丁火의 長生地인 것처럼 말하는 것은 五行이 顚倒된 것이다. 酉中의 辛金은 순수하여 다른 氣가 섞여 있지 않기 때문에 金은 水를 生하는 것이지 火를 生하는 이치는 없다. 火는 酉金의 자리에 이르러 死絶이 된다."731)

열한째, 諸神에 대해서 다음과 같이 말하고 있으나 이는 一貫性

---

730) "有如春木雖强, 金太重而木亦危, 干庚辛而支中酉, 無火制二不當, 逢土生而必夭, 是得時不旺也. 秋木雖弱, 木根深而木亦强, 干甲乙而支寅卯, 遇官透而能受, 逢水生而太過, 是失時不弱也. 是故日干不論月令休囚, 只要四柱有根, 便能受財官食神而亦傷官七殺. 長生祿旺, 根之重者也, 墓庫餘氣, 根之輕者也. 天干得一比肩, 不如地支得一餘氣墓庫." 任鐵樵 增注. 袁樹珊 撰輯. 『滴天髓闡微』. 臺北: 武陵出版有限公司, 1999. p.136.
731) "如云丁火死寅, 謬之極矣. 寅中甲木, 乃丁之嫡母, 何以爲死. 凡陰干以生地爲死, 死地爲生, 非正論也. 如謂酉是丁火長生, 五行顚倒矣. 酉中純辛無他氣所雜, 金生水, 無生火之理. 火到酉位, 死絶之地." 任鐵樵 增注. 袁樹珊 撰輯. 『滴天髓闡微』. 臺北: 武陵出版有限公司, 1999. pp.308~309.

없이 혼란을 초래하고 있다.

"用神이라는 것은 日主가 기뻐하는 바이며 처음부터 끝까지 의뢰하는 神이다. -"喜神은 用神을 幇助하는 神이며 忌神은 用神을 剋害하는 神이다."-732) 用神 喜神 忌神을 제외하면 모두 閑神이나 客神이다."733) "用神이 있으면 반드시 喜神이 있다. 喜神이라는 것은 格과 用神을 보조하는 것이다. 그러나 喜神이 있으면 역시 忌神이 반드시 있으니 忌神이란 格과 用神을 破損하는 것이다. 用神 喜神 忌神 이외 달리하는 것은 모두 閑神이다."734) "庚寅 戊子 甲寅 丙寅, 時干의 丙火가 맑게 투출하여 그 寒凝과 대적하며 그 菁英을 설기하는 用神이 된다. 冬火는 본래 虛하니 寅木으로써 喜神이 되며, 月干 戊土는 能히 水를 제어하며 또 金을 生하니 閑神이 되며, 水는 仇神735)이 된다."736)

---

732) -"喜神者, 幇助用神之神也, 忌神者剋害用神之神也."-. 任鐵樵 增注. 袁樹珊 撰輯. 『滴天髓闡微』. 臺北: 武陵出版有限公司, 1999. p.222.
733) "用神者, 日主所喜, 始終依賴之神也. 除用神喜神忌神之外皆閑神客神也.". 任鐵樵 增注. 袁樹珊 撰輯. 『滴天髓闡微』. 臺北: 武陵出版有限公司, 1999. pp.124~125.
734) "有用神必有喜神. 喜神者, 輔格助用之神也. 然有喜神, 亦必有忌神, 忌神者, 破格損用之神也. 自用神喜神忌神之外, 皆閑神也.". 任鐵樵 增注. 袁樹珊 撰輯. 『滴天髓闡微』. 臺北: 武陵出版有限公司, 1999. p.320.
735) 用神을 剋害하는 忌神인 듯하다. 論者註. 徐樂吾 編註. 『滴天髓徵義』. 臺北: 武陵出版有限公司, 2002. p.222. 참조.
736) "庚寅·戊子·甲寅·丙寅, 時干丙火淸透, 敵其寒凝, 泄其菁英, 而爲用神. 冬火本虛, 以寅木爲喜神, 月干戊土能制水, 又能生金, 故爲閑神, 以水爲仇神.". 任鐵樵 增注. 袁樹珊 撰輯. 『滴天髓闡微』. 臺北: 武陵出版有限公司, 1999. p.322.

따라서 本 論文에서는 正格은 四柱原局에서 旺弱寒熱의 調和를 이루는 五行을 用神이라 하고, 變格은 從하는 五行을 用神이라고 한다. 그리고 用神을 生하는 五行을 喜神이라고 하며, 用神을 剋傷하는 五行을 病神이라 하고, 그 病神을 除去하는 五行을 藥神이라고 하여 諸神論에 통일을 기했다.

열두째, 다음과 같이 用神과 그 病神에 대해서 말하고 있다.

"財가 쓰임이 될 때는 刦財가 불가하고, 官이 쓰임이 될 때는 傷官이 불가하고, 印綬가 쓰임이 될 때는 壞印이 불가하고, 食神이 用이 될 때는 奪食은 불가하다. 財星을 쓰지 않을 때는 刦財도 다 可하며, 官星을 쓰지 않을 때는 傷官도 모두 可하며, 印綬를 쓰지 않을 때는 壞印도 다 可하며, 食神을 쓰지 않을 때에는 奪食도 모두 可하다."737)

열여섯째, 아래와 같이 六神은 모두 用神이 될 수 있다.

"財官 印綬 比刦 食神 梟殺에도 불구하고 모두 用神이 될 수

---

737) "用之爲財不可刦, 用之爲官不可傷, 用之印綬不可壞, 用之食神不可奪. 不用財星儘可刦, 不用官星儘可傷, 不用印綬儘可壞, 不用食神儘可奪.". 任鐵樵 增注. 袁樹珊 撰輯. 『滴天髓闡微』. 臺北: 武陵出版有限公司, 1999. p.15.

있다. 명칭이 아름답다고 좋은 것도 아니고 나쁘다고 좋지 않는 것도 아니다."738)

열넷째, 다음과 같이 用神은 하나라고 한다.

"총괄하면 用神으로 쓸 만한 것이 있든 없든 用神을 定함에 한 개로 낙착되는 것은 확고하여 변할 수 없다."739)

열다섯째, 다음과 같이 중요한 것은 格이 아니라 用神이라고 한다.

"三奇 拱貴格 등의 格으로써 命造를 論하고 用神을 보지 않는 것은 모두 헛된 오류일 뿐이다."740)

열여섯째, 格局에 대해서는 다음과 같이 말하고 있다.

"格局에는 正格과 變格이 있다. 正格은 반드시 五行의 常理741)를 兼하는데, 正財, 偏財, 正官, 偏官, 正印, 偏印, 食神,

---

738) "不拘財官印綬比刦食傷梟殺, 皆可爲用. 勿以名之美者爲佳, 惡者爲憎.". 任鐵樵 增注. 袁樹珊 撰輯. 『滴天髓闡微』. 臺北: 武陵出版有限公司, 1999. p.22.
739) "總之有用無用, 定有一個着落, 確乎不易也.". 任鐵樵 增注. 袁樹珊 撰輯. 『滴天髓闡微』. 臺北: 武陵出版有限公司, 1999. p.124.
740) "以三奇拱貴等格論命而不看用神者, 皆虛謬耳.". 任鐵樵 增注. 袁樹珊 撰輯. 『滴天髓闡微』. 臺北: 武陵出版有限公司, 1999. p.23.
741) 五行의 生剋制化를 통하여 中和가 되는 것으로 이해됨. 論者註.

傷官이 이것이다. 變格은 반드시 五行의 氣勢를 따르는데, 從財格, 從官殺格, 從食神格, 從强格, 從氣格, 從勢格이 있고, 一行得氣格에는 曲直格, 潤下格, 炎上格, 從革格, 稼穡格의 다섯 가지 格이 있으며, 또 兩神成形格 등이 있다."742)

열일곱째, 아래와 같이 雜格은 인정하고 있지 않다.

"그 밖에 格은 많지만 내가 많은 책을 준비해서 詳考하여 본 결과 모두 五行의 바른 이치를 따르지 않고 그릇된 이야기에 속하는 것이 전부다. 즉 예를 들면 壬騎龍背格, 壬騎虎背格, 六陰朝陽格, 六乙鼠貴格 등이다. 그 이외에도 잘못된 格이 대단히 많고 支離滅裂하여 타당함이 없으니 學者들은 마땅히 올바른 이치에 따라서 五行의 格을 자세히 하여야 하니 잘못된 책에 眩惑되지 말아야 한다."743)

열여덟째, 正格과 一行得氣格 그리고 正格과 變格의 分岐點에

---

742) "格局有正有變. 正者, 必兼五行之常理也, 正財, 偏財, 正官, 偏官, 正印, 偏印, 食神, 傷官 是也. 變者, 必從五行之氣勢也, 曰從財, 曰從官殺, 曰從食傷, 曰從强, 曰從氣, 曰從勢, 曰一行得氣 卽曲直, 潤下, 炎上, 從革, 稼穡五格, 兩神成形.". 任鐵樵 增注. 袁樹珊 撰輯. 『滴天髓闡微』. 臺北: 武陵出版有限公司, 1999. pp.110~111.
743) "其餘外格多端, 余備考羣書, 俱不從五行正理, 盡屬謬談, 卽如壬騎龍背, 壬騎虎背, 六陰朝陽, 六乙謂鼠貴格, 其餘謬格甚多, 支離無當, 學者宜細詳正理五行之格, 弗以謬書爲惑也.". 任鐵樵 增注. 袁樹珊 撰輯. 『滴天髓闡微』. 臺北: 武陵出版有限公司, 1999. pp.111~112.

대해서 다음과 같이 말하고 있다.

"旺한 것은 抑制하고 弱한 것은 도우는 것이 비록 바꿀 수 없는 법칙이지만, 바꿀 수 없는 가운데 쉽게 變하는 것이 있으니 오직 그 마땅함을 얻는다는 세 字를 깊이 살펴야 할 뿐이다. 旺한 즉 抑制해야 되지만 만약 抑制가 불가능하다면 오히려 도우는 것이 마땅하고, 弱한 것을 도와야 하지만 만약 도우는 것이 불가능하다면 오히려 抑制하는 것이 마땅하다."744)

열아홉째, 一行得氣(專旺)格의 성립과 그 喜·忌에 대해서 아래와 같이 말하고 있다.

"木日干이 方이나 局이 완전하고 金이 섞이지 않으면 曲直이 되고, 火日干이 方이나 局이 완전하고 水가 섞이지 않으면 炎上이 되고, 土日干이 四庫가 다 완전하고 木이 섞이지 않으면 稼穡이 되고, 金日干이 方이나 局이 완전하고 火가 섞이지 않으면 從革이 되고, 水日干이 方이나 局이 완전하고 土가 섞이지 않으면 潤下가 되는데, 모두가 一方의 秀氣에 따르며 得時 當令하고 旺을 만나고 生을 만남이 필요하다."745)

---

744) "旺則抑之, 弱則扶之, 雖不易之法, 然有不易中之變易者, 惟在審察 得, 其, 宜, 三字而已矣. 旺則抑之, 如不可抑, 反宜扶之, 弱則扶之, 如不可扶, 反宜抑之.". 任鐵樵 增注. 袁樹珊 撰輯. 『滴天髓闡微』. 臺北: 武陵出版有限公司, 1999. p.122.
745) "木日或方或局全不雜金爲曲直, 火日或方或局全不雜水爲炎上, 土日四庫皆全不雜

"從旺格이라는 것은 四柱에 모두가 比刦이며 官殺의 制함이 없고 印綬의 生함이 있어 旺함이 極에 이른 것으로 그 旺神을 좇아야 한다. 요컨대 比刦 印綬運으로 行하면 吉하며, 만일 原局에 印綬가 가벼운 경우에는 食傷運으로 行하면 역시 아름답다. 官殺運을 만나면 旺神을 犯하여 凶禍에 이른다 하고, 財星을 만나면 羣比爭財하여 九死一生이 된다."746)

스무째, 아래와 같이 一行得氣格에 比刦이 用神이 되는 경우와 太旺한 正格에서 泄氣하는 食傷이 用神이 되는 경우와의 分岐點을 말하고 있다.

"木局을 예로 들면, 日干이 甲乙이고 四柱가 순전히 木이며 다른 글자가 섞여 있지 않으면 運이 南方으로 行할 때 秀氣가 流行하기 때문에 곧 순수하며, 運이 北方으로 흘러가면 强神을 生助하기 때문에 하자가 없다. 만약 干支에 火가 있어서 秀氣를 土하고 있는 四柱라면 運이 南方으로 行할 때 命理가 넉넉하지만, 大運이 北方으로 흐르면 凶災가 즉시 나타날 것이

木爲稼穡, 金日或方或局全不雜火爲從革, 水日或方或局全不雜土爲潤下, 皆從一方之秀氣, 必要得時當令, 遇旺逢生.". 任鐵樵 增注. 袁樹珊 撰輯. 『滴天髓闡微』. 臺北: 武陵出版有限公司, 1999. pp.87~88.
746) "從旺者, 四柱皆比刦, 無官殺之制, 有印綬之生, 旺之極者, 從其旺神也. 要行比刦印綬則吉, 如局中印輕, 行食傷亦佳. 官殺運, 謂之犯旺, 凶禍立至, 遇財星, 羣刦相爭, 九死一生.". 任鐵樵 增注. 袁樹珊 撰輯. 『滴天髓闡微』. 臺北: 武陵出版有限公司, 1999. p.328.

다.747) 木을 이와 같이 論했으니 나머지도 알 수 있으리라."748)749)

"다시 顚倒의 이치가 존재하는데, 그 이치에는 열 가지가 있다. 木이 太旺하면 金과 같아서 火의 단련을 좋아하고(木이 太旺하면 泄氣하는 火가 用神인 正格임), 木旺이 極에 이르면 火와 같아서 水의 剋을 기뻐한다(木曰曲直格). 火가 太旺하면 水와 같아서 土의 制止를 좋아하고(火가 太旺하면 泄氣하는 土가 用神인 正格임), 火旺이 剋에 이르면 土와 같아서 木의 剋을 기뻐한다(火曰炎上格), 土가 太旺하면 나무와 같아서 金의 剋을 기뻐하고(土가 太旺하면 泄氣하는 金이 用神인 正格임), 土旺이 極에 이르면 金과 같아서 火의 단련을 좋아한다(土曰稼穡格). 金이 太旺하면 火와 같아서 水의 救濟를 좋아하고(金이 太旺하면 泄氣하는 水가 用神인 正格임), 金旺이 極에 이르면 水와 같아서 土의 制止를 기뻐한다(金曰從革格), 水가 太旺하면 土와 같아서 木의 제어를 기뻐하고(水가 太旺하면 泄氣하는

---

747) 身强한 木火傷官格이라고 생각됨. 論者註.
748) "如木局, 日主是甲乙, 四柱純木, 不雜別字, 運行南方, 謂秀氣流行, 則純, 運行北方, 謂之生助强神, 無疵. 或干支有火吐秀, 運行南方, 名利裕如, 運行北方, 凶災立見. 木論如此, 餘者可知.". 任鐵樵 增注. 袁樹珊 撰輯. 『滴天髓闡微』. 臺北: 武陵出版有限公司, 1999. pp.100~101.
749) 木日主가 亥卯未가 되던지 寅卯辰이 되는 등으로 순전히 木이며 干支에 金이 없으면 木曰曲直格이 되는데, 이때에는 木이 用神이고 水는 喜神이며 金運이 病神이고 火는 藥神이다. 그러나 干支에 火가 있으면 正格으로서 太旺한 木日主에 泄氣하는 火가 用神이고 木은 喜神이며 水가 病神에 土는 藥神이 된다, 는 뜻으로 이해됨. 論者註.

木이 用神인 正格임), 水旺이 極에 이르면 木과 같아서 金의 剋을 좋아한다(水曰潤下格)."750)

스물한째, 다음과 같이 假一行得氣格의 성립과 그 喜·忌에 대해서 말하고 있다.

"만약 地支에 木局을 이루고 日主 元神이 투출하였는데 다른 天干에 辛의 正官이나 庚의 七殺이 있으나 허탈하고 無氣하다면, 설사 다른 天干에 土가 있다고 해도 이 土 역시 休囚되어서 金을 生助하기 어려우니 반드시 地支에 申酉丑 가운데 한 字라도 있어야 아름답게 된다. 만약 申酉丑이 없고 도리어 寅辰字가 더 있다면 곧 木의 세력은 더욱 盛하고 金의 세력은 더욱 衰해지기 때문에 용렬하게 평생을 보내고 名利를 이룸이 없다. 만약 세운에서 그 官星을 제거하면 역시 발달한다. 필요한 것은 四柱 中에 먼저 食傷이 있는 연후에 歲運에서 官殺의 뿌리를 깨끗이 제거한다면 名利가 따른다. 木局이 이와 같으니 다른 局도 이 論함을 본받으면 된다."751)752)

---

750) "更有顚倒之理存焉, 其理有十. 木太旺者而似金, 喜火之煉也, 木旺極者而似火, 喜水之剋也, 火太旺者而似水, 喜土之止也, 火旺極者而似土, 喜木之剋也. 土太旺者而似木, 喜金之剋也, 土旺極者而似金, 喜火之煉也. 金太旺者而似火, 喜水之濟也, 金旺極者而似水, 喜土之止也. 水太旺者而似土, 喜木之制也, 水旺極者而似木, 喜金之剋也.". 任鐵樵 增注. 袁樹珊 撰輯. 『滴天髓闡微』. 臺北: 武陵出版有限公司, 1999. p.137.
751) "如地支會木局, 日主元神透出, 別干見辛之官, 庚之殺, 虛脫無氣, 則餘干有土, 土亦休囚, 難以生金, 須地支有一申酉丑字爲美. 若無申酉丑, 反加之寅辰字,則木勢愈盛,

- 402 -

스물두째, 다음과 같이 傷官格을 眞傷官格과 假傷官格으로 나누고 있다.
　　　　　　　　　　　　 상관격　　진상관격　　　가상관격

"傷官格은 모름지기 眞傷官格과 假傷官格으로 나누어지는데,
 상관격　　　　　　　　진상관격　　가상관격
眞傷官格이란 身弱하면서 印綬가 있으면 財星을 만나지 않아
진상관격　　　신약　　　 인수　　　　　재성
야 淸하고, 假傷官格이란 身旺하면서 財星이 있으면 印綬를
　청　　 가상관격　　　신왕　　　 재성　　　　　 인수
만나지 않아야 貴하게 된다. 眞이란 月令이 傷官이거나 혹은
　　　　　　　귀　　　　　진　　월령　 상관
地支에 傷官局이 없다고 하더라도 한편 天干에는 透出한 것을
지지　 상관국　　　　　　　　　　　천간　　 투출
말한다. 假란 比刦이 滿局을 이루고 있는데 官星의 制之가 없
　　　　 가　 비겁　 만국　　　　　　　 관성　 제지
거나 비록 官星이 있다 해도 氣力이 對敵할 수 없다면 柱中에
　　　　 관성　　　　　　 기력　 대적　　　　　　 주중
食神·傷官을 막론하고 모두 쓸 수 있으며 설사 쓸 수 없다고
식신 상관
하더라도 (一行得氣格이 되니) 역시 아름답다. 다만 마땅하지
　　　　　일행득기격
않는 것은 印綬를 만나는 것인데 印綬를 만나면 傷官을 破하여
　　　　　인수　　　　　　　　　인수　　　　　 상관　 파
凶하게 된다."753)
흉

金勢愈衰矣, 故碌碌終身, 名利無成也. 若得勢運去其官星, 亦可發達. 必要柱中先見食傷, 然後歲運去淨官煞之根, 名利遂矣. 木局如此, 餘局倣此論之可也.". 任鐵樵 增注. 袁樹珊 撰輯. 『滴天髓闡微』. 臺北: 武陵出版有限公司, 1999. p.108.
752) 木日主가 地支에 木局이 있으면 身旺하여 官星인 金이 用神이 되는데 用神은 뿌리가 있어야 아름답다. 그러나 이 경우에 官星의 뿌리가 없고 지지에 寅辰字가 더 있어서 假木曰曲直格이 되면 官星은 病이 되는데, 이때에는 官星을 제거하는 傷食運에 名利가 따른다. 다른 局도 이것을 본받으면 된다. 는 뜻으로 이해됨. 論者註.
753) "傷官須分眞假, 眞者身弱有印, 不見財爲淸, 假者身旺有財, 不見印爲貴. 眞者月令傷官, 或支無傷局, 又透出天干者是也. 假者滿局比刦, 無官星以制之, 雖有官星氣力不能敵, 柱中不論食神傷官, 皆可作用, 縱無亦美. 只不宜見印, 見印破傷爲凶.". 任鐵樵 增注. 袁樹珊 撰輯. 『滴天髓闡微』. 臺北: 武陵出版有限公司, 1999. pp.405~406.

그러나 本 論文에서는 格局論에 統一性을 期하기 위하여 이 理論을 받아들이지 아니하고, 月令이 日干에 대하여 傷官인 경우만을 傷官格으로 하였다.

스물셋째, 傷官格을 身强한 傷官格과 身弱한 傷官格으로 분류할 경우, 거기에 따른 用神을 다음과 같이 론하고 있다.

"傷官格에는 ①傷官用印, ②傷官用財, ③傷官用刦, ④傷官用傷官, ⑤傷官用官이 있다."754)

이 내용을 자세히 설명하면, ①傷官用印은 身弱한 傷官格에서 印星이 用神이고, 官星은 喜神이 되며 財星이 病神이고 比刦은 藥神이 된다. ②傷官用財는 身强한 傷官格에서 財星이 用神이고, 食傷은 喜神이며 比刦이 病神이고 官星은 藥神이 된다. ③傷官用刦은 身弱한 傷官格에 比刦이 用神이고, 印星은 喜神이며 病神인 官星이 있으면 食傷은 藥神이 된다. ④傷官用傷官은 太强한 傷官格에서 泄氣하는 傷官이 用神이 되는데, 이때는 두 가지

---

754) "傷官者, 有傷官用印, 傷官用財, 傷官用刦, 傷官用傷, 傷官用官.". 任鐵樵 增注. 袁樹珊 撰輯. 『滴天髓闡微』. 臺北: 武陵出版有限公司, 1999. p.180.

경우가 있다. 하나는 많은 比劫이 欠이 되는 경우인데 이때는 泄氣하는 傷官이 用神이지만 比劫은 用神을 生하는 喜神이 아니라 오히려 病이 되고 官星이 藥神이 되며, 印星이 또한 病이 되고 財星은 藥神이 된다. 또 하나는 印星이 많아서 太旺한 경우인데 이때는 泄氣하는 食傷이 用神이고 比劫은 喜神이 되며 印星이 病神이고 財星은 藥神이 된다. ⑤傷官用官은 身强한 傷官格에서 간혹 比劫이 欠이 될 경우에는 官星이 用神이 된다.

스물넷째, 金水傷官格의 성립과 그 喜·忌에 대해서 다음과 같이 말하고 있다. 그리고 金水傷官格에 官星을 기뻐하는 것은 調候 때문이지 用神을 취하기 위함은 아니라고 한다.

"壬辛丙己
辰酉子丑
庚辛壬癸甲乙
午未申酉戌亥"

"金水傷官格에 丙火가 투출하여 그 寒凝을 제거하였기 때문에 冷嗽의 病이 없었다. 癸酉大運에 입학하고 과거의 향시에 합격하였다. 묻기를 金水傷官格에 官星을 기뻐하는데 어찌하여 癸酉金水運에 공명을 얻었는가? 내가 답하기를 金水傷官格에 火

를 기뻐하는 것은 그 원국을 따뜻하게 함일 뿐이지 用神으로써 취하고자 함이 아니다. 라고 하였다. 火를 用神으로 취하는 것은 十中에 한 둘에 있지 않고, 水를 用神으로 취한은 것은 十中에 八九이다. 火를 用神으로 취할 경우에는 木火가 가지런히 와야 하고 또 日元이 旺相함을 要한다. 이 命造는 日元이 비록 旺하나 局中에 木이 적으므로 虛火가 無根하여 반드시 水로써 用神을 삼아야 한다. 壬申大運에 敎習에서 知縣으로 올랐으나 辛未大運 丁丑年에 火土가 함께 旺하며 壬水를 合하고 子水 역시 傷하니 病을 얻어 亡하였다."755) "무릇 金水傷官格에 火를 用神으로 쓰는 경우는 반드시 身旺해야 하며 財星을 만나야 하고 水를 써서 中和되어야 하며, 身弱하면 土를 用神으로 삼아야 한다."756)

스물다섯째, 兩氣成形格에 대해서 아래와 같이 말하고 있다.

"만약 金水를 쓴다면 火土가 끼어들어서 혼잡하게 되면 마땅하

---

755) "金水傷官, 丙火透露, 去其寒凝, 故無冷嗽之病. 癸酉入學補廩, 而擧於鄕. 問曰, 金水傷官喜官星, 何以癸酉金水之運而得功名. 余曰, 金水傷官喜火不過要其煖局, 非取以爲用也. 取火爲用者, 十無一二, 取水爲用者, 十有八九. 取火者必要木火齊來, 又要日元旺相. 此造日元雖旺, 局中少木, 虛火無根, 必以水爲用神也. 壬申運由敎習得知縣, 辛未運丁丑年, 火土並旺, 合取壬水, 子水亦傷, 得疾而亡.". 任鐵樵 增注. 袁樹珊 撰輯. 『滴天髓闡微』. 臺北: 武陵出版有限公司, 1999. p.429.
756) "凡金水傷官用火, 必要身旺逢財, 中和用水, 衰弱用土也.". 任鐵樵 增注. 袁樹珊 撰輯. 『滴天髓闡微』. 臺北: 武陵出版有限公司, 1999. p.430.

지 않고, 만약 水木을 취하는 즉 火金757)의 交爭은 불가하다. 木火成象이 되면 金水가 局을 파괴함을 가장 꺼리고, 水火得濟한 것은 土가 와서 水를 막는 것을 더욱 꺼린다."758)

스물여섯째, 棄命從官格과 棄命從財格에 대해서 다음과 같이 말하고 있다.

"日主가 고립 無氣하고 四柱에 生扶의 뜻이 없는데 官星이 滿局이면 從官格이라 하고, 財星이 滿局이면 從財格이라고 한다. 예를 들면 日主가 金이라면 財神은 곧 木이 되는데, 봄에 태어나고 水가 生하면 太過하므로 火로 行하는 것을 기뻐하며, 여름에 태어났으면 旺火가 泄氣하므로 水의 生함을 기뻐하고, 겨울에 태어났으면 水多木泛하므로 土가 있어서 배양함을 기뻐하고759) 火가 있어 따뜻하면 吉하다. 이와 반대면 반드시 凶하게 되니, 소위 從神은 和하여 더욱 길한 것도 있고 더욱 凶한 것도 있다."760)

---

757) 『精選命理約言』에는 이 경우에 土金을 꺼린다고 한다. 陳素菴 著. 韋千里 選輯. 『精選命理約言』卷二. 上海: 韋氏命苑, 1935. pp.24~25.
758) "若用金水, 則火土不宜夾雜, 如取水木, 則火金不可交爭. 木火成象者, 最怕金水破局, 水火得濟者, 尤忌土來止水.". 任鐵樵 增注. 袁樹珊 撰輯. 『滴天髓闡微』. 臺北: 武陵出版有限公司, 1999. p.82.
759) 水旺節에 金日主가 印星인 土가 있어서 吉하다면 이는 棄命從財格이 아니라 身弱한 金水傷官格이라고 생각됨. 論者註.
760) "日主孤立無氣, 四柱無生扶之意, 滿局官星, 謂之從官, 滿局財星, 謂之從財. 如日主是金, 財神是木, 生于春令, 又有水生, 謂之太過, 喜火以行之, 生于夏令, 火旺泄氣, 喜水以生之, 生于冬令, 水多木泛, 喜土以培之, 火以暖之則吉. 反是必凶, 所謂從神又有

- 407 -

고 한다.

그러나 金日主(금일주)가 겨울에 태어났더라도 木으로 從(목 종)하는 경우에는, 木(목)이 用神(용신)이고 水(수)는 用神(용신)을 生(생)하는 喜神(희신)이며 金運(금운)은 用神(용신)을 剋傷(극상)하는 病神(병신)이 되고 火(화)는 藥神(약신)이 되며, 土(토)는 病神(병신)을 生(생)하므로 凶(흉)하다. 따라서

"겨울에 태어나면 水多木泛(수다목범)하므로 土(토)가 있어서 배양함을 기뻐한다."

라고 하여 棄命從財格(기명종재격)에 印星(인성)인 土(토)를 기뻐한다고 하는데, 筆者(필자)는 이 말에는 同意(동의)하지 않는다.

스물일곱째, 棄命從兒格(기명종아격)과 그 喜(희)·忌(기)에 대해서 다음과 같이 말하고 있다.

"從兒格(종아격)이 가장 꺼리는 것은 印星(인성)이고 다음으로 꺼리는 것은 官運(관운)이다. 官(관)은 능히 財星(재성)을 泄氣(설기)하고 또 能(능)히 日主(일주)를 극한다. 食傷(식상)은 官星(관성)과 화목할 수 없기 때문에 生育(생육)의 뜻을 망각하고

吉和凶也.". 任鐵樵 增注. 袁樹珊 撰輯. 『滴天髓闡微』. 臺北: 武陵出版有限公司, 1999. pp.327~328.

爭戰의 風을 일으켜 식구를 傷하지 않으면 財産이 흩어진다."761)

스물여덟째, 아래와 같이 假從格에 대해서 말하고 있다.

"四柱에서 財官이 得時 當令하면 日主가 虛弱 無氣하므로 비록 比刦 印綬가 生扶한다 하더라도, 柱中에 食神이 生한 財星으로 因하여 印星을 破하거나, 혹은 官星이 있어 比刦을 除去하면 日主가 따라서 의지할 곳이 없어서 오직 財·官의 勢力에 의지하게 된다. 財星의 勢力이 旺하면 從財格이 되고 官星의 勢力이 旺하면 從官格이 되는데, 從財格은 食神 財星이 旺한 地支로 行하여야 하고 從官格이면 財·官鄕으로 行하여야 역시 能히 發興한다."762) "그러나 假從의 象이라도 만일 安頓하는 運으로 行하기만 하면 假從이라도 眞運으로 行하는 것이니 역시 富貴를 取할 수 있다. 무엇을 眞運이라 이르는가? 만일 從財格에 比刦이 分爭을 하는 경우에 官殺運으로 行하면 필히 貴하고 食傷運으로 行하면 반드시 富하게 되며, 印綬가 있어서

---

761) "從兒格最忌印運, 次忌官運. 官能泄財, 又能克日. 而食傷又與官星不睦, 忘生育之意, 起爭戰之風, 不傷人丁, 則散財矣.". 任鐵樵 增注. 袁樹珊 撰輯. 『滴天髓闡微』. 臺北: 武陵出版有限公司, 1999. p.350.
762) "四柱財官得時當令, 日主虛弱無氣, 雖有比刦印綬生扶, 而柱中食神生財, 財仍破印, 或有官星制刦, 則日主無從依靠, 只得依財官之勢. 財之勢旺, 則從財, 官之勢旺則從官, 從財行食傷財旺之地, 從官行財官之鄕, 亦能興發.". 任鐵樵 增注. 袁樹珊 撰輯. 『滴天髓闡微』. 臺北: 武陵出版有限公司, 1999. p.340.

暗生하면 財運으로 行하기를 要하며 官殺이 財星의 氣를 泄하면 食傷으로 行하여야 한다."763) "만일 從官殺格에 比刦이 있어 日主를 도울 때 官運을 만나서 명성이 높아지거나, 食傷이 官을 破할 때 財運으로 行하여 祿이 重疊되거나, 印綬가 官을 泄氣할 때 만일 財運으로써 印綬를 破하는 것 등을 假從이라도 眞運으로 行한다고 하니, 貴하지 않으면 역시 富하다."764)

스물아홉째, 아래와 같이 從强格의 성립과 그 喜·忌에 대해서 말하고 있다.

"從强格이란 四柱에 印綬가 重重하고 比刦이 疊疊하며 日主도 當令하였으나 財星 官殺의 氣는 끊어져 터럭만큼도 없을 때, 二人同心하여 强이 極에 이르렀기 때문에 順함은 可하나 逆함은 不可하다. 즉 오로지 比刦運으로 行하면 吉하고 印綬運 역시 아름답다. 食傷運은 印綬와 冲剋하므로 반드시 凶하고 財官運은 强神을 부딪쳐서 怒하게 하므로 크게 凶하다."765)

---

763) "然假從之象, 只要行運安頓, 假行眞運, 亦可取富貴. 何謂眞運. 如從財有比刦分爭, 行官殺運必貴, 行食傷運必富, 有印綬暗生, 要行財運, 有官殺泄財之氣, 要行食傷運." 任鐵樵 增注. 袁樹珊 撰輯. 『滴天髓闡微』. 臺北: 武陵出版有限公司, 1999. p.340.
764) "如從官殺, 有比刦幇身, 逢官運而名高, 有食傷破官, 行財運而祿重, 有印綬泄官, 要財運以破印, 謂假行眞運, 不貴亦富." 任鐵樵 增注. 袁樹珊 撰輯. 『滴天髓闡微』. 臺北: 武陵出版有限公司, 1999. pp.340~341.
765) "從强者, 四柱印綬重重, 比刦疊疊, 日主又當令, 絶無一毫財星官殺之氣, 謂二人同心, 强之極矣, 可順而不可逆也. 則純行比刦運則吉, 印綬運亦佳. 食傷運, 有印綬冲剋

從強格은 印星運과 比刦運만 吉할 뿐 食傷運은 印星과 冲剋하므로 凶하고 財官運은 強神과 부딪쳐서 凶하다고 하니, 이 格은 印比從氣格으로 이해하면 된다.

서른째, 아래와 같이 身弱한 正格(官·殺印相生)과 從格의 分岐點을 말하고 있다.

"木이 太衰하면 물과 같아서 金으로써 生함이 마땅하며(官·殺印相生), 木의 衰함이 極에 이르면 土와 같아서 火로써 生함이 마땅하다(從格). 火가 크게 弱하면 木과 같아서 水로써 生함이 마땅하며(官·殺印相生), 火의 衰弱함이 極에 달하면 金과 같아서 土로써 生함이 마땅하다(從格). 土가 衰弱하면 火와 같아서 木으로써 生함이 마땅하고(官·殺印相生格), 土의 衰弱함이 極에 이르면 水와 같아서 金으로써 生함이 마땅하다(從格). 金이 太衰하면 土와 같아서 火로써 生함이 마땅하고(官·殺印相生), 金의 衰弱함이 極에 이르면 木과 같아서 水로써 生함이 마땅하다(從格). 水가 太衰하면 金과 같아서 土로써 生함이 마땅하며(官·殺印相生), 水가 극도로 衰弱하면 火와 같아서 木으로써

必凶, 財官運, 爲觸怒强神大凶.". 任鐵樵 增注. 袁樹珊 撰輯. 『滴天髓闡微』. 臺北: 武陵出版有限公司, 1999. p.328.

生함이 마땅하다(從格). 이상은 五行이 顚倒되는 진정한 실마리이니, 배우는 자는 마땅히 근본의 妙함을 자세히 살펴야 한다."766)

서른한째, 다음과 같이 從氣格의 성립과 그 喜·忌에 대해서 말하고 있다.

"從氣라는 것은 財, 官, 印綬, 食傷類를 막론하고 만일 氣勢가 木火에 있으면 木火運으로 行하기를 바라고, 氣勢가 金水에 있으면 金水運으로 行하기를 要하며, 이와 반대면 반드시 凶하다."767)

서른두째, 다음과 같이 從勢格의 성립과 그 喜·忌에 대해서 말하고 있다.

"從勢格이란 日主가 根이 없고, 四柱에 財星 官星 食傷이 동등하게 旺하여 그 强弱을 구분할 수 없고, 또 日主를 生扶해줄

---

766) "木太衰者而似水也, 宜金以生之, 木衰極者而似土也, 宜火以生之. 火太衰者而似木也, 宜水以生之, 火衰極者而似金也, 宜土以生之. 土太衰者而似火也, 宜木以生之, 土衰極者而似水也, 宜金以生之. 金太衰者而似土也, 宜火以生之, 金衰極者而似木也, 宜水以生之. 水太衰者而似金也, 宜土以生之, 水衰極者而似火也, 宜木以生之. 此五行顚倒之眞機, 學者宜細詳元元之妙.". 任鐵樵 增注. 袁樹珊 撰輯. 『滴天髓闡微』. 臺北: 武陵出版有限公司, 1999. pp.137~138.
767) "從氣者, 不論財官印綬食傷之類, 如氣勢在木火, 要行木火運, 氣勢在金水, 要行金水運, 反此必凶.". 任鐵樵 增注. 袁樹珊 撰輯. 『滴天髓闡微』. 臺北: 武陵出版有限公司, 1999. p.328.

比劫과 印綬가 없으며, 또, 하나의 神에게로 從해서 갈 수 없을 때는 오직 和解가 있어야 좋다. 그 財星 官星 食傷을 비교하여 어느 것이 홀로 旺하다면 그 旺한 者의 勢力을 따르지만, 만일 三者가 均一하게 旺하여 强弱이 구분되지 않으면, 반드시 財運으로 行하여야 和解하므로 食傷의 氣를 이끌어 流通시켜 財·官의 勢力을 도우면 吉하며, 그 다음이 官殺運으로 行하는 것이고, 또 그 다음이 食傷運으로 行하는 것이다. 만일 比劫과 印綬運으로 行하면 반드시 凶하게 됨은 의심할 필요가 없다. 屢次 시험하여 경험한 바다."768)

서른셋째, 아래와 같이 母慈滅子格의 성립과 그 喜·忌 및 君賴臣生과의 차이점을 말하고 있다.

"任氏가 이르기를 母慈滅子의 이치는 君賴臣生의 이치와 서로 비슷한데 자세히 연구해보면 모두 印星이 旺하다. 그 가장 중요한 차이점은 君賴臣生에서는 局中에 印綬가 비록 旺하지만 柱中에 財星이 有氣하여 財星을 써서 印綬를 破할 수 있는 것이

---

768) "從勢者, 日主無根, 四柱財官食傷並旺, 不分强弱, 又無劫印生扶日主, 又不能從一神而去, 惟有和解之可也. 視其財官食傷之中, 何者獨旺, 則從旺者之勢, 如三者均停, 不分强弱, 須行財運以和之, 引通食傷之氣, 助其財官之勢, 則吉, 行官殺運次之, 行食傷運又次之. 如行比劫印綬, 必凶無疑, 試之屢驗.". 任鐵樵 增注. 袁樹珊 撰輯. 『滴天髓闡微』. 臺北: 武陵出版有限公司, 1999. pp.328~329.

다. 母慈滅子는 가령 財星이 無氣하여 財星이 印星을 破할 수 없는 것으로서 오직 母性에 順해야만 그 子息을 도울 수 있음을 말한다. 歲運이 比刧의 地로 行함으로 인하여 대체로 母慈子安하지만, 일단 財星과 食傷의 類를 만나면 母性을 거역하게 되므로 生育의 뜻이 없어지고 반드시 災殃과 허물을 면할 수 없게 된다."769)

"戊戌 丙辰 辛丑 戊戌, 辛金이 季春에 生하여 四柱에 모두 土이므로, 丙火官星은 元神이 모두 泄氣되며, 土가 重하여 埋金이 되니 母慈滅子다. 初年 火·土運에는 刑喪破敗하여 탕진하고 남은 것이라곤 없었으나 庚申運으로 바뀌면서 日元을 도와 일으키고 母性에 順하여 크게 좋은 기회를 만나게 되었다. 辛酉運에 이르러서는 辰丑과 拱合하니 재산을 상납하고 벼슬에 올랐으나 壬戌運에 土가 또 地支를 얻으니 견책을 당하여 落職하였다."770)

---

769) "任氏曰 母慈滅子之理, 與君賴臣生之意相似也, 細究之, 均是印旺. 其關頭異者, 君賴臣生, 局中印綬雖旺, 柱中財星有氣, 可以用財破印也. 母慈滅子, 從有財星無氣, 未可以財星破印也, 只得順母之性, 助其子也. 歲運仍行比刧之地, 庶母慈而子安, 一見財星食傷之類, 逆母之性, 無生育之意, 災咎必不免矣.". 任鐵樵 增注. 袁樹珊 撰輯. 『滴天髓闡微』. 臺北: 武陵出版有限公司, 1999. p.361.
770)
"戊辛丙戊
 戊丑辰戌
 壬辛庚己戊丁
 戌酉申未午巳
 辛金生於季春, 四柱皆土, 丙火官星, 元神泄盡, 土重金埋, 母多滅子. 初運火土, 刑喪破敗, 蕩焉無存, 一交庚申, 助起日元, 順母之性, 大得際遇, 及辛酉, 拱合辰丑, 捐納出仕, 壬戌運, 土又得地, 詿誤落職.". 任鐵樵 增注. 袁樹珊 撰輯. 『滴天髓闡微』. 臺

즉 母慈滅子格을 종합하면 太旺한 印星이 欠이 되는데, ①官星은 太旺한 印星을 生하여 凶하고 ②印星運은 太旺한 印星을 또 도와서 凶하며 ③食傷과 ④財星은 太旺한 印星을 거스르니 凶하지만, ⑤比刦運만은 太旺한 印星을 泄氣하여 日元을 도우므로 吉하다고 한다.

서른넷째, 다음은 化象에 대해서 아래와 같이 말하고 있다.

이는 從化格과는 다르게, 化는 하되 그 喜·忌는 正格의 법칙을 적용하고 있음을 알 수 있다. 따라서 從化格과 化象을 정확하게 구분하여 熟知하고 있지 않으면 혼란을 초래할 수도 있다. 그리고 化象에 반드시 辰時를 만나야 되는 것은 아니다.

"만일 甲日主가 四季에 태어나고 단 一位의 己土를 月·時上에서 만나 合하고, 壬·癸·甲·乙·戊를 만나지 않고 辰一字가 되면 眞化가 된다. 또 가령 丙辛이 冬月에 생하거나, 戊癸가 夏月에 生하거나, 乙庚이 秋月에 生하거나, 丁壬이 春月에 生하여 독자적으로 서로 合하고, 또 運에서 辰을 얻으면 이는 眞化가 되

北: 武陵出版有限公司, 1999. p.362.

며 旣化이다. 또 化神을 論할 때 가령 甲己化土에서 土가 陰寒하면 火氣가 昌旺함을 要하며, 土가 太旺하면 財가 되는 水를 取하든, 官이 되는 木을 取하든, 傷官이 되는 金을 取하든 그 의향하는 바에 따라 그 喜忌를 論하며771), 다시 甲乙을 만나더라도 爭合 妬合으로 論하지 않는다. 甲己는 甲子에서 시작하여 五位에 이르러 戊辰을 만나야 土로 化하고, 乙庚은 丙子에서 시작하여 五位에 이르러 庚辰을 만나야 金으로 化하고, 丙辛은 戊子에서 시작하여 五位에 이르러서 壬辰時를 만나야 化하여 水가 되고, 丁壬은 庚子에서 시작하여 五位에 이르러 甲辰時를 만나야 化하여 木이 되고, 戊癸는 壬子에서 시작하여 五位에 이르러 丙辰時를 만나야 化하여 火가 되니772), 이것은 相合 相化의 참된 근원이다.773)

---

771) 化象은 『滴天髓闡微』에서만 나오는 學說로 從化格과는 다르게, 化는 하되 그 喜·忌는 正格의 법칙이 적용되고 있음을 알 수 있다. 가령 丙午 癸巳 戊辰 乙卯에서 戊癸가 합하여 火로 化하지만 火로 從하는 戊癸合化火格이 되는 것은 아니고, 다른 正格과 같이 燥熱하므로 癸水가 用神이 되는 경우와 같다. 論者註.
772) 辰時를 만나야 化象이 성립한다는 입장이다. 그러나 從化格에서 꼭 辰時가 아니더라도 四柱原局이 從하는 五行으로 滿局을 이루었다면 從하지 아니할 수 없으므로 本 論文에서는 『命理約言』에서와 같이 이 理論에 동의하지 않는다. 論者註.
773) "如甲日主生於四季, 單遇一位己土, 在月時上合之, 不遇壬癸甲戊, 而有一辰字, 乃爲化得眞. 又如丙辛生於冬月, 戊癸生於夏月, 乙庚生於秋月, 丁壬生於春月, 獨自相合, 又得龍以運之, 此爲眞化矣, 旣化矣. 又論化神, 如甲己化土, 土陰寒, 要火氣昌旺, 土太旺, 又要取水爲財, 木爲官, 金爲食傷, 隨其所向, 論其喜忌, 再見甲乙, 亦不作爭合妒合論. 甲己起甲子, 至五位逢戊辰而化土, 乙庚起丙子, 至五位逢庚辰而化金, 丙辛起戊子, 至五位逢壬辰而化水, 丁壬起庚子, 至五位逢甲辰而化木, 戊癸起壬子, 至五位逢丙辰而化火, 此相合, 相化之眞源.". 任鐵樵 增注. 袁樹珊 撰輯. 『滴天髓闡微』. 臺北: 武陵出版有限公司, 1999. pp.334~336.

『滴天髓闡微』에서의 化象은, 從化格과는 다르게 化는 하되
그 喜·忌는 正格의 법칙을 적용할 수도 있음을 아래 내용에서 확인할 수 있다.

"化象의 작용으로 말하면 역시 喜忌配合의 이치가 있는 까닭에 化神에는 또 몇 가지 알릴 것이 있다. 즉 化하는 이 神이 이 神을 만나는 것을 기뻐한다고 한 가지로 고집하는 것은 옳지 않다. 그래서 化象 역시 요컨대 그 旺衰를 연구하고, 그 虛實과 喜忌를 살피면 吉凶을 징험할 것이며, 막힌 운수와 터진 운수가 분명해질 것이다. 만약 化神이 旺하여 남아돈다면 마땅히 化神을 泄하는 神을 用神으로 삼음이 마땅하고, 化神이 衰하여 부족하다면 化神을 生助하는 神을 用神으로 삼음이 마땅하다. 만일 甲己化土가 戌·未月에 生하면 土는 마르고 旺한데, 天干에 丙丁이 투출하고, 地支에 巳午가 暗藏되어 있으면 有餘하다고 이르겠는데, 다시 火土運으로 行하면 太過하여 필히 不吉하니, 반드시 그 의향을 좇아서 柱中에 水가 있으면 金運으로 行하여야 하며,774) 柱中에 金이 있으면 요컨대 水運으로 행하여야 한다.775) 金이 없고 水도 없는데 土의 勢力이 太旺하면

---

774) 甲己化土에 대해서 말하고 있다. 그러나 이 경우에는 甲己合化土하여 土를 따르는 格이라고 보기 보다는, 甲日主의 경우에는 身弱에 水가 用神이고 金이 喜神이며 土가 病神에 木이 藥神이 되고, 己土日主일 경우에는 身旺用財하여 水가 用神에 金이 喜神이며 土가 病神에 木이 藥神이 된다고 생각함. 論者註.

필히 金으로써 기를 泄氣하여야 한다. 火土가 지나치게 燥한데 요컨대 水를 띠고 있는 金運으로써 윤택하게 하여야 한다."776)

"만일 甲己化土가 丑辰月에 태어나면 土는 濕하고 약하니 비록 火가 있어도 虛하고, 水는 뿌리가 없어도 實하다. 혹 干支에 金水가 混雜되면 이른바 (土의 勢力이) 부족하니 역시 그 의향을 따라야 한다. 柱中에 金이 있으면 火運으로 行하여야 하며, 柱中에 水777)가 있으면 土運으로 향해야하며, 金水를 아울러 만나 虛濕이 지나치면 火를 띤 土運으로 行해야 實하게 되며, 化神을 도와 일으켜야 길하다. 甲己合化가 이와 같으니 나머지도 例와 같이 추리하라."778)

---

775) 甲己化土에 대해서 말하고 있다. 그러나 이 경우에는 變格인 甲己合化土格이라고 보기 보다는, 甲木日主일 경우에는 身弱에 水가 用神에 金이 喜神이며 土가 病神에 木이 藥神이 되고, 己土日主일 경우에는 太旺한 命造에 泄氣하는 金이 用神이고 火는 病神이며 水가 藥神이 된다고 생각함. 論者註.

776) "至於化象作用, 亦有喜忌配合之理, 所以化神還有幾般話也. 非化斯神喜見斯神, 執一而論也. 是化象亦要究其衰旺, 審其虛實, 察其喜忌, 則吉凶有驗, 否泰了然矣, 如化神旺而有餘, 宜泄化神之神爲用, 化神衰而不足, 宜生助化神之神爲用. 如甲己化土, 生于未戌月, 土燥而旺, 干透丙丁, 支藏巳午, 謂之有餘, 再行火土之運, 必太過而不吉也, 須從其意向, 柱中有水要行金運, 柱中有金, 要行水運. 無金無水, 土勢太旺, 必要金以泄之. 火土過燥, 要帶水之金運以潤之.". 任鐵樵 增注. 袁樹珊 撰輯. 『滴天髓闡微』. 臺北: 武陵出版有限公司, 1999. p.336.

777) 甲己化土에 대해서 말하고 있다. 이 경우에 四柱原局에 水가 있으면 甲己合化土格이라고 보기 보다는, 甲日主의 경우는 印星이 많은 身旺한 四柱에 土가 用神이 되고, 己土日主일 경우에는 身弱用比刦하여 土가 用神이 되는 경우라고 생각됨. 論者註.

778) "如甲己化土, 生于丑辰月, 土溼爲弱, 火雖有而虛, 水木無而實. 或干支雜其金水, 謂之不足, 亦須從其意向. 柱中有金, 要行火運, 柱中有水, 要行土運, 金水並見, 過於虛溼, 要帶火之土運以實之, 助起化神爲吉也. 甲己之合如此, 餘可例推.". 任鐵樵 增注. 袁樹珊 撰輯. 『滴天髓闡微』. 臺北: 武陵出版有限公司, 1999. pp.336~337.

『滴天髓闡微』에 나오는 내용의 특징은 첫째, 다음과 같이 用神은 하나라고 斷定的으로 말하고 있다.

"총괄하면 用神으로 쓸 만한 것이 있든 없든 用神을 定함에 한 개로 낙착되는 것은 확고하여 變할 수 없다."779)

둘째, 다음과 같이 중요한 것은 格이 아니라 用神이라고 한다.

"三奇 拱貴格 等의 格으로써 命造를 論하고 用神을 보지 않는 것은 모두 헛된 誤謬일 뿐이다."780)

셋째, 아래와 같이 牽強附會한 雜格은 인정하고 있지 않다.

"그 밖에 格이 많지만 내가 많은 책을 준비해서 詳考하여 본 결과 모두 五行의 바른 이치를 따르지 않고 그릇된 이야기에 속하는 것이 전부다. 즉 예를 들면 壬騎龍背格, 壬騎虎背格, 六陰朝陽格, 六乙鼠貴格 등이다. 그 이외에도 잘못된 格이 대단히 많고 支離滅裂하여 타당함이 없으니 學者들은 마땅히 올바른 이치에 따라서 五行의 格을 자세히 하여야 하니 잘못된

---

779) "總之有用無用, 定有一個着落, 碻乎不易也.". 任鐵樵 增注. 袁樹珊 撰輯. 『滴天髓闡微』. 臺北: 武陵出版有限公司, 1999. pp.124~125.
780) "以三奇拱貴等格論命而不看用神者, 皆虛謬耳.". 任鐵樵 增注. 袁樹珊 撰輯. 『滴天髓闡微』. 臺北: 武陵出版有限公司, 1999. p.23.

책에 眩惑(현혹)되지 말아야 한다."781)

넷째, 아래와 같이 一行得氣格(일행득기격)에 比劫(비겁)이 用神(용신)이 되는 경우와 太旺(태왕)한 正格(정격)에서 泄氣(설기)하는 食傷(식상)이 用神(용신)이 되는 경우와의 分岐點(분기점)을 말하고 있다.

"木局(목국)을 예로 들면, 日主(일주)가 甲乙(갑을)이고 四柱(사주)가 순전히 木(목)이며 다른 글자가 섞여 있지 않으면 運(운)이 南方(남방)으로 行(행)할 때 秀氣(수기)가 流行(유행)하기 때문에 곧 순수하며, 運(운)이 北方(북방)으로 흘러가면 强神(강신)을 生助(생조)하기 때문에 하자가 없다. 만약 干支(간지)에 火(화)가 있어서 秀氣(수기)를 吐(토)하고 있는 四柱(사주)라면 運(운)이 南方(남방)으로 行(행)할 때 名利(명리)가 넉넉하지만, 大運(대운)이 北方(북방)으로 흐르면 凶災(흉재)가 즉시 나타날 것이다.782) 木(목)을 이와 같이 論(논)했으니 나머지도 알 수 있으리라."783)784)

---

781) "其餘外格多端, 余備考羣書, 俱不從五行正理, 盡屬謬談. 卽如壬騎龍背, 壬騎虎背, 六陰朝陽, 六乙謂鼠貴格. 其餘謬格甚多, 支離無當, 學者宜細詳正理五行之格, 弗以謬書爲惑也.". 任鐵樵 增注. 袁樹珊 撰輯. 『滴天髓闡微』. 臺北: 武陵出版有限公司, 1999. pp.111~112.
782) 身强한 木火傷官格이라고 생각됨. 論者註.
783) "如木局, 日主是甲乙, 四柱純木, 不雜別字, 運行南方, 謂秀氣流行, 則純, 運行北方, 謂之生助强神, 無疵. 或干支有火吐秀, 運行南方, 名利裕如, 運行北方, 凶災立見. 木論如此, 餘者可知.". 任鐵樵 增注. 袁樹珊 撰輯. 『滴天髓闡微』. 臺北: 武陵出版有限公司, 1999. pp.100~101.
784) 木日主가 亥卯未가 되던지 寅卯辰이 되는 등으로 순전히 木이며 干支에 金이 없으면 木曰曲直格이 되는데, 이때에는 木이 用神이고 水는 喜神이며 金運이 病神이고 火는 藥神이다. 그러나 干支에 火가 있으면 正格으로서 太旺한 木日主에 泄氣하는 火가 用神이고 木은 喜神이며 水가 病神에 土는 藥神이 된다. 는 뜻으로 이해됨. 論者註.

다섯째, 傷官格을 身强한 傷官格과 身弱한 傷官格으로 분류할 경우, 거기에 따른 用神을 다음과 같이 論하고 있다.

"傷官格에는 ① 傷官用印, ② 傷官用財, ③ 傷官用刦, ④ 傷官用傷官, ⑤ 傷官用官이 있다."785)

이 내용을 자세히 설명하면, ①傷官用印은 身弱한 傷官格에서 印星이 用神이고, 官星은 喜神이 되며 財星이 病神이고 比刦은 藥神이 된다. ②傷官用財는 身强한 傷官格에서 財星이 用神이고, 食傷은 喜神이며 比刦이 病神이고 官星은 藥神이 된다. ③傷官用刦은 身弱한 傷官格에 比刦이 用神이고, 印星은 喜神이며 病神인 官星이 있으면 食傷은 藥神이 된다. ④傷官用傷官은 太强한 傷官格에서 泄氣하는 傷官이 用神이 되는데, 이때는 두 가지 경우가 있다. 하나는 많은 比刦이 欠이 되는 경우인데 이때는 泄氣하는 傷官이 用神이지만 比刦은 用神을 生하는 喜神이 아니라 오히려 病이 되고 官星이 藥神이 되며, 印星이 또한 病이 되고 財星은 藥神이 된다. 또 하나는 印星이 많아서 太旺한 경우인데 이

---

785) "傷官者, 有傷官用印, 傷官用財, 傷官用刦, 傷官用傷, 傷官用官.". 任鐵樵 增注. 袁樹珊 撰輯. 『滴天髓闡微』. 臺北: 武陵出版有限公司, 1999. p.180.

때는 泄氣하는 食傷이 用神이고 比刦은 喜神이 되며 印星이 病神이고 財星은 藥神이 된다. ⑤傷官用官은 身强한 傷官格에서 간혹 比刦이 欠이 될 경우에는 官星이 用神이 된다.

여섯째, 『滴天髓闡微』에 처음으로 나오는 이론으로, 從强格의 성립과 그 喜·忌에 대해서 아래와 같이 말하고 있다.

"從强格이란 四柱에 印綬가 重重하고 比刦이 疊疊하며 日主도 當令하였으나 財星 官殺의 氣는 끊어져 터럭만큼도 없을 때, 二人同心하여 强이 極에 이르렀기 때문에 順함은 可하나 逆함은 不可하다. 즉 오로지 比刦運으로 行하면 吉하고 印綬運은 역시 아름답다. 食傷運은 印綬와 冲剋하므로 반드시 凶하고 財官運은 强神을 부딪쳐서 怒하게 하므로 크게 凶하다."786)

從强格은 印星運과 比刦運만 吉할 뿐 食傷運은 印星과 冲剋하므로 凶하고 財官運은 强神과 부딪쳐서 凶하다고 하니, 이 格은 印比從氣格으로 이해하면 된다.

---

786) "從强者, 四柱印綬重重, 比刦疊疊, 日主又當令, 絶無一毫財星官殺之氣, 謂二人同心, 强之極矣, 可順而不可逆也. 則純行比刦運則吉, 印綬運亦佳. 食傷運, 有印綬冲剋必凶, 財官運, 爲觸怒强神大凶.". 任鐵樵 增注. 袁樹珊 撰輯. 『滴天髓闡微』. 臺北: 武陵出版有限公司, 1999. p.328.

일곱째, 『滴天髓闡微』에 처음 나오는 理論으로, 從氣格의 성립과 그 喜·忌에 대해서 말하고 있다.

"從氣라는 것은 財, 官, 印綬, 食傷類를 막론하고 만일 氣勢가 木火에 있으면 木火運으로 行하기를 바라고, 氣勢가 金水에 있으면 金水運으로 行하기를 要하면, 이와 반대면 반드시 凶하다."787)

여덟째, 『滴天髓闡微』에 처음 나오는 理論으로, 다음과 같이 從勢格의 성립과 그 喜·忌에 대해서 말하고 있다.

"從勢格이란 日主가 根이 없고, 四柱에 財星 官星 食傷이 동등하게 旺하여 그 强弱을 구분할 수 없고, 또 日主를 生扶해줄 比刦과 印綬가 없으며, 또, 하나의 神에게로 從해서 갈 수 없을 때는 오직 和解가 있어야 좋다. 그 財星 官星 食傷을 비교하여 어느 것이 홀로 旺하다면 그 旺한 者의 세력을 따르지만, 만일 三者가 균일하게 旺하여 强弱이 구분되지 않으면, 반드시 財運으로 行하여야 화해하므로 食傷의 氣를 이끌어 流通시켜 財·官의 세력을 도우면 吉하며, 그 다음이 官殺運으로 行하는 것이

---

787) "從氣者, 不論財官印綬食傷之類, 如氣勢在木火, 要行木火運, 氣勢在金水, 要行金水運, 反此必凶.". 任鐵樵 增注. 袁樹珊 撰輯. 『滴天髓闡微』. 臺北: 武陵出版有限公司, 1999. p.328.

고, 또 그 다음이 食傷運(식상운)으로 行(행)하는 것이다. 만일 比刼(비겁)과 印綬運(인수운)으로 行(행)하면 반드시 凶(흉)하게 됨은 의심할 필요가 없다. 屢次(누차) 시험하여 경험한 바다."788)

아홉째, 『滴天髓闡微(적천수천미)』에 처음 나오는 이론으로 母慈滅子格(모자멸자격)의 성립과 그 喜·忌(희기) 및 君賴臣生(군뢰신생)과의 차이점을 말하고 있다.

"任氏(임씨)가 이르기를 母慈滅子(모자멸자)의 이치는 君賴臣生(군뢰신생)의 이치와 서로 비슷한데 자세히 연구해보면 모두 印星(인성)이 旺(왕)하다. 그 가장 중요한 차이점은 君賴臣生(군뢰신생)에서는 局中(국중)에 印綬(인수)가 비록 旺(왕)하지만 柱中(주중)에 財星(재성)이 有氣(유기)하여 財星(재성)을 써서 印綬(인수)를 破(파)할 수 있는 것이다. 母慈滅子(모자멸자)는 가령 財星(재성)이 無氣(무기)하여 財星(재성)이 印綬(인수)를 破(파)할 수 없는 것으로서 오직 母性(모성)에 順(순)해야만 그 子息(자식)을 도울 수 있음을 말한다. 歲運(세운)이 比刼(비겁)의 地(지)로 行(행)함으로 因(인)하여 대체로 母慈子安(모자자안)하지만, 일단 財星(재성)과 食傷(식상)의 類(류)를 만나면 母性(모성)을 거역하게 되므로 生育(생육)의 뜻이 없어지고 반드시 災殃(재앙)과 허물을 면할 수 없게 된다."789) "戊戌 丙辰 辛丑 戊戌(무술 병진 신축 무술), 辛金(신금)이 季春(계춘)에 生(생)하여

---

788) "從勢者, 日主無根, 四柱財官食傷並旺, 不分强弱, 又無刼印生扶日主, 又不能從一神而去, 惟有和解之可也. 視其財官食傷之中, 何者獨旺, 則從旺者之勢, 如三者均停, 不分强弱, 須行財運以和之, 引通食傷之氣, 助其財官之勢, 則吉, 行官殺運次之, 行食傷運又次之. 如行比刼印綬, 必凶無疑, 試之屢驗.". 任鐵樵 增注. 袁樹珊 撰輯. 『滴天髓闡微』. 臺北: 武陵出版有限公司, 1999. pp.328~329.
789) "任氏曰 母慈滅子之理, 與君賴臣生之意相似也, 細究之, 均是印旺. 其關頭異者, 君賴臣生, 局中印綬雖旺, 柱中財星有氣, 可以用財破印也. 母慈滅子, 縱有財星無氣, 未

- 424 -

四柱에 모두 土이므로, 丙火官星은 元神이 모두 泄氣되며, 土가 重하여 埋金이 되니 母慈滅子다. 初年 火·土運에는 刑喪破敗하여 탕진하고 남은 것이라곤 없었으나 庚申運으로 바뀌면서 日元을 도와 일으키고 母性에 順하여 크게 좋은 기회를 만나게 되었다. 辛酉運에 이르러서는 辰丑과 拱合하니 財産을 상납하고 벼슬에 올랐으나 壬戌運에 土가 또 地支를 얻으니 견책을 당하여 낙직하였다."790)

즉 母慈滅子格을 종합하면 太旺한 印星이 凶이 되는데, ①官星은 太旺한 印星을 生하여 凶하고 ②印星運은 太旺한 印星을 또 도와서 凶하며 ③食傷과 ④財星은 太旺한 印星을 거스르니 凶하지만, ⑤比刦運만은 太旺한 印星을 泄氣하여 日元을 도우므로 吉하다고 한다.

可以財星破印也, 只得順母之性, 助其子也. 歲運仍行比刦之地, 庶母慈而子安, 一見財星食傷之類, 逆母之性, 無生育之意, 災咎必不免矣.". 任鐵樵 增注. 袁樹珊 撰輯. 『滴天髓闡微』. 臺北: 武陵出版有限公司, 1999. p.361.
790)
"戊辛丙戊
 戊丑辰戌
 壬辛庚己戊丁
 戌酉申未午巳
辛金生於季春, 四柱皆土, 丙火官星, 元神泄盡, 土重金埋, 母多滅子. 初運火土, 刑喪破敗, 蕩焉無存, 一交庚申, 助起日元, 順母之性, 大得際遇, 及辛酉, 拱合辰丑, 捐納出仕, 壬戌運, 土又得地, 詿誤落職.". 任鐵樵 增注. 袁樹珊 撰輯. 『滴天髓闡微』. 臺北: 武陵出版有限公司, 1999. p.362.

열째, 아래와 같이 身弱한 正格(官·殺印相生)과 從格의 分岐點
            신약   정격 관 살 인 상 생   종격   분 기 점
을 말하고 있다.

"木이 太衰하면 물과 같아서 金으로써 生함이 마땅하며(官·殺
   목 태 쇠   금   생   관 살
印相生), 木의 衰함이 極에 이르면 土와 같아서 火로써 生함이
인 상 생 목   쇠   극   토   화   생
마땅하다(從財格). 火가 크게 弱하면 木과 같아서 水로써 生함
       종 재 격   화   약   목   수   생
이 마땅하며(官·殺印相生), 火의 衰弱함이 極에 달하면 金과
         관 살 인 상 생   화   쇠 약   극   금
같아서 土로써 生함이 마땅하다(從財格). 土가 衰弱하면 火와
      토   생   종 재 격   토   쇠 약   화
같아서 木으로써 生함이 마땅하고(官·殺印相生격), 土의 衰弱
      목   생   관 살 인 상 생   토   쇠 약
함이 極에 이르면 水와 같아서 金으로써 生함이 마땅하다(從財
    극   수   금   생   종 재
格). 金이 太衰하면 土와 같아서 火로써 生함이 마땅하고(官·殺
격   금   태 쇠   토   화   생   관 살
印相生), 金의 衰弱함이 極에 이르면 木과 같아서 水로써 生함
인 상 생 금   쇠 약   극   목   수   생
이 마땅하다(從財格). 水가 太衰하면 金과 같아서 土로써 生함
         종 재 격   수   태 쇠   금   토   생
이 마땅하며(官·殺印相生), 水가 극도로 衰弱하면 火와 같아서
         관 살 인 상 생   수   쇠 약   화
木으로써 生함이 마땅하다(從財格). 이상은 五行이 顚倒되는
목   생   종 재 격   오 행   전 도
진정한 실마리이니, 배우는 자는 마땅히 근본의 妙함을 자세히
                                        묘
살펴야 한다."791)

---

791) "木太衰者而似水也, 宜金以生之, 木衰極者而似土也, 宜火以生之. 火太衰者而似木也, 宜水以生之, 火衰極者而似金也, 宜土以生之. 土太衰者而似火也, 宜木以生之, 土衰極者而似水也, 宜金以生之. 金太衰者而似土也, 宜火以生之, 金衰極者而似木也, 宜水以生之. 水太衰者而似金也, 宜土以生之, 水衰極者而似火也, 宜木以生之. 此五行顚倒之眞機, 學者宜細詳元之妙.". 任鐵樵 增注. 袁樹珊 撰輯. 『滴天髓闡微』. 臺北: 武陵出版有限公司, 1999. pp.137~138.

열한째, 化象은 『滴天髓闡微』에서만 나오는 學說로 從化格과는 다르게, 化는 하되 그 喜·忌는 正格의 법칙을 적용하고 있음을 알 수 있다. 따라서 이점에 대해서는 다음에 나오는 문제점에서 상세히 다룬다.

『滴天髓闡微』에 나오는 문제점의 첫째는, 諸神論에 대해서 다음과 같이 말하고 있으나 이는 一貫性 없이 혼란을 초래하고 있다.

"用神이라는 것은 日主가 기뻐하는 바이며 처음부터 끝까지 의뢰하는 신이다. -"喜神은 用神을 幇助하는 神이며 忌神은 用神을 剋害하는 神이다."-792) 用神 喜神 忌神을 제외하면 모두 閑神이나 客神이다."793) "用神이 있으면 반드시 喜神이 있다. 喜神이라는 것은 格과 用神을 보조하는 것이다. 그러나 喜神이 있으면 역시 忌神이 반드시 있으니 忌神이란 格과 用神을 破損하는 것이다. 用神 喜神 忌神 이외 달리하는 것은 모두 閑神이다."794) "庚寅 戊子 甲寅 丙寅, 時干의 丙火가 맑게 투출하

---

792) -"喜神者, 幇助用神之神也, 忌神者剋害用神之神也."-. 任鐵樵 增注. 袁樹珊 撰輯. 『滴天髓闡微』. 臺北: 武陵出版有限公司, 1999. p.222.
793) "用神者, 日主所喜, 始終依賴之神也. 除用神喜神忌神之外皆閑神客神也.". 任鐵樵 增注. 袁樹珊 撰輯. 『滴天髓闡微』. 臺北: 武陵出版有限公司, 1999. pp.124~125.
794) "有用神必有喜神. 喜神者, 輔格助用之神也. 然有喜神, 亦必有忌神, 忌神者, 破格損用之神也. 自用神喜神忌神之外, 皆閑神也.". 任鐵樵 增注. 袁樹珊 撰輯. 『滴天髓

여 그 寒凝과 대적하며 그 菁英을 泄氣하는 用神이 된다. 冬火
는 본래 虛하니 寅木으로써 喜神이 되며, 月干 戊土는 能히
水를 制御하며 또 金을 生하니 閑神이 되며, 水는 仇神795)이
된다."796)

따라서 本 論文에서는 正格은 四柱原局에서 旺弱寒熱의 調和
를 이루는 五行을 用神이라 하고, 變格은 從하는 五行을 用神이
라고 한다. 그리고 用神을 生하는 五行을 喜神이라고 하며, 用神
을 剋傷하는 五行을 病神이라 하고, 그 病神을 除去하는 五行을
藥神이라고 하여 諸神論에 통일을 기했다.

둘째, 다음과 같이 傷官格을 眞傷官格과 假傷官格으로 나누고
있다.

"傷官格은 모름지기 眞傷官格과 假傷官格으로 나누어지는데,
眞傷官格이란 身弱하면서 印綬가 있으면 財星을 만나지 않아
야 淸하고, 假傷官格이란 身旺하면서 財星이 있으면 印綬를

闡微』. 臺北: 武陵出版有限公司, 1999. p.320.
795) 用神을 剋害하는 忌神인 듯하다. 論者註. 徐樂吾 編註. 『滴天髓徵義』. 臺北: 武陵出版有限公司, 2002. p.222. 참조.
796) "庚寅·戊子·甲寅·丙寅, 時干丙火淸透, 敵其寒凝, 泄其菁英, 而爲用神. 冬火本虛, 以寅木爲喜神, 月干戊土能制水, 又能生金, 故爲閑神, 以水爲仇神.". 任鐵樵 增注. 袁樹珊 撰輯. 『滴天髓闡微』. 臺北: 武陵出版有限公司, 1999. p.322.

만나지 않아야 貴하게 된다. 眞이란 月令이 傷官이거나 혹은 地支에 傷官局이 없다고 하더라도 한편 天干에는 투출한 것을 말한다. 假란 比刦이 滿局을 이루고 있는데 官星의 制之가 없거나 비록 官星이 있다 해도 氣力이 對敵할 수 없다면 柱中에 食神·傷官을 막론하고 모두 쓸 수 있으며 설사 쓸 수 없다고 하더라도 (一行得氣格이 되니) 역시 아름답다. 다만 마땅하지 않는 것은 印綬를 만나는 것인데 印綬를 만나면 傷官을 破하여 凶하게 된다."797)

그러나 本 論文에서는 格局論에 統一性을 期하기 위하여 이 理論을 받아들이지 아니하고, 月令이 日干에 대하여 傷官인 경우만을 傷官格으로 하였다.

셋째, 棄命從官格과 棄命從財格에 대해서 아래와 같이 말하고 있다.

"日主가 孤立 無氣하고 四柱에 生扶의 뜻이 없는데 官星이 滿局이면 從官格이라 하고, 財星이 滿局이면 從財格이라고 한다.

---

797) "傷官須分眞假, 眞者身弱有印, 不見財爲淸, 假者身旺有財, 不見印爲貴. 眞者月令傷官, 或支無傷官, 又透出天干者是也. 假者滿局比刦, 無官星以制之, 雖有官星氣力不能敵, 柱中不論食神傷官, 皆可作用, 縱無亦美. 只不宜見印, 見印破傷爲凶.". 任鐵樵 增注. 袁樹珊 撰輯. 『滴天髓闡微』. 臺北: 武陵出版有限公司, 1999. pp.405~406.

예를 들면 日主(일주)가 金(금)이라면 財神(재신)은 곧 木(목)이 되는데, 봄에 태어나고 水(수)가 生(생)하면 태과하므로 火(화)로 行(행)하는 것을 기뻐하며, 여름에 태어났으면 旺火(왕화)가 泄氣(설기)하므로 水(수)의 生(생)함을 기뻐하고, 겨울에 태어났으면 水多木泛(수다목범)하므로 土(토)가 있어서 배양함을 기뻐하고798) 火(화)가 있어 따뜻하면 吉(길)하다. 이와 반대면 반드시 凶(흉)하게 되니, 소위 從神(종신)은 和(화)하여 더욱 吉(길)한 것도 있고 더욱 凶(흉)한 것도 있다."799)

고 한다.

그러나 金日主(금일주)가 겨울에 태어났더라도 木(목)으로 從(종)하는 경우에는, 木(목)이 用神(용신)이고 水(수)는 用神(용신)을 生(생)하는 喜神(희신)이며 金運(금운)은 用神(용신)을 剋傷(극상)하는 病神(병신)이 되고 火(화)는 藥神(약신)이 되며, 土(토)는 病神(병신)을 生(생)하므로 凶(흉)하다. 따라서 "겨울에 태어나면 水多木泛(수다목범)하므로 土(토)가 있어서 배양함을 기뻐한다."

라고 하여 棄命從財格(기명종재격)에 印星(인성)인 土(토)를 기뻐한다고 한다. 이와

---

798) "水旺節에 金日主가 印星인 土가 있어서 吉하다면 이는 棄命從財格이 아니라 身弱한 金水傷官格이라고 생각됨. 論者註.
799) "日主孤立無氣, 四柱無生扶之意, 滿局官星, 謂之從官, 滿局財星, 謂之從財. 如日主是金, 財神是木, 生于春令, 又有水生, 謂之太過, 喜火以行之, 生于夏令, 火旺泄氣, 喜水以生之, 生于冬令, 水多木泛, 喜土以培之, 火以暖之則吉. 反是必凶, 所謂從神又有吉和凶也.". 任鐵樵 增注. 袁樹珊 撰輯. 『滴天髓闡微』. 臺北: 武陵出版有限公司, 1999. pp.327~328.

같은 사례를 볼 때 任鐵樵는 棄命從財格과 正格에 대한 喜·忌에 대해서 명확한 區分함이 없이 기술하고 있으므로 많은 혼란을 초래하고 있음을 알 수 있다.

넷째, 아래와 같이 木曰曲直格 등의 一行得氣格을 말하면서 그 用神에 대해서는 正格의 用神과 명확한 구분이 없어 혼란을 초래하고 있다.

"三合局 혹은 方合을 이루어 曲直 등의 다섯 가지 格이 성립되면 日主가 곧 元神이다. 그러한 즉 格象(格局 形象)이 體가 되고 그 氣象을 生助하는 것이 用神800)이 된다. 혹 食傷이 用神이 되기도 하고 혹은 財星이 用神801)이 되기도 하는데, 다만 官殺을 用神으로 삼는 것은 마땅하지 않다. 나머지는 그 格局의 氣勢와 意向을 총체적으로 보고 用神을 定하되 하나만을 고집하여서는 아니 된다."802)

---

800) 從格에는 從하는 五行이 用神이라고 생각됨. 論者註.
801) 專旺格에는 比刦이 用神이고 印星은 喜神이며 官殺이 病神에 食傷은 藥神이다. 財星은 病神인 官殺을 生하는 凶神이 될 뿐 결코 用神이 될 수는 없다. 그러나 專旺格인 듯 하지만 食傷이 발달한 경우에는 食傷이 用神이고 印星이 病神이 되므로 財星이 藥神이 되는데, 이 경우에는 이미 專旺格이 아니라고 생각됨. 論者註.
802) "局方曲直五格, 日主是元神, 卽以格象爲體, 以生助氣象者爲用. 或以食傷爲用, 或以財星爲用, 只不宜用官殺. 餘總視其格局之氣勢意向而用之, 毋執一也.". 任鐵樵 增注. 袁樹珊 撰輯. 『滴天髓闡微』. 臺北: 武陵出版有限公司, 1999. p.124.

다섯째, 아래와 같이 變格인 一行得氣(從旺)格과 太旺한 命造에 泄氣하는 傷食이 用神이 되는 正格을 一括的으로 설명하고 있음으로서 變格과 正格간의 혼란을 초래하고 있다.

"한 가지는 獨이 되는데 권력이 한 사람에게만 있는 것과 같으니, 曲直과 같은 종류가 이것이다. 木日干이 方이나 局이 완전하고 金이 섞이지 않으면 曲直이 되고, 모두가 一方의 秀氣에 따르며, 得時 當令하고 旺을 만나고 生을 만남이 필요하다. 그러나 體質이 지나치고 스스로 强하다면 반드시 引通이 되어야 妙하며, 氣勢에는 관계되는 바의 일이 있으니 반드시 그 情을 자세히 살펴야 할 필요가 있다. 예를 들면 木局이 ①土運을 만나면 이것은 비록 財神의 資養이 되지만, 먼저 四柱에 食傷이 있으면 아마도 분쟁의 염려가 없게 되니, 火運을 만나면 榮華 發秀라 이르는데 반드시 原局에 財가 있고 印綬가 없어야 비로소 反剋의 災殃을 면하게 되어 名利를 성취하게 되는 것이다. 金運을 만나면 破局이라 하여 凶多吉少하다.803) ②水運을 만나고 原局에 火가 없다면 生助强神이라고 하여 역시 日主는 光亨하게 된다.804) 그러므로 예부터 從强의 학설이 있었고 生

---

803) ①의 경우는 木日曲直格이 아니라 正格으로서 太旺한 木日主에 泄氣하는 火가 用神이라고 생각됨. 論者註.
804) ②의 경우는 木日曲直格에 木이 用神이라고 생각됨. 論者註.

旺의 運으로 行하는 것을 좋다고 하였다. ①만일 四柱에 먼저 食傷이 있다면 (印綬 運에는) 반드시 日主는 凶禍가 몸에 닥칠 것이다. 만약 原局에 破神이 미약하게 숨어 있다면 반드시 運에서 合冲의 妙가 있어야 한다. 만약 日主가 失時 得局하였으면 요컨대 運에서 生旺의 鄕을 만나면 역시 日主는 공명을 적게라도 이룬다. 만약 運의 행로가 獨象의 地支를 刦奪하게 되면 즉시 凶災를 만나게 되나, 만약 原局에 食傷의 反剋의 능력이 있으면 바야흐로 큰 害는 없다."805) "木局을 예를 들면, 日主가 甲乙이고 四柱가 순전히 木이며 다른 글자가 섞여 있지 않으면 運이 南方으로 行할 때 秀氣가 유행하기 때문에 곧 순수하며, 運이 北方으로 흘러가면 强神을 生助하기 때문에 하자가 없다. 만약 干支에 火가 있어서 秀氣를 吐하고 있는 四柱라면 運이 南方으로 行할 때 名利가 넉넉하지만, 大運이 北方으로 흐르면 凶災가 즉시 나타날 것이다.806) 木을 이와 같이 論

---

805) "一者爲獨, 權在一人, 曲直之類是也. 木日或方或局全不雜金爲曲直, 皆從一方之秀氣, 必要得時當令, 遇旺逢生. 但體質過于自强, 須以引通爲妙, 而氣勢必有所關務須審察其情, 如木局 ①見土運, 斯雖財神資養, 生要四柱有食有傷, 庶無分爭之慮, 見火運, 謂英華發秀, 須看原局有財無印, 方免反剋爲映, 名利可遂. 見金運, 謂破局, 凶多吉少. ②見水運, 而局中無火, 謂生助强神, 亦主光亨. 故舊有從强之說, 再行生旺爲佳. ①若四柱先有食傷, 必主凶禍臨身, 如原局微伏破神, 須運有合冲之妙. 若本主失時得局, 要運遇生旺之鄕, 亦主功名小就. 苟行運偶逢刦地獨象立見凶災, 若局有食傷反剋之能方無大害.". 任鐵樵 增注. 袁樹珊 撰輯. 『滴天髓闡微』. 臺北: 武陵出版有限公司, 1999. pp.87~88.
806) 이 경우는 木日曲直格이 아니라 正格으로서 太旺한 木日主에 泄氣하는 食傷인 火가 用神이라고 생각됨. 論者註.

했으니 나머지도 알 수 있으리라."807) "甲寅 乙亥 乙卯 癸未, 이 命造는 木局이 완전하고 寅이 섞여 있으면서 四柱에 金이 없으니 그 强한 勢를 따른다. 强한 木局을 따르는 경우에는 東南北運이 모두 이롭고, 오로지 西方 金運은 剋破하니 꺼릴 뿐이다."808) "다시 顚倒의 이치가 존재한다. 木이 太旺하면 金과 같아서 火의 단련을 좋아하고(泄氣하는 火가 用神), 木旺이 極에 이르면 火와 같아서 水의 剋을 기뻐한다(木曰曲直格)."809)

여섯째, 『滴天髓闡微』에서는,

"火日干이 方이나 局이 완전하고 水가 섞이지 않으면 炎上이 된다."810) "다시 顚倒의 이치가 존재하는데, 火가 太旺하면 水와 같아서 土의 制止를 좋아하고(太旺한 火日主에 泄氣하는 土가 用神), 火旺이 極에 이르면 土와 같아서 木의 剋을 기뻐

---

807) "如木局, 日主是甲乙, 四柱純木, 不雜別字, 運行南方, 謂秀氣流行, 則純, 運行北方, 謂之生助强神, 無疵, 或干支有火吐秀, 運行南方, 名利裕如, 運行北方, 凶災立見. 木論如此, 餘者可知.". 任鐵樵 增注. 袁樹珊 撰輯. 『滴天髓闡微』. 臺北: 武陵出版有限公司, 1999. pp.100~101.
808) "甲寅年 乙亥月 乙卯日 癸未時, 此木局全, 混一寅字, 然四柱無金, 其勢從强, 從强之木局, 東南北運皆利, 惟忌西方金運剋破耳.". 任鐵樵 增注. 袁樹珊 撰輯. 『滴天髓闡微』. 臺北: 武陵出版有限公司, 1999. p.101.
809) "更有顚倒之理存焉. 木太旺者而似金, 喜火之煉也, 木旺極者而似火, 喜水之剋也.". 任鐵樵 增注. 袁樹珊 撰輯. 『滴天髓闡微』. 臺北: 武陵出版有限公司, 1999. p.137.
810) "화일혹방혹국전부잡수위염상". 任鐵樵 增注. 袁樹珊 撰輯. 『滴天髓闡微』. 臺北: 武陵出版有限公司, 1999. pp.87~88.

한다(火日炎上格)."811)

라고 하는데 火가 用神이 되는 火日炎上格과 火日主가 太旺하므로 泄氣하는 土가 用神이 되는 正格과는 구분할 필요가 있다.

일곱째, 아래와 같이 化象의 성립과 그 喜·忌에 대해서 말하고 있다.

"만일 甲日主가 四季에 태어나고 단 一位의 己土를 月·時上에서 만나 合하고, 壬·癸·甲·乙·戊를 만나지 않고 辰 一字가 되면 眞化가 된다. 또 가령 丙辛이 東月에 生하거나, 戊癸가 夏月에 生하거나, 乙庚이 秋月에 生하거나, 丁壬이 春月에 生하여 독자적으로 서로 合하고, 또 運에서 辰을 얻으면 이는 眞化가 되며 旣化이다. 또 化神을 論할 때 가령 甲己化土에서 土가 陰寒하면 火氣가 昌旺함을 要하며, 土가 太旺하면 財가 되는 水를 취하든, 官이 되는 木을 취하든, 傷官이 되는 金을 취하든 그 의향하는 바에 따라 그 喜忌를 論하며812), 다시 甲乙을 만

---

811) "更有顚倒之理存焉, 火太旺者而似水, 喜土之止也, 火旺極者而似土, 喜木之剋也.". 任鐵樵 增注. 袁樹珊 撰輯. 『滴天髓闡微』. 臺北: 武陵出版有限公司, 1999. p.137.
812) 化象은 『滴天髓闡微』에서만 나오는 學說로 從化格과는 다르게, 化는 하되 그 喜·忌는 正格의 법칙이 적용되고 있음을 알 수 있다. 가령 丙午 癸巳 戊辰 乙卯에서 戊癸가 합하여 火로 化하지만 火로 從하는 戊癸合化火格이 되는 것은 아니고, 다른 正格과 같이 燥熱하므로 癸水가 用神이 되는 경우와 같다. 論者註.

나더라도 爭合 妬合으로 論하지 않는다. 甲己는 甲子에서 시작하여 五位에 이르러 戊辰을 만나야 土로 化하고, 乙庚은 丙子에서 시작하여 五位에 이르러 庚辰을 만나야 金으로 化하고, 丙辛은 戊子에서 시작하여 五位에 이르러서 壬辰을 만나야 化하여 水가 되고, 丁壬은 庚子에서 시작하여 五位에 이르러 甲辰을 만나야 化하여 木이 되고, 戊癸는 壬子에서 시작하여 五位에 이르러 丙辰을 만나야 化하여 火가 되니813), 이것이 相合 相化의 참된 근원이다."814)

『滴天髓闡微』에서의 化象은, 從化格과는 다르게 化는 하되 그 喜·忌는 正格의 법칙을 적용하고 있음을 아래 내용에서도 확인할 수 있다.

"化象의 작용으로 말하면 역시 喜忌配合의 이치가 있는 까닭에 化神에는 또 몇 가지 알릴 것이 있다. 즉 化하는 이 神이 이

---

813) 辰時를 만나야 化象이 成立한다는 입장이다. 그러나 從化格에서 꼭 辰時가 아니더라도 四柱原局이 從하는 五行으로 滿局을 이루었다면 從하지 아니할 수 없으므로 本 論文에서는 『命理約言』에서와 같이 이 이론에 同意하지 않는다. 論者註.
814) "如甲日主生於四季, 單遇一位己土, 在月時上合之, 不遇壬癸甲乙戊, 而有一辰字, 乃爲化得眞. 又如丙辛生於冬月, 戊癸生於夏月, 乙庚生於秋月, 丁壬生於春月, 獨自相合, 又得龍以運之, 此爲眞化矣, 旣化矣. 又論化神, 如甲己化土, 土陰寒, 要火氣昌旺, 土太旺, 又要取水爲財, 木爲官, 金爲食傷, 隨其所向, 論其喜忌, 再見甲乙, 亦不作爭合妬合論. 甲己起甲子, 至五位逢戊辰而化土, 乙庚起丙子, 至五位逢庚辰而化金, 丙辛起戊子, 至五位逢壬辰而化水, 丁壬起庚子, 至五位逢甲辰而化木, 戊癸起壬子, 至五位逢丙辰而化火, 此相合, 相化之眞源.". 任鐵樵 增注. 袁樹珊 撰輯. 『滴天髓闡微』. 臺北: 武陵出版有限公司, 1999. pp.334~336.

神(신)을 만나는 것을 기뻐한다고 한 가지로 고집하는 것은 옳지 않다. 그래서 化象(화상) 역시 요컨대 그 旺衰(왕쇠)를 연구하고, 그 虛實(허실)과 喜忌(희기)를 살피면 吉凶(길흉)을 징험할 것이며, 막힌 운수와 터진 운수가 분명해질 것이다. 만약 化神(화신)이 旺(왕)하여 남아돈다면 마땅히 化神(화신)을 泄(설)하는 神(신)을 用神(용신)으로 삼음이 마땅하고, 化神(화신)이 衰(쇠)하여 부족하다면 化神(화신)을 生助(생조)하는 神(신)을 用神(용신)으로 삼음이 마땅하다. 만일 甲己化土(갑기화토)가 戌·未月(술미월)에 生(생)하면 土(토)는 마르고 旺(왕)한데, 天干(천간)에 丙丁(병정)이 透出(투출)하고, 地支(지지)에 巳午(사오)가 暗藏(암장)되어 있으면 有餘(유여)하다고 이르겠는데, 다시 火土運(화토운)으로 行(행)하면 太過(태과)하여 필히 不吉(불길)하니, 반드시 그 의향을 좇아서 柱中(주중)에 水(수)가 있으면 金運(금운)으로 行(행)하여야 하며,815) 柱中(주중)에 金(금)이 있으면 요컨대 水運(수운)으로 行(행)하여야 한다.816) 金(금)이 없고 水(수)도 없는데 土(토)의 세력이 太旺(태왕)하면 필히 金(금)으로써 氣(기)를 泄氣(설기)하여야 한다. 火土(화토)가 지나치게 燥(조)하면 요컨대 水(수)를 띠고 있는 金運(금운)으로써 윤택하게 하여야 한다."817)

---

815) 甲己化土에 대해서 말하고 있다. 그러나 이 경우에는 甲己合化土하여 土를 따르는 格이라고 보기보다는, 甲日主일 경우에 身弱에 水가 用神이고 金이 喜神이며 土가 病神에 木이 藥神이 되고, 己土日主일 경우에는 身旺用財하여 水가 用神에 金이 喜神이며 土가 病神에 木이 藥神이 된다고 생각함. 論者註.
816) 甲己化土에 대해서 말하고 있다. 그러나 이 경우에는 變格인 甲己合化土格이라고 보기 보다는, 甲木日主일 경우에 身弱에 水가 用神이고 金이 喜神이며 土가 病神에 木이 藥神이 되고, 己土日主일 경우에는 太旺한 命造에 泄氣하는 金이 用神이고 火는 病神이며 水가 藥神이 된다고 생각함. 論者註
817) "至於化象作用, 亦有喜忌配合之理, 所以化神還有幾般話也. 非化斯神喜見斯神, 執一而論也. 是化象亦要究其衰旺, 審其虛實, 察其喜忌, 則吉凶有驗, 否泰了然矣. 如化神旺而有餘, 宜泄化神之神爲用, 化神衰而不足, 宜生助化神之神爲用. 如甲己化土, 生于未戌月, 土燥而旺, 干透丙丁, 支藏巳午, 謂之有餘, 再行火土之運, 必太過而不吉也, 須

"만일 甲己化土가 丑辰月에 태어나면 土는 濕하고 弱하니 비록 火가 있어도 虛하고, 水는 뿌리가 없어도 實하다. 혹 干支에 金水가 混雜되면 이른바 (土의 勢力이) 부족하니 역시 그 의향을 따라야 한다. 柱中에 金이 있으면 火運으로 行하여야 하며, 柱中에 水가 있으면 土運으로 向해야 하며818), 金水를 아울러 만나 虛濕이 지나치면 火를 띤 土運으로 향해야 實하게 되며, 化神을 도와 일으켜야 길하다. 甲己合化가 이와 같으니 나머지도 例와 같이 추리하라."819)

이는 從化格과는 다르게, 化는 하되 그 喜·忌는 正格의 법칙을 적용하고 있음을 알 수 있다.

從其意向, 柱中有水要行金運, 柱中有金, 要行水運. 無金無水, 土勢太旺, 必要金以泄之. 火土過燥, 要帶水之金運以潤之.". 任鐵樵 增注. 袁樹珊 撰輯. 『滴天髓闡微』. 臺北: 武陵出版有限公司, 1999. p.336.
818) 甲己化土에 대해서 말하고 있다. 이 경우에 四柱原局에 水가 있으면 甲己合化土格이라고 보기보다는, 甲日主의 경우는 印星이 많은 身旺한 四柱에 土가 用神이 되며, 己土日主일 경우에는 身弱用比刦하여 土가 用神이 되는 경우라고 생각됨. 論者註.
819) "如甲己化土, 生于丑辰月, 土溼爲弱, 火雖有而虛, 水本無而實. 或干支雜其金水, 謂之不足, 亦須從其意向. 柱中有金, 要行火運, 柱中有水, 要行土運, 金水並見, 過於虛溼, 要帶火之土運以實之, 助起化神爲吉也. 甲己之合如此, 餘可例推.". 任鐵樵 增注. 袁樹珊 撰輯. 『滴天髓闡微』. 臺北: 武陵出版有限公司, 1999. pp.336~337.

가령

1978年生

戊 甲 己 戊
辰 戌 未 午

70 60 50 40 30 20 10
丙 乙 甲 癸 壬 辛 庚
寅 丑 子 亥 戌 酉 申

의 命造는 從化格으로서 甲己合化土格에 從神인 土가 用神이 된다.

그러나

1978年生

乙 甲 己 戊
亥 戌 未 午

70 60 50 40 30 20 10
丙 乙 甲 癸 壬 辛 庚
寅 丑 子 亥 戌 酉 申

의 命造는 甲己合土는 되지만 從化格은 아니고 財多身弱에 調候가 時急하니 亥水가 用神이 되는 正格에 해당하는 正財格이다. 이와 같이 化象 中에 從化格에 해당하는 命造는 變格에 소속시키

- 439 -

고 從化格에 속하지 않는 命造는 正格으로 분류하여 用神을 定하면 된다. 그럼에도 불구하고 變格과 正格으로 구분함이 없이 一括的으로 설명함으로써 혼란을 초래하고 있다. 이 때문에 從化格과 化象을 정확하게 구분하여 熟知할 필요가 있다.

그리고 "化局이 성립하려면 반드시 辰時여야 한다."고 한다. 그러나 筆者는 從化格에는 꼭 辰時가 아니더라도 四柱原局에 從하는 五行으로 滿局을 이루고 있다면 從하지 아니할 수 없다고 생각하며, 屢次 實觀해본 결과도 또한 그러하므로 從化格의 성립에 辰時가 필수조건이라고는 보지 않는다.

2. 格局別 用神導出
격 국 별 용 신 도 출

가. 正格의 用神

(1) 正官格

四柱八字 中 月支가 日主의 正官이 되는 命造를 말한다. 이해를 돕기 위해서 먼저 身强과 身弱으로 구분하고 그 다음은 身强과 身弱을 이루게 된 原因別로 命造事例를 들어서 論하기로 한다.

(가) 身强

1) 正官月에 태어나 身强한 命造에서 印星이 많아서 欠이 되는 경우에는, 그 印星을 制伏하는 財星이 用神이 되고 食傷은 用神을 生하는 喜神이 된다. 그리고 比劫은 用神을 損傷시키므로 病神이 되고 官星은 그 病神을 剋制하는 藥神이 된다. 그러나 財星을 쓸 수 없으면 官星이 用神이 된다.

1944년생(女命)

```
戊 辛 己 甲
戌 未 巳 申
```

71 61 51 41 31 21 11 01
辛 壬 癸 甲 乙 丙 丁 戊
酉 戌 亥 子 丑 寅 卯 辰

이 命造는 辛金日主가 巳月에 태어나 巳中의 丙火가 正官이 되니 正官格이 된다. 地支에 뿌리를 둔 戊·己土가 透出하고 地支에 戌未가 있으니 身强한 命造 中에서도 印星이 많아서 欠이 된다. 欠이 되는 旺土를 疏土하는 甲木이 用神이 되고 水運은 用神을 生하는 喜神이 된다. 그리고 用神을 剋傷하는 申金은 病神이 되고 그 申金을 制伏하는 巳火가 藥神이 된다.

2) 正官月에 태어나 身强한 命造에서 比劫이 많아서 欠이 되는 경우에는, 比劫을 制伏하는 官星이 用神이 되고 財星은 官星을 生하는 喜神이 된다. 그리고 官星을 剋傷하는 傷食기 있으면 病神이 되는데 이때는 印星이 傷食을 除去하는 藥神이 된다.

1960年生

　　　癸　壬　癸　庚
　　　卯　子　未　子

75 65 55 45 35 25 15 05
辛 庚 己 戊 丁 丙 乙 甲
卯 寅 丑 子 亥 戌 酉 申

이 命造는 壬水日主가 未月에 태어나 正官格이 된다. 火土가 旺한 季節에 태어났으나 干支에 比劫이 넷이나 되고 金이 하나가 되니 三伏에 生寒하여 身强하다. 水를 剋制하는 正官이 用神이 되고 火運이 用神을 生하는 喜神이 된다. 그리고 用神을 剋傷하는 卯木이 病神이 되니 庚金은 그 木을 除去하는 藥神이 된다.

(나) 身弱

1) 官星過多

가) 正官月에 태어나 身弱한 命造에서 官星이 旺하면 印星이 用神이 된다.

1969年生(女命)

己 丙 丙 己
亥 寅 子 酉

77 67 57 47 37 27 17 07
甲 癸 壬 辛 庚 己 戊 丁
申 未 午 巳 辰 卯 寅 丑

이 命造는 丙火가 子月에 태어나 正官格이 되는데 身弱하다.
그러므로 印星이 用神이며 官星이 喜神이 된다. 그리고 財星은
印星을 剋傷하는 病神이 되고 比刼이 病을 除去하는 藥神이다.

*. 旺盛한 官星이 弱한 日主를 剋傷하고 있을 경우에는 印星이
通關하는 用神이다.

1967年生(女命)

甲 戊 癸 丁
寅 寅 卯 未

77 67 57 47 37 27 17 07
辛 庚 己 戊 丁 丙 乙 甲
亥 戌 酉 申 未 午 巳 辰

- 448 -

이 命造는 戊土日干이 正官月에 태어나 身弱한 正官格이며 많은 官星이 欠이 된다. 日主와 官星을 通關시키는 印星이 用神이 되지만 太旺한 官星은 印星을 生하는 喜神이 아니라 木多火熄하므로 오히려 病이 되는데 이때 食傷運은 그 病을 除去하는 藥神이 된다. 그리고 財星은 印星을 傷害하는 病이 되는데 이때는 刦財가 그 病을 除去하는 또 하나의 藥神이 된다.

나) 正官月에 태어나 身弱한 命造에서 官星이 旺한데 印星을 쓸 수 없으면 傷食이 用神이다.

1964年生

乙 癸 戊 甲
卯 丑 辰 辰

71 61 51 41 31 21 11 01
丙 乙 甲 癸 壬 辛 庚 己
子 亥 戌 酉 申 未 午 巳

이 命造는 丑中에 辛金과 癸水가 있고 辰中에 癸水가 있으나 用神으로 쓰기에는 적당하지 않다. 따라서 傷食으로 旺한 官星을 制伏하여야 하니 木이 用神에 水運은 木을 生하는 喜神이 된다.

다) 正官月에 태어나 身弱한 命造에서 官星이 旺한데 印星이나 食傷을 쓸 수 없으면 比刦이 用神이다.

1957年생(女命)

辛 丁 辛 丁
亥 酉 亥 酉

76 66 56 46 36 26 16 06
己 戊 丁 丙 乙 甲 癸 壬
未 午 巳 辰 卯 寅 丑 子

이 命造는 丁火日主가 亥月에 태어나 正官格이 되는데 身弱하다. 印星은 亥中에 있으니 쓸 수 없고 比刦인 丁火가 用神에 木運이 喜神이 된다. 그리고 水는 火를 剋傷하므로 病神이 되고 土運이 그 病을 除去하는 藥神이 된다.

라) 正官月에 태어나 身弱한 命造에서 官星이 旺한데 印星이나 傷食 혹은 比刦을 用神으로 쓸 수 없으면 變格 중 從殺格에서 論한다.

2) 財星過多

가) 正官月에 태어나 身弱한 命造에서 財星이 旺하면 比劫이 用神이다.

1934年生(女命)

戊 甲 癸 甲
辰 辰 酉 戌

78 68 58 48 38 28 18 08
乙 丙 丁 戊 己 庚 辛 壬
丑 寅 卯 辰 巳 午 未 申

이 命造는 甲木이 酉月에 태어나 財星이 過多하니 身弱한 正官格이다. 많은 財星을 制伏하는 比劫이 用神이고 印星은 用神을 生하는 喜神이 된다. 그리고 比劫을 剋傷하는 官星이 病神이 되고 그 官星을 除去하는 傷食運은 藥神이 된다.

나) 正官月에 태어나 身弱한 命造에서 財星이 旺한데 比劫을 쓸 수 없으면 印星이 用神이다.

1957年生(女命)

　　癸　戊　癸　丁
　　丑　子　卯　酉

77 67 57 47 37 27 17 07
辛 庚 己 戊 丁 丙 乙 甲
亥 戌 酉 申 未 午 巳 辰

이 命造는 戊土日主가 卯月에 태어나 財星이 旺盛하니 身弱한 正官格이다. 弱한 日干을 生하고 調候가 時急하니 丁火가 用神이 되고 木은 丁火를 生하는 藥神이 된다. 그리고 水는 火를 傷害하는 病이 되는데 燥土運은 病을 除去하는 藥神이 된다.

3) 傷食過多

가) 正官月에 태어나 身弱한 命造에서 傷食이 旺하면 印星이 用神이다.

1950年生

　　　　甲　癸　庚　庚
　　　　寅　巳　辰　寅

73 63 53 43 33 23 13 03
戊 丁 丙 乙 甲 癸 壬 辛
子 亥 戌 酉 申 未 午 巳

이 命造는 癸水日干이 辰月에 태어나 傷食이 旺星하므로 身弱한 正官格이다. 傷食을 制伏하는 金이 用神이 되고 濕土는 金을 生하는 喜神이 된다. 그리고 金을 傷害하는 火는 病神이 되고 水運은 火를 除去하는 藥神이 된다.

나) 正官月에 태어나 身弱한 命造에서 傷食이 旺한데 印星을 쓸 수 없으면 比劫이 用神이다.

1962年生(女命)

　　　　壬　癸　甲　壬
　　　　子　卯　辰　寅

80 70 60 50 40 30 20 10
丙 丁 戊 己 庚 辛 壬 癸
申 酉 戌 亥 子 丑 寅 卯

이 命造는 癸水日主가 辰月에 태어나 傷食이 旺하므로 身弱한 正官格이다. 弱한 日干을 도우는 比刦이 用神이 되고 印星運은 用神을 生하는 喜神이 된다. 比刦을 剋하는 官星은 病이 되고 傷食이 官星을 剋制하는 藥神이 된다.

(2) 偏官格(편관격)

四柱八字(사주팔자) 中 月支(월지)에 日主(일주)의 偏官(편관)이 되는 命造(명조)를 말한다. 이해를 돕기 위해서 먼저 身强(신강)과 身弱(신약)으로 구분하고 그 다음은 身强(신강)과 身弱(신약)을 이루게 된 原因別(원인별)로 命造事例(명조사례)를 들어서 論(논)하기로 한다.

(가) 身强(신강)

1) 偏官月(편관월)에 태어나 身强(신강)한 命造(명조)에서 印星(인성)이 많아서 欠(흠)이 되는 경우에는, 그 印星(인성)을 制伏(제복)하는 財星(재성)이 用神(용신)이 되고 傷食(상식)은 用神(용신)을 生(생)하는 喜神(희신)이 된다. 그리고 比刼(비겁)은 用神(용신)을 損傷(손상)시키므로 病神(병신)이 되고 官星(관성)은 그 病神(병신)을 剋制(극제)하는 藥神(약신)이 된다. 그러나 財星(재성)을 쓸 수 없으면 官星(관성)이 用神(용신)이 된다.

1964년生(女命)

辛 癸 丁 甲
酉 酉 丑 辰

75 65 55 45 35 25 15 05
己 庚 辛 壬 癸 甲 乙 丙
巳 午 未 申 酉 戌 亥 子

이 命造는 丑月에 태어나 偏官格이 된다. 身强에 旺한 印星이 欠이 되므로 印星을 制伏하는 財星이 用神이 되고 傷食은 用神을 生하는 喜神이다. 財星을 剋傷하는 比劫大運이 病神이 되는데 이때는 偏官이 比劫을 除去하는 藥神이 된다.

2) 偏官月에 태어나 身强한 命造에서 比劫이 많아서 欠이 되는 경우에는, 比劫을 制伏하는 官星이 用神이 되고 財星은 用神을 生하는 喜神이 된다. 그리고 官星을 剋傷하는 傷食이 있어 病神이 되는 경우에는 印星이 傷食을 除去하는 藥神이 된다.

1968年生

己 戊 甲 戊
未 午 寅 申

76 66 56 46 36 26 16 06
壬 辛 庚 己 戊 丁 丙 乙
戌 酉 申 未 午 巳 辰 卯

이 命造는 戊土日主가 寅月에 태어났으니 偏官格이다. 木旺節이니 土가 虛하나 天干에 戊·己土가 透出하고 寅午火와 未土가

生扶하니 오히려 身强으로 바뀌었다. 欠이 되는 比刦을 制伏하는 偏官이 用神이 되고 財星運은 用神을 生하는 喜神이 된다. 그리고 食神은 偏官을 剋傷하는 病神이 되고 印星인 午火가 申金을 除去하는 藥神이 된다.

(나) 身弱

1) 官星過多

가) 偏官月에 태어나 身弱한 命造에서 官星이 旺하면 印星이 用神이 된다.

1958年生

辛 甲 庚 戊
未 子 申 戌

78 68 58 48 38 28 18 08
戊 丁 丙 乙 甲 癸 壬 辛
辰 卯 寅 丑 子 亥 戌 酉

이 命造는 甲日主가 申月에 태어났으니 偏官格이 되고 財星과

官星이 많으므로 身弱하다. 印星인 水가 用神이 되고 官星은 印星을 生하는 喜神이다. 그리고 水를 剋傷하는 土가 病神이 되고 木運이 그 病을 制伏하는 藥神이 된다.

*. 偏官月에 태어나 身弱한 命造에서 旺盛한 官星이 弱한 日主를 剋傷하고 있을 경우에는 印星이 通關하는 用神이다.

1945年生

丙 己 己 乙
寅 卯 卯 酉

72 62 52 42 32 22 12 02
辛 壬 癸 甲 乙 丙 丁 戊
未 申 酉 戌 亥 子 丑 寅

이 命造는 己土日干이 偏官인 卯月에 태어나 身弱한 偏官格이며 많은 官星이 欠이 된다. 身主와 官星을 通關시키는 印星이 用神이 되지만 太旺한 官星은 印星을 生하는 喜神이 아니라 木多火熄이 되므로 오히려 病이 되는데 이때 食神은 그 病을 除去하는 藥神이 된다. 그리고 財星運은 印星을 傷害하는 病이 되는데 이때는 比刦이 그 病을 除去하는 또 하나의 藥神이 된다.

나) 偏官月에 태어나 身弱한 命造에서 官星은 旺한데 印星을 쓸 수 없으면 食傷이 用神이다.

1965年生

癸 辛 壬 乙
巳 亥 午 巳

77 67 57 47 37 27 17 07
甲 乙 丙 丁 戊 己 庚 辛
戌 亥 子 丑 寅 卯 辰 巳

辛金日主가 午月에 태어나 偏官格인데 火旺한 季節에 年·時支의 巳火가 火를 또 도우니 調候가 時急하다. 傷食인 水가 制殺하고 調候하는 用神이 되고 金運은 水를 生하는 喜神이다. 그리고 土運이 와서 水를 剋傷하는 病神이 되면 乙木은 病을 除去하는 藥神이 된다. 巳中의 庚金과 亥中의 戊土가 있으니 從格은 아니다.

다) 偏官月에 태어나 身弱한 命造에서 官星은 旺한데 印星이나 傷食을 쓸 수 없으면 比刦이 用神이 된다.

1947年生

　　　壬　癸　丁　丁
　　　戌　丑　未　亥

79 69 59 49 39 29 19 09
己 庚 辛 壬 癸 甲 乙 丙
亥 子 丑 寅 卯 辰 巳 午

이 命造는 癸水가 未月에 태어나 財星과 官星이 重疊되어 있으니 偏官格에 身弱하다. 弱한 日主를 돕는 比刦이 用神이 되고 印星運은 用神을 生하는 喜神이다. 官殺은 比刦을 剋傷하는 病이 되고 傷食運이 官殺을 制伏하는 藥神이다.

라) 偏官月에 태어나 身弱한 命造에서 官星이 旺한데 印星이나 傷食 혹은 比刦을 用神으로 쓸 수 없으면 變格 中 從殺格에서 論한다.

2) 財星過多

가) 偏官月에 태어나 身弱한 命助에서 財星이 旺하면 比刦이 用神이다.

1948年生(女命)

　　　丁 癸 己 戊
　　　巳 卯 未 子

74 64 54 44 34 24 14 04
辛 壬 癸 甲 乙 丙 丁 戊
亥 子 丑 寅 卯 辰 巳 午

이 命造는 癸水日主가 火旺한 未月에 生하여 丁巳時가 되니 財星이 旺하고 身弱한 偏官格이다. 따라서 弱한 日干을 도우는 子水가 用神이 되고 金運은 水를 生하는 喜神이다. 그리고 土는 水를 剋하는 病이 되는데 이때 木이 土를 除去하는 藥神이 된다.

나) 偏官月에 태어나 身弱한 命造에서 財星이 旺한데 比刦을 쓸 수 없으면 印星이 用神이다.

1967年生

　　　丙 壬 庚 丁
　　　午 戌 戌 未

76 66 56 46 36 26 16 06
壬 癸 甲 乙 丙 丁 戊 己
寅 卯 辰 巳 午 未 申 酉

이 命造는 壬水日干이 戌月에 태어나 財星이 旺하므로 身弱한 偏官格이다. 따라서 弱한 日干을 生하는 庚金이 用神이 되고 土는 生金하는 喜神이다. 그리고 金을 剋하는 火는 病神이 되고 水運은 病을 制去하는 藥神이 된다.

3) 傷食過多

가) 偏官月에 태어나 身弱한 命造에서 傷食이 旺하면 印星이 用神이다.

1964年生

甲 癸 辛 甲
寅 亥 未 辰

79 69 59 49 39 29 19 09
己 戊 丁 丙 乙 甲 癸 壬
卯 寅 丑 子 亥 戌 酉 申

이 命造는 癸水日主가 未月에 태어나 傷食이 旺하니 身弱한 偏官格이다. 따라서 傷食을 除去하는 印星이 用神이 되고 官星은 印星을 生하는 喜神이 된다. 그리고 火大運은 金을 傷害하는

- 462 -

病神이 되는데 이때는 水가 病을 除去하는 藥神이다.

나) 偏官月에 태어나 身弱한 命造에서 傷食이 旺한데 印星을 쓸 수 없으면 比刦이 用神이다.

1942年生

　　　丙　壬　甲　壬
　　　午　寅　辰　午

76 66 56 46 36 26 16 06
壬 辛 庚 己 戊 丁 丙 乙
子 亥 戌 酉 申 未 午 巳

이 命造는 壬水日干이 辰月에 태어나 食傷이 旺하므로 身弱한 偏官格이다. 따라서 弱한 日干을 도우는 比刦이 用神이 되고 印星運은 比刦을 生하는 喜神이 된다. 그리고 官星은 比刦을 剋傷하는 病神이 되고 食傷은 病을 除去하는 藥神이 된다.

(3) 正印格
정인격

四柱八字 中 月支가 日主의 正印이 되는 命造를 말한다. 이해
사주팔자 중 월지 일주   정인   명조

를 돕기 위해서 먼저 身强과 太强 그리고 身弱으로 구분하고 그
                신강   태강   신약

다음은 身强과 太强 그리고 身弱이 성립하게 된 原因別로 命造
      신강   태강   신약   원인별   명조

事例를 들어서 論하기로 한다.
사례   논

(가) 身强
    신강

1) 正印月에 태어나 身强한 命造에서 印星이 많아서 欠이 되는
   정인월   신강   명조   인성   흠

경우에는, 그 印星을 制伏하는 財星이 用神이 되고 傷食은 用神
            인성   제복   재성   용신   상식   용신

을 生하는 喜神이 된다. 그리고 比刦은 用神을 剋傷하므로 病神
   생   희신   비겁   용신   극상   병신

이 되고 官星은 그 病神을 剋制하는 藥神이 된다.
        관성   병신   극제   약신

1942年生(女命)

  戊 乙 辛 壬

  寅 亥 亥 午

74 64 54 44 34 24 14 04

癸 甲 乙 丙 丁 戊 己 庚

卯 辰 巳 午 未 申 酉 戌

이 命造는 乙木日主가 亥月에 태어났으니 正印格이며 身強한 中에 많은 印星이 欠이 된다. 따라서 水를 制하는 戊土가 用神이 되고 土를 生하는 火가 喜神이다. 그리고 土를 剋傷하는 木은 病이 되고 그 病을 除去하는 金은 藥神이 된다.

2) 正印月에 태어나 身強한 命造에서 比刦이 많아서 欠이 되는 경우에는, 比刦을 制伏하는 官星이 用神이 되고 財星은 官星을 生하는 喜神이 된다. 그리고 官星을 剋傷하는 傷食이 있으면 病神이 되는데 이때는 印星이 傷食을 除去하는 藥神이 된다.

1959年生

丁 丁 丙 己
未 丑 寅 亥

77 67 57 47 37 27 17 07
戊 己 庚 辛 壬 癸 甲 乙
午 未 申 酉 戌 亥 子 丑

이 命造는 丁火日主가 寅月에 태어났으니 正印格이며 身強한 中 많은 比刦이 欠이 된다. 比刦을 制伏하는 官星이 用神이 되고 財星運은 用神을 生하는 喜神이 된다. 그리고 官星을 剋傷하는

傷食은 病神이 되는데 이때는 印星이 病을 除去하는 藥神이 된다.

(나) 太强

1) 太强한 正印格에 印星이 많아서 欠이 되면 泄氣하는 傷食이 用神이 되고 比劫은 用神을 生하는 喜神이 된다. 그리고 傷食을 剋傷하는 印星은 病이 되는데 그 病을 除去하는 財星運은 藥神이 된다.

1973年生(女命)

癸 庚 己 癸
未 申 未 丑

75 65 55 45 35 25 15 05
丁 丙 乙 甲 癸 壬 辛 庚
卯 寅 丑 子 亥 戌 酉 申

이 命造는 庚金日主가 未月에 태어났으므로 正印格이며 太旺한 中 많은 印星이 欠이 된다. 太旺한 者는 泄氣함이 마땅하므로 傷食이 用神에 比劫은 用神을 生하는 喜神이 된다. 그리고 傷食

을 傷害하는 印星은 病神이 되고 財星運은 그 病을 除去하는 藥神이 된다.

2) 太强한 正印格에 比刦이 많아서 欠이 되면 傷食이 用神이 되고 過多한 比刦은 用神을 生하는 喜神이 아니라 오히려 病이 되는데, 이때는 官星이 病을 除去하는 藥神이 된다. 그리고 印星 또한 傷食을 剋傷하는 病神이 되고 財星이 그 病을 除去하는 藥神이 된다.

1923年生

　　　乙　癸　庚　癸
　　　卯　亥　申　亥

74 64 54 44 34 24 14 04
壬 癸 甲 乙 丙 丁 戊 己
子 丑 寅 卯 辰 巳 午 未

이 命造는 癸水日主가 申月에 태어났으므로 正印格이며 太旺한 中 印星보다 比刦이 더 旺하다. 泄氣하는 傷食은 用神이 되지만 過多한 比刦은 用神을 生하는 喜神이 아니라 오히려 病이 되는데 이때는 比刦을 制伏하는 官星運이 藥神이 된다. 그리고 傷

食을 剋傷하는 印星이 또한 病이 되는데 이때는 財星運이 그 病을 除去하는 藥神이 된다.

3) 正印格이 日干과 印星만으로 구성되거나 혹은 日干과 比刦 및 印星만으로 구성되어 있으면 變格에서 從印格, 母慈滅子格, 從强格으로 구분하여 論한다.

(다) 身弱

1) 官星過多

가) 正印月에 태어나 身弱한 命造에서 官星이 旺하면 印星이 用神이 된다.

1947年生(女命)

　　丁　庚　丁　丁
　　亥　寅　未　亥

80 70 60 50 40 30 20 10
乙 甲 癸 壬 辛 庚 己 戊
卯 寅 丑 子 亥 戌 酉 申

이 命造는 庚金日主가 未月에 태어나 三丁이 透出하였으니 正印格에 殺旺身弱하다. 亥水가 濕氣를 공급하니 未土가 用神이 되는데 火多土燥하므로 旺火는 土를 生하는 喜神이 아니라 오히려 病神이 되는데 이때는 病을 除去하는 水가 藥神이 된다. 그리고 木이 또한 土를 剋傷하는 病神이 되는데 이때는 金運이 藥神이 된다.

나) 正印月에 태어나 身弱한 命造에서 官星이 旺한데 印星을 쓸 수 없으면 傷食이 用神이다.

1921年生(女命)

丁 乙 己 辛
丑 酉 亥 酉

77 67 57 47 37 27 17 07
丁 丙 乙 甲 癸 壬 辛 庚
未 午 巳 辰 卯 寅 丑 子

이 命造는 乙木日主가 亥月에 태어났으니 正印格이 되고 官星이 旺하니 身弱한데 調候가 時急하다. 調候上 丁火가 用神이 되며 木運은 用神을 生하는 喜神이고 水는 火를 剋傷하니 病神이 되며 燥土가 病을 除去하는 藥神이 된다.

다) 正印月에 태어나 身弱한 命造에서 官星이 旺한데 印星이나 傷食을 쓸 수 없으면 比刦이 用神이다.

1954年生(女命)

辛 庚 辛 甲
巳 午 未 午

72 62 52 42 32 22 12 02
癸 甲 乙 丙 丁 戊 己 庚
亥 子 丑 寅 卯 辰 巳 午

이 命造는 庚金日主가 未月에 태어났으므로 正印格이며 火旺하니 身弱하다. 印星인 未土를 用神으로 쓰려하니 巳午未가 合하여 火로 變하니 不用하고 調候가 時急하다. 그러므로 比刦인 金이 用神이 되고 濕土運은 金을 生하는 喜神이 된다. 旺火는 金을 傷害하는 病이 되고 水運이 病을 除去하는 藥神이 된다.

2) 財星過多

가) 正印月에 태어나 身弱한 命造에서 財星이 旺하면 比刦이 用神이 된다.

1961年生

　　己 乙 己 辛
　　卯 巳 亥 丑

71 61 51 41 31 21 11 01
辛 壬 癸 甲 乙 丙 丁 戊
卯 辰 巳 午 未 申 酉 戌

이 命造는 乙木이 亥月의 旺地에 태어났으나 剋泄이 交加하여 正印格에 身弱하다. 過多한 土를 剋制하는 木이 用神이고 水는 用神을 生하는 喜神이다. 그리고 木을 剋傷하는 金이 病이 되며 그 病을 制伏하는 火는 藥神이 된다.

나) 正印月에 태어나 身弱한 命造에서 財星이 旺한데 比刦을 쓸 수 없으면 印星이 用神이 된다.

1986年生

　　　　甲　辛　壬　丙
　　　　午　卯　辰　寅

77　67　57　47　37　27　17　07
庚　己　戊　丁　丙　乙　甲　癸
子　亥　戌　酉　申　未　午　巳

이 命造는 辛金이 辰月에 태어나 木이 旺盛하니 身弱한 正印
　　명조　　신금　　진월　　　　　목　왕성　　　신약　　정인
格이다. 印星인 辰土가 用神이 되고 火는 用神을 生하는 喜神이
격　　　인성　진토　용신　　　　화　　용신　생　　　희신
다. 土를 剋傷하는 木이 病이 되는데 金運은 그 病을 除去하는
　　토　극상　　　목　병　　　　　금운　　　　병　제거
藥神이 된다.
약신

　3) 傷食過多
　　　상식과다

　가) 正印月에 태어나 身弱한 命造에서 傷食이 旺하면 印星이
　　　정인월　　　　　신약　　명조　　　　상식　　왕　　　인성
用神이 된다.
용신

1958年生(女命)

```
戊 丙 乙 戊
戌 戌 卯 戌
```
72 62 52 42 32 22 12 02
丁 戊 己 庚 辛 壬 癸 甲
未 申 酉 戌 亥 子 丑 寅

이 命造는 丙火日主가 卯月에 태어나 傷食이 旺盛하므로 正印格에 身弱하다. 土를 制伏하는 木이 用神이며 水運은 木을 生하는 喜神이다. 그리고 金大運은 木을 剋傷하므로 病神이 되는데 이때 火歲運은 金을 除去하는 藥神이 된다.

나) 正印月에 태어나 身弱한 命造에서 傷食이 旺하데 印星을 쓸 수 없으면 比刦이 用神이 된다.

1972年生(女命)

```
丙 庚 丁 壬
子 申 未 子
```
77 67 57 47 37 27 17 07
己 庚 辛 壬 癸 甲 乙 丙
亥 子 丑 寅 卯 辰 巳 午

이 命造는 庚金日主가 未月에 태어나 丙丁이 透干하고 傷食이 발달하였으므로 身弱한 正印格이다. 調候 및 弱身의 뿌리가 되는 申金이 用神이 되고 濕土運은 金을 生하는 喜神이 된다. 그리고 旺火는 金을 傷害하는 病神이며 水는 그 病을 除去하는 藥神이 된다.

(4) 偏印格(편인격)

四柱八字(사주팔자) 中(중) 月支(월지)가 日主(일주)의 偏印(편인)이 되는 命造(명조)를 말한다. 이해를 돕기 위해서 먼저 身强(신강)과 太强(태강) 그리고 身弱(신약)으로 구분하고 그 다음은 身强(신강)과 太强(태강) 그리고 身弱(신약)이 성립하게 된 原因別(원인별)로 命造(명조) 事例(사례)를 들어서 論(논)하기로 한다.

(가) 身强(신강)

1) 偏印月(편인월)에 태어나 身强(신강)한 命造(명조)에서 印星(인성)이 많아서 欠(흠)이 되는 경우에는, 그 印星(인성)을 制伏(제복)하는 財星(재성)이 用神(용신)이 되고 傷食(상식)은 用神(용신)을 生(생)하는 喜神(희신)이 된다. 그리고 比刦(비겁)은 用神(용신)을 損傷(손상)시키므로 病神(병신)이 되고 官星(관성)이 그 病(병)을 剋制(극제)하는 藥神(약신)이 된다.

1968年生(女命)

戊 乙 甲 戊
寅 亥 子 申

78 68 58 48 38 28 18 08
丙 丁 戊 己 庚 辛 壬 癸
辰 巳 午 未 申 酉 戌 亥

이 命造는 乙木日主가 子月에 태어나 水旺하므로 偏印格에 身強하다. 旺한 水가 欠이 되니 水를 制伏하는 戊土가 用神이며 火運은 土를 生하는 喜神이 된다. 그리고 土를 剋傷하는 木이 病神이며 申金이 그 病을 除去하는 藥神 된다.

2) 偏印月에 태어나 身强한 命造에서 比刦이 많아서 欠이 되는 경우에는, 比刦을 制伏하는 官星이 用神이 되고 財星은 官星을 生하는 喜神이 된다. 그리고 官星을 剋傷하는 傷食이 있으면 病神이 되는데 이때는 印星이 傷食을 除去하는 藥神이 된다.

1949年生(女命)

丁 丙 丙 己
酉 子 寅 丑

77 67 57 47 37 27 17 07
甲 癸 壬 辛 庚 己 戊 丁
戌 酉 申 未 午 巳 辰 卯

이 命造는 丙火日主가 寅月에 태어났으니 偏印格이며 身强한 中 많은 火가 欠이 된다. 火를 制伏하는 水가 用神이 되고 金은 水를 生하는 喜神이 된다. 그리고 水를 剋傷하는 土는 病神이 되는데 이때는 木이 그 病을 除去하는 藥神이 된다.

(나) 太强

1) 太强한 偏印格에 印星이 많아서 欠이 되면 泄氣하는 傷食이 用神이 되고 比刦은 用神을 生하는 喜神이 된다. 그리고 傷食을 剋傷하는 印星이 病이 되고, 그 病神을 除去하는 財星運이 藥神이 된다.

1903年生

　　丁 乙 甲 癸
　　亥 亥 子 卯

72 62 52 42 32 22 12 02
丙 丁 戊 己 庚 辛 壬 癸
辰 巳 午 未 申 酉 戌 亥

이 命造는 乙木日主가 子月에 태어났으니 偏印格이며 太旺한 中 印星이 比刦보다 더 旺하다. 太旺한 氣를 泄氣하는 丁火가 用神이 되고 木運은 火를 生하는 喜神이다. 그리고 火를 傷害하는 水는 病이 되는데 이때는 財星運이 病을 除去하는 藥神이 된다.

2) 太旺한 偏印格에 比刦이 많아서 欠이 되면 泄氣하는 傷食이 用神이 되고 過多한 比刦은 用神을 生하는 喜神이 아니라 오히려 病이 되는데, 이때는 官星이 病을 除去하는 藥神이 된다. 그리고 印星 또한 傷食을 剋傷하는 病神이 되고, 財星이 그 病을 除去하는 藥神이 된다.

1963年生

庚　壬　庚　癸
子　辰　申　卯

73 63 53 43 33 23 13 03
壬 癸 甲 乙 丙 丁 戊 己
子 丑 寅 卯 辰 巳 午 未

이 命造는 壬水가 申月에 태어났으므로 偏印格이며 比刦과 印星이 太旺하다. 地支에 申子辰 水局을 이루고 癸水가 透出하였으니 印星보다는 比刦이 더 旺하다. 따라서 泄氣하는 木이 用神이며 旺水는 浮木이 되므로 喜神이 될 수 없고 오히려 病이 되는데 이때는 制水하는 官星이 藥神이 된다. 그리고 木을 傷害하는

金이 또한 病神이 되는데 이때는 火運이 藥神이 된다.

3) 偏印格이 日干과 印星만으로 구성되거나 혹은 日干과 比刦 및 印星만으로 구성되어 있으면 變格에서 從印格, 母慈滅子格, 從强格으로 구분하여 論한다.

(다) 身弱

1) 官星過多

가) 偏印月에 태어나 身弱한 命造에서 官星이 旺하면 印星이 用神이 된다.

1966年生

　　壬 庚 戊 丙
　　午 午 戌 午

71 61 51 41 31 21 11 01
丙 乙 甲 癸 壬 辛 庚 己
午 巳 辰 卯 寅 丑 子 亥

- 479 -

이 命造는 庚金日主가 戌月에 태어나 四火가 있으니 偏印格에 殺旺身弱하다. 偏印이 生身하는 用神이 되며 火多土燥하니 旺火는 土를 生하는 喜神이 아니라 오히려 病이 되는데 이때 壬水가 旺火를 制伏하는 藥神이 된다. 또 木大運은 土를 剋傷하는 病神이 되는데 이때 金歲運이 그 病을 除去하는 藥神이 된다.

나) 偏印月에 태어나 身弱한 命造에서 官星이 旺한데 印星을 쓸 수 없으면 傷食이 用神이다.

1942年生

癸 辛 丁 壬
巳 未 未 午

78 68 58 48 38 28 18 08
乙 甲 癸 壬 辛 庚 己 戊
卯 寅 丑 子 亥 戌 酉 申

이 命造는 辛金이 未月에 태어나 地支에 巳午未가 方合하여 火가 되니 偏印格에 殺星이 旺하므로 身弱하다. 調候가 時急하므로 旺火를 制伏하는 水가 用神이 되고 金運은 水를 生하는 喜神이다. 그리고 水를 剋制하는 土가 病神이 되며 土를 剋制하는

- 480 -

木運이 藥神이 된다.
목운 약신

다) 偏印月에 태어나 身弱한 命造에서 官星이 旺한데 印星이
   편인월   신약 명조   관성 왕   인성
나 傷食을 쓸 수 없으면 比刧이 用神이다.
  상식   비겁 용신

1967年 6月 9日生(女命). (小暑: 6月 1日 04時 53分 節入)

庚 辛 丁 丁
寅 巳 未 未

78 68 58 48 38 28 18 08
乙 甲 癸 壬 辛 庚 己 戊
卯 寅 丑 子 亥 戌 酉 申

이 命造는 辛金日主가 未(丁=9日3分, 乙=3日2分, 己=18日6
    명조 신금일주   미 정 일분 을 일분 기 일
分)月에 丁火가 司令하는 때에 태어났으므로 殺旺身弱한 偏印
분 월   정화 사령   살왕신약 편인
格이다. 燥熱한 未土는 巳火와 半合하여 火로 變하였을 뿐만 아
격   조열 미토 사화 반합   화 변
니라 調候上 用神으로는 쓸 수 없다. 따라서 庚金이 日干을 도우
    조후상 용신   경금   일간
는 用神이 되고 濕土運은 用神을 生하는 喜神이 된다. 그리고 火
   용신   습토운 용신 생   희신   화
가 金을 傷害하는 病神이 되고 水運은 病을 除去하는 藥神이 된
  금   상해   병신   수운 병 제거   약신
다.

2) 財星過多

가) 偏印月에 태어나 身弱한 命造에서 財星이 旺하면 比刦이 用神이 된다.

1981年生

乙 辛 乙 辛
未 卯 未 酉

72 62 52 42 32 22 12 02
丁 戊 己 庚 辛 壬 癸 甲
亥 子 丑 寅 卯 辰 巳 午

이 命造는 辛金日主가 未月에 태어나 卯未木이 되고 雙乙木이 透干했으니 財星이 旺하므로 身弱한 偏印格이다. 旺한 財星을 制伏하는 比刦이 用神이 되고 濕土運은 金을 生하는 喜神이 된다. 그리고 未中의 丁火는 金을 剋傷하는 病神이 되며 水運은 火를 制伏하는 藥神이 된다.

나) 偏印月에 태어나 身弱한 命造에서 財星이 旺한데 比刦을 쓸 수 없으면 印星이 用神이다.

1950年生(女命)

　　癸　己　壬　庚
　　酉　亥　午　寅

79 69 59 49 39 29 19 09
甲 乙 丙 丁 戊 己 庚 辛
戌 亥 子 丑 寅 卯 辰 巳

이 命造는 己土日主가 午月의 旺地에 태어났으나 剋泄이 交加하므로 오히려 身弱한 命造로 바뀌었으며 偏印格이다. 身弱한 日主를 生하는 印星이 用神이 되고 官星이 印星을 生하는 喜神이다. 그리고 印星을 剋傷하는 財星이 病이 되며 比劫運은 財星을 除去하는 藥神이 된다.

3) 傷食過多

가) 偏印月에 태어나 身弱한 命造에서 傷食이 旺하면 印星이 用神이 된다.

1985年生

```
庚  戊  辛  乙
申  申  巳  丑
```

72 62 52 42 32 22 12 02
癸 甲 乙 丙 丁 戊 己 庚
酉 戌 亥 子 丑 寅 卯 辰

이 命造는 戊土日主가 巳月에 태어났으니 偏印格이고 傷食의 泄氣가 甚하므로 印星이 用神이며 官星은 用神을 生하는 喜神이 된다. 그리고 財星大運은 印星을 剋傷하는 病이 되는데 이때는 比刦이 病을 除去하는 藥神이 된다.

나) 偏印月에 태어나 身弱한 命造에서 傷食이 旺한데 印星을 쓸 수 없으면 比刦이 用神이 된다.

1972年生(女命)

```
丙  辛  丁  壬
申  亥  未  子
```

74 64 54 44 34 24 14 04
己 庚 辛 壬 癸 甲 乙 丙
亥 子 丑 寅 卯 辰 巳 午

이 命造는 辛金日主가 未月에 태어나 丙丁이 透出하였으니 殺旺하고 亥子壬水 즉 食傷의 泄氣가 甚하다. 弱한 日主를 도우고 調候 또한 時急하니 申金이 用神이 되고 濕土가 用神을 生하는 喜神이다. 그리고 用神을 剋傷하는 火는 病이 되고 그 火를 制伏하는 水는 藥神이 된다.

(5) 正財格
정재격

四柱八字 中 月支가 日干의 正財가 되는 命造를 말한다. 이해
사주팔자 중 월지 일간 정재 명조

를 돕기 위해서 먼저 身强과 身弱으로 구분하고 그 다음은 身强과
신강 신약 신강

身弱이 성립하게 된 原因別로 命造事例를 들어서 論하기로 한다.
신약 원인별 명조사례 론

(가) 身强
신강

1) 四柱八字 中 月支에 正財가 되는 身强한 命造로서 印星이
사주팔자 중 월지 정재 신강 명조 인성

많아서 欠이 되면 財星이 用神이 되고 傷食은 財星을 生하는 喜
흠 재성 용신 상식 재성 생 희

神이 된다. 그리고 用神을 剋傷하는 比刦은 病神이 되는데 이때
신 용신 극상 비겁 병신

官星이 病을 除去하는 藥神이 된다.
관성 병 제거 약신

1969年生

戊 庚 丁 己
寅 戌 卯 酉

80 70 60 50 40 30 20 10
己 庚 辛 壬 癸 甲 乙 丙
未 申 酉 戌 亥 子 丑 寅

이 命造는 庚金日主가 卯月에 태어났으나 酉金이 도우고 三土
명조 경금일주 묘월 유금 삼토

- 486 -

가 生하므로 身强한 正財格이다. 많은 印星이 欠이 되므로 印星을 除去하는 財星이 用神이 되고 傷食運은 財星을 生하는 喜神이 된다. 그리고 財星을 剋傷하는 比劫이 病이 되는데 이때 官星이 病을 制伏하는 藥神이 된다.

2) 正財月에 태어나 身强한 命造에서 比劫이 많아서 欠이 되는 경우에는 比劫을 制伏하는 官星이 用神이 되고 財星은 官星을 生하는 喜神이 된다. 그리고 官星을 剋傷하는 傷食이 있으면 病神이 되는데 이때는 印星이 傷食을 除去하는 藥神이 된다.

1979年生(女命)

己 己 乙 己
巳 丑 亥 未

77 67 57 47 37 27 17 07
癸 壬 辛 庚 己 戊 丁 丙
未 午 巳 辰 卯 寅 丑 子

이 命造는 己土日主가 亥月에 태어나 巳火가 生하고 네 개의 比劫이 도우니 身强한 正財格이다. 많은 比劫이 欠이 되므로 比劫을 除去하는 官星인 木이 用神이 되며 官星을 生하는 水는 喜

神이 된다. 그리고 官星을 剋傷하는 傷食이 病神이 되고 印星이 그 病을 除去하는 藥神이 된다.

(나) 身弱

1) 官星過多

가) 正財月에 태어나 身弱한 命造에서 官星이 旺하면 印星이 用神이 된다.

1944年生(女命)

乙 甲 辛 甲
亥 申 未 申

74 64 54 44 34 24 14 04
癸 甲 乙 丙 丁 戊 己 庚
亥 子 丑 寅 卯 辰 巳 午

이 命造는 甲木日主가 未月에 生하였으니 正財格이 되며 세 개의 金이 있으니 身弱한 中 官星이 旺하다. 따라서 印星이 用神이 되고 官星이 印星을 生하는 喜神이 되며 用神을 剋傷하는 財

星이 病이 되고 比刼이 그 病을 制伏하는 藥神이 된다.

나) 正財月에 태어나 身弱한 命造에서 官星이 旺한데 印星을 쓸 수 없으면 傷食이 用神이다.

1972年生(女命)

丁 乙 庚 壬
亥 酉 戌 子

75 65 55 45 35 25 15 05
壬 癸 甲 乙 丙 丁 戊 己
寅 卯 辰 巳 午 未 申 酉

이 命造는 乙木日主가 正財月에 태어나 食神이 泄氣하고 官星이 旺하므로 正財格에 身弱하고 寒濕하다. 따라서 調候 및 旺한 官星을 制伏하는 食傷이 用神이고 比刼運은 食神을 生하는 喜神이 된다. 그리고 食神을 剋傷하는 印星이 病이 되며 財星은 病을 除去하는 藥神이 된다.

다) 正財月에 태어나 身弱한 命造에서 官星이 旺한데 印星과 食傷을 쓸 수 없으면 比刼이 用神이다.

1955年生(女命)

　　　庚　乙　庚　乙
　　　辰　卯　辰　未

74 64 54 44 34 24 14 04
戊 丁 丙 乙 甲 癸 壬 辛
子 亥 戌 酉 申 未 午 巳

이 命造는 乙木日主가 辰月에 태어났으니 正財格이며 官星이 旺하므로 身弱하다. 따라서 弱한 日干을 도우는 比刦이 用神이 되고 印星運은 用神을 生하는 喜神이 된다. 그리고 官星은 用神을 傷害하는 病神이며 傷食運은 病을 除去하는 藥神이 된다.

2) 財星過多

가) 正財月에 태어나 身弱한 命造에서 財星이 旺하면 比刦이 用神이 된다.

1939年生(女命)

丙 乙 戊 己
子 未 辰 卯

73 63 53 43 33 23 13 03
丙 乙 甲 癸 壬 辛 庚 己
子 亥 戌 酉 申 未 午 巳

이 命造는 乙木日主가 辰月에 生하였으니 正財格이며 財星이 旺盛하므로 身弱하다. 旺土를 疏通하는 比刼이 用神이 되며 印星은 用神을 生하는 喜神이 된다. 그리고 官星運은 比刼을 剋傷하는 病이 되는데 이때 傷官이 官星을 除去하는 藥神이 된다.

나) 正財月에 태어나 身弱한 命造에서 財星이 旺한데 比刼을 쓸 수 없으면 印星이 用神이 된다.

1955年生(女命)

辛 甲 癸 乙
未 戌 未 未

79 69 59 49 39 29 19 09
辛 庚 己 戊 丁 丙 乙 甲
卯 寅 丑 子 亥 戌 酉 申

이 命造는 甲木日主가 未月에 태어나 財星이 旺하므로 身弱한 正財格이다. 弱한 甲木을 生하고 調候上 癸水가 用神이 되고 金은 水를 生하는 喜神이 된다. 그리고 水를 剋傷하는 土가 病神이 되고 木은 旺土를 疏土하는 藥神이 된다.

*. 財星과 印星이 대치할 때 官星은 通官하는 喜神이다.

1962年生

甲 丁 戊 壬
辰 酉 申 寅

74 64 54 44 34 24 14 04
丙 乙 甲 癸 壬 辛 庚 己
辰 卯 寅 丑 子 亥 戌 酉

이 命造는 丁火日干이 申月에 태어나 剋泄이 交加하므로 身弱한 正財格이고 印星이 用神이다. 用神인 印星이 財星과 冲하여 損傷을 입고 있는 그 사이를 官星이 通官하는 吉神작용을 하고 있다. 즉 印星이 用神이고 財星은 印星을 冲하는 病神인데 官星은 그 사이를 通關하여 和解시킬뿐만 아니라 用神을 生하는 喜神이 된다.

다) 正財月에 태어나 身弱한 命造에서 財星이 旺한데 比刦이나 印星을 쓸 수 없으면 變格 中 棄命從財格에서 論한다.

3) 傷食過多

가) 正財月에 태어나 身弱한 命造에서 傷食이 旺하면 印星이 用神이 된다.

1945年生(女命)

辛 戊 戊 乙
酉 午 子 酉

78 68 58 48 38 28 18 08
丙 乙 甲 癸 壬 辛 庚 己
申 未 午 巳 辰 卯 寅 丑

이 命造는 戊土日主가 子月에 태어나고 傷食이 旺하니 身弱한 正財格이다. 따라서 弱한 日主를 生하는 印星이 用神이 되고 印星을 生하는 官星은 喜神이 된다. 그리고 印星을 剋傷하는 財星이 病이 되며 財星을 制伏하는 比刦이 藥神이 된다.

나) 正財月에 태어나 身弱한 命造에서 傷食이 旺한데 印星을 쓸 수 없으면 比刦이 用神이 된다.

1958年生(女命)

戊 丙 辛 戊
戌 午 酉 戌

76 66 56 46 36 26 16 06
癸 甲 乙 丙 丁 戊 己 庚
丑 寅 卯 辰 巳 午 未 申

이 命造는 丙火日主가 酉月에 태어나 傷食이 많으므로 身弱한 正財格이다. 따라서 弱한 丙火를 도우는 午火가 用神이 되고 木運은 火를 生하는 喜神이다. 그리고 水運이 오면 火를 剋傷하는 病神이 되는데 이때는 土가 水를 除去하는 藥神이 된다.

(6) 偏財格
편재격

四柱八字 중 月支가 日干의 偏財가 되는 命造를 말한다. 이해
사주팔자   월지   일간   편재   명조
를 돕기 위해서 먼저 身強과 身弱으로 구분하고 그 다음은 身強과
신강   신약   신강
身弱이 성립하게 된 原因別로 命造事例를 들어서 論하기로 한다.
신약   원인별   명조사례   론

(가) 身強
신강

1) 四柱八字 中 月支에 偏財가 되는 身強한 命造로서 印星이
사주팔자 중 월지 편재   신강   명조   인성
많아서 欠이 되면 財星이 用神이 되고 傷食은 財星을 生하는 喜
흠   재성 용신   상식   재성   생   희
神이 된다. 그리고 用神을 剋傷하는 比刦은 病神이 되는데 이때
신   용신 극상   비겁   병신
官星이 그 病을 除去하는 藥神이 된다.
관성   병   제거   약신

1941年生

甲 甲 壬 辛
子 申 辰 巳

71 61 51 41 31 21 11 01
甲 乙 丙 丁 戊 己 庚 辛
申 酉 戌 亥 子 丑 寅 卯

이 命造는 甲木이 辰月에 태어나 地支에 申子辰 水局과 壬水
  명조   갑목   진월   지지   신자진 수국   임수

가 生하고 比刦이 도우니 身强한 偏財格이다. 印星이 旺하여 欠이 되는데 그 印星을 制伏하는 財星이 用神이 되고 食神은 財星을 生하는 喜神이 된다. 그리고 用神을 剋하는 比刦이 病이 되고 그 病을 除去하는 官星은 藥神이 된다.

2) 偏財月에 태어나 身强한 命造에서 比刦이 많아서 欠이 되는 경우에는 比刦을 制伏하는 官星이 用神이 되고 財星은 官星을 生하는 喜神이 된다. 그리고 官星을 剋傷하는 傷食이 있으면 病神이 되는데 이때는 印星이 傷食을 除去하는 藥神이 된다.

1965年생(女命)

丙 己 戊 乙
寅 未 子 巳

72 62 52 42 32 22 12 02
丙 乙 甲 癸 壬 辛 庚 己
申 未 午 巳 辰 卯 寅 丑

이 命造는 己土日主가 子月에 태어났으나 두 개의 火가 生하고 두 개의 比刦이 도우니 身强한 偏財格이다. 많은 比刦을 制伏하는 官星이 用神이 되고 財星은 官星을 生하는 喜神이 된다. 그리고 官星을 剋하는 傷食運은 病이 되는데 이때 印星이 病을 除去하는 藥神이 된다.

(나) 身弱

1) 官星過多

가) 偏財月에 태어나 身弱한 命造에서 官星이 旺하면 印星이 用神이 된다.

1959年生

　　己 壬 己 己
　　酉 辰 巳 亥

72 62 52 42 32 22 12 02
辛 壬 癸 甲 乙 丙 丁 戊
酉 戌 亥 子 丑 寅 卯 辰

이 命造는 壬水日主가 巳月에 태어나 官星이 많으므로 身弱한 偏財格이다. 따라서 弱한 日干을 生하는 酉金이 用神이 되고 濕한 土運은 金을 生하는 喜神이 된다. 그리고 財星은 印星을 傷害

하는 病이 되고 比刼이 그 病을 除去하는 藥神이다.

나) 偏財月에 태어나 身弱한 命造에서 官星이 旺한데 印星을 쓸 수 없으면 傷食이 用神이다.

1957年生

辛 乙 癸 丁
巳 未 丑 酉

74 64 54 44 34 24 14 04
乙 丙 丁 戊 己 庚 辛 壬
巳 午 未 申 酉 戌 亥 子

이 命造는 乙木日主가 丑月에 태어나 官殺이 旺하므로 身弱한 偏財格이다. 調候 및 旺한 殺星을 制하는 傷食이 用神이 되고 比刼運은 用神을 生하는 喜神이 된다. 그리고 印星은 用神을 傷害하는 病神이 되고 財星이 印星을 除去하는 藥神이 된다.

다) 偏財月에 태어나 身弱한 命造에서 官星이 旺한데 印星이나 傷食을 쓸 수 없으면 比刼이 用神이다.

1976年生(女命)

```
癸 丙 丙 丙
巳 辰 申 辰
```

79 69 59 49 39 29 19 09
戊 己 庚 辛 壬 癸 甲 乙
子 丑 寅 卯 辰 巳 午 未

이 命造는 丙火日主가 申月에 태어나 官旺하므로 身弱한 偏財格이다. 弱한 日干을 돕는 比劫이 用神이 되고 印星運은 比劫을 生하는 喜神이 된다. 그리고 比劫을 剋傷하는 官星은 病이 되며 傷食이 制殺하는 藥神이 된다.

2) 財星過多

가) 偏財月에 태어나 身弱한 命造에서 財星이 旺하면 比劫이 用神이 된다.

- 499 -

1962年生

```
丙 辛 癸 壬
申 亥 卯 寅
```

78 68 58 48 38 28 18 08
辛 庚 己 戊 丁 丙 乙 甲
亥 戌 酉 申 未 午 巳 辰

이 命造는 辛金日主가 卯月에 生하여 地支에 亥卯木이 되고 寅木이 또 있으므로 財星이 旺盛한 身弱한 偏財格이다. 따라서 財星을 制伏하는 比刦이 用神이 되고 印星運은 用神을 生하는 喜神이 된다. 그리고 官星은 用神을 傷害하는 病이 되는데 傷食이 그 病을 除去하는 藥神이 된다.

나) 偏財月에 태어나 身弱한 命造에 財星이 旺한데 比刦을 쓸 수 없으면 印星이 用神이다.

1968年生

　　　庚　丙　庚　戊
　　　寅　子　申　申

72 62 52 42 32 22 12 02
戊 丁 丙 乙 甲 癸 壬 辛
辰 卯 寅 丑 子 亥 戌 酉

이 命造는 丙火日主가 申月에 生하여 財星이 旺盛하므로 身弱한 偏財格이다. 弱한 日干을 生하는 印星이 用神이 되고 官星이 喜神이 된다. 그리고 印星을 剋傷하는 財星이 病神이며 比刦運은 財星을 除去하는 藥神이 된다.

*. 財星과 印星이 대치할 때 官星은 通關하는 吉神이다.

1963年生

　　　己　丁　辛　癸
　　　酉　丑　酉　卯

78 68 58 48 38 28 18 08
癸 甲 乙 丙 丁 戊 己 庚
丑 寅 卯 辰 巳 午 未 申

이 命造는 丁火日干이 酉月에 태어나 剋泄이 交加하므로 身弱한 偏財格이고 印星이 用神이다. 用神인 印星이 財星과 冲하여 損傷을 입고 있는 그 사이를 官星이 通關하는 吉神作用을 하고 있다. 즉 印星이 用神이고 財星은 印星을 冲하는 病神인데 官星은 그 사이를 通關하여 吉할뿐만 아니라 用神을 生하는 喜神이 된다.

다) 身弱한 偏財格에서 財星이 過多한데 比刦이나 印星을 用神으로 쓸 수 없으면 變格 中 棄命從財格에서 論한다.

3) 傷食過多

가) 偏財月에 태어나 身弱한 命造에서 傷食이 旺하면 印星이 用神이 된다.

1966年生

　　　癸　己　庚　丙
　　　酉　酉　子　午

77 67 57 47 37 27 17 07
戊 丁 丙 乙 甲 癸 壬 辛
申 未 午 巳 辰 卯 寅 丑

이 命造는 己土日主가 子月에 生하여 傷食이 旺하므로 偏財格에 身弱하다. 弱한 日干을 生하는 印星이 用神이 되고 官星運은 印星을 生하는 喜神이 된다. 그리고 印星을 剋傷하는 財星이 病이 되고 比劫運은 病을 除去하는 藥神이 된다.

나) 偏財月에 태어나 身弱한 命造에서 傷食이 旺한데 印星을 쓸 수 없으면 比劫이 用神이 된다.

1966年生(女命)

　　　丁　乙　乙　丙
　　　丑　未　未　午

80 70 60 50 40 30 20 10
丁 戊 己 庚 辛 壬 癸 甲
亥 子 丑 寅 卯 辰 巳 午

이 命造는 乙木日主가 未月에 生하여 傷食이 旺하므로 身弱한 偏財格이다. 弱한 日主를 도우는 比刼이 用神이 되고 水運은 木을 生하는 喜神이 된다. 그리고 金運은 木을 傷害하는 病이 되는데 이때 火는 金을 除去하는 藥神이 된다.

(7) 傷官格

四柱八字 中 月支에 日干의 傷官이 있으면 傷官格이 된다. 傷官格에 공통으로 적용되는 중요한 내용 중의 하나는 原局에서 傷官이 用神이 되는 경우에 印星뿐만 아니라 官星을 크게 꺼린다는 것이다. 이 理論은 다른 正格에서 官星이 用神이 되는 경우에 傷官은 官星을 剋하는 病이 되고 比劫은 官星과도 대치할 뿐만 아니라 傷官을 生하므로 꺼리는 것과 같다. 그러나 傷官이 官星을 만나면 害가 되는 경우의 예외도 있다. 가령 土日主가 火(印星)는 없거나 혹은 있더라도 극히 微弱한데 土(比劫)가 太重한 命造에서 泄氣하는 金(傷官)이 用神이 되는 경우에, 土多埋金되므로 土(比劫)는 病神이 되고 木(官星)이 疏土하는 藥神이 되는 경우이다. 이런 경우가 바로 傷官이 見官이면 爲禍百端의 例外에 해당한다. 여기서도 마찬가지로 이해를 돕기 위해서 먼저 五行別로 구분하고 그 다음은 身强한 傷官格과 身弱한 傷官格이 성립하게 된 原因別로 命造事例를 들어서 論하기로 한다.

(가) 木火傷官格

1) 身强

甲日主가 午月에 태어나거나 혹은 乙日主가 巳月에 태어나, 印星과 比劫이 傷官과 財星과 官星보다 더 旺하여 身强하게 된 命造를 말한다. 이러한 命造 中에 印星이 旺하여 欠이 되면 財星이 用神이 되고 比劫이 旺하여 欠이 되면 官星이 用神이 된다. 이 경우 財星이나 官星을 쓸 수 없으면 傷官이 用神이 되는데, 이때 印星은 用神을 剋傷하는 病이 되므로 凶하고, 官星 또한 傷官과 相剋할 뿐만 아니라 病神인 印星을 生하기 때문에 凶하다.

가) 身强한 木火傷官格에서 印星이 많아서 欠이 되면 財星이 用神이 된다.

1923年生(女命)

```
乙 甲 戊 癸
亥 子 午 亥
```

75 65 55 45 35 25 15 05
丙 乙 甲 癸 壬 辛 庚 己
寅 丑 子 亥 戌 酉 申 未

이 命造는 甲木日主가 午月 弱地에 生하였으나 四水가 生하고 乙木이 도우니 도리어 身强한 木火傷官格에 많은 印星이 欠이 된다. 따라서 印星을 制하는 財星이 用神이 되고 傷官은 財星을 生하는 喜神이 된다. 그리고 用神을 剋하는 比刦은 病神이며 官星은 病을 除去하는 藥神이 된다.

나) 身强한 木火傷官格에서 比刦이 많아서 欠이 되면 官星이 用神이 된다.

1972年生(女命)

　　　　甲 乙 乙 壬
　　　　申 卯 巳 子

77 67 57 47 37 27 17 07
丁 戊 己 庚 辛 壬 癸 甲
酉 戌 亥 子 丑 寅 卯 辰

이 命造는 乙木日主가 巳月에 태어났으나 壬子水가 生하고 三木이 도우므로 身强한 木火傷官格이며 많은 比刦을 制伏하는 官星이 用神이 되고 財星은 官星을 生하는 喜神이다. 그리고 用神을 剋傷하는 傷官이 病이 되고 印星은 그 病을 除去하는 藥神이 된다.

다) 身强한 木火傷官格에서 財星이나 官星을 쓸 수 없으면 傷食이 用神이 된다.

1962年生

　　　丙 乙 乙 壬
　　　子 亥 巳 寅

71 61 51 41 31 21 11 01
癸 壬 辛 庚 己 戊 丁 丙
丑 子 亥 戌 酉 申 未 午

이 命造는 乙木日干이 巳月에 태어났으나 乙木과 寅木이 도우고 壬亥子水가 生하므로 身强한 木火傷官格에 泄氣하는 傷食이 用神이 되고 比刦은 用神을 生하는 喜神이 된다. 그리고 印星은 用神을 剋傷하는 病이 되며 財星運은 病을 除去하는 藥神이 된다.

*. 傷官과 官星이 대치할 때는 財星은 둘 사이를 通關하는 用神이다.

1975年生(女命)

　　　戊 乙 辛 乙
　　　寅 卯 巳 卯

80 70 60 50 40 30 20 10
己 戊 丁 丙 乙 甲 癸 壬
丑 子 亥 戌 酉 申 未 午

이 命造는 乙木日主가 巳月 弱地에 태어났으나 많은 比劫이 도우니 身强한 木火傷官格이다. 官星으로 旺한 比劫을 制伏하려 하나 食神이 官星을 剋하고 있으므로 쓸 수 없다. 따라서 財星이 食神과 官星을 通關하는 用神이 되고 食神은 用神을 生하는 喜神이다. 比劫은 用神을 傷害하는 病이 되고 官星은 病을 除去하는 藥神이다.

2) 身弱

甲木日主가 午月에 태어나거나 혹은 乙木日主가 巳月에 태어나 印星과 比劫보다 食傷과 財星과 官星이 더 旺하여 身弱하게 된 命造를 말하며 먼저 印星이 用神이 된다. 그러나 印星을 쓸 수 없으면 比劫이 用神이 된다.

가) 身弱한 木火傷官格에서 印星이 用神이 되면 官星은 印星을 生하는 喜神이 되고 印星을 剋傷하는 財星이 病이 되는데 이때는 比劫이 病을 除去하는 藥神이 된다.

1958年生

```
乙 甲 戊 戊
亥 子 午 戌
```

78 68 58 48 38 28 18 08
丙 乙 甲 癸 壬 辛 庚 己
寅 丑 子 亥 戌 酉 申 未

이 命造는 甲木日主가 午月에 태어나 傷官이 旺하므로 身弱한 木火傷官格이 된다. 調候와 旺火를 制伏하고 弱한 日干을 生하는 印星이 用神이 되고 官星運은 印星을 生하는 喜神이 된다. 그리고 財星은 印星을 剋傷하는 病이 되는데 이때 比刦이 財星을 除去하는 藥神이 된다.

나) 身弱한 木火傷官格에서 印星을 쓸 수 없어서 比刦이 用神이 되면 印星運은 比刦을 生하는 喜神이 되고 比刦을 剋傷하는 官星은 病이 되는데 이때는 傷食이 病을 除去하는 藥神이 된다.

1949年生(女命)

　　　丁　甲　庚　己
　　　卯　申　午　丑

75 65 55 45 35 25 15 05
戊 丁 丙 乙 甲 癸 壬 辛
寅 丑 子 亥 戌 酉 申 未

이 命造는 甲木日主가 午月에 生하여 剋泄이 交加하므로 木火傷官格에 身弱하다. 弱한 日干을 도우는 比刦이 用神이 되고 印星運은 比刦을 生하는 喜神이 된다. 그리고 比刦을 剋傷하는 官星이 病이 되는데 이때 傷食은 病을 除去하는 藥神이 되지만 用神을 泄氣하는 허물이 있을 것이다.

다) 太弱한 木火傷官格에서 印星이나 比刦을 用神으로 쓸 수 없으면 變格 中 棄命從兒格에서 論한다.

(나) 火土傷官格

1) 身强

- 512 -

丙火日主가 丑·未月에 태어나거나 혹은 丁火日主가 辰·戌月에 태어나면 火土傷官格이 되는데 印星과 比劫이 傷食과 財星과 官星보다 旺하여 身强하게 된 命造이다. 이 身强한 命造 中에 印星이 旺하여 欠이 되면 財星이 用神이 되고, 比劫이 旺하여 欠이 되면 官星이 用神이 된다. 그리고 財星이나 官星을 쓸 수 없으면 食傷이 用神이 된다.

가) 身强한 火土傷官格에서 印星이 많아서 欠이 되면 財星이 用神이 된다.

1964年生

辛 丙 丁 甲
卯 寅 丑 辰

78 68 58 48 38 28 18 08
乙 甲 癸 壬 辛 庚 己 戊
酉 申 未 午 巳 辰 卯 寅

이 命造는 丙火日干이 丑月에 生하여 寅卯辰에 뿌리를 둔 甲木이 透出하였으니 身强한 火土傷官格에 旺盛한 印星이 欠이 된다. 欠을 除去하는 財星이 用神이 되고 傷食은 用神을 生하는 喜

神이 된다. 그리고 用神을 傷害하는 比刦이 病이 되고 病을 除去하는 官星運이 藥神이 된다.

나) 身强한 火土傷官格에서 比刦이 많아서 欠이 되면 官星이 用神이 된다.

1966年生

　　　癸　丙　乙　丙
　　　巳　子　未　午

78 68 58 48 38 28 18 08
癸 壬 辛 庚 己 戊 丁 丙
卯 寅 丑 子 亥 戌 酉 申

이 命造는 丙火日干이 未月에 태어나 身强한 火土傷官格이며 많은 比刦이 欠이 된다. 欠을 除去하는 官星이 用神이고 財星運은 用神을 生하는 喜神이다. 그리고 用神을 剋하는 傷官이 病이 되는데 그 病을 除去하는 印星은 藥神이 된다.

*. 丙火日主가 未月에 태어나거나 혹은 丁火日干이 戌月에 태어난 火土傷官格 中 太燥한 경우에는 官殺이 原局에 없거나 있

더라도 극히 微弱하여야 한다. 왜냐하면 火가 旺星하여 燥熱한 四柱에 官殺 즉 水를 만나게 되면 衰神冲旺으로 오히려 凶하게 되기 때문이다. 따라서 旺星한 火土가 氣를 누출시킬 수 있는 濕土(辰·丑)가 原局에 있으면 官殺이 四柱속에 있거나 官殺運을 만나도 무방하다.820) 여기에 대해서 命理學 古典에서는 다음과 같이 말하고 있다.

『淵海子平』에서는 다음과 같이 말하고 있다.

"傷官이 傷盡821)에 혹 官星을 만나면 凶하다."822)

『命理正宗』에서는,

"傷官格은 진실로 官星과 서로 만나는 것을 기뻐하지 않으므로, 古歌에 「火土傷官格은 傷盡됨이 마땅하다.」고 했다."823) 또

---

820) 白靈觀 著. 『四柱精說』. 서울: 明文堂, 1993. p.127. 참조.
821) 여기서의 傷官傷盡은 官星이 없음을 말한다. 朴在玩 著. 『命理辭典』. 서울: 너른터, 1993. pp.760~761.
822) "傷官傷盡, 或見官星則凶.". 徐升 編著. 『淵海子平評註』. 臺北: 武陵出版有限公司, 2002. pp.210~211.
823) "傷官固不喜官星相見, 故古歌云.. 「火土傷官宜傷盡.」.". 張楠 著. 『標點命理正宗』. 臺北: 武陵出版有限公司, 2001. P.91.

"金不換에서 이르기를 傷官格四柱에 官星을 보면 늙도록 자식이 없다. 또 이르기를 傷官이 傷盡되어야 하는데 문득 官星을 보면 凶하고, 傷官格에 官星을 보더라도 財鄕으로 들면 妙하게 解救된다."824) 고 했다.

*. 傷官傷盡(官星이 없어야 되는 경우)

1966年生

癸 丙 乙 丙
巳 戌 未 午

75 65 55 45 35 25 15 05
癸 壬 辛 庚 己 戊 丁 丙
卯 寅 丑 子 亥 戌 酉 申

이 命造는 丙火日干이 未月에 태어나 乙木이 生하고 巳午丙火가 도우고 있으니 太强한 火土傷官格에 泄氣하는 傷食이 用神이 된다. 印星은 用神을 傷害하는 病이 되는데 財星運이 그 病을 除去하는 藥神이 된다. 그리고 太旺한 比劫은 用神을 生하는 喜神이 되는 것이 아니라 오히려 病이 된다. 그러나 官星은 그 病을

---

824) "金不換云.. 傷官四柱見官, 到老無兒. 又曰..傷官傷盡, 忽見官星則凶, 傷官見官, 妙入財鄕乃解.". 張楠 著. 『標點命理正宗』. 臺北: 武陵出版有限公司, 2001. P.91.

- 516 -

除去하는 藥神이 된다고 하기보다는 旺者冲之益發[825]함으로 더욱 凶한데 이를 두고 '傷官이 官星을 만나면 여러 가지 禍의 根源이 된다.' 고 한다.

*. 官星이 있어도 무방한 경우

1977年生(女命)

壬 丙 丁 丁
辰 寅 未 巳

80 70 60 50 40 30 20 10
乙 甲 癸 壬 辛 庚 己 戊
卯 寅 丑 子 亥 戌 酉 申

이 命造는 丙火日主가 未月에 태어나 太强한 火土傷官格이다. 泄氣하는 傷食이 用神이고 太旺한 比刦은 用神을 生하는 喜神이 아니라 火多土焦하므로 오히려 病이 되고 이때 官星은 病을 除去하는 藥神이 된다. 그리고 印星 또한 用神을 剋傷하는 病神이고 財星運은 病을 除去하는 藥神이 된다.

---

[825] 이 命造처럼 太燥한데 亥水를 만나면 巳亥冲이 되고, 子水를 만나면 子午冲이 되며 壬水를 만나면 丙壬冲이 되어 火가 더욱 旺盛해 짐을 말한다. 따라서 火가 忌神인 이 命造는 더욱 凶하게 된다.

다) 身強한 火土傷官格에서 財星이나 官星을 쓸 수 없으면 傷食이 用神이 된다.

1958年生(女命)

丙 丁 丙 戊
午 卯 辰 戌

75 65 55 45 35 25 15 05
戊 己 庚 辛 壬 癸 甲 乙
申 酉 戌 亥 子 丑 寅 卯

이 命造는 丁火日主가 辰月에 生하여 卯木이 生하고 午戌遙合火에 根을 둔 雙丙이 도우니 身強한 火土傷官格이고 泄氣하는 傷食이 用神이며 比刦은 用神을 生하는 喜神이 된다. 用神을 剋傷하는 印星은 病神이 되고 財星運은 病을 除去하는 藥神이 된다.

*. 傷官과 官星이 대치할 때는 財星은 둘 사이를 通關하는 用神이다.

1965年生(女命)

壬 丁 庚 乙
寅 巳 辰 巳

71 61 51 41 31 21 11 01
戊 丁 丙 乙 甲 癸 壬 辛
子 亥 戌 酉 申 未 午 巳

이 命造는 丁火日主가 辰月 弱地에 태어났으나 印星이 生하고 比劫이 도우므로 身强한 火土傷官格이다. 官星으로 旺한 比劫을 制伏하려하나 傷官이 官星을 剋하고 있으므로 쓸 수 없다. 따라서 財星이 傷官과 官星사이를 通關하는 用神이 되고 傷官은 用神을 生하는 喜神이다. 比劫은 用神을 傷하는 病이 되고 官星은 病을 除去하는 藥神이다.

2) 身弱

丙火日主가 丑·未月에 태어나거나 丁火日干이 辰·戌月에 태어나고 印星과 比劫보다 傷食과 財星과 官星이 더 旺하여 身弱하게 된 命造이다. 이 경우에 印星이 用神이 되고, 印星을 쓸 수 없으면 比劫이 用神이 된다.

가) 身弱한 火土傷官格에서 印星이 用神이 되면 官星은 印星을 生하는 喜神이 되고 印星을 剋傷하는 財星이 病이 되는데 이때는 比劫이 病을 除去하는 藥神이 된다.

1948年生

戊 丙 乙 戊
戌 申 丑 子

80 70 60 50 40 30 20 10
癸 壬 辛 庚 己 戊 丁 丙
酉 申 未 午 巳 辰 卯 寅

이 命造는 丙火日主가 丑月에 生하여 剋泄이 交加하므로 身弱한 火土傷官格에 많은 傷食이 欠이 된다. 傷食을 制伏하는 印星이 用神이 되고 官星은 用神을 生하는 喜神이 된다. 그리고 用神을 剋傷하는 財星은 病이 되고 比劫은 病을 除去하는 藥神이 된다.

나) 身弱한 火土傷官格에서 印星을 쓸 수 없어서 比劫이 用神이 되면 印星運은 比劫을 生하는 喜神이 되고 比劫을 剋傷하는 官星은 病이 되는데 이때는 傷食이 病을 除去하는 藥神이 된다.

1968年生(女命)

　　癸　丙　己　戊
　　巳　申　未　申

76 66 56 46 36 26 16 06
辛 壬 癸 甲 乙 丙 丁 戊
亥 子 丑 寅 卯 辰 巳 午

이 命造는 丙火日干이 未月에 生하고 剋泄이 交加하니 身弱한 火土傷官格이다. 弱한 日干을 도우는 比刦이 用神이 되고 印星運은 比刦을 生하는 喜神이 된다. 그리고 官星은 用神을 剋傷하는 病이 되고 이때 傷食은 病을 除去하는 藥神이다.

다) 太弱한 火土傷官格에서 印星이나 比刦을 用神으로 쓸 수 없으면 變格 中 從兒格에서 論한다.

(다) 土金傷官格

1) 身强

戊土日主가 酉月에 태어나거나 己土日干이 申月에 태어나고

印星과 比刦이 傷食과 財星과 官星보다 더 旺하여 身旺하게 된 命造이다. 이 身旺한 命造 中에 印星이 旺하여 欠이 되면 財星이 用神이 되고, 比刦이 旺하여 欠이 되면 官星이 用神이 된다. 그리고 財星이나 官星을 쓸 수 없으면 傷食이 用神이 된다.

가) 身强한 土金傷官格에서 印星이 많아서 欠이 되면 財星이 用神이 된다.

1966年生

丁 戊 丁 丙
巳 子 酉 午

75 65 55 45 35 25 15 05
乙 甲 癸 壬 辛 庚 己 戊
巳 辰 卯 寅 丑 子 亥 戌

이 命造는 戊土日干이 酉月에 生하고 많은 印星이 日干을 도우니 身强한 土金傷官格이며 印星이 많아서 欠이 된다. 따라서 印星을 制伏하는 財星이 用神이 되고 傷食은 用神을 生하는 喜神이 된다. 그리고 用神을 剋하는 比刦運이 病神이 되고 官星運은 病을 除去하는 藥神이 된다.

나) 身強한 土金傷官格에서 比刦이 많아서 欠이 되면 官星이 用神이 된다.

1962年生(女命)

```
戊 己 戊 壬
辰 丑 申 寅
```

74 64 54 44 34 24 14 04
庚 辛 壬 癸 甲 乙 丙 丁
子 丑 寅 卯 辰 巳 午 未

이 命造는 己土日主가 申月에 生하여 네 개의 比刦이 도우고 있으므로 身強한 土金傷官格이고 比刦이 많아서 欠이 된다. 따라서 欠을 除去하는 官星이 用神이 되고 財星은 官星을 生하는 喜神이다. 그리고 官星을 剋傷하는 傷食이 病神이고 印星運은 病을 除去하는 藥神이 된다.

다) 身強한 土金傷官格에서 財星이나 官星을 쓸 수 없으면 傷食이 用神이 된다.

1978年生(女命)

　　　戊 己 庚 戊
　　　辰 巳 申 午

79 69 59 49 39 29 19 09
壬 癸 甲 乙 丙 丁 戊 己
子 丑 寅 卯 辰 巳 午 未

이 命造는 己土日主가 申月에 태어나 두 개의 印星이 生하고 세 개의 比刦이 도우니 身强한 土金傷官格이 되며 傷食이 用神이고 比刦은 用神을 生하는 喜神이다. 그리고 印星은 用神을 剋傷하는 病이 되고 財星運은 病을 除去하는 藥神이 된다.

*. 傷官과 官星이 대치할 때는 財星이 둘 사이를 通關하는 用神이다.

1982年生

　　　丙 己 戊 壬
　　　寅 巳 申 戌

79 69 59 49 39 29 19 09
丙 乙 甲 癸 壬 辛 庚 己
辰 卯 寅 丑 子 亥 戌 酉

이 命造는 己土日主가 申月 弱地에 태어났으나 印星이 生하고 比刼이 도우니 身强한 土金傷官格이다. 官星으로 많은 比刼을 制伏하려하나 傷官이 官星을 冲剋하므로 不用하고 財星이 傷官과 官星을 通關하는 用神이 된다. 財星이 用神이 되고 傷官은 財星을 生하는 喜神이다. 그리고 比刼은 用神을 傷하는 病이 되고 官星이 病을 除去하는 藥神이다.

2) 身弱

戊土日主가 酉月에 태어났거나 己土日干이 申月에 태어나고 印星과 比刼보다 傷食과 財星과 官星이 더 旺하여 身弱하게 된 命造이며 印星이 用神이 된다. 그러나 印星을 쓸 수 없으면 比刼이 用神이 된다.

가) 身弱한 土金傷官格에서 印星이 用神이 되면 官星은 印星을 生하는 喜神이 되고 印星을 剋傷하는 財星이 病이 되는데 이 때는 比刼이 病을 除去하는 藥神이 된다.

1956年生(女命)

　　　　庚　戊　丁　丙
　　　　申　子　酉　申

74 64 54 44 34 24 14 04
己 庚 辛 壬 癸 甲 乙 丙
丑 寅 卯 辰 巳 午 未 申

이 命造는 戊土日干이 酉月에 태어나 傷食이 旺盛하므로 身弱한 土金傷官格이며 印星이 用神이 되고 官星運은 用神을 生하는 喜神이 된다. 그리고 印星을 剋制하는 財星은 病이 되는데 比刦運이 財星을 制伏하는 藥神이 된다.

나) 身弱한 土金傷官格에서 印星을 쓸 수 없어서 比刦이 用神이 되면 印星運은 比刦을 生하는 喜神이 되고 比刦을 剋傷하는 官星은 病이 되는데 이때는 傷食이 病을 除去하는 藥神이 된다.

1952年生(女命)

　　　乙　戊　己　壬
　　　卯　寅　酉　辰

77 67 57 47 37 27 17 07
辛　壬　癸　甲　乙　丙　丁　戊
丑　寅　卯　辰　巳　午　未　申

이 命造는 戊土日干이 酉月에 태어나 剋洩이 交加하므로 身弱한 土金傷官格이며 比刦이 用神이 되고 寅中의 丙火가 比刦을 生하는 喜神이 된다. 그리고 比刦을 剋傷하는 官星은 病이 되며 傷官이 病을 除去하는 藥神이 된다.

다) 太弱한 土金傷官格에서 印星이나 比刦을 用神으로 쓸 수 없으면 變格 中 棄命從兒格에서 論한다.

(라) 金水傷官格

1) 身强

庚金日主가 子月에 태어나거나 辛金日干이 亥月에 태어나고

印星과 比刦이 傷食과 財星과 官星보다 旺하여 身强하게 된 命造이다. 이 身强한 命造 中에 印星이 旺하여 欠이 되면 財星이 用神이 되고, 比刦이 많아서 欠이 되면 官星이 用神이 된다. 그리고 財星이나 官星을 쓸 수 없으면 傷食이 用神이 된다.

가) 身强한 金水傷官格에서 印星이 많아서 欠이 되면 財星이 用神이 된다.

1979年生(女命)

戊 庚 丙 己
寅 戌 子 未

80 70 60 50 40 30 20 10
甲 癸 壬 辛 庚 己 戊 丁
申 未 午 巳 辰 卯 寅 丑

이 命造는 庚金日干이 子月에 태어났으나 四土가 生하니 身强한 金水傷官格이며 印星이 많아서 欠이 된다. 따라서 印星을 制伏하는 財星이 用神이 되고 傷食은 用神을 生하는 喜神이다. 그리고 比刦大運은 用神을 剋傷하는 病이 되는데 이때 歲運에서 官星이 오면 그 病을 除去하는 藥神이 된다.

나) 身强한 金水傷官格에서 比刦이 많아서 欠이 되면 官星이 用神이 된다.

1971年生

　　　丁　辛　己　辛
　　　酉　酉　亥　亥

78 68 58 48 38 28 18 08
辛 壬 癸 甲 乙 丙 丁 戊
卯 辰 巳 午 未 申 酉 戌

이 命造는 辛金日主가 亥月에 태어나 印星이 生하고 세 개의 比刦이 도우니 身强한 金水傷官格이며 比刦이 많아서 欠이 된다. 따라서 欠을 除去하는 官星이 用神이 되고 財星은 官星을 生하는 喜神이다. 그리고 官星을 剋傷하는 傷食이 病이 되는데 印星은 病을 除去하는 藥神이 된다.

다) 身强한 金水傷官格에서 財星이나 官星을 쓸 수 없으면 傷食이 用神이다.

1982年生

```
庚 庚 壬 壬
辰 辰 子 戌
```

75 65 55 45 35 25 15 05
庚 己 戊 丁 丙 乙 甲 癸
申 未 午 巳 辰 卯 寅 丑

이 命造는 庚金日干이 子月에 生하여 三土가 生하고 比肩이 도우니 身强한 金水傷官格이다. 따라서 旺한 氣를 泄氣하는 傷食이 用神이 되고 比刧은 用神을 生하는 藥神이 된다. 그리고 用神을 剋傷하는 印星이 病이며 財星運은 病을 除去하는 藥神이다.

*. 傷官과 官星이 대치할 때는 財星은 둘 사이를 通關하는 用神이 되는 경우도 있다.

1970年生

```
戊 庚 戊 庚
寅 午 子 戌
```

77 67 57 47 37 27 17 07
丙 乙 甲 癸 壬 辛 庚 己
申 未 午 巳 辰 卯 寅 丑

이 命造는 庚金日主가 子月 弱地에 태어났으나 三土가 生하고 庚金이 도우니 身强한 金水傷官格이다. 官星으로 身强함을 制伏하려하나 傷官이 官星을 沖하고 있으므로 쓸 수 없다. 따라서 財星이 傷官과 官星사이를 通關하는 用神이 되고 傷官은 用神을 生하는 喜神이다. 比刼은 用神을 剋하는 病이 되고 官星이 그 病을 除去하는 藥神이다.

2) 身弱

庚金日主가 子月에 태어나거나 辛金日主가 亥月에 태어나고 印星과 比刼보다 傷食과 財星과 官星이 더 旺하여 身弱하게 된 命造이며 印星이 用神이다. 그러나 印星을 쓸 수 없으면 比刼이 用神이 된다. 이 金水傷官格에는 官星을 기뻐하는 例外가 있는데 이것은 調候上 필요해서이다. 그러나 이 경우에도 金日主가 太弱하면 印星과 比刼으로 生扶함을 優先한다.

가) 身弱한 金水傷官格에서 印星이 用神이 되면 官星은 用神을 生하는 喜神이 되고 印星을 剋傷하는 財星은 病이 되는데 이

때는 比刦이 그 病을 除去하는 藥神이 된다.

1952年生

　　　　庚　庚　壬　壬
　　　　辰　子　子　辰

76 66 56 46 36 26 16 06
庚 己 戊 丁 丙 乙 甲 癸
申 未 午 巳 辰 卯 寅 丑

이 命造는 庚金日主가 子月에 生하여 傷食이 旺하므로 身弱한 金水傷官格에 傷食을 制伏하는 印星이 用神이 되고 官星運은 印星을 生하는 喜神이다. 그리고 財星運은 用神을 傷害하는 病이 되는데 이때 比刦이 病을 除去하는 藥神이 된다.

나) 身弱한 金水傷官格에서 印星을 쓸 수 없어서 比刦이 用神이 되면 印星運은 比刦을 生하는 喜神이 되고 比刦을 剋傷하는 官星은 病이 되는데 이때는 傷食이 病을 除去하는 藥神이 된다.

1954年生

辛 辛 乙 甲
卯 卯 亥 午

73 63 53 43 33 23 13 03
癸 壬 辛 庚 己 戊 丁 丙
未 午 巳 辰 卯 寅 丑 子

이 命造는 辛金日主가 亥月에 生하여 財星이 旺盛하므로 身弱한 金水傷官格이 된다. 따라서 比刦이 弱한 日干을 도우는 用神이 되고 印星運은 用神을 生하는 喜神이 된다. 그리고 比刦을 剋傷하는 官星이 病이며 그 病을 除去하는 傷食은 藥神이 되지만 用神을 泄氣하므로 허물이 있을 것이다. 從不從이 難解한 命造이나 亥午가 暗合826)하여 辛金을 生하고 있으므로 從財格이 아니라 身弱한 四柱임이 分明하다.

다) 身弱한 金水傷官格에서 太弱을 免하면 調候上 官星이 用神이 된다.

---

826) 亥中의 甲木과 壬水가 午中의 己土와 丁火와 各各 合하여 甲己合化土가 되고 丁壬合化木이 됨을 말한다.

- 533 -

1977年生(女命)

　　庚　庚　壬　丁
　　辰　申　子　巳

73 63 53 43 33 23 13 03
庚 己 戊 丁 丙 乙 甲 癸
申 未 午 巳 辰 卯 寅 丑

이 命造는 庚金日主가 子月에 生하여 剋泄이 交加하니 身弱한 金水傷官格이지만 調候上 官星이 用神이 되고 財星運은 官星을 生하는 喜神이다. 그리고 官星을 剋傷하는 傷食이 病이 되며 印星運은 病을 除去하는 藥神이 된다.

라) 太弱한 金水傷官格에서 印星이나 比刦을 用神으로 쓸 수 없으면 變格 중 棄命從兒格에서 論한다.

(마) 水木傷官格

1) 身强

壬水日主가 卯月에 태어나거나 癸水日主가 寅月에 태어나고

印星과 比刼이 傷食과 財星과 官星보다 旺하여 身强하게 된 命造이다. 이 身旺한 命造 中에 印星이 많아서 欠이 되면 財星이 用神이 되고, 比刼이 旺하여 欠이 되면 官星이 用神이 된다. 그리고 財星이나 官星을 쓸 수 없으면 傷食이 用神이 된다.

가) 身强한 水木傷官格에서 印星이 많아서 欠이 되면 財星이 用神이 된다.

1981年生(女命)

丙　癸　庚　辛
辰　酉　寅　酉

74 64 54 44 34 24 14 04
戊 丁 丙 乙 甲 癸 壬 辛
戌 酉 申 未 午 巳 辰 卯

이 命造는 癸水日干이 寅月의 弱地에 태어났으나 많은 印星이 生하고 있으므로 身强한 水木傷官格이 된다. 많은 印星을 制伏하는 財星이 用神이 되고 傷官은 用神을 生하는 喜神이다. 그리고 用神을 傷害하는 比刼이 病이며 그 病을 除去하는 官星은 藥神이 된다.

- 535 -

나) 身強한 水木傷官格에서 比劫이 많아서 欠이 되면 官星이 用神이 된다.

1952年生(女命)

庚 壬 癸 壬
戌 子 卯 辰

71 61 51 41 31 21 11 01
乙 丙 丁 戊 己 庚 辛 壬
未 申 酉 戌 亥 子 丑 寅

이 命造는 壬水日干이 卯月에 生하였으나 庚金이 生하고 많은 比劫이 도우니 身強한 水木傷官格에 많은 比劫이 欠이 된다. 따라서 比劫을 制伏하는 官星이 用神이 되고 財星運은 官星을 生하는 喜神이 된다. 그리고 官星을 剋傷하는 傷官이 病이 되는데 이때 印星은 病을 除去하는 藥神이 된다.

다) 身強한 水木傷官格에서 財星이나 官星을 쓸 수 없으면 傷食이 用神이 된다.

1971年生

　　　壬　壬　辛　辛
　　　寅　子　卯　亥

78 68 58 48 38 28 18 08
癸 甲 乙 丙 丁 戊 己 庚
未 申 酉 戌 亥 子 丑 寅

이 命造는 壬水日主가 卯月에 태어나 많은 比刦이 도우고 印星이 生하므로 身强한 水木傷官格에 泄氣하는 傷食이 用神이고 比刦은 用神을 生하는 喜神이다. 그리고 用神을 傷害하는 印星은 病이 되며 財星運이 病을 除去하는 藥神이 된다.

*. 傷官과 官星이 대치할 때는 財星은 둘 사이를 通關하는 用神이 되는 경우도 있다.

1937年生(女命)

　　　庚　壬　癸　丁
　　　子　子　卯　丑

74 64 54 44 34 24 14 04
辛 庚 己 戊 丁 丙 乙 甲
亥 戌 酉 申 未 午 巳 辰

- 537 -

이 命造는 壬水日主가 卯月 弱地에 태어났으나 庚金이 生하고 癸子子水가 도우니 身强한 水木傷官格이다. 官星으로 旺한 比刦을 制伏하려하나 傷官이 官星을 剋하고 있으므로 쓸 수 없다. 따라서 財星은 調候뿐만 아니라 傷官과 官星사이를 通關하는 用神이 되고 傷官은 用神을 生하는 喜神이다. 比刦은 用神을 傷害하는 病이 되고 官星은 病을 除去하는 藥神이다.

2) 身弱

壬水日主가 卯月에 태어나거나 癸水日干이 寅月에 태어나고 印星과 比刦보다 傷食과 財星과 官星이 더 旺하여 身弱하게 된 命造이며 印星이 用神이 된다. 그러나 印星을 쓸 수 없으면 比刦이 用神이 된다.

가) 身弱한 水木傷官格에서 印星이 用神이 되면 官星은 印星을 生하는 喜神이 되고 印星을 剋傷하는 財星이 病이 되는데 이 때는 比刦이 病을 제거하는 藥神이 된다.

1969年生

　　　己　壬　丁　己
　　　酉　寅　卯　酉

78 68 58 48 38 28 18 08
己 庚 辛 壬 癸 甲 乙 丙
未 申 酉 戌 亥 子 丑 寅

이 命造는 壬水日干이 卯月에 生하여 剋泄이 交加하므로 身弱한 水木傷官格이 되고 印星은 弱한 日干을 生하는 用神이며 官星은 印星을 生하는 喜神이 된다. 그리고 財星은 印星을 剋傷하는 病神이 되고 比刦運은 病을 제거하는 藥神이 된다.

나) 身弱한 水木傷官格에서 印星을 쓸 수 없어서 比刦이 用神이 되면 印星運은 比刦을 生하는 喜神이 되고 比刦을 剋傷하는 官星은 病이 되는데 이때 傷食은 病을 제거하는 藥神이 된다.

1973年生

癸 壬 乙 癸
卯 戌 卯 丑

77 67 57 47 37 27 17 07
丁 戊 己 庚 辛 壬 癸 甲
未 申 酉 戌 亥 子 丑 寅

이 命造는 壬水日主가 卯月에 生하여 剋泄이 交加하니 身弱한 水木傷官格이며 日干을 돕는 比刦이 用神이 되고 印星運은 用神을 生하는 喜神이 된다. 用神을 剋하는 官星은 病神이 되고 傷食이 病을 除去하는 藥神이 된다.

다) 太弱한 水木傷官格에서 印星이나 比刦을 用神으로 쓸 수 없으면 變格 中 棄命從兒格에서 論한다.

(8) 食神格

四柱八字 中 月支에 日干의 食神이 있으면 食神格이 된다. 食神格에서 原局의 食神이 用神이 되는 경우에 印星은 病神이 되어 凶하고 官星은 病神을 生할 뿐만 아니라 食神과 대적하는 관계로 크게 꺼린다. 그러나 食神이 官星을 만나면 害가 되는 경우의 例外도 있다. 가령 土日主가 印星이 없거나 혹은 있더라도 극히 미약한데 比刦이 太重한 命造에서 泄氣하는 食神이 用神이 되는 경우에, 土多埋金되므로 比刦은 病神이 되고 官星이 疏土하는 藥神이 되는 경우이다. 이런 경우가 바로 食神이 見官이면 爲禍百端의 例外가 된다. 여기서도 마찬가지로 이해를 돕기 위해서 먼저 五行別로 구분하고 그 다음은 身强한 食神格과 身弱한 食神格이 성립하게 된 原因別로 命造事例를 들어서 論하기로 한다.

(가) 木火食神格

1) 身强

甲木日主가 巳月에 태어나거나 乙木日主가 午月에 태어나고

印星과 比劫이 傷食과 財星과 官星보다 더 旺하여 身强하게 된 命造를 말한다. 이러한 身强한 命造 中에 印星이 旺하여 欠이 되면 財星이 用神이 되고 比劫이 旺하여 欠이 되면 官星이 用神이 된다. 그리고 財星이나 官星을 쓸 수 없으면 食·傷이 用神이 되는데, 이 때 印星은 用神을 剋傷하는 病이 되므로 凶하며, 官星은 食傷과 對敵할 뿐만 아니라 病神인 印星을 生하므로 凶하다.

가) 身强한 木火食神格에서 印星이 많아서 欠이 되면 財星이 用神이 된다.

1984年生

```
壬 甲 己 甲
申 子 巳 子
```

72 62 52 42 32 22 12 02
丁 丙 乙 甲 癸 壬 辛 庚
丑 子 亥 戌 酉 申 未 午

이 命造는 甲木日主가 巳月弱地에 태어났으나 三水가 生하고 甲木이 도우니 도리어 身强한 木火食神格에 많은 印星이 欠이 된다. 따라서 印星을 制하는 財星이 用神이 되고 食神은 用神을

生하는 喜神이 된다. 그리고 用神을 剋하는 比刦은 病神이며 官星은 病을 除去하는 藥神이 된다.

나) 身强한 木火食神格에서 比刦이 많아서 欠이 되면 官星이 用神이 된다.

1975年生

丁 甲 辛 乙
卯 寅 巳 卯

71 61 51 41 31 21 11 01
癸 甲 乙 丙 丁 戊 己 庚
酉 戌 亥 子 丑 寅 卯 辰

이 命造는 甲木日主가 巳月에 태어나 四木이 도우므로 身强한 木火食神格이며 많은 比刦을 制伏하는 官星이 用神이 되고 財星은 官星을 生하는 喜神이다. 그리고 用神을 剋傷하는 傷食이 病이 되고 印星은 그 病을 제거하는 藥神이 된다.

다) 身强한 木火食神格에서 財星이나 官星을 쓸 수 없으면 傷食이 用神이 된다.

1947年生(女命)

乙 甲 乙 丁
亥 寅 巳 亥

71 61 51 41 31 21 11 01
癸 壬 辛 庚 己 戊 丁 丙
丑 子 亥 戌 酉 申 未 午

이 命造는 甲木日干이 巳月에 태어나 雙乙과 寅木이 도우고
雙亥가 生하므로 身强한 木火食神格에 泄氣하는 傷食이 用神이
되고 比劫은 用神을 生하는 喜神이 된다. 그리고 印星은 用神을
剋傷하는 病이 되며 財星運은 病을 除去하는 藥神이 된다.

*. 食神과 官星이 대치할 때는 財星은 둘 사이를 通關하는 用
神이다.

1975年生(女命)

乙 甲 辛 乙
丑 寅 巳 卯

80 70 60 50 40 30 20 10
己 戊 丁 丙 乙 甲 癸 壬
丑 子 亥 戌 酉 申 未 午

- 544 -

이 命造는 甲木日主가 巳月 弱地에 태어났으나 많은 比刦이 도우니 身强한 木火食神格이다. 官星으로 旺한 比刦을 制伏하려 하나 食神이 官星을 剋하고 있으므로 쓸 수 없다. 따라서 財星이 食神과 官星을 通關하는 用神이 되고 食神은 用神을 生하는 喜神이다. 比刦은 用神을 傷하는 病이 되고 官星은 病을 除去하는 藥神이다.

2) 身弱

甲木日主가 巳月에 태어나거나 乙木日干이 午月에 生하고 印星과 比刦보다는 食傷과 財星과 官星이 더 旺하여 身弱하게 된 命造를 말한다. 먼저 印星이 用神이 되고 印星을 쓸 수 없으면 比刦이 用神이 된다. 그러나 印星도 쓸 수 없고 比刦도 쓸 수 없으면 變格에서 論한다.

가) 身弱한 木火食神格에서 印星이 用神이 되면 官星은 印星을 生하는 喜神이 되고 印星을 剋傷하는 財星은 病이 되는데 이 때는 比刦이 病을 除去하는 藥神이 된다.

1966年生

　　　　庚 甲 癸 丙
　　　　午 午 巳 午

71 61 51 41 31 21 11 01
辛 庚 己 戊 丁 丙 乙 甲
丑 子 亥 戌 酉 申 未 午

이 命造는 甲木日主가 巳月에 태어나 傷食이 旺하므로 身弱한
木火食神格이 된다. 旺火를 制伏하고 弱한 日干을 生하는 印星
이 用神이 되고 官星은 印星을 生하는 喜神이 된다. 그리고 財星
運은 印星을 剋傷하는 病이 되는데 이때 歲運에서 木이 오면 土
를 除去하는 藥神이 된다.

나) 身弱한 木火食神格에서 印星을 쓸 수 없어서 比刦이 用神
이 되면 印星運은 比刦을 生하는 喜神이 되고 比刦을 剋傷하는
官星은 病이 되는데 이때는 傷食이 病을 除去하는 藥神이 된다.

1949年生

己 乙 庚 己
卯 未 午 丑

80 70 60 50 40 30 20 10
壬 癸 甲 乙 丙 丁 戊 己
戌 亥 子 丑 寅 卯 辰 巳

이 命造는 乙木日主가 午月에 生하여 剋泄이 交加하므로 木火食神格에 身弱하다. 弱한 日主를 도우는 比刦이 用神이 되고 印星運은 比刦을 生하는 喜神이 된다. 그리고 比刦을 剋傷하는 官星이 病이 되는데 이때 傷食은 病을 제거하는 藥神이 되지만 用神을 泄氣하는 허물이 있을 것이다.

다) 太弱한 木火食神格에서 印星이나 比刦을 用神으로 쓸 수 없으면 變格 中 棄命從兒格에서 논한다.

(나) 火土食神格

1) 身强

丙火日主가 辰·戌月에 태어났거나 丁火日干이 未·丑月에 태어나고 印星과 比劫이 傷食과 財星과 官星보다 旺하여 身强하게 된 命造이다. 이 身旺한 命造 中에 印星이 旺하여 欠이 되면 財星이 用神이 되고, 比劫이 旺하여 欠이 되면 官星이 用神이 된다. 그리고 財星이나 官星을 쓸 수 없으면 傷食이 用神이 된다.

가) 身强한 火土食神格에서 印星이 많아서 欠이 되면 財星이 用神이 된다.

1975年生(女命)

辛 丁 癸 乙
亥 卯 未 卯

77 67 57 47 37 27 17 07
辛 庚 己 戊 丁 丙 乙 甲
卯 寅 丑 子 亥 戌 酉 申

이 命造는 丁火日干이 未月에 生하여 亥卯未와 卯에 뿌리를 둔 乙木이 透出하였으니 身强한 火土食神格에 旺星한 印星이 欠이 된다. 欠을 制伏하는 財星이 用神이 되고 傷食은 用神을 生하는 喜神이 된다. 그리고 用神을 傷害하는 比劫運은 病이 되고 丙

을 除去하는 官星이 藥神이 된다.

나) 身强한 火土食神格에서 比刦이 많아서 欠이 되면 官星이 用神이 된다.

1963年生

丙 丁 己 癸
午 卯 未 卯

75 65 55 45 35 25 15 05
辛 壬 癸 甲 乙 丙 丁 戊
亥 子 丑 寅 卯 辰 巳 午

이 命造는 丁火日干이 未月에 태어나 身强한 火土食神格이며 많은 比刦이 欠이 된다. 欠을 제거하는 官星이 用神이고 財星運은 用神을 生하는 喜神이다. 그리고 用神을 剋하는 食神이 病이 되는데 그 病을 除去하는 印星은 藥神이 된다.

*. 丙火日主가 戌月에 태어나거나 丁火日主가 未月에 태어난 火土食神格 中 太燥한 경우에는 官殺이 原局에 없거나 있더라도 극히 微弱하여야 한다. 왜냐하면 火가 旺盛하여 燥熱함이 極에 이

른 四柱에 官殺 즉 水를 만나게 되면 衰神冲旺으로 오히려 凶하게 되기 때문이다. 따라서 旺盛한 火土의 氣를 누출시킬 수 있는 濕土(辰·丑)가 原局에 있으면 官殺이 四柱속에 있거나 官殺運을 만나도 무방하다. 여기에 대해서는 앞에서 이미 論한 火土傷官格을 참조하면 된다.

*. 傷官傷盡(官星이 없어야 되는 경우)

1996年生(女命)

乙 丁 乙 丙
巳 未 未 子

71 61 51 41 31 21 11 01
丁 戊 己 庚 辛 壬 癸 甲
亥 子 丑 寅 卯 辰 巳 午

이 命造는 丁火日干이 丁火가 司令하는 未月에 태어나 雙乙木이 生하고 巳未에 根을 둔 丙火가 도우고 있으니 太强한 火土食神格이다. 太旺한 氣를 泄氣하는 食神이 用神이고 印星은 用神을 剋하므로 病이 되며 財星運은 그 病을 除去하는 藥神이 된다. 이 경우 太强한 比刦은 食神을 生하는 喜神이 아니라 火多土燥

하므로 오히려 病이 되는데 이때 官星은 病을 제거하는 藥神이 되지만 旺火를 冲剋하면 더욱 旺해지므로 凶하다. 甲大運에 驚氣가 甚했다.

*. 官星이 있어도 무방한 경우

1977年生

　　　辛 丁 丁 丁
　　　丑 亥 未 巳

78 68 58 48 38 28 18 08
己 庚 辛 壬 癸 甲 乙 丙
亥 子 丑 寅 卯 辰 巳 午

이 命造는 丁火日主가 未月에 태어나 身强한 火土傷官格이다. 財星이 用神이고 食神은 用神을 生하는 喜神이다. 그리고 比刦은 用神을 剋傷하는 病神이고 官星은 病을 除去하는 藥神이 된다.

다) 身强한 火土食神格에서 財星이나 官星을 쓸 수 없으면 傷食이 用神이 된다.

1958年生

　　　　甲　丙　丙　戊
　　　　午　寅　辰　戌

76 66 56 46 36 26 16 06
甲 癸 壬 辛 庚 己 戊 丁
子 亥 戌 酉 申 未 午 巳

이 命造는 丙火日主가 辰月에 生하여 甲寅木이 生하고 比劫이 도우니 身强한 火土食神格이고 泄氣하는 傷食이 用神이며 比劫은 用神을 生하는 喜神이 된다. 用神을 剋傷하는 印星은 病神이 되고 財星運은 病을 除去하는 藥神이 된다.

*. 食神과 官星이 대치할 때는 財星은 둘 사이를 通關하는 用神이다.

1986年生(女命)

　　　　庚　丙　壬　庚
　　　　寅　午　辰　寅

79 69 59 49 39 29 19 09
甲 乙 丙 丁 戊 己 庚 辛
申 酉 戌 亥 子 丑 寅 卯

- 552 -

이 命造는 丙火日主가 辰月의 弱地에 태어났으나 印星이 生하고 比劫이 도우므로 身强한 火土食神格이다. 官星으로 旺한 比劫을 制伏하려하나 食神이 官星을 剋하고 있으므로 쓸 수 없다. 따라서 財星이 食神과 官星 사이를 通關하는 用神이 되고 食神은 用神을 生하는 喜神이다. 比劫은 用神을 傷害하는 病이 되고 官星은 病을 제거하는 藥神이 된다.

2) 身弱

丙火日主가 辰·戌月에 태어나거나 丁火日干이 未·丑月에 태어나고 印星과 比劫의 生扶보다는 傷食과 財星과 官星의 剋泄이 더 甚하여 身弱하게 된 命造이다. 이 경우에 印星이 用神이 되고, 印星을 쓸 수 없으면 比劫이 用神이 된다.

가) 身弱한 火土食神格에서 印星이 用神이 되면 官星은 印星을 生하는 喜神이 되고 印星을 剋傷하는 財星이 病이 되는데 이때는 比劫이 病을 除去하는 藥神이 된다.

1951年生(女命)

　　　壬　丙　戊　辛
　　　辰　午　戌　卯

72 62 52 42 32 22 12 02
丙 乙 甲 癸 壬 辛 庚 己
午 巳 辰 卯 寅 丑 子 亥

이 命造는 丙火日主가 戌月에 生하여 剋泄이 交加하므로 身弱한 火土食神格에 많은 傷食이 欠이 된다. 傷食을 制伏하는 印星이 用神이 되고 官星은 用神을 生하는 喜神이 된다. 그리고 用神을 剋傷하는 財星은 病이 되고 比刦이 病을 除去하는 藥神이 된다.

나) 身弱한 火土食神格에서 印星을 쓸 수 없어서 比刦이 用神이 되면 印星運은 比刦을 生하는 喜神이 되고 比刦을 剋傷하는 官星은 病이 되는데 이때는 傷食은 病을 除去하는 藥神이 된다.

1968年生(女命)

   癸 丙 丙 戊
   巳 辰 辰 申

74 64 54 44 34 24 14 04
戊 己 庚 辛 壬 癸 甲 乙
申 酉 戌 亥 子 丑 寅 卯

이 命造는 丙火日干이 辰月에 生하고 剋泄이 交加하니 身弱한 火土食神格이다. 弱한 日干을 도우는 比刦이 用神이 되고 印星運은 比刦을 生하는 喜神이다. 그리고 官星은 用神을 剋傷하는 病이 되고 이때 傷食은 病을 除去하는 藥神이다.

다) 太弱한 火土食神格에서 印星이나 比刦을 用神으로 쓸 수 없으면 變格 中 棄命從兒格에서 論한다.

(다) 土金食神格

1) 身强

戊土日主가 申月에 태어나거나 己土日主가 酉月에 태어나고

印星과 比刼이 傷食과 財星과 官星보다 旺하여 身强하게 된 命造이다. 이 身旺한 命造 中 印星이 旺하여 欠이 되면 財星이 用神이 되고, 比刼이 旺하여 欠이 되면 官星이 用神이 된다. 그리고 財星이나 官星을 쓸 수 없으면 傷食이 用神이 된다.

가) 身强한 土金食神格에서 印星이 많아서 欠이 되면 財星이 用神이 된다.

1946年生

壬 戊 丙 丙
戌 寅 申 戌

73 63 53 43 33 23 13 03
甲 癸 壬 辛 庚 己 戊 丁
辰 卯 寅 丑 子 亥 戌 酉

이 命造는 戊土日干이 申月에 生하고 寅戌火와 戌에 뿌리를 둔 雙丙火가 透出하여 日干을 도우니 身强한 土金食神格이며 印星이 많아서 欠이 된다. 따라서 印星을 制伏하는 財星이 用神이 되고 食神은 用神을 生하는 喜神이다. 그리고 用神을 剋하는 比刼이 病神이고 官星은 病을 除去하는 藥神이 된다.

- 556 -

나) 身强한 土金食神格에서 比劫이 많아서 欠이 되면 官星이 用神이 된다.

1962年生

戊 己 己 壬
辰 未 酉 寅

77 67 57 47 37 27 17 07
丁 丙 乙 甲 癸 壬 辛 庚
巳 辰 卯 寅 丑 子 亥 戌

이 命造는 己土日主가 酉月에 生하여 네 개의 比劫이 도우고 있으므로 身强한 土金食神格이고 比劫이 많아서 欠이 된다. 따라서 欠을 除去하는 官星이 用神이 되고 財星은 官星을 生하는 喜神이다. 그리고 官星을 剋傷하는 食神이 病神이고 印星運은 病을 除去하는 藥神이 된다.

다) 身强한 土金食神格에서 財星이나 官星을 쓸 수 없으면 傷食이 用神이 된다.

1978年生(女命)

```
戊 己 辛 戊
辰 丑 酉 午
```

76 66 56 46 36 26 16 06
癸 甲 乙 丙 丁 戊 己 庚
丑 寅 卯 辰 巳 午 未 申

이 命造는 己土日主가 酉月에 태어나 印星이 生하고 네 개의 比刦이 도우니 太强한 土金食神格이 되며 傷食이 用神이고 比刦은 用神을 生하는 喜神이다. 그리고 印星은 用神을 剋傷하는 病이 되고 財星運이 病을 除去하는 藥神이 된다.

*. 食神과 官星이 대치할 때는 財星이 둘 사이를 通關하는 用神이다.

1982年生

```
戊 戊 戊 壬
午 寅 申 戌
```

75 65 55 45 35 25 15 05
丙 乙 甲 癸 壬 辛 庚 己
辰 卯 寅 丑 子 亥 戌 酉

이 命造는 戊土日主가 申月의 弱地에 태어났으나 印星이 生하고 많은 比劫이 도우니 身强한 土金食神格이다. 官星으로 많은 比劫을 制伏하려고하나 食神이 官星을 傷害하므로 財星이 食神과 官星을 通關하는 用神이 된다. 食神은 財星을 生하는 喜神이고 比劫은 用神을 傷害하는 病이 되며 官星이 病을 除去하는 藥神이다.

2) 身弱

戊土日主가 申月에 태어나거나 己土日主가 酉月에 태어나고 印星과 比劫의 生扶보다 傷食과 財星과 官星의 剋泄이 더 甚하여 身弱하게 된 命造이며 印星이 用神이 된다. 그러나 印星을 쓸 수 없으면 比劫이 用神이 된다.

가) 身弱한 土金食神格에서 印星이 用神이 되면 官星은 印星을 生하는 喜神이 되고 印星을 剋傷하는 財星이 病이 되는데 이때는 比劫이 病을 除去하는 藥神이 된다.

1956年生(女命)

```
庚 戊 丙 丙
申 辰 申 申
```

78 68 58 48 38 28 18 08
戊 己 庚 辛 壬 癸 甲 乙
子 丑 寅 卯 辰 巳 午 未

이 命造는 戊土日干이 申月에 태어나 食神이 많으므로 身弱한 土金食神格이며 印星이 用神이 되고 官星運은 用神을 生하는 喜神이 된다. 그리고 印星을 剋制하는 財星이 病이 되는데 이때 比刦은 財星을 制伏하는 藥神이 된다.

나) 身弱한 土金食神格에서 印星을 쓸 수 없어서 比刦이 用神이 되면 印星運은 比刦을 生하는 喜神이 되고 比刦을 剋傷하는 官星은 病이 되는데 이때는 傷食이 病을 除去하는 藥神이 된다.

1952年生(女命)

　　　乙　己　己　壬
　　　亥　卯　酉　辰

78 68 58 48 38 28 18 08
辛　壬　癸　甲　乙　丙　丁　戊
丑　寅　卯　辰　巳　午　未　申

이 命造는 己土日干이 酉月에 태어나 剋泄이 交加하므로 身弱한 土金食神格이며 弱한 日主를 도우는 比刦이 用神이 되고 印星運은 用神을 生하는 喜神이다. 그리고 比刦을 剋傷하는 官星은 病이 되며 食神이 病을 制伏하는 藥神이 된다.

다) 太弱한 土金食神格에서 印星이나 比刦을 用神으로 쓸 수 없으면 變格 中 棄命從兒格에서 論한다.

(라) 金水食神格

1) 身强

庚金日主가 亥月에 태어나거나 辛金日干이 子月에 태어나고

印星과 比劫이 傷食과 財星과 官星보다 더 旺하여 身旺하게 된 命造이다. 이 身旺한 命造 中에 印星이 旺하여 欠이 되면 財星이 用神이 되고, 比劫이 많아서 欠이 되면 官星이 用神이 된다. 그리고 財星이나 官星을 쓸 수 없으면 傷食이 用神이 된다.

가) 身强한 金水食神格에서 印星이 많아서 欠이 되면 財星이 用神이 된다.

1935年生(女命)

戊 辛 戊 乙
戌 未 子 亥

76 66 56 46 36 26 16 06
丙 乙 甲 癸 壬 辛 庚 己
申 未 午 巳 辰 卯 寅 丑

이 命造는 辛金日干이 子月에 태어나 四土가 生하니 身强한 金水食神格이며 印星이 많아서 欠이 된다. 따라서 印星을 制伏하는 財星이 用神이 되고 食神은 用神을 生하는 喜神이다. 그리고 比劫大運은 用神을 剋傷하는 病이 되는데 이때 歲運에서 官星이 오면 病을 除去하는 藥神이 된다.

나) 身強한 金水食神格에서 많은 比刦이 欠이 되면 官星이 用神이 된다.

1971年生(女命)

　　丁　辛　庚　辛
　　酉　未　子　亥

79 69 59 49 39 29 19 09
戊 丁 丙 乙 甲 癸 壬 辛
申 未 午 巳 辰 卯 寅 丑

이 命造는 辛金日主가 子月에 태어나 印星이 生하고 세 개의 比刦이 도우니 身強한 金水食神格이며 많은 比刦이 欠이 된다. 따라서 欠을 除去하는 官星이 用神이 되고 財星運은 官星을 生하는 喜神이다. 그리고 官星을 剋傷하는 傷食은 病이 되는데 印星은 病을 除去하는 藥神이 된다.

다) 身強한 金水食神格에서 財星이나 官星을 쓸 수 없으면 傷食이 用神이 된다.

1982年生

庚 庚 辛 壬
辰 戌 亥 戌

75 65 55 45 35 25 15 05
己 戊 丁 丙 乙 甲 癸 壬
未 午 巳 辰 卯 寅 丑 子

이 命造는 庚金日干이 亥月에 生하여 三土가 生하고 二比刦이 도우니 太强한 金水食神格이다. 따라서 太旺한 氣를 泄氣하는 食神이 用神이 되고 比刦은 用神을 生하는 喜神이 된다. 그리고 用神을 剋傷하는 印星이 病이며 財星運은 病을 除去하는 藥神이 된다.

*. 食神과 官星이 대치할 때는 財星이 둘 사이를 通關하는 用神이다.

1970年生

乙 辛 戊 庚
未 巳 子 戌

74 64 54 44 34 24 14 04
丙 乙 甲 癸 壬 辛 庚 己
申 未 午 巳 辰 卯 寅 丑

이 命造는 辛金日主가 子月의 弱地에 태어났으나 三土가 生하고 庚金이 도우니 身强한 金水食神格이다. 官星으로 身强함을 制伏하려하나 食神이 官星과 대치하고 있으므로 쓸 수 없다. 따라서 財星이 食神과 官星을 通關하는 用神이 되고 食神은 用神을 生하는 喜神이다. 比刦은 用神을 傷害하는 病이 되고 官星은 그 病을 除去하는 藥神이다.

2) 身弱

庚金日主가 亥月에 태어나거나 辛金日干이 子月에 生하고 印星과 比刦의 生扶보다 傷食과 財星과 官星의 剋泄이 더 甚하여 身弱하게 된 命造이며 印星이 用神이 된다. 그러나 印星을 쓸 수 없으면 比刦이 用神이 된다. 이 金水食神格에는 官星을 기뻐하는

예외가 있는데 이것은 調候上 필요해서이다. 그러나 이 경우에도 金日主가 太弱하면 印星과 比劫의 生扶함을 優先으로 한다.

가) 身弱한 金水食神格에서 印星이 用神이 되면 官星은 印星을 生하는 喜神이 되고 印星을 剋傷하는 財星이 病이 되는데 이 때는 比劫이 病을 除去하는 藥神이 된다.

1952年生(女命)

己 辛 壬 壬
丑 亥 子 辰

78 68 58 48 38 28 18 08
甲 乙 丙 丁 戊 己 庚 辛
辰 巳 午 未 申 酉 戌 亥

이 命造는 辛金日主가 子月에 生하고 傷食이 旺하므로 身弱한 金水食神格에 傷食을 制伏하는 印星이 用神이 되고 官星은 印星을 生하는 喜神이다. 그리고 財星運은 用神을 傷害하는 病이 되는데 이때 比劫運이 病을 除去하는 藥神이 된다.

나) 身弱한 金水食神格에서 印星을 쓸 수 없어서 比劫이 用神

이 되면 印星運은 比刼을 生하는 喜神이 되고 比刼을 剋傷하는 官星은 病이 되는데 이때는 傷食이 病을 除去하는 藥神이 된다.

1954年生

甲 辛 丙 甲
午 酉 子 午

78 68 58 48 38 28 18 08
戊 己 庚 辛 壬 癸 甲 乙
辰 巳 午 未 申 酉 戌 亥

이 命造는 辛金日主가 子月에 生하여 剋泄이 交加하므로 身弱한 金水食神格이 된다. 따라서 比刼이 弱한 日主를 도우는 用神이 되고 印星運은 用神을 生하는 喜神이 된다. 그리고 比刼을 剋傷하는 官星은 病이며 그 病을 除去하는 傷食은 藥神이 되지만 用神을 泄氣하므로 허물이 있을 것이다.

다) 身弱한 金水食神格에서 太弱을 免하면 調候上 官星이 用神이다.

1977年生(女命)

　　　丙　辛　壬　丁
　　　申　酉　子　巳

73 63 53 43 33 23 13 03
庚 己 戊 丁 丙 乙 甲 癸
申 未 午 巳 辰 卯 寅 丑

이 命造는 辛金日主가 子月에 生하여 剋泄이 交加하므로 身弱한 金水食神格이며 調候上 官星이 用神이 되고 財星運은 官星을 生하는 喜神이다. 그리고 官星을 剋傷하는 傷食이 病이 되며 印星運은 病을 除去하는 藥神이 된다.

라) 太弱한 金水食神格에서 印星이나 比刦을 用神으로 쓸 수 없으면 變格 中 棄命從兒格에서 論한다.

(마) 水木食神格

1) 身强

壬水日主가 寅月에 태어났거나 癸水日主가 卯月에 生하고 印

星과 比刦이 傷食과 財星과 官星보다 旺하여 身强하게 된 命造이다. 이 身强한 命造 中에 印星이 많아서 欠이 되면 財星이 用神이 되고, 旺한 比刦이 欠이 되면 官星이 用神이 된다. 그리고 財星이나 官星을 쓸 수 없으면 傷食이 用神이 된다.

가) 身强한 水木食神格에서 印星이 많아서 欠이 되면 財星이 用神이 된다.

1981年生

　　庚 癸 辛 辛
　　申 巳 卯 酉

74 64 54 44 34 24 14 04
癸 甲 乙 丙 丁 戊 己 庚
未 申 酉 戌 亥 子 丑 寅

이 命造는 癸水日干이 卯月의 弱地에 태어났으나 많은 印星이 生하고 있으므로 身强한 水木食神格이 된다. 印星을 制伏하는 財星이 用神이 되고 食神은 用神을 生하는 喜神이다. 그리고 用神을 傷害하는 比刦運은 病이며 病을 除去하는 官星運은 藥神이 된다.

나) 身強한 水木食神格에서 比劫이 많아서 欠이 되면 官星이 用神이 된다.

1952年生(女命)

壬 癸 癸 壬
戌 亥 卯 辰

74 64 54 44 34 24 14 04
乙 丙 丁 戊 己 庚 辛 壬
未 申 酉 戌 亥 子 丑 寅

이 命造는 癸水日干이 卯月에 生하였으나 많은 比劫이 도우니 身強한 水木食神格에 많은 比劫이 欠이 된다. 따라서 比劫을 制伏하는 官星이 用神이 되고 財星運은 官星을 生하는 喜神이 된다. 그리고 官星을 剋傷하는 食神이 病이 되는데 이때 印星運은 病을 除去하는 藥神이 된다.

다) 身強한 水木食神格에서 財星이나 官星을 쓸 수 없으면 傷食이 用神이 된다.

1971年生

```
庚  壬  庚  辛
子  申  寅  亥
```

74 64 54 44 34 24 14 04
壬 癸 甲 乙 丙 丁 戊 己
午 未 申 酉 戌 亥 子 丑

이 命造는 壬水日主가 寅月에 태어나 萬方이 印星과 比刦이므로 太强한 水木食神格에 泄氣하는 傷食이 用神이고 比刦은 用神을 生하는 喜神이다. 그리고 用神을 傷害하는 印星은 病이 되며 財星運은 病을 除去하는 藥神이 된다.

*. 食神과 官星이 대치할 때는 財星이 둘 사이를 通關하는 用神이다.

1976年生(女命)

```
庚  壬  庚  丙
子  子  寅  辰
```

79 69 59 49 39 29 19 09
壬 癸 甲 乙 丙 丁 戊 己
午 未 申 酉 戌 亥 子 丑

이 命造는 壬水日主가 寅月의 弱地에 태어났으나 雙庚金이 生하고 雙子水가 도우니 身强한 水木食神格이다. 官星으로 旺한 比刦을 制伏하려하나 食神이 官星을 剋하고 있으므로 쓸 수 없다. 따라서 財星은 造候뿐만 아니라 食神과 官星을 通關하는 用神이 되고 食神은 用神을 生하는 喜神이다. 比刦은 用神을 傷害하는 病이 되고 官星은 病을 除去하는 藥神이다.

2) 身弱

壬水日主가 寅月에 태어나거나 癸水日干이 卯月에 태어나고 印星과 比刦의 生扶보다 傷食과 財星과 官星의 剋泄이 더 甚하여 身弱하게 된 命造이며 印星이 用神이 된다. 그러나 印星을 쓸 수 없으면 比刦이 用神이 된다.

가) 身弱한 水木食神格에서 印星이 用神이 되면 官星은 印星을 生하는 喜神이 되고 印星을 剋傷하는 財星이 病이 되는데 이 때는 比刦이 病을 除去하는 藥神이 된다.

1969年生

　　　己　壬　丙　己
　　　酉　戌　寅　酉

74 64 54 34 24 14 04
戊 己 庚 辛 壬 癸 甲 乙
午 未 申 酉 戌 亥 子 丑

이 命造는 壬水日干이 寅月에 生하여 剋泄이 交加하므로 身弱한 水木食神格이 되고 印星은 弱한 日干을 生하는 用神이며 官星은 印星을 生하는 喜神이 된다. 그리고 財星은 印星을 剋傷하는 病神이 되고 比刦運은 病을 除去하는 藥神이 된다.

나) 身弱한 水木食神格에서 印星을 쓸 수 없어서 比刦이 用神이 되면 印星運은 比刦을 生하는 喜神이 되고 比刦을 剋傷하는 官星은 病이 되는데 이때 傷食은 病을 除去하는 藥神이 된다.

1973年生(女命)

```
癸 壬 甲 癸
卯 午 寅 丑
```

77 67 57 47 37 27 17 07
壬 辛 庚 己 戊 丁 丙 乙
戌 酉 申 未 午 巳 辰 卯

이 命造는 壬水日主가 寅月에 生하여 剋泄이 交加하니 身弱한 水木食神格이며 日干을 도우는 比刦이 用神이 되고 印星運은 用神을 生하는 喜神이 된다. 用神을 剋傷하는 官星은 病神이고 傷食은 病을 除去하는 藥神이 된다.

다) 太弱한 水木食神格에서 印星이나 比刦을 用神으로 쓸 수 없으면 變格 中 棄命從兒格에서 論한다.

(9) 劫財格

月支가 日干의 劫財가 되는 命造를 말한다. 陰胞胎法을 따르지 않고 陽胞胎法을 따른다고 할 때 劫財를 陽胞胎法에서는 帝旺이라고 하고, 帝旺은 祿前一位로서 天干生旺十二運 中에서 가장 旺盛하다. 따라서 이 格은 身强할 확률이 가장 높다.827) 그렇더라도 用神을 定하는 것에서는 이 格도 다른 正格의 基本法則과 마찬가지로, 身弱하면 印星이나 比劫이 用神이 되고, 혹 官星은 旺한데 印星이나 比劫을 쓸 수 없는 경우에는 制殺하는 傷食이 用神이 되기도 한다. 그리고 身强한 경우에는 旺한 印星이 欠이 되면 財星이 用神이 되고, 旺한 比劫이 欠이 되면 官星이 比劫을 制伏하는 用神이 되며, 太旺하면 傷·食이 泄氣하는 用神이 된다.

(가) 身强

1) 劫財月에 태어나서 身强한 命造에서 印星이 많아서 欠이 되면 그 印星을 制伏하는 財星이 用神이 되고 傷食은 用神을 生하

---

827) 木·火金·水日主는 陽胞胎法(天干生旺十二運)으로 말하면 帝旺에 해당하는 劫財格이 가장 旺하지만, 土日主는 帝旺에 해당하는 正印格이 가장 旺하다는 점이 다른 日主와 다르다.

는 喜神이 된다. 그리고 比刦은 用神을 損傷시키므로 病神이 되고 官星은 그 病을 除去하는 藥神이 된다.

2007年生(女命)

```
丁 戊 丁 丁
巳 辰 未 亥
```
72 62 52 42 32 22 12 02
乙 甲 癸 壬 辛 庚 己 戊
卯 寅 丑 子 亥 戌 酉 申

이 命造는 戊土日干이 未月에 生하고 印星이 太多하므로 太强한 刦財格이며 印星이 欠이 된다. 따라서 印星을 除去하는 財星이 用神이고 傷食運은 財星을 生하는 喜神이다. 그리고 財星을 剋傷하는 比刦이 病이며 病을 除去하는 官星이 藥神이다.

2) 刦財月에 태어나서 身强한 命造에서 比刦이 많아서 欠이 되면, 比刦을 制伏하는 官星이 用神이 되고 財星은 官星을 生하는 喜神이 된다. 그리고 官星을 剋傷하는 傷食이 있으면 病神이 되는데 이때는 印星이 傷食을 除去하는 藥神이 된다.

1960年生(女命)

```
甲 乙 戊 庚
申 亥 寅 子
```

74 64 54 44 34 24 14 04
庚 辛 壬 癸 甲 乙 丙 丁
午 未 申 酉 戌 亥 子 丑

이 命造는 乙木日干이 寅月에 태어나 比劫이 많으므로 身强한 刦財格에 많은 比劫이 欠이 된다. 다라서 比劫을 制伏하는 官星이 用神이며 財星은 用神을 生하는 喜神이다. 그리고 用神을 傷害하는 傷食運은 病이 되는데 이 경우에 印星은 病을 除去하는 藥神이 된다.

*. 刦財가 財星과 대치하고 있을 때는 食傷이 通關으로 和解시키는 用神이다.

1947年生(女命)

```
庚 戊 丁 丁
申 戌 未 亥
```

77 67 57 47 37 27 17 07
乙 甲 癸 壬 辛 庚 己 戊
卯 寅 丑 子 亥 戌 酉 申

이 命造는 戊土日主가 未月에 태아나고 印星과 比刦이 많으므로 身强한 刦財格이고 旺한 印星이 欠이 된다. 欠을 除去하는 財星을 用神으로 쓰려하나 比刦으로 인하여 傷害를 받고 있다. 따라서 食神이 財星과 比刦사이를 通關하여 和解시키는 用神이 되고 濕土運은 用神을 生하는 喜神이 된다. 그리고 用神을 剋傷하는 印星은 病이 되는데 이때 財星은 그 病을 除去하는 藥神이 된다.

(나) 太强

1) 太旺한 刦財格에 比刦이 많아서 欠이 되면 泄氣하는 傷食이 用神이 되고 過多한 比刦은 用神을 生하는 喜神이 아니라 오히려 病이 되는데, 이때는 官星이 病을 제거하는 藥神이 된다. 그리고 印星 또한 傷食을 剋傷하는 病神이 되는데, 이 경우에는 財

- 578 -

星이 그 病을 除去하는 藥神이 된다.

1949年生

```
丁 戊 辛 己
巳 辰 未 丑
```

80 70 60 50 40 30 20 10
癸 甲 乙 丙 丁 戊 己 庚
亥 子 丑 寅 卯 辰 巳 午

이 命造는 戊土日主가 未月에 生하여 比刦이 太多하니 太旺한 刦財格으로 泄氣하는 傷官이 用神이다. 그러나 土多埋金이 되므로 比刦은 用神을 生하는 喜神이 아니라 오히려 病神이 되는데, 이 경우에 官星運은 病을 除去하는 藥神이 된다. 그리고 用神을 剋傷하는 印星 또한 病이 되는데 이때는 財星運이 病을 除去하는 또 하나의 藥神이 된다.

2) 太强한 刦財格에 印星이 많아서 欠이 되면 泄氣하는 傷食이 用神이 되고 比刦은 用神을 生하는 喜神이 된다. 그리고 傷食을 剋傷하는 印星은 病이 되는데, 病神인 印星을 除去하는 財星運이 藥神이 된다.

1949年生

戊 辛 壬 己
戌 巳 申 丑

74 64 54 44 34 24 14 04
甲 乙 丙 丁 戊 己 庚 辛
子 丑 寅 卯 辰 巳 午 未

이 命造는 辛金日干이 申月에 태어나 印星이 太多하니 太强한 刦財格이며, 辛金은 淘洗先要라하니 泄氣하는 水가 用神이며 刦財는 用神을 生하는 喜神이다. 傷官을 傷害하는 印星은 病이 되는데 이때 財星運이 病을 除去하는 藥神이 된다.

*. 印星이 用神인 食傷과 대치하고 있을 때 刦財는 그 사이를 通官하여 和解시키는 喜神이다.

1972年生

丙 甲 癸 壬
寅 子 卯 子

71 61 51 41 31 21 11 01
辛 庚 己 戊 丁 丙 乙 甲
亥 戌 酉 申 未 午 巳 辰

- 580 -

이 命造는 甲木日干이 卯月에 태어나 比刦과 印星이 많으므로 太强한 刦財格에 泄氣하는 食神이 用神이 되고, 比刦은 食神을 生하는 喜神이 될 뿐만 아니라 서로 대적하고 있는 印星과 食神 사이를 通關하여 和解시키는 좋은 작용을 한다. 그리고 食神을 剋傷하는 印星은 病이 되는데 財星運은 그 病을 制伏하는 藥神이 된다.

3) 刦財格의 太旺함이 極에 이르면 變格 中에서 一行得氣(專旺)格에서 論한다.

(다) 身弱

1) 官星過多

가) 刦財月에 태어나 身弱한 命造에서 官星이 旺하면 印星이 用神이 된다.

- 581 -

1979年生(女命)

```
戊 壬 丙 己
申 戌 子 未
```

76 66 56 46 36 26 16 06
甲 癸 壬 辛 庚 己 戊 丁
申 未 午 巳 辰 卯 寅 丑

이 命造는 壬水日主가 子月에 生하였으나 官星이 많으므로 身弱한 刦財格에 印星이 用神이며 財星은 印星을 傷害하는 病이 되는데 이때 刦財는 病을 除去하는 藥神이 된다.

나) 刦財月에 태어나 身弱한 命造에서 官星이 旺한데 印星을 쓸 수 없으면 比刦이 用神이다.

1952年生(女命)

```
乙 戊 辛 辛
卯 寅 丑 卯
```

71 61 51 41 31 21 11 01
己 戊 丁 丙 乙 甲 癸 壬
酉 申 未 午 巳 辰 卯 寅

이 命造는 戊土日干이 丑月에 生하여 官殺이 많으므로 身弱한 劫財格이며 弱身을 도우는 比劫이 用神이 되고 寅中의 丙火는 用神을 生하는 喜神이다. 그리고 用神을 剋傷하는 官星은 病이 되며 그 病을 除去하는 傷官은 藥神이다.

다) 劫財月에 태어나 身弱한 命造에서 官星이 旺한데 印星이나 比劫을 쓸 수 없으면 傷食이 用神이다.

2001年生(여명)

癸 甲 辛 辛
酉 申 卯 巳

75 65 55 45 35 25 15 05
己 戊 丁 丙 乙 甲 癸 壬
亥 戌 酉 申 未 午 巳 辰

이 命造는 甲木日干이 卯月에 태어나 混雜한 官殺이 欠이고 濕하다. 따라서 欠을 除去할 뿐만 아니라 調候上으로도 傷食이 用神이 되며 劫財는 用神을 生하는 喜神이다. 그리고 用神을 剋傷하는 印星은 病이 되는데, 이때 財星運은 그 病을 除去하는 藥神이 된다.

2) 財星過多
　　재성과다

가) 劫財月에 태어나 身弱한 命造에서 財星이 旺하면 比劫이
　　겁재월　　　　　　신약　　명조　　　　재성　왕　　　　비겁
用神이다.
용신

1975年生(女命)

乙　辛　甲　乙
未　亥　申　卯

72 62 52 42 32 22 12 02
壬　辛　庚　己　戊　丁　丙　乙
辰　卯　寅　丑　子　亥　戌　酉

이 命造는 辛金日干이 申月에 生하여 財星이 過多하므로 身弱
　　명조　　신금일간　　　신월　생　　　　재성　과다　　　　　신약
한 劫財格이다. 弱한 日干을 도우는 劫財가 用神이고 印星運은
　　겁재격　　　약　　일간　　　　　　겁재　　용신　　　인성운
用神을 生하는 喜神이다.
용신　생　　　희신

나) 劫財月에 태어나 身弱한 命造에서 財星이 旺한데 比劫을
　　겁재월　　　　　　신약　　명조　　　　재성　왕　　　　비겁
쓸 수 없으면 印星이 用神이 된다.
　　　　　　인성　용신

1944年生(女命)

辛 丁 己 甲
丑 酉 巳 申

79 69 59 49 39 29 19 09
辛 壬 癸 甲 乙 丙 丁 戊
酉 戌 亥 子 丑 寅 卯 辰

이 命造는 丁火日主가 巳月에 生하여 財星이 過多하므로 身弱한 刦財格이다. 많은 財星도 欠이 되지만 食神 또한 弱한 日干을 泄氣하므로 欠이 된다. 따라서 食神을 除去하고 日干을 生하는 印星이 用神이 되고 官星運은 印星을 生하는 喜神이 된다. 그리고 用神을 剋傷하는 財星은 病神이 되고 比刦이 病을 除去하는 藥神이 된다.

3) 傷食過多

가) 刦財月에 태어나 身弱한 命造에서 傷食이 旺하면 印星이 用神이 된다.

1956年生(女命)

　　　　庚　戊　辛　丙
　　　　申　寅　丑　申

71 61 51 41 31 21 11 01
癸 甲 乙 丙 丁 戊 己 庚
巳 午 未 申 酉 戌 亥 子

이 命造는 戊土日干이 水旺한 丑月에 태어나 庚辛金이 丑土와 雙申金에 根을 두고 高透하였으므로 많은 傷食이 欠이 된다. 따라서 調候兼 欠을 除去하는 印星이 弱한 日干을 生하는 用神이며 官星은 用神을 生하는 喜神이다.

나) 刦財月에 태어나 身弱한 命造에서 傷食이 旺한데 印星을 쓸 수 없으면 比刦이 用神이 된다.

1969年生(女命)

　　　　己　甲　丁　己
　　　　巳　午　卯　酉

76 66 56 46 36 26 16 06
乙 甲 癸 壬 辛 庚 己 戊
亥 戌 酉 申 未 午 巳 辰

- 586 -

이 命造는 甲木日主가 卯月에 生하였으나 剋泄이 交加하므로 身弱한 刦財格이며 많은 傷食이 欠이 된다. 弱한 日干을 도우는 比刦이 用神이 되고 印星運은 用神을 生하는 喜神이다. 그리고 用神을 剋傷하는 官星이 病이 되는데 이때 傷食이 病을 除去하는 藥神이 된다.

(10) 比肩格(비견격)

月支(월지)가 日干(일간)의 比肩(비견)이 되는 命造(명조)를 말한다. 比肩(비견)은 陰陽同生(음양동생) 同死說(동사설)을 기준으로 볼 때 天干生旺十二運(胞胎法)(천간생왕십이운 포태법)에서 帝旺(제왕) 다음으로 旺盛(왕성)한 建祿(臨官)(건록 임관)에 해당하므로 그만큼 身强(신강)할 확률이 높다. 이 格(격)의 用神(용신)을 가려내는 것도 다른 正格(정격)과 마찬가지로 抑扶(억부)와 調候(조후)와 病藥(병약) 그리고 通關(통관)의 틀 안에서 이루어진다. 즉 印星(인성)과 月支(월지)를 포함한 比肩(비견)과 刧財(겁재)를 傷·食(상식)과 財星(재성)과 官星(관성)을 비교하여 身强(신강)하면 財星(재성)과 官星(관성) 혹은 傷食(상식)이 用神(용신)이 되고, 身弱(신약)하면 印星(인성) 혹은 比刧(비겁)이 用神(용신)이 된다. 그리고 혹 太旺(태왕)이 極(극)에 이르면 變格(변격)의 用神(용신)을 定(정)하는 法(법)을 準用(준용)한다. 이해를 돕기 위해서 먼저 身强(신강)과 太强(태강) 그리고 身弱(신약)으로 구분하고 그 다음은 身强(신강)과 太强(태강) 그리고 身弱(신약)이 成立(성립)하게 된 原因別(원인별)로 命造事例(명조사례)를 들어서 論(론)하기로 한다.

(가) 身强(신강)

1) 比肩月(비견월)에 태어나 身强(신강)한 命造(명조)에서 印星(인성)이 많아서 欠(흠)이 되면, 그 印星(인성)을 制伏(제복)하는 財星(재성)이 用神(용신)이 되고 傷食(상식)은 用神(용신)을 生(생)

하는 喜神이 된다. 그리고 比刼은 用神을 損傷시키므로 病神이 되고 官星이 그 病을 除去하는 藥神이 된다.

1964年生(女命)

辛 丙 己 甲
卯 寅 巳 辰

74 64 54 44 34 24 14 04
辛 壬 癸 甲 乙 丙 丁 戊
酉 戌 亥 子 丑 寅 卯 辰

이 命造는 丙火日主가 巳月에 태어나 三木이 生하니 身强한 比肩格이며 많은 印星이 欠이 된다. 따라서 印星을 制伏하는 財星이 用神이 되고 傷食은 用神을 生하는 喜神이다. 그리고 用神을 剋傷하는 比刼은 病이 되고 그 病을 除去하는 官星運은 藥神이 된다.

2) 比肩月에 태어나서 身强한 命造에서 比刼이 많아서 欠이 되면, 比刼을 制伏하는 官星이 用神이 되고 財星은 官星을 生하는 喜神이 된다. 그리고 官星을 剋傷하는 傷食이 있으면 病神이 되는데 이때는 印星이 傷食을 除去하는 藥神이 된다.

1957年生(女命)

辛 庚 戊 丁
巳 午 申 酉

75 65 55 45 35 25 15 05
丙 乙 甲 癸 壬 辛 庚 己
辰 卯 寅 丑 子 亥 戌 酉

이 命造는 庚金日主가 申月에 태어나 身强한 比肩格이고 많은 比劫이 欠이 된다. 따라서 比劫을 制伏하는 官星이 用神이 되고 財星運은 用神을 生하는 喜神이다. 그리고 傷食運은 用神을 傷害하는 病이 되고 印星이 그 病을 除去하는 藥神이 된다.

*. 比肩과 財星이 대치하고 있을 때는 傷食이 通關하여 和解시키는 用神이다.

1947年生(女命)

庚 己 丁 丁
午 丑 未 亥

80 70 60 50 40 30 20 10
乙 甲 癸 壬 辛 庚 己 戊
卯 寅 丑 子 亥 戌 酉 申

이 命造는 己土日主가 未月에 태어나고 印星이 많으므로 身强한 比肩格이고 旺한 印星이 欠이 된다. 欠을 제거하는 財星을 用神으로 쓰려하나 比肩으로 인하여 傷害를 받고 있다. 따라서 傷官이 財星과 比肩사이를 通關하여 和解시키는 用神이 되고 濕土는 用神을 生하는 喜神이 된다. 그리고 用神을 剋傷하는 印星은 病이 되는데 이때 財星은 그 病을 除去하는 藥神이 된다.

(나) 太强

1) 太强한 比肩格에 比刦이 많아서 欠이 되면 傷食이 用神이 되고 過多한 比刦은 用神을 生하는 喜神이 아니라 오히려 病이 되는데, 이때는 官星이 病을 除去하는 藥神이 된다. 그리고 印星 또한 傷食을 剋傷하는 病神이 되고 財星이 그 病을 除去하는 藥神이 된다.

1959年生

```
己 壬 乙 己
酉 子 亥 亥
```

76 66 56 46 36 26 16 06

丁 戊 己 庚 辛 壬 癸 甲

卯 辰 巳 午 未 申 酉 戌

이 命造는 壬水日干이 亥月에 태어나 印星이 生하고 旺盛한 比刦이 도우므로 太旺한 比肩格에 泄氣하는 傷官이 用神이다. 水多木浮하므로 過多한 比肩은 用神을 生하는 喜神이 아니라 오히려 病이 되는데 이때 官星은 病을 除去하는 藥神이 된다. 그리고 印星 또한 用神을 剋傷하는 病이 되고 財星運은 그 病을 제거하는 藥神이 된다.

2) 太强한 比肩格에 많은 印星이 欠이 되면 泄氣하는 傷食이 用神이 되고 比刦은 用神을 生하는 喜神이 된다. 그리고 傷食을 剋傷하는 印星이 病이 되는데 그 病을 제거하는 財星運은 藥神이 된다.

1952年生(女命)

　　　庚　庚　戊　壬
　　　辰　戌　申　辰

79 69 59 49 39 29 19 09
庚 辛 壬 癸 甲 乙 丙 丁
子 丑 寅 卯 辰 巳 午 未

이 命造는 庚金日主가 申月에 태어나 太旺한 比肩格에 過多한 印星이 病이 된다. 따라서 太旺한 氣를 泄氣하는 食神은 用神이 되고 比刦은 用神을 生하는 喜神이 된다. 그리고 用神을 剋하는 印星은 病이 되는데 이때 財星運은 藥神이 된다.

*. 用神인 傷食과 印星이 대치하고 있을 때 比肩은 그 사이를 通關으로 和解시킬 뿐만 아니라 用神을 生하는 喜神이 된다.

1972年生

　　　丙　甲　壬　壬
　　　寅　申　寅　子

74 64 54 44 34 24 14 04
庚 己 戊 丁 丙 乙 甲 癸
戌 酉 申 未 午 巳 辰 卯

이 命造는 甲木日干이 寅月에 태어나 比肩과 印星이 많으므로 太强한 比肩格에 泄氣하는 食神은 用神이 되고, 比肩은 食神을 生하는 喜神이 될 뿐만 아니라 서로 대적하고 있는 印星과 食神 사이를 通關하여 和解시켜주는 좋은 작용을 한다. 그리고 食神을 剋傷하는 印星은 病이 되는데 財星運은 그 病을 除去하는 藥神이 된다.

3) 比肩格의 太旺함이 極에 이르면 變格 中에서 一行得氣(專旺)格에서 論한다.

(다) 身弱

1) 官星過多

가) 比肩月에 태어나 身弱한 命造에서 官星이 旺하면 印星이 用神이 된다.

1981年生(女命)

```
癸 乙 辛 辛
未 酉 卯 酉
```

80 70 60 50 40 30 20 10
己 戊 丁 丙 乙 甲 癸 壬
亥 戌 酉 申 未 午 巳 辰

이 命造는 乙木日干이 卯月에 生하여 比肩格이며 官星이 많으므로 印星이 用神이 된다. 이 命造의 경우 官星은 印星을 生하는 喜神이 아니라 金多水濁하므로 오히려 病이 되고, 傷食運은 그 病을 除去하는 藥神이 된다. 그리고 印星을 剋傷하는 財星이 또한 病이 되고, 比劫은 그 病을 制伏하는 藥神이 된다.

나) 比肩月에 태어나 身弱한 命造에서 官星이 旺한데 印星을 쓸 수 없으면 比劫이 用神이다.

1960年生(女命)

乙 戊 庚 庚
卯 寅 辰 子

75 65 55 45 35 25 15 05
壬 癸 甲 乙 丙 丁 戊 己
申 酉 戌 亥 子 丑 寅 卯

이 命造는 戊土日主가 比肩月에 태어나 寅卯辰에 乙木이 透出하였으니 官星이 많은 身弱한 比肩格이다. 弱한 日干을 도우는 比肩이 用神이고 寅中의 丙火는 用神을 生하는 喜神이다. 그리고 用神을 剋하는 官星이 病神이며 食神은 그 病을 除去하는 藥神이 된다.

다) 比肩月에 태어나 身弱한 命造에서 官星이 旺한데 印星이나 比刦을 쓸 수 없으면 傷食이 用神이다.

1955年生(女命)

　　　己　癸　戊　乙
　　　未　丑　子　未

77 67 57 47 37 27 17 07
丙 乙 甲 癸 壬 辛 庚 己
申 未 午 巳 辰 卯 寅 丑

이 命造는 癸水日干이 子月의 旺地에 태어났으나 乙木이 泄氣하고 子丑合化土와 未未土에 뿌리를 둔 戊己官星이 透干하였으므로 身弱한 比肩格에 많은 官星이 欠이 된다. 따라서 欠을 除去하는 食神이 用神이 되고 比肩은 用神을 生하는 喜神이다.

2) 財星過多

가) 比肩月에 태어나 身弱한 命造에서 財星이 旺하면 比刦이 用神이 된다.

1960年生

　　　　戊　甲　庚　辛
　　　　辰　戌　寅　丑

72 62 52 42 32 22 12 02
壬 癸 甲 乙 丙 丁 戊 己
午 未 申 酉 戌 亥 子 丑

이 命造는 甲木日主가 寅月에 태어나 財星이 過多하므로 身弱한 比肩格에 財星을 剋制하는 比肩이 用神이다. 印星運은 用神을 生하는 喜神이며 官星은 比肩을 剋傷하는 病이고 寅中의 丙火는 그 病을 除去하는 藥神이 된다.

나) 比肩月에 태어나 身弱한 命造에서 財星이 旺한데 比劫을 쓸 수 없으면 印星이 用神이 된다.

1956年生

　　　　乙　己　辛　丙
　　　　亥　亥　丑　申

73 63 53 43 33 23 13 03
己 戊 丁 丙 乙 甲 癸 壬
酉 申 未 午 巳 辰 卯 寅

이 命造는 己土日干이 丑月에 生하여 地支에 亥亥丑이 있으므로 身弱한 比肩格에 財星이 過多하다. 調候 및 弱한 日干을 生하는 印星이 用神이며 用神을 生하는 官星은 喜神이다. 그리고 用神을 剋傷하는 財星은 病神이고 그 病을 除去하는 比劫이 藥神이다.

3) 傷食過多

가) 比肩月에 태어나 身弱한 命造에서 傷食이 旺하면 印星이 用神이 된다.

1980年生

　　　　庚　己　己　庚
　　　　午　酉　丑　申

72 62 52 42 32 22 12 02
丁 丙 乙 甲 癸 壬 辛 庚
酉 申 未 午 巳 辰 卯 寅

이 命造는 己土日主가 丑月에 태어나 酉丑과 申金에 뿌리를 둔 雙庚金이 透干했으므로 身弱한 比肩格에 傷食이 많아서 欠이 된다. 그 欠을 除去하는 印星이 用神이고 官星運은 印星을 生하는 喜神이다. 그리고 印星을 剋傷하는 財星運은 病이 되는데 이때는 比刦은 그 病을 除去하는 藥神이 된다.

나) 比肩月에 태어나 身弱한 命造에서 傷食이 旺한데 印星을 쓸 수 없으면 比刦이 用神이 된다.

1952年生

庚 戊 庚 壬
申 申 戌 辰

73 63 53 43 33 23 13 03
戊 丁 丙 乙 甲 癸 壬 辛
午 巳 辰 卯 寅 丑 子 亥

이 命造는 戊土日干이 戌月에 生하여 食神이 많으므로 身弱한 比肩格이다. 比肩이 弱한 日干을 도우는 用神이고 印星運은 比刦을 生하는 喜神이다. 그리고 用神을 剋傷하는 官星運은 病神이 된다.

나. 變(從旺)格의 用神

(1) 一行得氣(專旺)格의 用神

(가) 木曰曲直格

甲乙日主가 寅卯辰 東方이 되든지 亥卯未 木局이 되는 등으로 比刦과 약간의 水만으로 이루어지고, 旺木을 冲剋하는 金이 없으며 官星 印星 財星 혹은 傷·食 比刦이 用神이 되는 다른 正格에 속하지 않으면 木曰曲直格이 된다. 이 格에는 從神인 木이 用神이고 印星은 用神을 生하는 喜神이 되며 官星運은 用神을 剋傷하는 病神이고 傷食運은 그 病을 除去하는 藥神이 된다. 財星運은 病神을 生할뿐만 아니라 用神과 대적하므로 凶하다.

그러나 干支에 太旺한 木氣를 泄氣하는 火가 있는 命造라면 木曰曲直格이 아니고, 이때는 月支가 속하는 六神의 格으로서 食傷인 火가 곧 用神이 되는 正格에 속한다. 따라서 一行得氣(專旺)格의 與·否는 傷·食의 有無에 따라서 결정된다. 다른 一行得氣(專旺)格에서도 마찬가지다.

1962年生(女命)

　　　己 乙 壬 癸
　　　卯 卯 卯 寅

74 64 54 44 34 24 14 04
乙 丙 丁 戊 己 庚 辛 壬
未 申 酉 戌 亥 子 丑 寅

이 命造는 乙木日干이 卯月에 태어나 네 개의 比刦이 도우고 두 개의 印星이 生하고 있으므로 木日曲直格에 己土가 欠이 된다. 從神인 木이 用神이고 印星은 用神을 生한 喜神이며, 金運은 用神을 剋傷하는 病神이 되는데 이때 傷食이 歲運에서 오면 藥神이 된다.

1999年생(女命)

　　　癸 乙 丙 己
　　　未 卯 寅 卯

71 61 51 41 31 21 11 01
甲 癸 壬 辛 庚 己 戊 丁
戌 酉 申 未 午 巳 辰 卯

이 命造는 乙木日干이 寅月에 生하여 卯未木과 寅卯가 도우고

癸水가 木을 生하고 있으니 木日曲直格인 듯하지만 寅木에 根을 둔 丙火가 잘 발달되어 秀氣를 吐하고 있으므로 木日曲直格이 아니고 太旺한 刧財格에 傷食이 旺木을 泄氣하는 用神이 된다. 이 경우에 太旺한 木은 木多火熄되므로 用神을 生하는 喜神이 될 수 없으며 오히려 病이 되는데 이때 金運은 木을 斫破生火하는 藥神이 된다. 이러한 경우가 바로 傷官이 見官이면 爲禍百端의 例外가 되는 경우이다. 그리고 印星은 用神을 剋傷하는 또 하나의 病神이 되고 土는 그 丙을 除去하는 또 하나의 藥神이 된다.

(나) 火日炎上格

丙丁日主가 巳午未 南方이 되든지 寅午戌 火局 등 比刧과 약간의 木만으로 이루어지고, 旺火를 冲剋하는 水가 없고 官星 財星 혹은 傷·食 比刧이 用神이 되는 다른 正格에 속하지 않으면 火日炎上格이 된다. 이 格은 從神인 火가 用神이고 木은 用神을 生하는 喜神이며 水運은 用神을 剋傷하는 病神이 되며 土運은 그 病을 制伏하므로 藥神이 된다. 金運은 病神을 生할뿐만 아니라 用神과 대적하므로 凶하다.

1977年生

甲 丙 乙 丁
午 寅 巳 巳

71 61 51 41 31 21 11 01
丁 戊 己 庚 辛 壬 癸 甲
酉 戌 亥 子 丑 寅 卯 辰

이 命造는 丙火日干이 巳月에 生하여 寅午火와 丁巳巳火가 도우고 印星이 生하고 있으며 從神을 剋傷하는 官星이 없으므로 火日炎上格이 된다. 從神인 火가 用神이 되고 印星은 用神을 生하는 喜神이 된다. 水運은 從神을 剋傷하는 病이 되는데 이때 歲運에서 土가 오면 病을 除去하는 藥神이 된다.

(다) 土日稼穡格

戊己日主가 辰戌丑未月에 生하거나 혹은 巳午月에 태어났더라도 四柱八字 대부분이 土로 되어 있으며 一點의 木이 없고, 官星 財星 혹은 傷·食 比刦이 用神이 되는 다른 正格에 속하지 않으면 土日稼穡格이 된다. 이 格은 從神인 土가 用神이 되고 火는 用神을 生하는 喜神이 되며 木運은 用神을 剋傷하는 病神이 되는데 이때 歲運에서 金運이 오면 그 病을 除去하는 藥神이 된다. 水運은 病神을 生할뿐만 아니라 用神과 대적하므로 凶하다.

1979年生(女命)

戊 己 戊 己
辰 未 辰 未

75 65 55 45 35 25 15 05
丙 乙 甲 癸 壬 辛 庚 己
子 亥 戌 酉 申 未 午 巳

이 命造는 己土日主가 辰月에 戊土가 司令(淸明後 17日)하는 때에 태어나고 全局이 比刦이므로 土日稼穡格이다. 從神인 土가 用神이 되고 火運은 用神을 生하는 喜神이 된다. 그리고 木運은 用神을 剋傷하는 病이 되는데 이때 歲運에서 金이 오면 病을 除去하는 藥神이 된다.

(라) 金日從革格

庚辛日主가 申酉戌 西方이 되든지 巳酉丑 金局 등 比刦과 약간의 土만으로 이루어지고, 旺金을 冲剋하는 火가 없으며, 官星

財星 혹은 傷食 比刦이 用神이 되는 다른 正格에 속하지 않으면 金日從革格이 된다. 이 格은 從神인 金이 用神이고 用神을 生하는 土는 喜神이 되며 火運은 用神을 剋傷하는 病神이 되는데 이때 歲運에서 水가 오면 病을 制伏하는 藥神이 된다. 木運은 病神을 生할뿐만 아니라 用神과 대적하므로 凶하다.

1968年生(女命)

庚 庚 辛 戊
辰 戌 酉 申

80 70 60 50 40 30 20 10
癸 甲 乙 丙 丁 戊 己 庚
丑 寅 卯 辰 巳 午 未 申

이 命造는 庚金日主가 酉月에 生하여 地支에 申酉戌에 庚辛金이 透干하여 도우므로 金日從革格이다. 從神인 金이 用神이고 用神을 生하는 土는 喜神이다. 그리고 從神을 剋傷하는 官星運은 病神이 되는데 이때 歲運에서 傷食이 오면 그 病을 除去하는 藥神이 된다.

(마) 水日潤下格
    수 왈 윤 하 격

　壬癸日主가 亥子丑 北方이 되든지 申子辰 水局 등 比刦과 약
　임계일주　해자축 북방　　　　 신자진 수국　　비겁

간의 金만으로 이루어지고, 旺水를 冲剋하는 土가 없고, 官星 財
　　　금　　　　　　　　　왕수　충극　　　토　　　　관성 재

星 혹은 傷食 比刦이 用神이 되는 다른 正格에 속하지 않으면 水
성　　　상식 비겁　용신　　　　　정격　　　　　　　　수

日潤下格이 된다. 이 格은 從神이 되는 水가 用神이 되고 金은
왈윤하격　　　　　격　종신　　　　수　용신　　　금

用神을 生하는 喜神이 된다. 그리고 土運은 用神을 剋傷하는 病
용신　생　　희신　　　　　　　토운　용신　극상　　병

神이며 이때 歲運에서 木이 오면 土를 剋制하므로 藥神이 된다.
신　　　　세운　　목　　　　토　극제　　　약신

火運은 病神을 生할뿐만 아니라 用神과 대적하므로 凶하다.
화운　병신　생　　　　　　용신　　　　　　흉

1972年生

```
癸 癸 辛 壬
亥 丑 亥 子
```
77 67 57 47 37 27 17 07
己 戊 丁 丙 乙 甲 癸 壬
未 午 巳 辰 卯 寅 丑 子

　이 命造는 癸水日主가 亥月에 태어나 地支에 亥子丑에 水가
　　　명조　계수일주　해월　　　　　지지　해자축　수

萬方이므로 水日潤下格이 된다. 從神인 水가 用神이 되고 印星
만방　　　수왈윤하격　　　　종신　수　용신　　　인성

은 用神을 生하는 喜神이다. 그리고 從神을 剋傷하는 官星이 病
　　용신　생　　희신　　　　　　 종신　극상　　관성　병

- 607 -

이 되는데 이때 傷食運은 病을 除去하는 藥神이 된다.

(2) 從格의 用神

(가) 棄命從殺格

日主가 의지할 印綬나 比刦이 없고 대부분 正官과 偏官으로 이루어지고 官星을 剋傷하는 傷食이 없으면 棄命從殺格이 되는데, 正官도 둘 이상이면 殺이 되기 때문에 從殺이라고 한다. 從神인 官星이 用神이고 財星은 用神을 生하는 喜神이 된다. 그리고 印星運은 太旺한 殺星을 泄氣하여 吉할 것 같지만 이미 버린 本身을 다시 生하기 때문에 허물이 있을 것이다. 그러나 微弱하게나마 從神을 剋傷하므로 病이 되는 傷食이 있는 경우에는 印星運은 그 病을 除去하는 藥神이 된다. 比刦運은 病神을 生하고 從神과 대적할 뿐만 아니라 이미 버린 身主를 도우기 때문에 不吉하다.

1972年生

　　　辛　丁　壬　壬
　　　亥　丑　子　子

78 68 58 48 38 28 18 08
庚 己 戊 丁 丙 乙 甲 癸
申 未 午 巳 辰 卯 寅 丑

이 命造는 丁火日干이 子月에 生하여 의지할 곳이 없고 地支에 亥子丑 등 官星이 萬方을 이루고 있으니 本身을 버리고 殺星을 따르는 棄命從殺格이다. 從神인 官星이 用神이 되고 財星은 用神을 生하는 喜神이다. 그리고 用神을 剋傷하는 食傷은 病이 되는데 이때 印星運은 病을 제거하는 藥神이 된다.

(나) 從印格

丁火日主가 壬水와 合하여 印星인 木으로 從하는 경우와 戊土日主가 癸水와 合하여 印星인 火를 따르는 것과 마찬가지로, 從印格 또한 本身을 버리고 印星을 따른다는 의미에서는 그와 같다고 할 수 있다. 이 格은 日主가 의지하거나 通根할 比刦이 없고 印星이 三方 혹은 三合局이 되는 등 四柱八字가 온통 印星으로

- 609 -

이루어지고, 旺한 印星을 冲剋할 財星이 없으면 從印格이 된다. 從神인 印星이 用神이 되고 印星을 生하는 官星은 喜神이 된다. 比刦運은 이미 버린 本身을 다시 도우기 때문에 吉하다고는 할 수 없으나, 微弱하나마 病神인 財星이 있으면 그 病을 除去하는 藥神이 된다. 그리고 傷食運은 病神을 生할뿐만 아니라 從神과 對敵하므로 凶하다.

1977年生

丁 戊 丙 丁
巳 午 午 巳

78 68 58 48 38 28 18 08
戊 己 庚 辛 壬 癸 甲 乙
戌 亥 子 丑 寅 卯 辰 巳

이 命造는 戊土日干이 午月에 태어나 印星이 滿局을 이루었으므로 從印格이다. 從神인 印星이 用神이 되고 官星運은 用神을 生하는 喜神이다. 그리고 財星運은 用神을 傷害하는 病이 되는데 이때 歲運에서 比刦이 오면 病을 除去하는 藥神이 된다.

(다) 棄命從財格

日主가 通根할 印星과 比刼이 없고 滿局이 財星으로 이루어져 있으면 本身을 버리고 財星을 따르는 棄命從財格이 된다. 從神인 財星이 用神이 되고 傷食은 用神을 生하는 喜神이다. 比刼運은 從神을 剋하는 病神이 되는데, 이때 歲運에서 官星이 오면 病을 制伏하는 藥神이 된다. 그리고 印星運은 病神을 生하고 用神과 傷剋하므로 凶하다.

1978年生(女命)

```
己 癸 丁 戊
未 巳 巳 午
```
79 69 59 49 39 29 19 09
己 庚 辛 壬 癸 甲 乙 丙
酉 戌 亥 子 丑 寅 卯 辰

이 命造는 癸水日主가 巳月에 生하여 財星이 滿方을 이루었으므로 棄命從財格이다. 從神이 되는 財星이 用神이고 食傷運은 用神을 生하는 喜神이다. 그리고 比刼運은 財星을 剋傷하는 病이 되는데 이때 官星은 病을 除去하는 藥神이 된다.

- 611 -

(바) 棄命從兒格

日主의 太弱이 極에 이르고 傷官과 食神이 三方 혹은 三合局이 되거나 滿局을 이루고, 印星이나 官星이 없으면 棄命從兒格이 된다. 從神인 傷食이 用神이 되고 印星運은 傷食을 冲剋하므로 病이 되는데, 이때 財星은 旺한 傷食을 泄氣하여 吉할뿐만 아니라 病을 除去하는 藥神이 된다. 官殺運은 傷官이 見官이면 爲禍百端이 되므로 凶하다. 比刦運을 만나면 從神이 生을 얻는 듯하지만 버렸던 日干이 勢力을 얻으므로 從을 못하게 되는 효과가 있어 허물이 있을 것이다.

1954年生(女命)

乙 癸 丙 甲
卯 卯 寅 午

74 64 54 44 34 24 14 04
戊 己 庚 辛 壬 癸 甲 乙
午 未 申 酉 戌 亥 子 丑

이 命造는 癸水日主가 寅月에 태어나 四柱原局에 傷食으로 萬方을 이루었으므로 棄命從兒格이다. 從神인 傷食이 用神이 되고

比刼運을 만나면 從神이 生을 얻는 듯하지만 이미 버린 身主를 도우므로 허물이 있을 것이다. 그리고 用神을 剋傷하는 印星運은 病이 되는데 이때 財星이 그 病을 除去하는 藥神이 된다.

(3) 化格의 用神

(가) 丁壬合化木格

丁火日主가 月上이나 時上에 壬水가 하나만 있고 天干과 地支는 甲·乙·寅·亥·卯·未字 등으로 구성되고, 庚·辛·癸字와 申酉字가 없으며, 官星 印星 財星 食傷 比刼이 用神이 되는 다른 正格에 속하지 아니하면, 丁火와 壬水가 合하여 木으로 化하는 丁壬合化木格이 된다. 從神인 木이 用神이 되고 水運은 用神을 生하는 喜神이 되며 金運은 用神을 剋傷하는 病神이 되고, 이때 火運은 旺한 木을 泄氣하여 吉할뿐만 아니라 그 病을 制伏하는 藥神이 된다. 癸水運은 丁火를 冲剋하므로 不吉하고, 戊土는 從神과 대적할 뿐만 아니라 壬水를 剋하므로 꺼린다.

1975年生

　　　壬 丁 己 乙
　　　寅 卯 卯 卯

76 66 56 46 36 26 16 06
辛 壬 癸 甲 乙 丙 丁 戊
未 申 酉 戌 亥 子 丑 寅

이 命造는 丁火日干이 卯月 木旺節에 태어나 干支에 木이 太旺하고 金이 없으므로 壬水와 合하여 丁壬合化木格이 된다. 從神인 木이 用神이 되고 水는 用神을 生하는 喜神이 된다. 그리고 金運은 用神을 剋傷하는 病神이 되는데 이때 火歲運이 오면 그 病을 除去하는 藥神이 될 뿐만 아니라 旺木을 泄氣하므로 吉하다.

壬水日主가 月上이나 時上에 丁火가 하나만 있고 天干에 甲乙과 地支에 寅·亥·卯·未字 등으로 구성되고 干支에 庚·辛·癸字와 申·酉字가 없으며, 官星 印星 財星 傷食 比刼이 用神이 되는 다른 正格에 속하지 않으면, 丁火와 壬水가 合하여 木으로 化하는 丁壬合化木格이 된다. 從神인 木이 用神이 되고 水는 用神을 生하는 喜神이다. 金運은 用神을 傷害하는 病神이 되고 火運은 旺

한 木을 泄氣하여 吉할뿐만 아니라 金을 制伏하는 藥神이 된다. 癸水運은 丁火를 冲剋하므로 凶하고, 戊土는 壬水를 剋傷하므로 凶하다.

"甲壬丁己
　辰午卯卯
　辛壬癸甲乙丙
　酉戌亥子丑寅

壬水가 仲春에 태어나 化象이 곧 참되다. 가장 기쁜 것은 元神인 甲木이 나타나 化氣가 有餘하며, 유여한 즉 泄하는 것이 마땅하다. 이 화신의 秀氣를 吐하여야 하는데 기쁘게도 坐下에 午火가 辰土를 生하고 秀氣를 流行시키니, 소년에 과거에 급제하고 翰苑에서 이름이 높았으나, 애석하게도 中年運이 水旺地로 向하니 能히 관리의 품격이 현저하지 못하고 賢宰에서 마쳤다."828)

---

828)
"甲壬丁己
　辰午卯卯
　辛壬癸甲乙丙
　酉戌亥子丑寅
　壬水生于仲春, 化象斯眞, 最喜甲木元神透露, 化氣有餘, 餘則宜泄. 斯化神吐秀, 喜其坐下午, 午生辰土, 秀氣流行. 少年科甲, 翰苑名高, 惜乎中運水旺之地, 未能顯秩, 終于賢宰.". 任鐵樵 增注. 袁樹珊 撰輯. 『滴天髓闡微』. 臺北: 武陵出版有限公司, 1999. p.338.

라고 하여 『滴天髓闡微』 化象에 나오는 丁壬合化木格의 事例 命造다. 丁癸冲과 子午冲은 凶하다.

(나) 戊癸合化火格

戊土日主가 月上이나 時上에 癸水가 하나만 있고 天干과 地支는 丙·丁·寅·午·戌·巳字 등으로 構成되고 壬·癸·亥·子字와 庚·辛·申·酉字가 없으며, 官星 印星 財星 傷食 比刦 中에 用神이 되는 正格에 속하지 아니하면, 戊土와 癸水가 合하여 火로 化하는 戊癸合化火格이 된다. 從神인 火가 用神이 되고 木이 喜神이며 水運은 病神에 土運은 旺火의 秀氣를 流行시켜 吉할뿐만 아니라 水를 制伏하는 藥神이 된다. 그러나 己土는 合하는 癸水를 剋傷하므로 不吉하고 甲木은 戊土를 剋傷하므로 凶하다. 金運 또한 從神과 서로 대적할 뿐만 아니라 水를 生하므로 凶하다.

1966年生

```
戊 戊 癸 丙
午 寅 巳 午
```

76 66 56 46 36 26 16 06
辛 庚 己 戊 丁 丙 乙 甲
丑 子 亥 戌 酉 申 未 午

이 命造는 戊土日干이 巳月에 태어나 火旺하므로 月上의 癸水와 合하여 戊癸合化火格이 된다. 從神인 火가 用神이 되고 木運은 用神을 生하는 喜神이며, 水運은 從神을 剋傷하므로 病이 되는데 이때 土는 病을 除去하는 藥神이 된다. 그러나 己土는 合하는 癸水를 剋傷하므로 不吉하고 甲木은 戊土를 剋傷하므로 凶하다. 金運 또한 從神과 서로 대적할 뿐만 아니라 水를 生하므로 凶하다. 두 개의 戊土가 있으니 合의 효력이 적다.

癸水日主가 月·時上에 戊土가 하나만 있고 干支에 丙·丁·寅·午·戌·巳字 등 火가 局을 이루고 壬·癸·亥·子字와 庚·辛·申·酉字가 없으며 다른 正格에 속하지도 않으면 戊土와 癸水가 合하여 戊癸合化火格이 된다. 從旺하는 火가 用神이고 木은 用神을 生

하는 喜神이 되며 水運은 從神을 冲剋하는 病神이 되는데 이때 土는 旺한 火를 泄氣하여 吉할뿐만 아니라 病神을 除去하는 藥神이 된다. 그러나 己土는 合하는 癸水를 剋傷하므로 凶하고 甲木은 戊土를 剋傷하므로 凶하다. 金運 또한 從神과 서로 대적할뿐만 아니라 水를 生하므로 凶하다.

1977年生

```
戊 癸 乙 丁
午 巳 巳 巳
```

80 70 60 50 40 30 20 10
丁 戊 己 庚 辛 壬 癸 甲
酉 戌 亥 子 丑 寅 卯 辰

이 命造는 癸水日主가 巳月에 生하여 火가 滿局을 이루고 癸水가 時上의 戊土와 合하여 戊癸合化火格이 된다. 從神인 火가 用神이 되고 木은 用神을 生하는 喜神이다. 그리고 水運은 從神을 剋傷하므로 病神이 되는데 이때 土運은 그 病神을 除去하는 藥神이 된다. 金運은 從神과 대치할 뿐만 아니라 病神을 生하므로 凶하다.

(다) 甲己合化土格

甲木日主가 月上이나 時上에 己土가 하나만 잇고 다른 干支에 甲·乙·寅·卯·子·亥字가 없으며 丙·丁·巳·午字가 있고 辰·戌·丑·未字가 많으며, 官星 印星 財星 傷食 比刧 中에 用神이 되는 다른 正格에 속하지 않으면, 甲木이 의지할 곳이 없어 己土와 合하여 甲己合化土格이 된다. 이때 從神인 土가 用神이 되고 火는 用神을 生하는 喜神이 된다. 그리고 從神을 冲剋하는 木運은 病神이 되는데 그 病을 除去하는 金運은 藥神이 된다. 또 水運은 從神과 대치하므로 불길하고 庚金은 合하는 甲木을 冲剋하므로 凶하다.

1964年生

己 甲 己 甲
巳 戌 巳 辰

74 64 54 44 34 24 14 04
丁 丙 乙 甲 癸 壬 辛 庚
丑 子 亥 戌 酉 申 未 午

이 命造는 甲木日主가 巳月에 태어나 火土가 太旺하므로 甲木이 己土와 合하여 甲己合化土格이 된다. 이 格은 從神인 土가

- 619 -

用神이 되고 火는 用神을 生하는 喜神이 된다. 그리고 木은 用神을 剋傷하는 病이 되는데 이때 金運은 病을 除去하는 藥神이 되지만 庚金은 合하는 甲木을 剋傷하므로 凶하다.

己土日主가 月上이나 時上에 甲木이 하나만 있고 다른 干支에 甲·乙·寅·卯·子·亥字가 없으며 丙·丁·巳·午字가 있고 辰·戌·丑·未字가 많으며 다른 正格에 속하지 않으면 甲木과 合하여 甲己合化土格이 된다. 이 格은 從神인 土가 用神이고 火는 用神을 生하는 喜神이 되며 旺土를 剋하는 木運은 病神이고 金은 그 病을 除去하는 藥神이 될 뿐만 아니라 旺土를 泄氣하므로 吉하다. 그러나 合하는 甲木을 剋傷하는 庚金은 凶하고 病神을 生하는 水運을 또한 꺼린다.

1979年生(女命)

甲 己 辛 己
戌 丑 未 未

76 66 56 46 36 26 16 06
己 戊 丁 丙 乙 甲 癸 壬
卯 寅 丑 子 亥 戌 酉 申

이 命造는 己土日主가 未月에 生하여 土가 滿局을 이루고 있으므로 己土는 甲木과 有情한 合을 이루어 甲己合化土格이 된다. 이 格에서는 從神인 土가 用神이 되고 火運은 用神을 生하는 喜神이다. 그리고 木運은 用神을 剋傷하는 病이 되고 이때 金은 그 病을 除去하는 藥神이 되지만 庚金은 合하는 甲木을 冲剋하므로 凶하다.

己土日主가 月上이나 時上에 甲木이 하나만 있고 干支에 壬·癸·甲·乙字와 子·寅·亥·卯字 등 약간의 水와 木으로만 局을 이루고, 戊·己·巳·午·辰·戌·丑·未字가 없으며 다른 正格에도 속하지 아니하면 己土가 甲木을 따라 合하여 從木格이 된다. 木을 따라서 從하므로 木이 곧 用神이 되고 水는 用神을 生하는 喜神이 된다. 그리고 金運은 用神을 冲剋하는 病神이 되는데 이때 火運은 病을 除去하는 藥神이 될 뿐만 아니라 旺木을 泄氣하므로 吉하다.

1983年生(女命)

　　　乙 己 甲 癸
　　　亥 卯 寅 亥

75 65 55 45 35 25 15 05
壬 辛 庚 己 戊 丁 丙 乙
戌 酉 申 未 午 巳 辰 卯

이 命造는 己土日主가 寅月 木旺節에 태어나 原局에 木이 滿局을 이루고 있으니 己土가 甲木을 따라 合하여 從木格이 된다. 이 格은 從神인 木이 用神이 되고 用神을 生하는 水는 喜神이 된다. 그리고 用神을 剋傷하는 金運은 病이 되고 火歲運은 旺木을 洩氣하므로 吉할뿐만 아니라 그 病을 除去하는 藥神이 된다.

(라) 乙庚合化金格

乙木日主가 月上이나 時上에 庚金이 하나만 있고 다른 干支에 申·酉·戌 西方 혹은 巳·酉·丑 三合과 약간의 土 등으로 구성되고 壬·癸·甲·乙字와 亥·子·寅·卯字가 없고 丙·丁·巳·午字가 없으며 官星 印星 財星 傷食 比劫 中에 用神이 되는 다른 正格에 속하지 아니하면, 乙庚이 合하여 乙庚合化金格이 된다. 金으로 從하는

이상 金이 用神이 되고 土는 用神을 生하는 喜神이며 火運은 從神을 剋傷하므로 病神이 되고 水運은 病을 除去하는 藥神이 될 뿐만 아니라 旺金을 泄氣하므로 吉하다. 그러나 辛金과 己土는 乙木을 冲剋하므로 凶하고 甲木과 丙火는 庚金을 剋傷하므로 不吉하다.

1970年生(女命)

庚 乙 乙 庚
辰 未 酉 戌

72 62 52 42 32 22 12 02
丁 戊 己 庚 辛 壬 癸 甲
丑 寅 卯 辰 巳 午 未 申

이 命造는 乙木日主가 酉月에 태어나 干支에 土金으로 滿局을 이루었으므로 乙木이 庚金을 좇아 乙庚合化金格이 된다. 따라서 從神인 金이 用神이 되고 土는 用神을 生하는 喜神이 된다. 그리고 從神을 傷害하는 火運은 病이 되는데 이때 歲運에서 水가 오면 病을 除去하는 藥神이 된다.

庚金日干이 月上이나 時上에 乙木이 하나만 있고 다른 干支에

申·酉·戌西方 혹은 巳·酉·丑三合과 약간의 土 등으로 구성되고 壬·癸·甲·乙字와 亥·子·寅·卯字가 없고 丙·丁·巳·午字도 없으며 다른 正格에 속하지 않으면 乙庚이 合하여 乙庚合化金格이 된다. 從神인 金이 用神이 되고 土는 金을 生하는 喜神이며, 火運은 金을 傷害하므로 病神이 되고 이때 水가 歲運에서 오면 火를 剋制하는 藥神이 된다. 甲木과 丙火는 庚金을 冲剋하므로 凶하고 辛金과 己土는 乙木을 冲剋하므로 不吉하다.

1980年生(女命)

```
乙 庚 乙 庚
酉 戌 酉 申
```

79 69 59 49 39 29 19 09
丁 戊 己 庚 辛 壬 癸 甲
丑 寅 卯 辰 巳 午 未 申

이 命造는 庚金日主가 酉月에 태어나 地支에 申酉酉戌과 天干에 庚金이 있으니 金의 太旺함이 極에 이르러, 雙庚金은 雙乙木과 合하여 金으로 從하는 乙庚合化金格이 된다. 따라서 從神인 金은 用神이 되고 土는 金을 生하는 喜神이 된다. 그리고 火運은

從神을 剋傷하는 病이 되는데 이때 歲運에서 水가 오면 病을 除去하는 藥神이 된다.

(마) 丙辛合化水格

丙火日主가 月上이나 時上에 辛金이 하나만 있고 다른 干支에 甲·乙·寅·卯字와 丙·丁·巳·午字와 戊·己·戌·未字가 없고 癸·申·子·辰·亥·子·丑 등으로 구성되어 있으며 官星 印星 財星 傷食 比刦 中에 用神이 되는 正格에 속하지 않으면 辛金과 合하여 丙辛合化水格이 된다. 從神인 水가 用神이 되고 水를 生하는 金은 喜神이 되고 從神을 冲剋하는 土運은 病神이며 木運은 旺水를 泄氣하여 吉할 뿐만 아니라 土를 剋制하므로 吉하다. 火運은 從神과 대치할 뿐만 아니라 病神을 生하므로 凶하다. 그리고 壬水는 合하는 丙火를 傷害하므로 不吉하고 乙木은 辛金을 冲剋하므로 不吉하다.

1932年生

```
壬 丙 辛 壬
辰 子 亥 申
```

79 69 59 49 39 29 19 09
己 戊 丁 丙 乙 甲 癸 壬
未 午 巳 辰 卯 寅 丑 子

이 命造는 丙火日干이 亥月 水旺節에 태어나 原局에 水가 滿局을 이루고 있으니 丙火는 辛金과 合하여 丙辛合化水格이 된다. 이 경우에는 從神인 水가 用神이 되고 金은 用神을 生하는 喜神이 된다. 그리고 水를 剋하는 土는 病神이 되는데 이때 木運은 그 病을 除去하는 藥神이 될 뿐만 아니라 旺水를 泄氣하므로 吉하다.

辛金日主가 月·時上에 丙火가 하나만 있고 다른 干支에 甲·乙·寅·卯字와 丙·丁·巳·午字와 戊·己·戌·未字가 없고 癸·申·子·辰·亥·子·丑字와 약간의 金만으로 구성되어 있으며 다른 正格에 속하지 않으면 丙火와 合하여 丙辛合化水格이 된다. 水로 從하는 이상 從神인 水가 用神이고 金은 用神을 生하는 喜神이 된다. 그리고 土運은 水를 冲剋하는 病神이 되는데 이때 歲運에서 木이 오면

土를 剋制하는 藥神이 된다. 그리고 壬水는 合하는 丙火를 剋하므로 不吉하고 乙木은 辛金을 冲剋하므로 不吉하다.

1983年生(女命)

  丙 辛 癸 癸
  申 亥 亥 亥

77 67 57 47 37 27 17 07
辛 庚 己 戊 丁 丙 乙 甲
未 午 巳 辰 卯 寅 丑 子

이 命造는 辛金日主가 亥月 水旺節에 태어나 水가 滿局을 이루고 土가 없으므로 辛金이 丙火와 合하여 丙辛合化水格이 된다. 따라서 從神이 되는 水가 用神이고 金은 用神을 生하는 喜神이 된다. 그리고 土運은 從神을 剋傷하므로 凶하고 이때 歲運에서 木이 오면 그 病을 除去하는 藥神이 되어 吉하다. 木運은 旺水를 泄氣하므로 또한 吉하다.

(4) 兩神成象格의 用神

만약 兩神이 서로 균형을 이룬 상태에서, 相生으로 된 格에서 또 生을 만나면 곧 流通의 妙가 있다. 즉 金·水가 각각 半이면 相生하는 金水木은 吉하지만 兩神을 剋傷하는 火·土가 섞이지 말아야 하고, 木·火가 각각 半이면 相生하는 木火土는 吉하지만 兩神을 剋傷하는 金·水는 섞이지 말아야 한다. 만일 相剋으로 된 格에서 다시 剋을 만나면 또한 和合의 情이 된다. 즉 金·木이 半半이면 土金水木은 吉하지만 原局에서 다른 五行을 剋하고 있는 그 五行을 剋하는 五行은 凶하기 때문에 火가 섞이지 말아야 하며, 火·金이 半半이면 木火土金은 吉하지만 水는 섞이지 말아야 한다.

(가) 相生關係로 된 兩神成象格

1970년생

    庚　庚　庚　庚
    辰　辰　辰　戌

72 62 52 42 32 22 12 02
戊 丁 丙 乙 甲 癸 壬 辛
子 亥 戌 酉 申 未 午 巳

이 命造는 庚金日主가 辰月에 태어나 原局이 金과 土로 兩分되어 있는 相生關係의 兩神成象格이다. 兩象이 相生하는 土金水는 吉하고 兩象의 五行을 剋傷하는 木火는 凶하다.

(나) 相剋關係로 된 兩神成象格

1951年生

庚 辛 乙 辛
寅 酉 未 卯

74 64 54 44 34 24 14 04
丁 戊 己 庚 辛 壬 癸 甲
亥 子 丑 寅 卯 辰 巳 午

이 命造는 辛金日干이 未月에 태어나 四字의 金과 四字의 木으로 균등하게 兩分되어 있다. 따라서 相生하는 土金水木運은 吉하고 木을 剋하고 있는 金을 剋하는 五行 즉 火는 不吉하다. 이 中에 水는 金과 木사이를 通關하여 和解시키는 吉神이다.

(5) 從强格의 用神
종강격 용신

四柱原局에 印綬가 重重하고 比刦이 疊疊하며 日主도 當令하였으나 財星 官殺의 氣는 끊어져 터럭만큼도 없을 때 從强格이 된다. 이 格은 印星과 比刦이 二人同心하여 强이 極에 이르렀기 때문에 順함은 可하나 逆함은 不可하다. 따라서 印星運과 比刦運만 吉할 뿐 食傷運은 强한 印星과 冲剋하므로 凶하고 財·官運은 强神과 부딪쳐서 凶하다.

"己己丙戊
巳巳辰戌
壬辛庚己戊丁
戌酉申未午巳

이 命造는 四柱가 火土로 이루어졌고 剋泄이 全無하며 土가 極旺하니 마치 金과 같다. 初年 南方運에 遺業이 풍부하다가 午大運에 학교에 들어가고 己未大運에 과거에 응시했으나 불합격하였다. 일단 庚申大運으로 바뀌자 돈이 나비처럼 날아가 버리고 家業은 점차 消盡되었으며, 辛酉大運에는 財物이 봄눈 녹듯 하였으며 사업조차 불황이었다. 壬大運에 丙火를 剋하니 사망했다."829)

---
829)

라고 하므로, 『滴天髓闡微』衰旺에 나오지만 從强格에 대한 事例命造라고 할 수 있다.

(6) 從氣格의 用神

財, 官, 印綬, 食傷類를 막론하고 四柱原局이 木火의 氣로 응집되어 있으면 木火運이 吉하고 金水의 氣로 응집되어 있으면 金水運이 吉하고, 그 以外의 五行의 運은 凶하다.

"丁庚癸癸
亥申亥酉
丁戊己庚辛壬
巳午未申酉戌

庚金이 孟冬에 태어나 水勢는 當權하고 金은 祿旺을 만났으나 時干의 丁火는 뿌리가 없으니, 原局의 氣勢는 金水이기 때

"己己丙戊
巳巳辰戌
壬辛庚己戊丁
戌酉申未午巳
此造四柱火土, 全無剋泄, 土旺極者, 似金也. 初運南方, 遺業豊盈, 午 運入泮, 己未 棘闈, 拔而不擧. 一交庚申, 青蚨化蜢, 家業漸消, 辛酉財 若春後霜雪, 事業蕭條. 壬運剋丙不祿.". 任鐵樵 增注. 袁樹珊 撰輯.　『滴天髓闡微』. 臺北: 武陵出版有限公司, 1999. p.143.

문에 역시 金水를 좇는 것으로 論하여야 하며, 丁火는 오히려 病이 된다. 初年 癸亥大運에 丁火를 除去하니 그 樂을 自如했으며, 壬戌大運에 入學은 하였으나 喪을 거듭 당한 것은 戌土가 制水한 緣故다. 辛酉·庚申大運에 과거에 장원급제하고 벼슬이 琴堂에 올랐으나 己未大運에 運이 南方으로 돌아가 火土가 가지런히 오니 견책을 당하여 落職하고 戊午大運에는 더욱 많은 破耗가 있었고 사망했다."830)

라고 하며, 金水從氣格에 대한 事例命造다.

(7) 從勢格의 用神

從勢格이란 日主가 根이 없고, 四柱에 財星 官星 食傷이 同等하게 旺하여 그 强弱을 구분할 수 없고, 日主를 生扶해 줄 比刦과 印綬가 없으며, 또 하나의 神에게로 從해서 갈 수 없을 때는

---

830)
"丁庚癸癸
 亥申亥酉
 丁戊己庚辛壬
 巳午未申酉戌
 庚金生于孟冬, 水勢當權, 金逢祿旺, 時干丁火無根, 局中氣勢金水, 亦從金水而論, 丁反爲病. 初交癸亥, 去其丁火, 其樂自如, 壬戌運入泮, 而喪服重重, 因戌土之制水也. 辛酉庚申, 登科發甲, 出仕琴堂, 己未, 運轉南方, 火土齊來, 詿誤落職, 戊午更多破耗而亡.". 任鐵樵 增注. 袁樹珊 撰輯. 『滴天髓闡微』. 臺北: 武陵出版有限公司, 1999. p.333.

오직 和解가 있어야 좋다. 이 格에는 傷食과 官星을 和解시키는 財星運이 가장 吉하고, 그 다음은 官星運으로 行하는 것이고, 또 그 다음은 傷食運으로 行하여야 吉하다. 그러나 만일 比刦과 印綬運으로 行하면 반드시 凶하다.

1949年生(女命)

辛 乙 庚 己
巳 酉 午 丑

75 65 55 45 35 25 15 05
戊 丁 丙 乙 甲 癸 壬 辛
寅 丑 子 亥 戌 酉 申 未

이 命造는 乙木이 午月에 生하여 傷食과 財星과 官星만으로 이루어지고 의지처가 없으므로 從勢格이 된다. 따라서 傷食과 官星을 通關하는 財星이 用神이고 傷食은 用神을 生하는 喜神이 된다. 그리고 比刦運은 用神을 剋傷하는 病이 되는데 이때 官星은 病을 除去하는 藥神이 된다.

(8) 母慈滅子格의 用神

母慈滅子格은 太旺한 印星이 欠이 된다. 따라서 官星은 太旺한 印星을 生하므로 凶하고, 印星運은 太旺한 印星을 또 도우니 凶하며, 傷食과 財星은 太旺한 印星을 거스르니 凶하다. 그러나 比刦運만은 太旺한 印星을 泄氣하여 日元을 도우니 吉하다. 이 母慈滅子格과 그 喜·忌에 대해서 살펴보면 아래와 같다.

"戊辛丙戊
戌丑辰戌
壬辛庚己戊丁
戌酉申未午巳

辛金이 季春에 生하여 四柱에 모두 土이므로, 丙火官星은 元神이 모두 泄氣되며, 土가 重하여 埋金이 되니 母慈滅子다. 初年 火·土運에는 刑喪破敗하여 탕진하고 남은 것이라곤 없었으나 庚申運으로 바뀌면서 日元을 도와 일으키고 母性에 順하여 크게 좋은 기회를 만나게 되었다. 辛酉運에 이르러서는 辰丑과 拱合하니 재산을 상납하고 벼슬에 올랐으나 壬戌運에 土가 또 地支를 얻으니 견책을 당하여 낙직되었다."831)

---

831)
"戊辛丙戊
戌丑辰戌

라고 하여 母慈滅子格의 성립과 그 喜·忌에 대해서 상세히 말하고 있다.

壬辛庚己戊丁
戌酉申未午巳
辛金生於季春, 四柱皆土, 丙火官星, 元神泄盡, 土重金埋, 母多滅子. 初運火土, 刑喪破敗, 蕩焉無存, 一交庚申, 助起日元, 順母之性, 大得際遇, 及辛酉, 拱合辰丑, 捐納出仕, 壬戌運, 土又得地, 註誤落職.". 任鐵樵 增注. 袁樹珊 撰輯. 『滴天髓闡微』. 臺北: 武陵出版有限公司, 1999. p.362.

〈표4.2.2〉 1年 12月의 節候

月 \ 節·候 및 月令	節	候(中氣)	月令
正	立春	雨水	寅
2	驚蟄	春分	卯
3	淸明	穀雨	辰
4	立夏	小滿	巳
5	芒種	夏至	午
6	小暑	大暑	未
7	立秋	處暑	申
8	白露	秋分	酉
9	寒露	霜降	戌
10	立冬	小雪	亥
11	大雪	冬至	子
12	小寒	大寒	丑

〈표4.2.2〉 藏干圖表

地支 \ 藏干	餘 氣	中 氣	正 氣
子	壬 10日5分	--	癸 20日7分
丑	癸 9日3分	辛 3日1分	己 18日6分
寅	戊 7日2分	丙 7日2分半	甲 16日2分半
卯	甲 10日5分半	--	乙 20日6分半
辰	乙 9日3分半	癸 3日1分	戊 18日6分
巳	戊 5日1分半	庚 9日3分半	丙 16日5分
午	丙 10日3分半	己 9日3分半	丁 10日3分半
未	丁 9日3分	乙 3日2分	己 18日6分
申	戊·己 7日2分半	壬 7日2分	庚 16日6分
酉	庚 10日5分半	--	辛 20日6分半
戌	辛 9日2分	丁 3日2分	戊 18日6分
亥	戊 7日2分半	甲 7日1分	壬 16日5分

〈표4.2.4〉 十二運養生圖
십이운양생도

天干 十二運	甲	乙	丙	丁	戊	己	庚	辛	壬	癸
長生	亥	午	寅	酉	寅	酉	巳	子	申	卯
沐浴	子	巳	卯	申	卯	申	午	亥	酉	寅
冠帶	丑	辰	辰	未	辰	未	未	戌	戌	丑
臨官	寅	卯	巳	午	巳	午	申	酉	亥	子
帝旺	卯	寅	午	巳	午	巳	酉	申	子	亥
衰	辰	丑	未	辰	未	辰	戌	未	丑	戌
病	巳	子	申	卯	申	卯	亥	午	寅	酉
死	午	亥	酉	寅	酉	寅	子	巳	卯	申
墓	未	戌	戌	丑	戌	丑	丑	辰	辰	未
絶	申	酉	亥	子	亥	子	寅	卯	巳	午
胎	酉	申	子	亥	子	亥	卯	寅	午	巳
養	戌	未	丑	戌	丑	戌	辰	丑	未	辰

後 記

　論者가 癸酉年에 처음으로 命理學을 접한 이후, 사람은 누구나 자기의 미래에 대해서 궁금한 생각을 가지게 되는데 미래를 예측하는 학문에는 명리학 천문·지리 관상학 등 여러 가지가 있다. 이 중에서도 상당히 이론적인 체계를 가지고 있는 학문은 命理學이요 用神論이 그 핵심적 내용임을 알게 되었다.

　四柱八字에서 용신을 알아야 현재의 행복한 삶은 언제까지 유지될 것인지, 아니면 현재의 불행은 언제쯤 좋은 환경으로 바뀌게 될지를 알 수 있다. 또 用神을 알아야 나도 잘 모르고 있는 적성에 맞는 職業이 무엇인지를 알아서 언제쯤 성공을 하게 될지를 알 수 있다. 또 언제쯤 어떤 배우자와 결혼을 하게 될 것인지와 자녀관계를 알 수 있고, 건강상태와 심지어는 죽음까지도 예측이 가능해진다. 따라서 命理學에서 未來豫測은 用神論을 떠나서는 결코 가능하지 않다.

　이와 같은 관점에서 命理學 理論書보다는 실제 상담을 통하여 實證的 확인을 더 중요시하면서 연구한 결과 壬午年에 『四柱用神定法論』을 내었다.

　癸未年에 圓光大學校 東洋學大學院 命理學專攻의 碩士課程

을 밟으면서부터 用神論에 대한 논문을 쓰기 위해서 『李虛中命書』, 『淵海子平』, 『命理正宗』, 『三命通會』, 『子平眞詮』, 『窮通寶鑑』, 『命理約言』, 『滴天髓闡微』의 用神論에 관련되는 이론을 중심으로 박차를 가하던 중 乙酉年에 「實定法違反에 관한 命理學的 硏究」로 碩士學位를 받았다.

丙戌年부터 東方大學院大學校 未來豫測學科 博士課程에서 命理學을 專攻하고 戊子年에 「命理學 用神 導出의 方法論에 관한 硏究」를 論題로 하여 論文을 쓰고 博士學位를 받았다.

이 論文은 朴永昌 교수님의 세심한 지도가 있었기에 나올 수 있었고, 심사위원장인 申性秀 교수님께서 飜譯上의 오류를 교정해주신 덕분으로 가능했으며, 외부 심사위원이신 林采佑 박사님의 열정적인 지도와 李源栽 박사님과 金日坤 박사님의 叱咤가 계셨기에 완성할 수 있었다. 따라서 거듭 이분들께 고개 숙여 감사의 말씀을 드린다.

그리고 이 論文이 나오기까지는 淺學菲才하지만 魂을 다 하였기에 아쉬움 없이 홀연한 마음으로 筆을 놓는다. 그러나 이 論文을 叱責하는 훌륭한 논문이 어서 나오기를 기대해 본다.

명리학 용신론

초판 1쇄 발행 2009년 2월 20일
　　　2쇄 발행 2012년 5월 12일
저　자: 유 경 진
발행인: 유 경 진
발행처: 도서출판 역림관(구,연해명원)
전　화: 02-586-0456
Mobile: 010-2351-0456
Fax:　　02-3471-0456
E-mail: chwyhmw@hanmail.net
www.saju2002.com
서울시 서초구 서초동 1665-24. 에이스주택 B. 303호

등록년월일: 2002년 01월 19일
등록번호: 110-90-63846

정가 40,000원